BIBLIOTHEK DES 18. JAHRHUNDERTS

PAULINE WIESELS

LIEBESGESCHICHTEN

BRIEFWECHSEL
mit Karl Gustav von Brinckmann,
Prinz Louis Ferdinand von Preußen, Friedrich Gentz
und anderen

Herausgegeben von
Barbara Hahn, Birgit Bosold
und Ursula Isselstein

Verlag C. H. Beck München

Mit 7 Abbildungen auf Tafeln

ISBN 3 406 43670 6

Umschlag, Einband und Titelblatt gestaltet von Juergen Seuss, Niddatal
Gesamtherstellung: Kösel, Kempten
Gedruckt auf säurefreiem, alterungsbeständigem Papier
(hergestellt aus chlorfrei gebleichtem Zellstoff)
Printed in Germany

Inhalt

Vorbemerkung

Im vorliegenden Band sind alle überlieferten Briefe gesammelt, die Pauline Wiesel an ihre Geliebten und engen Freunde schrieb bzw. von ihnen erhielt. Für die Anordnung der Kapitel war das Datum des ersten überlieferten Briefs ausschlaggebend, nicht die biographische Chronologie der Begegnungen.

In den «Spiegelbildern» haben wir Äußerungen über Pauline Wiesel zusammengestellt, die durchweg chronologisch gegliedert wurden. Natürlich ergeben all diese Texte keine Biographie der Pauline Wiesel, auch deshalb nicht, weil große Abschnitte ihres Lebens aufgrund der Überlieferungslage im Dunkeln bleiben. Eine Skizze ihres Lebens und ihrer Lieben versucht das Nachwort.

Der Briefwechsel mit Karl Gustav von Brinckmann wurde von Birgit Bosold, der mit Louis Ferdinand von Preußen von Ursula Isselstein, die restlichen von Barbara Hahn bearbeitet. Die «Spiegelbilder» stellten Birgit Bosold und Barbara Hahn gemeinsam zusammen.

Briefwechsel

Pauline Wiesel
und
Karl Gustav von Brinckmann

Alles in der Weld
ist Schon gesagt
und gefühld worden,
aber meine Impfindungen
und mein Leben nicht.

Pauline Wiesel, Mai 1810

1. *Karl Gustav von Brinckmann an Pauline Wiesel und Hugo von Hatzfeld in Berlin. Berlin, Mitte Juli 1793.*[1]

Stances.

J'ai vû Pauline, et sur ses traces
marchaient, pour enlever nos coeurs,
l'Amour badin, les tendres Grâces,
et tous les Plaisirs seducteurs.

J'ai vû Pauline, et sans me rendre
j'ai voulu fixer ses beaux yeux,
mais un regard, plus vif que tendre,
dompta mon courage orgueilleux.

J'ai vû les Ris, les jeux folâtres,
egaiant sa belle fierté;
et par des Soupirs idolâtres,
j'ai payé chèr ma vanité.

Ah! de sa bouche enchanteresse
j'ai savouré le doux propos,
qui se moquent de la Sagesse –
et j'ai tremblé pour mon repos.

Encraigent sa Sorcellerie
j'en parle souvent peu discret
mais badinant sur sa folie,
en fou je trahis mon secret.[2]

2. *Pauline Wiesel an Karl Gustav von Brinckmann in Berlin. Berlin, Mitte Juli 1793.*[3]

à Monsieur de Brinckmann.
En réponse aux jolies vers qu'il à adressé à Madelle Pauline et à M. le Comte d'Hatzfeld.[4]

Par une Dame anonyme

J'ai lu vos vers, ils sont charmants:
Le Dieu puissant qui vous inspire,
vous a tranmis tous les talents,
Pour nous plaire, toucher, séduire,
Par les charmes de vos accents.
Ah! Si je n'avois que quinze-ans,
Et que je fusse la jolie Bergere,
Que vous chantez si galemment,
Peut etre céderais-je au Sentiment,
Dont vous dérobez le Mystère,
Sous le voile de l'enjouement
Avec une grace des plus légere.
Car soit caprice ou bien tempéremment
Je ne me pique pas d'etre Sévère;
Et me rend sans peine a l'amant,
Qui sait m'exprimer son tourment,
Dans la langue que professoit Homere;
Et que vous parlez si parfaitement
que bientot vous egalerez Voltaire.
Dailleurs, Allain Chartier moins aimable que vous;
N'eut-il pas un baiser d'une grande Princesse?
Cet honneur ne lui fit pas de jaloux;
il n'etais point le prix de la tendresse.
Celui que vous voulez seroit plus doux;

quoique femme, je le confesse,
Et croit, que bien d'autres deviendrai foux...
Si la Parithée[5] qui vous intéresse,
accordoit a leur séduisante ivresse,
Ce que n'obtiendra jamais que l'epoux
Tendre, fidele, affable et Doux,
Que Sa charmante Mere,
Lui permettra d'avoir a ses genoux;
Sous les auspices de son jeune frere
L'aimable comte le sais comme vous:
Aussi me Semble ‹s'il?› Soit dit sans vous déplaire;
Que vous traitez un peu légerement,
Ce vrai Soldat du Dieu vivant,
Ce fidele Serviteur de Marie;
qui n'agit que très canoniquement,
Lorsque Mystiquement, il s'extasie,
Devant Claire, Agnes, et Julie;
Lorsque dévotément
A chacune d'elles... il Spalmodie,
Son petit compliment;
Dans l'ordre de la Liturgie.[6]

3. *Karl Gustav von Brinckmann an Pauline Wiesel in Berlin. Berlin, Mitte Juli 1793.*[7]

A M^le^ P.
après avoir reçu une reponse sur mes vers addressés à elle et au Cte. H. ‹par une Dame anonyme›.

J'ai bien reçu, Mademoiselle!
la belle reponse à mes vers
d'une Dame, ou soi-disant telle,
pour en soulager mes revers.
Sans doute qu'elle est très jolie
cette Epître, dont la douceur,
l'aisance et le ton seducteur
pourroit bien susciter l'envie
d'un bel-esprit, mais pas d'un Coeur,

dont la charmante Idolatrie
des Vos appas fait le malheur.

En vain Phébes, montant sa lyre,
me tient un langage flatteur,
l'esprit renonce à son empire
dès que le Coeur tremble et soupire
pour un plus seduisante bonheur.

En vain la charmante Thalie,
pour faire mille autres jaloux,
en reponse à mon Elegie,
vient dicter les vers les plus doux;
car insensible à leur magie
ma Muse tombe à Vos génoux,
en n'adorant que la Deesse,
qui par sa bouche enchanteresse,
sans dire un mot, repondra mieux,
que tous les Chantres du Permesse,
Phébus même à leur tête, aux voeux,
d'un coeur, qui par délicatesse
craigne d'être tròp orgueilleux.[8]

4. *Karl Gustav von Brinckmann an Pauline Wiesel in Berlin. Berlin, Mitte Juli 1793.*[9]

A Mlle P.
après avoir reçu un baiser d'elle.

Ma bouche enfin de vos attraits charmans
a donc cueilli la fleur enchanteresse,
belle Pauline! et mes désirs brulants
ont savouré dans ce heureux moments
le doux poison de la tendresse.

Mais vous cédez trop généreusement
à moi chetif un bien pour faire envie
aux Immortels! – et c'est par modestie
que je propose à vous rendre un présent
qui fait la gloire de ma vie.[10]

5. *Karl Gustav von Brinckmann an Pauline Wiesel in Berlin. Berlin, Mitte Juli 1793.*[11]

La Rose
dont Mlle P. m'avoit fait présent le premier jour le notre connaissance.

Voici la Rose printanière,
qui pour se faner sur Ton sein
jadis la Reine de Cythère
fit eclorre dans son jardin.

Ah! jai vû cette fleur charmante
s'immoler sur ce tendre Autel,
où des Grâces la main tremblante
offre son encens immortel.

Oui! je l'ai vue encor timide
penchant sa tête sur ces Lis,
qu'en badiant l'Amour perfide
de ses philtres avoit remplis.

Oui! je l'ai vû ce Sanctuaire,
qui ne devroit s'ouvrir qu'aux Dieux,
je l'ai vû – – mais l'Amour sevère
venge le forfait de mes yeux!

Ah! trop Seduisante Prétresse,
pour ce Dieu Tu cuielles de fleurs,
et nous trompant par la jeunesse
Tui lui sacrifiés nos Coeurs.

J'ai vû sans ta ganze legère
ce Rebelle fièr et joli,
et ma Philosophie altière
sentil son empire affaible.

Bientot denat la tendre Rose
se cacha le petit matin,
et malgré sa metamorphose
j'ai pris cette fleur de Ta main.

Mais depuis ce temps je soupire
toujours, et l'aimable trompeur
s'est, pour mieux fixer mon martyre,
glissé de la Rose en mon Coeur.[12]

6. *Karl Gustav von Brinckmann an Pauline Wiesel in Berlin. Berlin, im Sommer 1793.*[13]

A M^le^ Pauline en lui envoyant les Oeuvres de Boufflers.[14]

Faire des vers en Votre honneur
ne coute rien, belle Pauline!
puisque chaque Muse badine
des Grâces veut flater la Soeur.

Faire des vers dignes de Vous,
c'est, croyez moi, chose impossible,
car le coeur devient trop sensible,
l'esprit s'oublie à vos genoux.

Aussi mécontent de mes vers,
Apollon vient briser ma lyre,
mais en m'ordonannt d'introduire
chez vous son favori Boufflers.[15]

7. *Pauline Wiesel an Karl Gustav von Brinckmann in Berlin. Berlin, den 11. Dezember 1803.*[16]

Lieber Brinckmann, viel zu Gut für mich Aber ganz recht für Genz[17] er verdient nicht meine Grenzenlosse liebe und meine Ewige banichkeit ihm zu verliehren. Vieleicht Schreib er mich nun durch Ihnen

Wann sehen wir uns – wenn komen Sie zu mir, recht bald lieber Brinckm Ich bin ganz beschämt von Alles viel zu Gute waß Sie von mich Schreiben[18] Aber doch macht es mir sehr Glücklich Ihnen zum Freunde zu haben – Auf einen solchen Freund – kann ich nun rechnen bis in die Ewigkeit. Sie können Ummöchlich an die Dume Dume Weldt glauben die mich so gern Alle Freude und Freunde rauben will – und doch liebe ich sie so – die dume Weldt wahrum lieb Sie mich nicht mehr

Kommen Sie recht bald zu Pauline

8. *Pauline Wiesel an Karl Gustav von Brinckmann in Berlin. Berlin, den 17. Dezember 1803.*[19]

Lieber Brickman, Sie haben nicht geschlaffen, ich habe Auch kein Auge zugethan. Den Ihre lezte rede ging mir ans Herz – ja Wahrhaftich es war auch solche Fürchterliche Stille wie ich von Jette sprach – Ich dencke mit Schreckken von der dumen Bauer[20] Wahr es denn so erschrecklich waß ich Sprach – Brinckman da müssen Sie erst mit der Kleinen Sprechen ehr ich mich wieder dort sehen lasse

von Genz Sein brif[21] sahe ich nichts den da müste ich Jhare und Welten lang sprechen und der Arme Mensch da drausen[22] dauer mich

lieber Brinckman wenn sehe ich Sie daß fühle ich mehr Als ich es sahen kann daß ich Sie muß erschrecklich oft sehen und rasend lange sprechen wenn ich Auch keine Ehselin habe daß Schade nichts – ich erhole mich ja die ganze übrige Zeit des Tages wieder und die Nacht ist ja auch so lang – Ach wenn ich doch halb so währe wie sie zu Genz Schreibe[23] ich betete mich selbst an

9. *Pauline Wiesel an Karl Gustav von Brinckmann in Berlin. Berlin, den 20. Dezember 1803.*[24]

Liebe Beste Seele. Ich kann ihnen nicht beschreiben Ummöchlich beschreiben in welchen Zustand mich ihr brif[25] gesätz hat. Aber So vihl ist gewiß daß ich mich einen Augenblick aus der Weld glaubte – – und Sehr Glücklich wahr – – –

Ich bitte Sie um Alles in der Weld Lassen Sie mich diesen Brif. Er ist noch nie in der Weld ein Talisman gewähsin (wenn je einer gewähsin ist) [die] der Solche würckund herforgebracht hat – diß ist Einer daß ist gewiß

Ich Schwöre Ihnen bei Alles waß mich heilich ist daß ich es für daß Großte Geschänck ansehe Geschänck ist jar kein Wort. Es gieb für Waß ich Sahen will kein Wort

Ich Sehe und fühle Aber daß mich diß geschänk unändlich Glücklich macht und bin Uberzeug daß ich nie ganz Unsehlich werden So lange ich diesen Thalisman bei mich habe Er kann Genz ummochlich nur halb so Glücklich machen Als mich daß fühlen Sie doch

Wie wahr wie führterlich wahr ist Alles waß Sie sahen von meinen Gefühle und von meiner Lage. Kurz ich kann Ihnen Ummöchlich denn brif zurück Schickken Sie müssen es selbst fühlen daß ich es nicht kann

Mich dünckte den Augenblick Als ich Ihren brif laß Sie währen daß Mädhin von Orleans [da] und Sagten den Könige die 3 Gebeter die er die Nacht Gesprochen hatte[26] So wahr und Wörtlich wahr ist Alles waß Sie gesprochen haben

Wann Sehen wir uns, ich bin ordentlich kranck ich kann Auch Ummöchlich nach Paris Schreiben[27] den ich müste mich Selbst in die gemeine Weld wieder [nicht] rein denken und ich möchte so Gern noch etwaß Schwärmen

Ewig Ewig Ihre Pauline

10. Pauline Wiesel an Karl Gustav von Brinckmann in Berlin. Berlin, den 22. Dezember 1803.[28]

Wie getes Ihnen liebe Seele, doch so gut daß Sie können bei Buisson[29] komen sondst vergehe ich – gestern Abend ist es mir sehr gut geganhin, mich dünkte einen Augenblick ich währe noch die Alte Pauline lassen sie mich Antwort sahen von wegen Heute [früh] Abend – ich gehe [auf denn] Heute früh bei Wolffs

11. *Pauline Wiesel an Karl Gustav von Brinckmann in Berlin. Berlin, den 30. Dezember 1803.*[30]

Brinckman, waß sahgen Sie, es ist Auch 10 Uhr und ich Schreibe noch an Sie, Ich habe nicht konnen bei der Kleinen gehen, wahren Sie da, ja gewiß Sie sagten es ja

Vetter[31] war bei mich mit zu viel brife von Wiesel, Aber Unsehliche brife[32] – Ich habe den ganzen Abend Geschrieben Auch an Genz recht viel, Schickken Sie ihm denn brif[33] liebe Seele, Aber noch Morgen wollen Sie – Ich bin in der idee sie schreiben mich Morgen und denn Schickte ich ihnen diß billet Ach Gott wie thut mich meine brust wehe zu weh – nicht zum Aushalten Ich habe So erschrecklich viel geschrieben – und doch ohne nutzen daß bin ich überzeug – Abscheuliche Gedanken, Nun Adieu Brinckman Schlaffen sie woll träumen sie waß angenehmes Ich gehe nun Auch zu bette – und Schlaffe nicht daß weiß ich und träume Auch nichts Angenehmes daß weiß ich Alles im Voraus und doch muß ich gehen –

Komen Sie Morgen früh Aber nicht zu spätt hören Sie Brinckman

Ewig Ewig Ihre Pauline

12. *Pauline Wiesel an Karl Gustav von Brinckmann in Berlin. Berlin, den 31. Dezember 1803.*[34]

Mein brif war Schon gestern Abend zu, Aber Auf ihr heutiges billet muß ich doch ein Wort sahen, Erstlich kome Sie Heute Früh mit mir einen Augenblick Auf der Academie[35] 2.te um 5 Uhr Heute Abend kome Sie bei mich Theé trincken bringen Sie Aber von ihren mit denn ich habe keinen mehr! [...][36] Mama läßt ihnen zum Abendbrod bitten ich dan wieder bis nach Mitternacht um ‹ins› neuhe Jhar mit ihnen zu sprechen den Heute habe ich noch jarnicht gesprochen

13. Pauline Wiesel an Karl Gustav von Brinckmann in Berlin. Berlin, den 7. Januar 1804.[37]

Wie konten Sie einen Augenblick zweifel, daß ist mir nicht lieb[38] Nicht um der Sahe, denn die finde ich nicht so bedeutungswährt Aber Sie kennen mich nicht ganz und daß finde ich Schrecklich. Mich Schlug daß Herz um 10 Uhr, ich dachte solte Brinckman woll zur Kleinen gehen. und denn sagte ich mich wieder, gewiß [und] nicht er ist von gegentheil Uberzeug – Ich bin ja nicht da Sie wusten Auch daß ich nicht würde da Sein, es wahr nur um die Princessen[39] zu sehen, Er der Prinz wahr Gestern früh bei mich um mich zu angagiren für den Abend,[40] kommen Sie um 1 Uhr

14. Pauline Wiesel an Karl Gustav von Brinckmann in Berlin. Berlin, den 12. Januar 1804.[41]

Wir sind denn Sonnabend Abend ‹bei der›[42] Meier gebeten Ich zweifel keinen Augenblik liebe ‹Seele› daß Sie Ihnen Auch bittet wenn Sie vorher hingehen, Ich bin bei Pauline Zettritz bin Aber um 1 Uhr ‹zurück›[43], gehen Sie Underdessen bei der Me‹yer›.

15. Pauline Wiesel an Karl Gustav von Brinckmann in Berlin. Berlin, den 14. Januar 1804.[44]

Sehr lang und sehr Umstendlich kann mein billet nicht werden, lieber Brinckman, Aber so viel doch daß ich wünsche, und begere daß Sie heute Abend zum Thee und carpe[45] und kohlsalat bei uns kommen!

So weit Hatte ich geschrieben Als ihr bedienter kam; ich konnte ja nicht ehr Antwort sagen lassen liebe Seele ich habe ja keinen Diener und Auch nur Angetz habe ich es von der Omptede erfahren, kommen Sie je ehr je lieber. Aber nicht kranck, wenn ich eine Zauberin bin so will ich Sie schon kuriren kommen Sie nur, liebe Sele sie sollen Gesund und jung wieder von mir,

Kommen Sie nicht späht zu Pauline

16. Pauline Wiesel an Karl Gustav von Brinckmann in Berlin. Berlin, den 14. Januar 1804.[46]

Sie sind zu Gut liebe Seele, So viel Verdiene ich nicht. Ich bin ja nur eine Sterbliche Sie wollen mich zwar gern zu denn Engel erheben, Aber die Weld will und kann es nicht leiden – – Es Schadet Auch nichts an der Weld ist mich wenig Gelegen Gieb es doch einige Mensche die Ungefähr daß Ahnden waß Sie gern wollten waß Sie glaubte Solten – Wenn Sie auch jetz [...][47] etwaß träumen ich gönne es Ihnen Gern – Auch füchrte ich mich nicht vor den erwachen – Sie bleiben mich doch Gut Sie könnten Ummöhlich So träumen ohne Vorher doch etwaß geahnden zu haben Genz Sein erwachen wahr fürchterlich über Cristel[48] – Aber ich dencke Sie können Pauline ganz Sie werden Sanfter erwachen und nie bereuhen geträumt zu haben komen Sie um 1 Uhr bei uns, Mama erinnert Sie an ihr Versprechen wegen den brif von Genz[49]

17. Pauline Wiesel an Karl Gustav von Brinckmann in Berlin. Berlin, den 17. Januar 1804.[50]

Wie kömt es Lieber Brinkman daß ich Sie Heute jarnicht gesähnen habe, Auch ihre beide billet gefallen mich jarnicht, Ich habe keinen Augenblick zeit ihnen umstendlich zu sahen waruhm Aber ich denke Sie wissen es und fühlen es Erstlich bin ich in keinen fall Ungerecht mit Jeten[51] ich finde sie Schön und belesen Aber nichts weniger Als Liebenswürdich doch die zeit ist zu kurz davon zu sprechen Auch daß lezte billet gefeld mich nicht von Ihnen waß meinen Sie mit der adrese Mademoiselle

Wann sehe ich Sie wieder ich Gehe im Concert im Comedien Heute,[52] Ich habe Heute Früh ein concert billet von Rehberg bekomen haben Sie die freundschaft lieber Engel und Schicken Sie ihm daß billet zurück mit vielen Dank ich kann es Heute nicht gebrauchen

danken Sie ihm in Paulinens Nahme

18. Pauline Wiesel an Karl Gustav von Brinckmann in Berlin. Berlin, den 21. Januar 1804.[53]

Liebe Gute Seele, Ich habe mich ein Wenig geirt, Es ist daß 3te blatt die 2 Seite, Aber es ist nicht ganz So. Wie ummenschlich glücklich hat mich Heute die Lecture gemacht 10tausendmal mehr Als Gestern, Ich wahr ein wenig Angst gestern wegen Polle, Heute aber geht sie besser und ich bin mal wieder bei dieser durchlesung in einer andern Weld gewähsin – In der wo ich sein sollte! Ach wie gern würde ich Sie Heute früh sprechen ich bleibe bis 2 Uhr zuhaus.

19. Pauline Wiesel an Karl Gustav von Brinckmann in Berlin. Berlin, den 27. Januar 1804.[54]

Liebe Beste Seele wie leitt thut es mir Ich habe Ihnen Auch zu viel zu Erzählen – Aber wann weiß Gott Heute früh bin ich Leider nicht zuhause Heute Abend bin ich bei Rabens, Aber Morgen häldt mich nichts wie der Tod ab mit ihnen lieber Freund Alles Umstendlich Abzureden Aber komen Sie ja nicht zu späht denn es gehören Ewig Liebe dazu bringen Sie mir denn brif von Genz Morgen wieder den ich Schicke ihm nach Paris[55]

20. Pauline Wiesel an Karl Gustav von Brinckmann in Berlin. Berlin, den 29. Januar 1804.[56]

Liebe Seele kommen Sie Heute zu Ihre Himels Königin, und lassen Sie die Irdische[57] mit Alles waß ihr Umgiebt, komen Sie Aber nicht zu späht und Sie müssen Auch bleiben bis 12 Uhr Abends Zu viel haben wir ja zu sprechen Brinckmann

Heute bin ich Unausprechlich Melancolish – Ich habe denn ganzen Morgen daß Mädhin von Orleans[58] Studirt

Zu viele änhlichkeiten – Ich glaube ich bin es mal gewässen Vergessen Sie nicht meine Gedichte von Schiller und den Dom Carlos nicht[59]

Ewig Ewig Pauline

21. *Pauline Wiesel an Karl Gustav von Brinckmann in Berlin. Berlin, den 1. Februar 1804.*[60]

Liebe Seele, Wie Unsehlich bin ich Gestern Abend gewähsin. Ich könnte es Aber Ummöchlich endern. Ich war mit mama bei Rabens denn ganzen Abend lieber Bester Brinckmann Thuhen Sie mir denn einzigen Gefallen wenn es nur Möchlich ist und komen Sie Heute früh um 12 Uhr zu Mir ich bin zu Melancolich die Frühlings Lhüfte rüchen – Ich möchte jar gern mit Ihnen nach Thiergarten[61] gehen. Komen Sie beste Seele um 12 Uhr Aber nicht spähter wir können Auch ihm Gehen Rasend Sprechen wollen Sie bitte bitte,

Rabe schickt ihnen hir den brif[62] Sie haben ihm mal von Trompeten gesprochen –

22. *Pauline Wiesel an Karl Gustav von Brinckmann in Berlin. Berlin, den 1. Februar 1804.*[63]

Ich gehe mit Maman in die Comedié,[64] weill ich mit Ihnen Freitag hingehe Aber wenn Sie könnten nach der Comedie komen So würd es uns alle sehr glücklich machen, daß finde ich amusant mit der Engströmt[65] und denn augen

23. *Pauline Wiesel an Karl Gustav von Brinckmann in Berlin. Berlin, den 3. Februar 1804.*[66]

Wie unaussprechlich leid thut es mir Lieber Brinckman daß Sie kranck sind.[67] Ich hoffe Aber daß es bis 5 Uhr besser gehen würd Sie sehen Aus Allen [daß] daß ich doch nur eine Sterbliche bin denn nie könnte ich zugeben daß Sie kranck währen meine ganze Macht würde ich um ihre herstellung geben! Gestern Abend wahren wir Ganz Allein. Sie können Sie vorstellen wie Sehnlich ich wünschte Sie bei mir zu Haben

Aber keine Möchlichkeit einen bohten zu bekomen ich währe gern Selbst geganhin wenn es währe Möchlich gewähsin den der

Regen hätte mich nicht Abgehalten der kam von Oben aus meine Weld Aber die bösen Menschen hir unten hilten mich Ab,

kommen Sie ja in der comedié lassen Sie bei den ‹...›[68] absagen und trincken Sie Theé bei Pauline daß ist besser Ich Schickke Ihnen ein Zettel Zurück wenn es Ihnen recht ist Liebe Seele So Schickken Sie ihm an Rébérg und lassen Sie ihn zu gleicher Zeit bitten bei mir Theé zu trincken Auch Gautteri[69] lassen Sie Sahen zum Thee Meine können nicht komen ich habe also an Rabens die Zettel gegeben es ihnen doch Gleich? Leben Sie woll Sein Sie nicht kranck brinckman Sie müssen in Théater und naher bei mir

24. *Pauline Wiesel an Karl Gustav von Brinckmann in Berlin. Berlin, den 4. Februar 1804.*[70]

Lieber Brinckmann, So unglücklich wie ich diesen Augenblick bin können Sie nie gewähsin Sein denken Sie nur eben brife, Aber waß für Abscheuliche brife, von Wiesel Nein über Alles denken Unsehliche brife, Sie müssen ihm lesen es ist nicht zu glauben. Mehr Unglück hat Wallenstein Seine Zerbrochene Kette woll nicht Vorher gesagt – Ich weis nicht ob ich denn Schnellen Untergang von Wallenstein nicht an mein langsamen Untergang vorziehen,[71] Ich währe bald davon, und nun Habe ich die Ausicht noch Jhare auf Jahre, (wenn ich es ertrage) komen zu Sehen – Ich kann nicht mehr wenn es Ihnen Möchlich ist Heute Abend zu mir zu komen So Soll es mir ein rechter trost Sein um 8 Uhr spähsten bin ich zuhause Ubrigens ist die Meier bei uns Allso komen Sie wenn Sie wollen Sprechen Aber von nichts lieber Engel [besorgen sie mir die brife auf der Post es ist ein Mittel gewähsin um ihm diesen brif zu komen zu lassen]

25. *Pauline Wiesel an Karl Gustav von Brinckmann in Berlin. Berlin, den 5. Februar 1804.*[72]

Wie Getes Ihnen armer Brinckmann ich hoffe etwaß besser. Ich weiß nicht waß ich Ihnen Soll von mich Sahen ich bin in einen Art von Hitzigen Fieber ich habe die ganze Nacht kein Auge zugemacht und befinde mich Heute, So daß ich keinen Nahmen an der Stimmung geben kann, Ich habe mich vorgenohmen Alles gehen zu lassen wie es daß Schicksall will, mich um jarnichts mehr bekümern und So in Tag herein Leben wie die dumen oder Glücklichen die nie dencken, Sondern es an Sich komen lassen waß daß Schicksall [...][73] will [und] Nur Sie können es Glücklicher weise mit Ihnen ist daß Schicksall versöhnd, Aber [...][74] mir fordertes ganz andere opfer. Ich werde Auch einige Zeilen von Johanna zietieren

«Der die Verwirrung sandte, wird Sie lösen!
Nur wenn Sie reif ist, fällt des Schicksals Frucht!
Ein Tag wird kommen, der mich reiniget.
Und die mich jetz verworfen und verdammet
Sie werden ihres Wahnes inne werden
Und Thränen werden meinen Schicksall fließen»[75]

Mama und die Cray[76] gehen zur Ompteda wenn mir woll ist So Gehe ich auch hin Aber bestimd weiß ich es nicht.

Morgen früh Muß ich mit Vetter sprechen Aber um 1 Uhr bin ich bestimd zuhause Wenn Sie weiter nichts vorhaben so komen Sie doch spähter zur Ompteda – doch ich kann Ihnen nicht viel zureden da es unbestimd ist ob ich hinkome –

26. *Pauline Wiesel an Karl Gustav von Brinckmann in Berlin. Berlin, den 6. Februar 1804.*[77]

Der Zettel habe ich Gestern Abend Geschrieben weill ich ihren Bedienten Gebeten hatte noch mal wieder zu komen. Er hat es Aber nicht gethan, Mir getes so so ich bin eben bei Schreiben nach Paris, komen Sie Heute nicht bei mir vor Struense? ich Gehe Auch bei Struense laßen sie mich noch waß von Sich hören vor 6. uhr Abend –

Der Castelan von der comedie hat mich sahen lassen ich Solte ihm die 3 Ander Zettel schickken Sie währen nicht Abgegeben worden,[78]

besorgen Sie daß liebe Seele daß er die Zettel wieder bekömt, Vor 2 Uhr Heute bin ich zuhause bis 6 uhr Aber nicht Heute früh ich gehe eben geschäfte halber Aus

27. *Pauline Wiesel an Karl Gustav von Brinckmann in Berlin. Berlin, den 8. Februar 1804.*[79]

Liebe Seele, wie könnten Sie noch an meiner Macht Glauben – Sie sind ja noch kranck! Ach ja, nach Italien und mit mir nicht ohne Pauline und recht bald recht bald ehr die Lauben blühn Vieleicht würde Auch dort mein Glück wieder blühen, ich dencke unaussprechlich viel an Sie lieber Brinckman wie leid thut es mich Sie nicht zu sprechen, Meine Pölle ist Auch so kranck ich bin es Auch, Aber ganz Anders Als Sie und Pölle Solche Kranckheit die kein Dockter in der Weld kurieren kann Vetter kömt Heute, endlich zu mir daß ist Auch kein Angenehmes Gespräch – Adieu Brinckmann Polle weind nach mir lassen sie mich ja morgen wissen wie es Ihnen geht

28. *Pauline Wiesel an Karl Gustav von Brinckmann in Berlin. Berlin, den 11. Februar 1804.*[80]

Liebe Seele, wie ist Ihnen Gestern und Heute keine Silbe wie geht daß zu. Vergessen ist unmochlich ehr glaubte ich an der Weld ende – Ich kann ja nicht schickken daß wissen Sie wie ist es möchlich daß Sie mich Heute nichts haben wissen lassen Sie sind mir unerklählich – nur eine Silbe liebe Seele wie es Ihnen geht waß Sie machen – Wann ist denn an Ausgehn zu denken – – sondst komme ich zu ihnen –

Brinckman mir getes nicht gut ich wünschte ich währe wo die zitronne blühen.[81]

Leben Sie woll lieber Brinckman lassen Sie mir sahen wie es Ihnen geht.

29. Pauline Wiesel an Karl Gustav von Brinckmann in Berlin. Berlin, den 12. Februar 1804.[82]

Wie froh macht es mir Sie ein wenig besser zu wissen lieber Brinckmann gewiß, wir kommen Sie besuchen wenn Sie nicht bald zu uns kommen können. Ich bin Heute denn ganzen Tag bei meinem Onckel[83] und werde viel an Sie dencken. Ich lebe ja nicht in Tag herein es war ja nur eine Idee Aber Meine Eigne Idee Anstigen Sie sich nicht mehr um mich liebe Seele ich bin ja Auf vieles gefaßt und es kann ja mit einenmal besser werden Ewig kann es ja nicht So bleiben Es muß anders werden, und jedes werden ist besser Als daß – wo rin ich Anjetz Lebe

Mit maman bin ich jetz so ziemlich gut mehr noch recht Gut. Und daß ist mir immer sehr lieb – Adieu lieber Brinckman wenn Sie an Genz Schreiben So grüssen Sie ihm von mich ich muß im Schreiben Aber ich änstige mich für diesen brif

Pauline

30. Pauline Wiesel an Karl Gustav von Brinckmann in Berlin. Berlin, den 14. Februar 1804.[84]

Liebe Seele wie sehr freuhe ich mich daß es besser geht und nun an ausgehen wieder zu denken ist. Ich bin überzeug daß Sie nun bald werden zu uns komen lassen Sie mich ja sahen wenn damit ich gewiß zuhause bin, Wie freuhe ich mich lieber Brinckman sie wieder zu sehen wie viel habe ich Ihnen zu sahen Gutes und bössen. Mit denn brif an Genz würd nichts draus ich werde ihnen mündlich sahen wahrum der brif von meinen Mann verbiettet mich mehr davon zu Schreiben, ich werde Aber an Genz einen andren brif Schreiben, So bald ich Ihnen gesprochen habe Zu confuse geht es ihr[85] in der Stube zu liebe Seele ich kann unmöchlich mehr Schreibe Pauline weind Mama Schild ich habe Kopf wehe und muß denn Mittag noch bei denn onckel essen Heute Abend bin ich bei der frau von Katt

Ich kann nicht mehr für allen Specktaquel

31. Pauline Wiesel an Karl Gustav von Brinckmann in Berlin. Berlin, den 15. Februar 1804.[86]

Lieber Brinckman, Wie froh macht es mir Sie wieder besser zu wissen, gewiß es freud Sich niemand mehr Als ich! zu ihre wiederherstellung Schonen Sie Sich nur recht denn es ist ärbermeklich kald, ich bin gestern darum nicht nach der Redoute[87] geganhin bin Aber dafür mit der Meier in der Comedie gewähsin man gab Macbet zum [behn] benefiz für der Fleck ein Schreckliches Stück waß nach meinen dumen Verstande nach zu Urtheilen nicht ganz gut gegeben würd die Fleck ist zu hüpst und zu Mächgenhaft zu der Role die Meier hätte Sie gewiß unendlich besser gespild[88]

denn wahr ich auf ein Supeé bei der Frau von Katt Heute bin ich zum Polterabend bei ‹Renfners?› und Morgen auf ein groß Soupé bei Woffs Auf ihren Heutigen brif Antworte ich Ihnen Mündlich wenn es ihnen möchlich ist so komen Sie Morgen früh lassen Sie mich Aber sahen ob Sie komen und um welche zeit wo nicht so lasse sie Absahen bei Wolff – Ihre unsehliche [gätz] Jägerrahte

32. Pauline Wiesel an Karl Gustav von Brinckmann in Berlin. Berlin, den 21. Februar 1804.[89]

Lieber Brinckman um 7 uhr erwahrte ich Sie mündlich daß Ubrige –

33. Pauline Wiesel an Karl Gustav von Brinckmann in Berlin. Berlin, den 22. Februar 1804.[90]

Lieber Brinckman nicht böse, bitte, bitte liebe Seele, dencken Sie nur ich wahr jarnicht gestern auf der Redoute[91] Zweifel Sie noch daß ich denn 12 März[92] zuhause bleibe.

Sie kennen mich ‹häßst?› Brinckman, nie hätten Sie geglaubt daß ich Gestern würde bleiben und nicht nach der Redoute gehen und doch ist es So! Ich bin gleich [naher] nachdem

Sie wäckgefahren wahren Zuhause geganhin die Cray hat nachdem 2 mal geschick und mich zu sehr bitten lassen Aber ich wollte nicht! Ihr streiten ihr brif ihr banhes Wehsen hilten mich zurück und mein fröhliches Wehsen ich wahr gestern sehr aufgeräumd und ich änstigtet mich für die Redoute und haupsächlich für die Cray sie wahr noch mit Louis Allein geblieben und Vieleicht Plähne geschmiedet wie die Hecksen in Mackbet[93] – – Sehe ich Sie Heute jarnicht lieber Brinckman – ich werde Heute früh bei Pauline Zettriz gehen Sie ist kranck –

Leben Sie woll Amüsieren Sie sich gut auf ihren Theé vieleicht Sehen Sie mich als kleiner Pfrospher[94] reintreten –

34. Pauline Wiesel an Karl Gustav von Brinckmann in Berlin. Berlin, den 25. Februar 1804.[95]

Lieber Brinckman volgendes billet[96] bekome ich eben, ich habe gedacht Sie Heute früh noch einen Augenblick zu sehen, – Ich gehe hin, wenn sie Auch wollen hingehen (wo ran ich nicht Zweifel) So haben Sie die Güte und Schickken Sie die Antwort bei der Levi – Sehe ich Sie Morgen Früh?

35. Pauline Wiesel an Karl Gustav von Brinckmann in Berlin. Berlin, den 27. Februar 1804.[97]

Lieber Brinckman ich bin zu böse waß ist denn daß in 2 tage nicht geschrieben und nicht gesehen waß dencken Sie sich dabei dumer Brinckman –

Komen Sie mich Heute Abholen mit Wictoiren wenn sie noch einen Augenblick zeit haben so komen sie Früher Wenn sie wollen liebe Seele so sehe ich sehr gern daß Sie mich noch einen [Augenblik] Zettel geben könnten für Vettern – Schickken Sie ihn mir liebe Seele ich willen schon besorgen an Vetter – Meier können nicht die sind bei Onckel

Also Sie ich und Victoire und Vetter wenn Sie wollen die Splitgerber – Schicken Sie mich wenn sie wollen die Zettel bleiben Sie nach den Théater[98] doch bei mich zum Theé

36. Pauline Wiesel an Karl Gustav von Brinckmann in Berlin. Berlin, den 29. Februar 1804.[99]

Lieber Brinckman So eben erfahre ich daß Sie kranck sind und nicht bei den Prinzin gewähsin – denke Sie mal ich gehe nicht bei Hessen zum Polterabend –

wollen Sie bei mir komen um halb 9 uhr Thuen Sie es Lieber Brinckman ich bin allein Alle sind Aus wollen Sie

Adieu lassen Sie mich Antwort Sahen

Pauline

37. Pauline Wiesel an Karl Gustav von Brinckmann in Berlin. Berlin, den 1. März 1804.[100]

Liebe Seele wie leid Thut es mir daß sie kranck Sind wenn sie denn 12 noch kranck so trinke ich Thee bei ihnen – gestern hat der Prinz so sehr bereud das sie nicht da wahren so klug wahr der ami.

38. Pauline Wiesel an Karl Gustav von Brinckmann in Berlin. Berlin, den 4. März 1804.[101]

Lieber Brinckman können sie Heute Abend bei mir zu Theé komen, Um Halb 9 Uhr wenn es nicht zu aufallend währe und Sie könnten den Herr Müller[102] mitbringen So Solte es mich zu lieb Sein der Prinz kömt Auch – lassen Sie mich Auf alle Fälle Antwort sahen liebe Seele, und ob daß eine Möchlichkeit ist mit Müller,

39. Pauline Wiesel an Karl Gustav von Brinckmann in Berlin. Berlin, den 5. März 1804.[103]

Lieber Brinckman, wollen Sie Heute Abend Thee bei mir trincken ich bin kranck komen Sie So früh sie wollen [...][104] – Sie komen jarnicht mehr zu mir Sie müssen Heute komen, Ich errinner mich die Zeit wo sie mich Schrieben, «und wenn die königen mich um ein réndez vous bittet So Schlage ich es ab,

Brinckman Heute komen Sie

40. Pauline Wiesel an Karl Gustav von Brinckmann in Berlin. Berlin, den 12. März 1804.[105]

Brinckmann, waß zu Schlecht ist [...][106] verliert denn wärt. Seid 8 Tage keine Silbe und auch nicht einmal gekommen. mich deucht ihre M^d^ de Stall[107] beschäftich Sie mehr Als mich mein Prinz! Ich gehe nicht nach die Redoute[108] ich bleibe Zuhause waß sagen Sie dazu Herr von Brinckman Komen Sie nicht zu mir denn sind sie doch mehr Als – ich will es nicht aussprechen Schreiben Sie mir ein Wort Brinckman ob Sie komen oder nicht – Leben Sie woll ich habe keine Minute Zeit ich dächte ich hätte ihnen Ungeheuer Sachen zu Sagen liebe Seele ich muß Sie balde Sehen die dume M^d^ de Stall

41. Pauline Wiesel an Karl Gustav von Brinckmann in Berlin. Berlin, den 13. März 1804.[109]

Lieber Brinckman, Ich sagte ihnen neuhlich sehr bestimd Sie könnten nicht bei mich Theé trincken weill ich hatte die Levi versprochen bei ihr zu komen und Ihnen mit zubringen jedoch nicht ehr davon zu sprechen Als denn Abend selbst Gestern früh erfurg ich zu mein gröst erstauhen daß die Levi hinging und daß nichts Aus denn Thee würde da schrieb ich Ihnen und erfurg auch da Dasselbe – Also blieb ich Allein – Wenn Sie nach der Post einen Augenblick Zeit haben so kommen sie zu uns wir sind Allein – Wie lange habe ich ihnen nicht gesprochen Brinckman

Herr von Hugo[110] ist gestern hir gewähsinn der hat sein Wort gehalten –

42. Pauline Wiesel an Karl Gustav von Brinckmann in Berlin. Berlin, den 26. März 1804.[111]

Lieber Brinckman – Mein Unglück Stern städ noch immer über mich und würd mich Auch woll nicht ehr Verlassen bis ich ein Ander Climat Sehe, Auch die dume Stall muß noch komen und mich die Wenige Menschen zu berauben die mich interresieren,[112] Ich bin beinah endschlossen diesen Sommer weid weit weck zu gehen Brinckmann denn wie Lange bleib denn die dume Stall Wann ehr werden Sie denn Aufhören mit ihr ewig und ewig zu Sein, wenn es ihnen Heute Abend möhlich ist Lieber Brinckman so komen Sie um Halb 9 Uhr zu mir (ich bin vorher im Théater) und trincken Sie Theé bei mich es muß ihnen Aber nicht géniren liebe Gute Seele Auch Gestern und Vorgestern habe ich auf ihnen gehoft – Aber point du tout[113] kein Brinckman – les jours de fèté[114] sont passez[115] Wenn Sie an Genz Schreiben so erinnern Sie ihn an mich – Adieu lieber Brinckman

43. Pauline Wiesel an Karl Gustav von Brinckmann in Berlin. Berlin, den 27. März 1804.[116]

Lieber Brinckman lassen Sie mich durch ein phar Worte wissen wahrum Sie gestern nicht gekomen Sind und wahrum ich keine Antwort bekommen habe – Sie haben doch gewiß meinen Zettel bekommen?

nun noch eines liebe Seele haben Sie die Güte mir auf ein phar Tage dieß buch zu borgen Les Passion es ist von der Frau von Stall[117] ich glaube So heißt es, wenn es Auch nicht so heißt So wissen Sie doch Schon waß ich meine

Leben Sie woll – Ich kann Sie nicht mehr bitten zu mir zu komen denn ich würde sie dadurch géniren – Schickken Sie mir daß Buch durch den Bohten Gleich liebe Seele Ich habe Gestern viel von Ihnen gesprochen

44. Pauline Wiesel an Karl Gustav von Brinckmann in Berlin. Berlin, den 19. April 1804.[118]

Lieber Brinckman, Sind sie böse auf mich. Ich will es nicht hoffen, Pauline wahr ja so kranck und ich So [änstlichkluch] änstlich – Pauline ist noch kranck. Aber Aus Aller Gefahr, kommen Sie Heute Abend zu mir bitte bitte Lieber Brinckman um halb 8 Uhr Aber ja nicht Spähter lieber früher Als spähter, die Stall hat ihr Soupé abgesagt[119] also kann ich ihnen ja woll bitten zu mir zu kommen –

Wahrum sahen Sie denn nicht gestern rauf Als Sie vorbei fuhren um 1 Uhr – Adieu ich rechne auf Sie Heute Abend und in Aller Ewigkeit

Pauline

45. Pauline Wiesel an Karl Gustav von Brinckmann in Berlin. Berlin, den 26. April 1804.[120]

Lieber Brinckmann, Heute bin ich in der impossibilité[121] Sie zu sehen ich bin denn ganzen Tag Aus, Aber Liebe Seele Morgen und Ubermorgen; und Sontag Abend von Halb 7 Uhr bis Mitternacht auf 3 Schüssel[122] müssen Sie kommen, Morgen und Ubermorgen muß ich Sie Auch Sehen, lieber Brinckman! Sie dürfen mich meine bitte nicht Abschlagen, denken Sie waß für ein événement[123] Sich Heute früh hat zugetragen ein brif aus Paris aus denn Schlegelschen Hause von Helweline Hesferd[124]

Schlegels sind noch in Paris in diesen Augenblik, denken Aber gewiß fort zu gehen aber wo? Schrieb man mich nicht –

daß alles will ich ihnen umstendlich lesen lassen; komen Sie morgen wenn Sie wollen Adieu! Vergessen Sie die 3 Schüssel Sontag nicht bei Pauline – – – – – –

46. Pauline Wiesel an Karl Gustav von Brinckmann in Berlin. Berlin, den 2. Mai 1804.[125]

Lieber Brinckman kommen Sie noch Heute ich dachte daß Wetter währe rasend Melancolich und ganz für mich gemacht, lassen sie mich bescheid sagen wenn Sie komen wo möchlich Schriftlich

47. Pauline Wiesel an Karl Gustav von Brinckmann in Berlin. Berlin, den 3. Mai 1804.[126]

Wenn es Ihnen möchlich ist Heute Abend zu mir zu komen so machen Sie mir Glücklich wenn es Auch späht ist daß Thut nichts je früher je besser daß Verstäd Sich von Selbst. die Weld ist im Concert[127] ich habe Aber keine Lust dazu, lassen sie mich müdlich sagen um welche Zeit sie Ungefehr können komen eine Promenade währe Gotlich

48. Pauline Wiesel an Karl Gustav von Brinckmann in Berlin. Berlin, den 5. Mai 1804.[128]

Lieber Brinckman denken sie welch ein événement mich betrifft, Sie wissen wie sehr ich mich gefreud hatte nach denn Thierjarten zu Gehen – Nun sind tausendt evenements daschwissen gekomen, die es mir ummöchlich machen – Sobald sie oder ein anderer Ungluklicher sich nicht meiner annimd um mich zu führen denn es ist doch in denn dinge der Ummöchlichkeit daß ich ganz Allein raus gehen kann Sie sind mir bei weiten der Angenehmste – Ich bitte Ihnen also darum ist es ihnen ummochlich So sagen Sie es an Vetter ich bin um 7 Uhr gewiß Zuhause

Pauline

49. *Pauline Wiesel an Karl Gustav von Brinckmann in Berlin. Berlin, den 7. Mai 1804.*[129]

Lassen Sie mich wissen, Lieber Brinckman wie es mit Ihnen geht? sie sind doch nicht kranck! Ich habe recht Auf Sie gewahrtet Gestern Abend, wie städ es mit Heute Unser Gemeinschaftlicher Prinz[130] hat Heute viel for wie währe es wenn sie zu mir kämen und wir eine götliche Promenade machten ich nehme von Unseren gemeinschaftlichen Theé mit und wir ginge nach den Thierjarten –

Lassen sie mich hirüber Antwort sagen Liebe Seele im fall meine Pölle sie nicht treffe Aber Schriftlich

Pauline

50. *Pauline Wiesel an Karl Gustav von Brinckmann in Berlin. Berlin, den 14. Mai 1804.*[131]

Lieber Brinckman hätte ich einen bohten gehabt ich hätte Schon Heute nach Ihnen geschickt, wenn es ihnen möchlich ist Engel so komen Sie Heute Abend zu mir die Meier und Herr von Hugo[132] sind bei mir mir wenn es ihnen nur irgend mochlich ist sie würden mich Glücklich machen wenn es Auch nach um 10 Uhr ist

Pauline

51. *Pauline Wiesel an Karl Gustav von Brinckmann in Berlin. Berlin, den 16. Mai 1804.*[133]

Lieber Brinckman sie wissen doch daß gestern Abend Als sie sich Melden liessen der Prinz da wahr und wir einstimmich sagten ja. Aber M$^{\underline{d}}$ Chaterine sagte Nein an ihren Domestique aus waß für grund begreife ich nicht – Wir beide haben nicht Allein aus denn Fenster wie toll geschriehen Sonder den bedienten von Nachbaren nach geschick – Aber kein Brinckman – Liebe Seele Heute habe ich einen annuyanten Tag denn Morgen bei der

Rabe denn Mittag mit ihr bei der Meier wenn Sie es können möchlich machen zu mir zu komen so würde es mich glücklich mahen der Prinz selbst hat mich darum gebeten er kommt um 9 Uhr Engel wenn es ihnen nicht zu sehr genirt so komen sie Auch ich will Auch bis Mitternacht Aufbleiben [...][134]

Adieu Seele eine Gute Antwort ich gehe zur Levi einen Augenblick wegen denn Thierjarten zum Essen

Vetter ist Aus der Weld niemand weiß wie und wo seid 8 Tage

Pau

52. *Pauline Wiesel an Karl Gustav von Brinckmann in Berlin. Berlin, den 20. Mai 1804.*[135]

Lieber Brinckman. Ich hätte Ihnen gewiß Heute Morgen geschrieben wenn sie mich Auch nicht geschrieben hätten so bin ich Ihnen Aber doppelten dank Schuldich für daß billet und denn bohten der daß meinige Gleich mitnehmen kann Nun zu meine avanture – Sie müssen wissen daß mich der Prinz schon mal hat sehr bestimd mercken lassen daß ich nicht möchte Putkamer annehmen Gestern Als wir von Belvue[136] kamen so ging er mit rauf zu mir ohne daß ich courage hatte ihm zu sagen – Nein – Auch wuste ich keine Schikliche Ausrede – Ihnen nur kann man Alles sagen. Ich wahr shon ungeheuer erschrockken Als man ihnen meldete und mein ambarra[137] nahm jeden Augenblick zu denn ich sag denn Augenblick daß Louis reintretten würde ich faße also kurz und sagte zu Putkamer Sie müssen gehn – – Nun wissen Sie meine Angst Als Louis rein trat. Ich wollte erst ein Spas daraus machen, Er bekam mich Aber sehr Schlim, denn sie hatte kaum die Stube verlassen so Verstand Louis kein Spas mehr Sonder wurde auserordentlich böse und noch mehr giftig würde er! so daß ich kaum Zeit hatte ihm zu Sagen daß es Putkamer währe. Er hatte ihn erkand und wahr Ungeheuer Aufgebracht. Da half nun kein bitten kein betten kein Zürnen nichts nichts. Louis wahr wie Vetter. Sie können also Leicht denken Liebe Gute Seele in welchen Zustand sie mich gefunden hätten. Ich beschwöre ihnen daß ich ganz allein ganz trauchrir in mein bete Lag Als sie klingelten ich hatte mich so übel befunden daß ich wie Krämpfe hatte, Wenn ich noch Auf gewähsin währe So hätte ich Sie angenohmen. So Aber wahr es mir Ummochlich. Ich brauche Ihnen nicht daß Alles zu versicher sie werden die Spuhren Auf mein Gesicht Sehen wenn sie zu mir komen – Nun Adieu Lieber Brinckman komen sie wenn sie wollen Heute ich bin gewiß Zuhause

53. *Pauline Wiesel an Karl Gustav von Brinckmann in Berlin. Berlin, den 25. Mai 1804.*[138]

Liebe Seele der Prinz ist diesen Morgen um 2 Uhr Abgereißt.[139]

Ich wahr die Tage über erstauhen kranck an Zahn Schmerzen.

Heute fahre ich über Land Aber um 9 Uhr denke ich Zurück zu sein wenn sie denn konnen etwaß zu mir komen so soll Sie mir sehr wilkomen sein Adieu Liebe Gute Seele

54. *Pauline Wiesel an Karl Gustav von Brinckmann in Berlin. Berlin, den 26. Mai 1804.*[140]

Lieber Brinckman sie wahren ja gestern zu späht bei mich – ich wahr schon zu bette es wahr gewiß halb 11 Uhr und ich kam aus Friedrichfelde[141] – Heute fahre ich mit der Alwensleben und der Meier nach Belwue um 5, und kommen zu Alwensleben umd 7 Uhr zurück und trinken Theé bei ihr

Wie währe es Liebe Seele sie machten die Partié mit, sie könnten ja nach Belwue kommen oder wenisten doch zur Alwensleben um 7 Uhr wenn wir denn zurück sind, besser währe es immer in Belvue der götter Jharten.

Adieu Lieber Brinckman ich sähne mich recht nach ihnen kommen sie ja liebe Seele wenn es ihnen nur irgend möchlich ist denn Morgen ist gewiß wieder etwaß for laßen sie mich bescheid wissen lieber ob ich Sie Heute sehe. Kommen Sie nach Belwué es würd Ihnen nicht gereuhen. Pauline

55. *Pauline Wiesel an Karl Gustav von Brinckmann in Berlin. Berlin, den 29. Mai 1804.*[142]

Lieber Brinckman nur 2 Worte ich will kein Wein mehr daß änstich mich! Wie geht es Ihnen? wie sehr habe ich Ihnen bedauher ich konnte ummöchlich gestern zu sie Schickken. Nun noch einst Liebe Seele hir ist ein kleine brif für Wiesel ich habe Roux Gestern Geschrieben[143] haben sie die Gefällichkeit und sagen Sie Roux meintwegen [ich] er würde ein brif durch die Post von mir bekomen übrigens währe ich erstauhen böse seine conduite[144] währe greslich – denn brif solte er an an Wiesel sehr sicher besorgen und soll mich so gleich Antworten, Lieber Brinckman ich hoffe sie erfüllen meine bitte – Heute kann ich sie nicht sehen –

Aber Morgen wenn sie wollen mit [Ihnen] mir spazieren gehen und bei mir Theé trincken

Um Gottes willen nichts an Pauline sie ist kranck

56. *Pauline Wiesel an Karl Gustav von Brinckmann in Berlin. Berlin, den 31. Mai 1804.*[145]

Lieber Brickmann kommen Sie noch heute Abend? wenn nicht muß ich sehr umstendlich und sehr bestimmt wissen. Wie lange konnen Sie bleiben? Ich habe die rasendste Lust spaziren zu gehen Sie währen mir der liebste dazu ich bitte mir auf dieses alles schriftlichen Bescheidt.

Wie würden Sie es finden wir gingen zur Levy?

Pauline

57. *Pauline Wiesel an Karl Gustav von Brinckmann in Berlin. Berlin, den 14. Juni 1804.*[146]

Lieber Brinckman So eben erfahre ich daß sie Gestern bei mich wahren, Ich wahr bei der Levi, Heute gehe ich Auch zu ihr wollen sie mich Abholen um 7 Uhr zu fuß Aber denn daß wetter ist Schön lassen sie mich bestimdte Antwort sagen wo möchlich Schriftlich denn die Frau[147] ist dum [Ich]

Wir bleiben so Lange sie wollen liebe Seele –

58. *Pauline Wiesel an Karl Gustav von Brinckmann in Berlin. Berlin, den 18. Juni 1804.*[148]

Lieber Brinckman Wie können Sie glauben daß ich Sie je vergessen könnte Liebe Seele sie kennen mich zu Gut um es zu glauben Gewiß gewiß Lieber Brinkman ich Schreibe Sie von der Reise[149] und schickke Ihnen meine Adresse, Wenn ich die Lezte Zeit nicht so wahr Als sie es wünschten oder verlangen konnten so glauben sie gewiß Lieber es wahr nicht anders möchlich, Ich will Ihnen Alles schreiben oder bald müdlich sagen – Ich könnte ja nicht anders – Lieber Brinckman Leben sie woll Vergessen sie mich nie und sein sie überzeug daß ich ihnen ewig Als mein bester Freund erkännen währe

Ich Schreibe Ihnen gewiß Lieber B bleiben sie mir gut und glauben sie keine andre Nachrichten als die ich Ihnen selbst gebe keiner kend mich da ich nicht um Ihnen bin Adieu nochmals

Ewig ihre Pauline

59. *Pauline Wiesel an Karl Gustav von Brinckmann in Berlin. Magdeburg, den 24. Juni 1804.*[150]

Magdebourg denn 24 Juin
Lieber Brinckman ich weiß gewiß daß Ihnen daran Liegt zuweilen von mir Nachricht zu bekomen. Ich bin noch immer in Magdebourg und weiß Auch nicht bestimd wann ich von hir fort gehen werde ich denke Aber in einigen Tage, Liebe Seele sie könnten mich recht glücklich machen wenn sie mich wollten nach Francfort[151] Schreiben poste restante, Pauline Wiesel ge. Cesar. Ich denke dort in 12 tage ganz gewiß zu Seinn Lieber Brinckman thuhen Sie es bitte bitte sie glaube nicht wie glücklich sie mich dadurch machen würden sagen sie mich etwaß Angenehmes denn ich höre Leider wieder lauter Unangenehmes. Aber Schreiben Sie gleich Engel denn ich bleibe nur sehr kurze Zeit in franckort – wo ich von da hin sehgel werden weiss ich wahrhaftig nicht so dumm und albern es auch klingt, Aber Gott weiß unter welch Gestirn ich Gebohren bin denn das Schicksall wüthet rasend mit mir[152] und ich sehe noch immer kein Ende im gegentheil die Zukunft ist in jeder Rücksicht noch Schlegter Als die Gegenwahrt da die wahrhaftig nicht zu beneiden ist – – – –

Sie glaube nicht Lieber Brinckman wie Unsehlich es mir geht, Es hilft aber kein Klagen denn die gewöhneklichen Menschen sagen ja sie hat es ja nicht besser haben wollen und die, an die ich klagen kann die würden mich bedauher sie würden sich vieleicht änstigen, und können mich Leider auch nicht helfen Gott allein nur kann es und der thut keine Wunder mehr und ohne wunder muß ich mein Schicksall ruhig Abwahrten ich kann zu keinen Menschen klagen denn ich bin nicht zu helfen!

Lieber Brinckman beklagen Sie mich nur im Stillen ich Verdiene es gewiß! So zu beklagen ist selten eine Sterbliche gewähsin – und wo mit habe ich es woll verdient – mit ein klein bischen Leichtsinn! so viel so unendlich viel kummer. Wir werden uns vieleicht Lange Lange nicht wieder sehen Lieber Brinckman Aber sie sollen immer von mir hören und von mir direck denn waß andere sagen ist nicht immer wahr es klingt nur so wahrscheinlich –

Geben Sie mich auch Zuweilen von Sich Nachricht Liebe Seele sie glaube nicht wie sehr gern ich von Ihnen höre – die Lezte Zeit wahr ich unglaublich Unglücklich ich taht nur mein möchliches um mein Ungluck selbst nicht zu überlegen um keinen Preiß hätte ich davon gesprochen denn die details daran avetzirte ich[153] mich selbst (wo möchlich) denn die wahren Fürchterlich Ich machte mein möchliches immer im trouble und confusion[154] aller möchlichen Art fort zu leben um wo möchlich nicht recht zu mir selbst zu komen, und mir kein Verhör selbst abzulockken. Ich dachte so ganz infärde[155] die Zeit komt früh genug wo daß alles würd klar vor deinen Augen stähen, So vill wuste ich Aber woll, nicht zu helfen nicht zu helfen blieb beständig der refrin, ich möchte es anfangen wie ich wollte – Lieber Brinckman sprechen sie auch keinen Menschen von mir ja waß noch mehr ist Lassen sie sie sprechen waß sie wollen nehmen Sie nicht mehr meine partié – Sie ist auch für diesen Menschen nicht mehr zu nehmen, sie würden sie nur ansehen für etwaß wahnsinnig – Sprechen Sie zu keinen Menschen von mir denn sie wissen alle nicht wie mich ist, Sie können vieles wissen Ahnden und glauben Aber wie es in mir selbst ausieht daß Ahndet keiner und daß ist ja doch immer die Hauptsache daß ander sind ärbärmekliche Vorurtheilen – Wenn ich nur glücklich dabei währe oder moyens[156] hätte es zu Seyn daß übrige wollte ich schon Vergessen – – Ich Schwöre ihnen bei Alles waß mir Theuer ist in dieser Weld daß ich nur bis Franckfort weiß waß aus mir würd von da habe ich noch keine idée wo ich hingehen werde, Aufs Land Aber bestimd und recht fern und auf recht Lange Liebe Seele briefe sollen ihnen Aber doch zukomen wo ich auch hingehen mach – Lassen sie mich nur nicht zu Lange wahrten in Francfort auf einen brif dencke Sie nur wie Wilkomen mir der sein würd sagen Sie niemand daß ich ihnen Schreibe – – – – –

Haben sie Vieleicht ein brif unterdessen bekomen von Roux[157] oder Genz[158] Liebe Seele, oder sondst etwaß neuhes gehört so Schreiben sie es mir doch – Aber Lieber Brinckman ich rechne auf ihre güte bald zu Schreiben denn ich kann mich ummöchlich lange in Francfort aufhalten – Ich Schreibe Ihnen bestimd von Francfort aus so gleich ich ankome und Schickke Ihnen meine Adresse.

Nochmals sagen sie niemand etwaß von meinen [cop] brif an Ihnen und glauben Sie mich ewig ihre Aufrichtige Freundin. an Hatzfeldt Schreibe ich Auch noch Heute ich glaube achaffenburg[159] ist ganz nah bei Francfort vieleicht kömt er hin um mich auf Lange ein Lebewoll zu sagen – Pauline

60. Pauline Wiesel an Karl Gustav von Brinckmann in Berlin. Aachen, den 10. Juli 1804.[160]

aix la Chapelle denn 10 July
Lieber Brinckman ich bin auf ehre kein Windbeuhtel[161] wie sie mir schreiben nur etwaß Leichtsinnig, Ich habe ihren brif mit unendlicher freude bekomen denn er ist der erste denn ich aus Berlin bekomme ich bin seid 3 Tage hier denke noch 4 Tage hir zu bleiben und Alsdann nach Chaufontaine[162] auf 4 Wochen zu gehen wo ich von dort hingehe Schwöre ich ihnen weiß ich selbst noch nicht, aber so viel Liebe Seele im october sehen sie mich wieder und auf ewig nie nie will ich Berlin und meine Freunde [...][163] wieder verlassen. Gehen sie nur nicht aus Berlin Brinckman denn daß evénement könnte mich Unsehlich machen gewiß gewiß Verlassen sie sich drauf wie auf meine Ewige immerwährende Freudschaft daß sie mich auf diesen Winter in Berlin sehen und auf recht Lange zeit. Ich habe wie sie dencken können nach Franckfurht geschrieben und gebeten mir so gleich meine brife hir her zu Schickken ich erwahrte sie alle Tage, Solten Sie Aber Liebe Seele durch einen Zufall die briefe Zurück bekomen so haben sie die Güte sie mir so gleich hir her zu Schickken ich bin selbst auf der Post hir gewähsin und habes richtig gemaht ich bekome sie gewiß, Auch Schreibe ich ihnen bald wieder beste Seele, und sagen ihnen wo ich hingehe, Schreiben Sie mir nur Zuweilen sie glauben nicht wie glücklich sie mich dadurch machen ich hoffe gewiß die brife aus Franckfort zu bekomen; Meine Gesundheit geht gut meine Melancolie aber nicht ganz so gut sie Glauben nicht wie isolirt ich mich vorkome über al allein wenn ich nicht Pauline hätte ich stürbe vor Gram Aber daß kind macht mein Glük aus.

Achen ist sehr trauhricht in diesen Augenblick noch, ich

werde mich Freuhen wenn ich erst wieder in Chaufontains [...][164] zu Sein es halte mich bloß nur noch kleine Geschäfte hir auf denn gehe ich gleich weiter. Ich Schreiben ihnen bestid denn Ort meines Aufenthalts, Aber so Lange sie noch keine ander Adresse habe schreibe sie nur imer hir her Poste restante. Ich finde je mehr ich lebe und noch dencke daß daß allein Leben in der Fremde nur geht wenn mann noch sehr Jung ist oder eine Liebschaft hat sondst ist man imer besser mit seine alte bekante, Auch will ich Berlin lange nicht wieder verlassen haben mich nur die Mener mal wieder gebeugen, Ich habe ein phar sehr frohe Tage gehabt in Neudorf[165] wo ich in einen Hause mit Schack[166] Logirte der mir wie sie denken können unändliche Freundschaft bewiß ich bin die ganze Zeit mit ihm gewähsin; sprechen sie Aber nicht davon Liebe Seele er würd ihnen schon bei seiner Ankunft selbst davon erzählen auch habe ich dort die Bekantschaft von einen Franzosen[167] gemacht der mir sagte er kenne mich seid lange er währe bei Laforet in Berlin wenn der in Berlin zurück kömt so fragen sie ihm von mir ich habe ihm Grüsse an ihnen aufgetragen

Nun Leben Sie woll bester Freud wenn sie die Meier sehen so grüssen sie sie von mir Auch die Alwensleben Liebe Seele Grüssen sie Herzlich von mir, haben Sie jarnichts von Genz Gehört wenn Sie ihm schreiben so erinner sie mich – ich glaube er hat mich ganz vergessen! Wenn Sie Vetter sehen, der Bösewicht hat mich noch keine Silbe geschrieben und ich habe ihm schon so oft geschrieben.

Nun habe ich jarnichts mehr zu sagen als daß ich sie ewig als ein meiner besten Freude anerkänen werde – vergessen Sie mich nur nicht

Ewig ihr Freudin Pauline

Wenn meine Mutter zurück kömt Liebe beste seele so bringen sie mich schon daß opfer und gehen Sie von Zeit zu Zeit zu ihm sprechen Sie ihr etwaß von mir denn die bösen menchen werden ihr gewiß von mir manches falsches wieder sagen,

61. *Pauline Wiesel an Karl Gustav von Brinckmann in Berlin. Chaudfontaine, den 6. August 1804.*[168]

Lieber Brinckman, Heute nur zwei Worte zur danksachung für ihren zu guten brif von 20ten July er hat mich besonders gefreud und ich hoffe Liebe Seele sie Schreiben mich bald einen ändlichen.

Ich bin noch immer hir, gesund, und so glücklich wie man es ohne freud oder freudin sein kann.

Habe aber unter der Zeit daß ich sie nicht gesehen habe Unglaubliche Menschen Kentniß erworben von so Unglaublicher Art – wie die fénoméne von der Levi und orhiho[169] – nicht von derselbigen Art, aber wenisten eben so Merckwürdich Ja Lieber Brinckman gewiß ich bin im October wieder in Berlin, Allein mit Pauline! ich bin gewiß es ist ihnen Liebe ja ganz gewiß sie brauchen es mich nicht zu versichert – Auch ich Brinckman Freuhe mich nicht wenig sie wieder zu sehen, Wie oft wollen wir noch zusamen von ihren guten Theé trincken, denn sie müssen wissen ich habe ihm beinah Alle noch, ich habe keinen würdigen gefunden mit denn ich hätte von ihren guten thee trincken können – ja ja Liebe gute Seele wir beide wollen ihm diesen Winter trinckken.

waß sie mich von der Mendelson Schreiben freud mich sehr, Auch ich wie sie wissen Liebe sie sehr behalten sie ja denn brif aus Frankfort worin sie ihnen das Alles Schrieb,[170] Meine brife aus Francfort erwahrte ich Heute oder Morgen da freuhe ich mich nicht wenig denn ich bekome viel brife!

Mit mein reisen ist es nun auf ewig Aus denn sie glaube nicht, Allein mit einen Kinde die Unglaublichen kostet und annuit[171], Auch muß man nur Allein reise wenn man 18 Jahr Alt ist, wenn ich nur mal wieder in Berlin bin ist es auf ewig, Aber ich fürchte mich schon ein wenig denn mein unsehlicher Stern der mich ewig noch Verfolgt würd Auch machen, daß wenn ich Zurück kome, Alles aus Berlin gehen wird waß mich dort Lieb ist, Ich sehe und höre Schon wie Sie ein auserordentlicher Gesanter in Aller Regel nach einen Großen kaiserlichen Hoff ihren March antretten, Aber dann Müssen Sie eine Stelle erfinden wo ich Auch mit gehen kann, Als Gute Spionen oder Rahtgeberin kurz waß sie wollen, und wie sie wollen

Noch keinen brif von Vetter, Aber nun soll auch seine Schlime Zeit angehen wenn ich zurück kome, Ich glaube nur er wird sich Aus der Schlimen so wenig machen wie aus der Gute –

Sie haben recht es ist Cristel ihre Schuld wenn Genz sie nicht wieder anbetet, sie hat ihn noch keinen blick geschleuder und noch keinen Langsamen Druck ohne Alle empfindung gegeben – gettes ihr Aber gut? finden die Wiener behagen an ihr[172] bei Aller möchlichen Politick müssen ‹Sie› ein kleinen platz in ihren brif aufbewahren worin sie Genz von mir grüssen er vergißt mich sondst ganz, daß die Jettelinen und die Alwensleben ‹Sie› so sehr maltretiren ist mir doch nicht lieb die Alwensleben ist ja so nah von den Theé tich der Gr Metternich[173] – Also Dönclektin[174] hat würcklich waß angenehmes ja ja ich habe es Leider diesen Winter genug finden müssen Malgré moi[175] – ist ihr Prinz nun würcklich Verreist[176] denn nun ist er nicht mehr mein Prinz er Schreib mich nicht es ist Abscheulich von ihm sagen sie es ihm Brinckman Aber recht sehr.

Ich bin lange in Achen gewähsin wo anjetz Unändliche Menge Fremden sind wegen der großen Kaiserin[177] ich habe sie Auch 2 Tage dort gesähin.

Sie errinner sich doch Liebe Seele die confidence[178] die ich ihnen mal machte von wegen meinen Mann, noch habe ich ihm nicht gesehin, Aber ich denke in 8 Tage gieb er mich Vieleicht ein rendez Vous oder kömt Auch woll vieleicht hir her, Es würde mich unglaublich glücklich machen ich würde es für die Liebste avanture meines Lebens halten für daß beste rendes vous der Weld, sprechen sie Aber ja an keinen Menschen davon bester Engel, Auch nicht an Vetter oder die Alwensleben,

Apropos wenn Schack zurück kömt so schelten sie ihm ich habe ihm 2 mal geschrieben und er mich keine Silbe, Nun Leben Sie woll Liebe Seele behalten sie mich in ihren Andeckken, Glauben sie nur mich und trauhen sie ewig Auf meinen immer werende Freudschaft so Lange wie Pauline lebt.

Chaufontaine denn 6 August –

62. Pauline Wiesel an Karl Gustav von Brinckmann in Berlin. Chaudfontaine, den 14. August 1804.[179]

Chaufontaine denn 14 August Dienstag
Lieber Brinckmann, So eben bekome ich sehr sehr viel brife aus Franckort wo runter der ihrige mich Wahrhaftich der Liebste ist, denn er ist so Freudschaftlich und gut daß er mich ordentlich gerührt hat dabei Auch außer interessant.

Ja gewiß Liebe Seele ich müste nicht Pauline sein oder kein tropfen von Paulinen bluht haben, wenn ich ihre Freudschaft je vergessen könnte oder wenn me‹i›n Zutrauhen in ihnen je Abnehmen könnte in jejentheil wenn ich ein Mord begangen hätte so würde ich ihm ihn anvertrauhen –

Aber sprechen wir davon nicht sie kennen mich hinlänglich und wissen wie es mit mir ist, Nun zu ein richtiges Geständniß denke sie Liebe Seele, Morgen kömt mein Mann nach Chaufontaine sie können sich Leicht mein Glück denken sie kennen meine Liebe zu ihm ja ich kann sagen meine Abgöttische Liebe mein verliebt sein in ihm, ich halte ihm in Alles für denn ersten Menschen selbst noch für schön, Brinckman ich weiss es sie Theilen mein Glück sie fühlen daß es mich sehr Glücklich macht und daß ist ihnen genug ja Morgen Liebe Seele in dieser Stunde erwahrte ich ihm, ich bin von ihre Verschwiegenheit auf diesen Punck überzeug!

Kein Mensch würde es überdem Glauben. Sie würde lachen und sagen, die kann denn klugen Menschen Alles weiß machen es ist Sonderbahr wie mancher Mensch blind kann über Weiber sein Aber es ist doch wahr Brinckman er kömt.

Waß sie mich von Henriette[180] schreiben freud mich sehr sie wissen waß ich ihnen Länst über ihr geßagt habe, und daß ist Felsen fäßt bei mir, Sie ist mir Gewiß Gut, beneidet mein Glück in Alles, nach ihren denken bin ich sehr glücklich, Aber sagt doch ich bedauher sie wie sie oft zu Roux gesagt hat, Roux seine Neuhe Pauline[181] ist auserordentlich Schön viel mehr Niedlich Allerliebst, ich habe sie Aber nie gesprochen es ist von je her ein offentliches Mächin gewähsin, daß würde nun zu ihre Liebenswürdichkeit nicht beitragen, nur will ich damit sagen ich kenne sie jarnicht, nur bloß von sehen und da gefäld sie mir auserordentlich Sie ist Lange Esterhassi aus Wien seine Metraisse gewähsin, wie er in Paris wahr.[182]

Auch habe ich Heute einen sehr guten brif[183] von Unseren Gemeinschaftlichen Prinzen bekomen der mich seine Reise nach Ungern annoncirt den brif hat mich aber doch gefreud Sie wissen mein fäbel[184] zu ihm, und Schönheit und Liebenswürdichkeit kann man ihm nicht abstreifen und daß ist nicht wenig nicht wahr? Waß sie mich von Genz in ihren brif Aus Frankort schreiben ist mir ordentlich Lieb, ich weiß nicht ob sie es sich errinner, Nehmlich waß er von Christel sagt, Verlieb währe er nicht mehr Alle 8 tage mal zum theé übrigens waß Christel sagte und dächte daß wüste er nicht[185] Genz bleib in aller Ewigkeit eine Liebe Liebenswürdige Seele! Sie glaube nicht Lieber Brinckman wie oft mich ihre beide bücher hir gefreud haben und wie manche Angenehme Stunde sie mich gemacht haben Nehmlich daß Mädhin von Orleans und Schiller[186]

daß können sie Auch sagen, daß glaubt ihnen auch kein Mensch – !!! daß ich so Unändlich viel Sinn für sie habe daß glaubt ihn Auch kein Mensch Wir brauhen ja Aber Auch nicht denn Glauben vieler Menschen –

könnte woll noch mal eine Zeit kommen wo Sie Genz Wiesel ich und noch einige Vereint an einen Angenehme Ort Leben könnten, Wenn ich nur nicht dabei sein wollte sie Andere können es gewiß noch möchlich machen, Aber mein ewigens contreer[187] Geschickt würd es nie Zugeben dazu bin ich nicht glücklich genug, – Aber in october Brinckman sehen wir uns doch wieder und denn auf recht Lange, ich bin nun etwaß klüger geworden mit die Lieben Berliner ich werde mich auf zurahten meiner Mutter in keine Büsonchen[188] geselschaft wieder einlassen, – Sonder ganz Still Zuhause bleiben und meine phar Freude zum Theé erwarhten wenn sie nichts klügeres anfangen können, –

Nun Leben Sie woll Lieber Freud, ich befinde mich woll Pauline Auch sie macht mein ganz glück aus ich Liebe sie bis zur Anbetung und bin in diesen Punck nicht undankbahr mit mein Geschick denn ich erkenne mein Glük alle Tage –

Ihre Pauline Auf ewig

63. Pauline Wiesel an Karl Gustav von Brinckmann in Berlin. Chaudfontaine, den 17. August 1804.[189]

Chaufontaine denn 17ten August, Sonnabend
Lieber Brinckman ich bin etwaß in Verlegenheit mit meine Heuttigen brif indessen ich kenne ihre Freudschaft für mich und bin in Voraus überzeug daß Sie mich ganz frei und Ehrlich Auf meine bitte antworten werden, Ich wüste Niemand als Sie lieber Brinckman denn ich mich wollte in dieser Angelegenheit Lieber Anvertrauhen, Nehmlich es bestäd darin mich so Schlenn Als möchlich 50 – Louisdor[190] nach Frankort an Mein zu Schickken wo ich denke in 12 Tage zu Sein – Aber Liebe beste Seele es muß Ihnen nicht zu viel Unsehlichkeiten machen, etwaß macht es ihnen in jeden fall indessen ich weiß daß sie es gern für mich thun, wenn die Möchlichkeit da ist. Ich denke noch immer im october in Berlin zurück zu Sein und könnte sie ihnen denn mit Allen dank zu Stellen, Lieber Brinckman sie kennen meine änstlichkeit in Geld affairen Ich bin aber in einiger Verlegenheit und Glaube daß mich könnte geld fehlen und auf reisen ist daß eine sehr misliche Sache sie würde mich Also eine Große Gefällichkeit erzeichen, Schreiben sie mir Poste restante nach Frankort meine Adresse, ich bin in 12 Tage dort und werde in jeden fall einen brif dort von ihnen Abwahrten Schreiben sie mir so bald Als möchlich Antwort, Ich befinde mich so ziemlich woll und Pauline Auch Aber kann Aus mehrere Gründe die ich Ihnen mündlich sagen werden hir nicht mehr bleiben Auch ist daß Wetter so fürchterlich hir und sie kennen meine sensibilité für daß Wetter daß ich es kaum aushalten kann, Ich werde Ihnen von Frankort aus gleich bei meiner Ankunft Schreibe, und Auch wo ich denke von dort hin zu gehen, bis jetz weiß ich keine Silbe davon Sie sollen es Aber erfahren so bald ich es selbst weiß, – – Nun noch einß Liebe Seele sagen sie an Niemand daß ich nach Frankort gehe denn ich will es gern noch nicht gesagt haben, Aber an Niemand Wie wünsche ich denn Monat october; Sie glauben es nicht Brinckman Aus Hundert gründe wo von der eine meine Ankunft in Berlin ist, ich hoffe lieber Brinckman sie Verlassen denn auf einiger Zeit denn brillianten Theé Tisch der gräfin

Méternich und die Schöne Decoration dazu von ‹Dönetkin?› und komen zu mir, ich hebe noch imer ihre theé sorfellig auf und ich denke wir wollen ihm zusamen trinken.

Ist Schack schon wieder zurück? hat er würklich so viel geld verlohren? es sollte mich sehr leid thun – Ist Hatzfeldt Auch schon wieder Zurück? sprechen sie Aber an beide nicht von meine reise nach Frankort

apropos ich höre daß genz [...][191] ein groß Haus in Wien macht[192] und rasend Geld ausgieb aber enrévenge[193] Auch rasende Schulden hat und so viel daß er in kurzen woll daß große Haus zu machen wird, Sein Leichtsin ist grenzenloß in diesen Stückken, Hören sie nichts von Henriette arenstein[194] man sagt sie ist sehr verändert geht genz zu ihr?[195]

Wissen sie denn daß die Humbold mit eine kleine Römerin in Paris in wochen gelegen hat und die Line oder Meni und denn Türckken mit Sich hatte die Meni ist eine große Dame geworden –[196]

Sie denk Aber noch vor denn Winter nach Rom wieder zurück zu gehen die gräffin Schlaberdorf ist noch immer mit ihr[197] – Er Schlaberdorf muß zurük, [...][198] er soll viel Geld in Paris Verlohren haben

Nun Lieber Brinckman muß ich Schlissen, Pauline weint nach mir Sie kennen meine faibel für ihr. Leben Sie woll Schreiben sie mir bald liebe Seele, und Verzeihen sie meine bitte, – Noch einß Liebe Seele, da mich viel daran liegt meine reisse nach frankort zu cachire[199] so haben sie woll die güte (für fall sie meine bitte erfüllen können) mir denn Wechsel nicht von Bethman noch von Sarazin noch von Gontart [...][200] Auszahlen zu lassen.

Adieu Lieber Brinckman Ewig ihre Pauline

64. Pauline Wiesel an Karl Gustav von Brinckmann in Berlin. Chaudfontaine, den 22. August 1804.[201]

Lieber Brinckman, Heute nur zwei Worte haben sie die Gefällichkeit mir diesen brif[202] recht sicher an seine adresse zu besorgen, Aber beste Seele mit ist viel daran gelegen daß er sicher ankömt – Wie ist mir gleich – so geschwind Als möchlich und recht sicher daß ist die Hauptsache, Wenn sie keine andere Gelegenheit haben so seien sie so gut und Schickken sie ihm an golz der wird ihm denn weiter besorgen,

Haben sie meine brif bekomen von 18ten wo wie ich Ihnen bitte mir nach Frankort zu Schreiben. Liebe Seele in 8 Tage Gehe ich von hier grad hin, sprechen Sie Aber niemand davon. In October bin ich bei Ihnen und wie will ich erzählen Brinckman und wie glücklich will ich in meine einsame Stube in Berlin Sein, adieu Brinkman ich kann ihnen Heute nichts mehr sagen ich habe Abhaltung Aller Art.

Ewig ihre Pauline

Chaufontaine denn 22 august

65. Pauline Wiesel an Karl Gustav von Brinckmann in Berlin. Frankfurt am Main, vor dem 11. September 1804.[203]

So eben kome ich an Liebe Seele und finde ihren Guten brif mit denn Wecsel vielen danck Lieber Brinckman für ihre Güte und Schlennichkeit. Ich reise in einigen Stunde wieder fort und kann ihnen Also jarnichts mehr sagen Als daß ich recht glücklich bin, Auch habe ich Wiesel gesähin und finde ihm jarnicht verändert. Ich werde ihnen daß Alles umstendlich müdlich erzählen Lieber Brinckman, Ich kome noch immer im October in Berlin verlassen sie sich drauf Lassen sie die dumen Menschen reden

Ich bin so confus daß ich nicht weiß waß ich Schreibe in meiner Stube ist es wie ein wirwahr Pauline weint nach mir, Auch bin ich nicht ganz woll – Verzeihen sie diesen zu Confusen brif Morgen Schreibe ich Ihnen Umstendlich aus Fulda sagen sie niemand daß ich hir bin liebe Seele. Ich werde ihnen daß alles bei Theé Tisch in Berlin sagen

Franfurt denn ‹...›[204] Pauline

66. Pauline Wiesel an Karl Gustav von Brinckmann in Berlin. Dresden, den 23. September 1804.[205]

Lieber Brinckmann, Sagen Sie mir nur mit 2 Worte ob sie einer meiner brife für Petersbourg bekomen haben, ich Schrieb ihm noch aus Chaufontaine Es ist mir viel daran gelegen Schreiben sie mir hir her Poste restante wenn sie denn brif haben Vorgeschickt und wie

Ich bin zu ehlend ich Schreibe aus dem bete Sage sie niemanden waß von meinen Aufenthalt Liebe Seele und Glauben Sie mir bis in den Tod ihre Aufrichtiche Pauline

Dresden denn 23 September

Ich bin bestimd in 14 Tage bei Ihnen

67. Pauline Wiesel an Karl Gustav von Brinckmann in Berlin. Dresden, den 5. Oktober 1804.[206]

Dresden denn 5 October
Lieber Brinckman ich glaube beinah Sie haben meinen brif von hir aus nicht bekommen, Ich frug Sie nur bloß ob Sie hätten einen brif von mir aus Chaufontaine erhalten mit einer einlage an Schouwaloff es ist mir besonders daran gelegen zu wissen ob dieser brif ist bis Berlin gekomen ich bat ihnen mir diesen brif auf eine sehr sicher Art nach Petersbourg zu Schickken, Ich habe seidem viele brife von ihnen bekomen, Aber niemals ein Wort über diesen haben Sie die Güte Liebe Seele mir nur mit ein Wort zu sagen ob sie diesen brif bekomen haben und ob er ist von Berlin weiter geganhin,

Mit meiner Gesundheit getes viel besser und ich denke noch Gewiß in 8 Tage von hier Abreisen zu können wie freuhe ich mich wieder nach Berlin zu kommen und wie will ich dort bleiben. Ist Mama schon wieder da? Gehen Sie im fall sie da ist zu ihr Liebe Seele und sagen Sie ihr es ging anjetz gut mit meiner Gesundheit ich hoffe nun bald in Berlin zu Sein sie hätte mir doch ein quatier gemiehten chamber garnie 4 Stuben wo möchlich nicht viel treppen und in ihre Nähe,

Wenn Sie mich Gleich antworten lieber Brinckman so bekome ‹ich› noch ihren brif hir. Meine Adresse wissen sie ja Poste restante Ich hoffe sie freuhen sich etwaß mich zu sehen, denn ich freuhe mich besonders sie zu sehen Lieber Engel

Im fall mama noch nicht da währe so haben Sie die Güte und gehen Sie zur Meier wegen daß quatier

Nun Lebe woll! Lieber Brinckman bis auf baldiges wieder sehen Grüssen sie Hatzfeldt von mir ich will ihm Auch noch mal Schreiben

Ewig Pauline

68. Pauline Wiesel an Karl Gustav von Brinckmann in Berlin. Dresden, vor dem 16. Oktober 1804.[207]

Sind sie kranck Lieber Brinckman. Ich muß es glauben denn ich habe Ihnen in kurzen von hir Aus gewiß 4 brife geschrieben ohne Antwort zu bekomen, Oder haben sie Vieleicht meine brife nicht bekomen. Ich frug ihnen nehmlich ob Sie hätten einen brif von mir bekomen [wo rin] noch von Chaufontaine Aus an Ihnen adressirt wo rin eine Einlage für Petersbourg wahr, es intersirt mich sehr zu wissen ob sie denn brif bekomen habe und Auch weiter expedirt haben, Sagen sie mich daß mit einen Worte Liebe Seele, meine Adresse wissen sie ja Poste restante a Dresden.

In Kurzen habe ich daß vergnügen sie zu sehen! Wenn mama in Berlin ist grüssen sie sie von mir wenn sie mir Schreiben will [soll] wird es mich sehr Glücklich machen da ich so lange keine Nahricht von ihr habe, Aber denn muß sie es gleich Thun, meine Adresse weiß sie M$^{\underline{d}}$ Wiesel à Dresden Poste restante.

Es interesirt mich zu wissen Lieber Brinckman an waß es Lieg daß Sie mich auf die menge brife nicht geantwortet haben es sieht Ihnen jarnicht änlich, kranck will ich mich Ihnen jarnicht dencken denn daß währe mich zu Unangenehm, wahrum sind sie es nicht 4 Wohen eher gewähsin sie müssen ja jetz mit mir deß morgens im Thierjarten gehen und denn Abend bei mir Theé trincken also daß will ich nicht. daß kann nicht sein Mich geht es ganz gut, ich bin wieder besser und denken gewiß in 8 Tage in

Berlin zu Sein sie können Sich woll denn grund denken wahrum ich hir bin unser gemeinschaftlicher Louis kömt hir her ich erwahrte ihm alle tage[208] – zu Ihnen gesprochen die dume Menschen lassen sie glauben waß sie wollen daß ist gleich

Adieu Lieber Brinckman in der großten Eil

Pauline

69. Pauline Wiesel an Karl Gustav von Brinckmann in Berlin. Dresden, vor dem 27. Oktober 1804.[209]

Ich danke Ihnen Liebe Beste Seele für Ihren guten brif vom 18 October Ich habe ihm selbst gestern Abend von der Post geholdt Ach wie unendlich viel habe ich Ihnen zu sagen Lieber Brinckman bleiben sie mir nur noch ein weilchen treu damit ich Ihnen Alles sagen kann. fürs erste Aber Brinckman Gebe ich ihn ein rendez vous in der Großen Stille Aber keinen Menschen dürfen sie etwaß davon sagen kommen sie Montag [...][210] um 12 Uhr bei Mama sie werden mich dort finden Aber Brinckman keinen Menschen sagen sie etwaß davon Als Hatzfeldt Auch nicht mama – – – – –

Ich werden Ihnen ganz umstendlich sagen wahrum ich nicht ehr bin nach Berlin gekommen denn grund denn sich die meisten denken ist wahrhaftich nicht wahr. Ich schwöre Ihnen bei Alles waß mich theuer ist daß ich hatte können denn 1ten October in Berlin Sein, Sie wissen wie Ungewiß Alles mit Louis ist, er hatte mich seine Antkunft in Dresden geschrieben mich gebeten dort hin zu komen, nach seinen ersten Versprechen [solte] wollte er denn 1. October dort sein, nun hat er mich bis jetz aufgehalten er ist nehmlich denn Sontag früh hir angekomen bleib biß Freitag ich bis Sonnabend also Liebe Seele es bleib bei unseren Rendez Vous Montag früh bei mama um 12 Uhr sagen sie es Hatzfeldt nicht ehr Als Sontag Abend denn er könnte es maman vertrauhen, Nennen Sie mich nicht immer Windbeutel um solcher kleinichkeit willen Als Datum auf denn brif daß ist eine Alte gewohnheit die nichts bedeutet für Zeitunghen ist daß Gut, Aber für unsere brife einerlei wenn ich mit ihnen sprechen fäld es mich nie ein welch ein Datum wir haben Ubrigens haben sie Auf der Art nicht alle meine brife bekomen denn ich habe Ihnen unzähliche male von Dresden Aus geschrieben Heute als denn 26ten Abens um 5 Uhr erhildt ich nur erst ihren brif von 18ten octobr sie sehen Also wie Lange es hir mit die brife dauer. Ich danke ihnen lieber Engel für die Gütige besorgniß von denn brife von Schouwaloff ich hoffen nun bald Antwort darauf zu bekomen, grüssen sie die kleine Levi Tausendt mal von mir wie freuhe ich mich euch Alle wieder zu sehen meine Lieben besten Engels

Ihre auf Ewig Pauline

70. Pauline Wiesel an Karl Gustav von Brinckmann in Berlin. Berlin, den 8. November 1804.[211]

Lieber Brinckman böse auf Mich halte ich für Umöchlich Wissen sie denn jarnicht daß Mama denn Abend ist Angekomen wo ich mit ihnen daß rendez Vous bei der Levin hatte, Gestern bin ich bei ihr gewähsin von 8 bis 1 Uhr in der Nacht, und Heute thuhe ich daß Selbige; Ich bin denn Tag über bei der Meier Aber um 8 Uhr bei der Kleinen ganz gewiß.

Wir haben Gestern sehr viel von Ihnen gesprochen ich wahr ganz Allein dort und Auf Ehre es wahr mich Leid daß Sie nicht kamen – Sie haben Aber Alle meine Vorwürfe – (Nehmlich die ich mich that) ziemlich beruhig daß sie Gestern daß selbige mit mich Thaten – ich habe von 11 Uhr bis halb 2 auf sie gewahrten, Lassen Sie mich wissen ob ich Sie Heute sehe bei der Levi bitte bitte Lieber Brinckman wenn es Ihnen Möchlich ist So kommen Sie

Pauline

71. Pauline Wiesel an Karl Gustav von Brinckmann in Berlin. Berlin, den 9. November 1804.[212]

Mit denn wärmsten Danck Liebe Seele überschickke ich Ihnen hir die 50 Louisdor die Sie so gütig wahren mich zu borgen. Nehmen Sie es mir nicht übel daß ich es nicht schon ehr Taht – Aber es wahr mir Ummöchlich ich bin von ihre Güte zu sehr

Uberzeug Lieber Brinckmann Sie haben mich eigentlich Verdorben daß hat mich Auch So dreist gemacht es bis auf Heute zu verschieben –

Wahrum sind sie denn gestern Auf einmal so geschwind fort geganhin Es schien ihnen nicht zu gefallen ich bin bis 12 Uhr geblieben.[213] Heute gehe ich um halb 9 uhr hin, Auf warmbier[214] wenn es ihnen möchlich ist Liebe Seele so kommen sie doch auch hin

Ich Sehe sie ja jarnicht mehr denn Morgen waß ist denn daß – bei wem treiben Sie denn ihr wessen mich deucht ‹Dönchtin?› fäng doch an ihnen sehr zu interessiren komen sie Heute zur Kleinen bitte lieber Brinckman um halb 9 Uhr ist ihre Pauline dort.

72. *Pauline Wiesel an Karl Gustav von Brinckmann in Berlin. Berlin, den 15. November 1804.*[215]

Lieber Brinckman – Ich bin mich keiner Schwären Schuld bewust! Also wo her kömt ihr Unbegreifliches betragen gehen mich Unsehlige – daß ich nicht bin Zuhause gewähsin ist ja nur bloß ein ungefähr waß zu meinen Ubrigen Ewigen deságrements[216] gehört –

Also Engel wie währes sie kämen Heute Abend zur Lewi – Aber so bald sie komen mit Pauline in einer Eckke des Zimmers und wir plauder uns Aus über so manches waß ich Ihnen noch zu sagen habe wollen sie Liebe Gute Seele bei mich kann ich ihnen kein rendez Vous geben denn sie Hassen meine Stube Aber mich nicht Also geben ich Ihnen daß rendez Vous zur kleinen um 8 Uhr bin ich da Lassen sie mich antwort wissen bei Mich ich kome noch ein Augenblick vor 8 uhr Zuhause denn jetz gehe ich zur Meier

Pauline

73. Pauline Wiesel an Karl Gustav von Brinckmann in Berlin. Berlin, den 22. November 1804.[217]

Lieber Brinckman wie Unsehlich wahr ich Gestern Als sie mich wollten besuchen! wie Lange habe ich sie nicht gesehen und wie gern würde ich sie Heute sprechen, ich bin um 12 Uhr bestimd bei Mama wenn es ihnen möchlich ist bester Engel so kommen sie dort hin lassen sie wenisten ein Wort von sich hören Mündlich ist mir immer Lieber Aber wenn es nicht anders ist Schriftlich Adieu Lieber Engel

Pauline

74. Pauline Wiesel an Karl Gustav von Brinckmann in Berlin. Berlin, den 28. November 1804.[218]

Lieber Brinckman wahren Sie Gestern bei der Kleinen? ich muste bei der Alwensleben weill ihr Bruder und seine Frau[219] dort wahren, Heute Gehe ich bestimd hin um 8 uhr denn Alle meine Bekannten sind in der Comedie[220] ich sage ihnen nur daß damit Sie überzeug seien daß kein événement möchlich ist, mir von mein Vorsatz bei der Kleinen zu gehen vorkömt – Gern würde ich Sie dort sehen! ist es Ihnen Also möchlich so Thuhen sie es bester Engel.

75. Pauline Wiesel an Karl Gustav von Brinckmann in Berlin. Berlin, ca. November 1804.[221]

Lieber Brinckman Louis hat mich gestern gesagt ich möchte Ihnen bitte zu ihm zu kommen, Wenn Sie wollten. Ich erfülle meinen Auftrag – Er Solte zwar mündlich geschäen Aber da ich so Selten daß Vergnügen habe Sie zu sprechen so will ich es Schriftlich thun! Kommen Sie jarnicht mehr zu kleinen Lieber Engel, Thuhen Sie es doch mal wieder Lieber Brinckman

Ich habe nun mehr tische und Stühle in mein Zimmer es ist nicht mehr so erstauhen Schlegt. Adieu ich recomendire[222] mich wenn der Prinz Solte von mich sprechen ich brauche so einen Freud denn Alle sprechen ihm dum von Paulinen

76. Pauline Wiesel an Karl Gustav von Brinckmann in Berlin. Berlin, den 25. März 1805.[223]

Lieber Brinckman, Ich Schreibe Ihnen in einen Schrecklichen Moment die Arme Alwensleben ist sehr Schlegt man hat in diesen Augenblik Hufland gehold, Ich bin wie ausermich! haben Sie die Einsige Güte Liebe Gute Seele und Schickken Sie denn Barometre man muß die Stuben Hitze wissen für die Nacht.

Adieu Liebe Gute Seele ich rechne auf ihre Güte und gefällichkeit

Pauline

77. Pauline Wiesel an Karl Gustav von Brinckmann in Berlin. Schricke, den 8. Juni 1805.[224]

Ihren brif habe ich richtig bekomen Lieber Brinckman. Aber ich gestähe Ihnen daß ich mich nicht darüber gefreud habe je mehr ich ihm durchlese je mehr finde ich ihm Unglücklich für mich, Sie scheinen mich ganz vergessen zu haben Sie sehen in mich nichts, Als waß andre Menschen in Paulinen sehen, Alles wie es Scheind (und jarnicht mehr so wie sondst) wo Sie so gewiß wusten wie es ist, Sie trauhen mich und Sich selbst nicht mehr Sie selbst sind ganz Unschlüssich ob ich je so wahr wie es ihnen [...][225] vorkömt Sie wissen nicht mehr [ich] wie ich denke wie ich fühle wie ich bin So hätte ich nie geglaubt Vergessen von Ihnen zu werden.

Wie ganz anders ist es mit mir, Sie sind mich ganz der Selbige wenn ich Ihnen auch in Jahren nicht sehen so sind sie ganz lebhaft vor mir ich weiß bestimd wie Sie denken wie sie fühlen! Wie wird es mich ergehen in Spähtere Seiten da werden sie nichts in mich finden, Als die [in] errinnerung daß sie mich einst hüpst und liebenswürdig fanden und die errinnerung wird sich mit vielem [Solchen] mischen die sie Alle Auch so fanden; Ihr brif macht mich sehr unglücklich und wahrhaftig viel unglücklicher Als sie es sich in diesen Augenblick denken können ich wahr in einen Augenblick schon bestimdt ihm an Wiesel zu Schickken, ich weiß selbst nicht recht wahrum mündlich könnte ich es Ihnen vieleicht sagen tausendt Unangenehme gedanken und wahre betrübniße hätten mich dazu bringen können, Ich habe es Aber nicht gethan, [ihm hätte es]

Haben Sie mich denn gans vergessen, wissen Sie jarnichts mehr von Paulinen können den Schicksalle veränderung im Leben Augenblicke Laune oder vieleicht jar Zorn an Tausendt Sachen Nothwendichkeiten, ihnen mich vergessen machen, muß ich denn grade Unterdie Linden rehnen nur Theé in meine Stube trincken, Um die selbige zu bleiben, Ach wie sehr würde ich mich selbst bedauher wenn ich nicht mal könnte die veränderung der Luft vertragen ganze ander Stürme [...][226] haben mich nicht in fühlen und dencken gehinder wo ich habe handel können da habe ich Schon bewiesen ob ich mich so leicht veränder, Ach könnten sie recht klar und tift in meinen innerstes sehen, wie [da] solche veränderung gleichgültig vor meiner Seele sind, Im gegentheil ich kann Schwören daß ich nie feiner sehe und fühle und nie mehr [die] daß Leben mit Allen seinen Infamihen klaher sehe, Als wenn mich daß Schicksall Treibt mit zu Leben, So viel kann ich mich selbst gestähen ohne mich zu Schmeigel daß, [daß] diß Leben und die Menschen nicht sind die Auf mein innerstes würckken, auf meinen Sinne vieleicht weill ich sehr Lebhaft fühle und träume, Aber meine Seele bleib unbeschädich; daß ich Ihnen daß Alles sagen muß nach einen Bekandschaft [von] wie die Unsieger daß Thut mich wehe und macht mich sehr betrübt, Ach könnte ich Ihnen nur ein einziges mal sprechen ich glaube immer Sie nehmen manches zurück waß Sie gewiß (gewiß ich Schmeigel mich damit) nur in einer bösen Laune geschrieben haben,

Ich Schwöre ihnen daß selbst manches mir Unerklährbahr in ihren brif ist die geschitte mit denn brife muß ich verstähen als wenn sie die Unzelman ihren meinten.[227] Waß denken sie Aber von mich in wie fernd glauben sie daß ich daran Schuld habe oder es protegire gott daß ich Ihnen solche gemeinheiten noch sagen muß bin ich Ihne denn ganz fremd geworden wissen sie Auch nicht daß mindeste mehr von mich – Lieber Brinckman ich finde mich in Aller Art sehr Unglücklich Aber daß ich So in ihren Augen Verlohren habe Schmerz mich Tift Auf ehre und Wahrheit

Ihn und die Levin habe ich So oft und so wahr über denn Prinzen gesprochen soll ich denn daß Alles Schriftlich noch [expliciren] wiederholen, daß kann ich nicht, es ist Auch überflüssig denn man glaub nur so viel man kann, Auch ich nehme Abschied von Ihnen, Aber nicht mit so leichten Herzen wie Sie ich werde nie bereuhen daß ich Sie gekand habe im [gegentlich] gegentheil Ihre bekantschaft [hat mich] macht mich nur immer angenehme errinnerung Sie haben mich klüger und besser gemacht ich bin ihnen dank Schuldig glauben Sie nicht daß ihre reden sind ohne nachdruck bei mich gewähsin,

Ich kann nicht mehr und mag Auch nicht mehr reden hätte ich Ihnen hir würde ich Wahrscheinlich bis Morgen reden, Aber so will ich nicht mehr Es hilft Auch nichts daß Sie wanken könnten bei So wenige Misverständnisse (denn anders weiß ich kein Wort) ist mich Schreklich, [Mein ewiges Unglük oder viel mehr mein sonderbahres Leben ist mir lieb] Ich kann nicht mehr ich bin erschöpft ich muß raus in Jahrten im freihen da will ich mich mit ihnen versöhnen da gewiß hir der Stube kann ich nicht. Also Leben Sie woll zum leztenmal Auch ich wünsche ihnen Alles nur möchliche Glük. Im freihen will ich Ihnen noch 1000mal mehr sagen und mehr wünschen hir ist mir So fatal

Schrickke[228] denn 8 Juny

78. Pauline Wiesel an Karl Gustav von Brinkmann in Berlin. Berlin, den 23. Januar 1806.[229]

Lieber Brinckam darf ich Ihnen proponiren[230] Heute Abend zu Mir zu kommen von 6 Uhr bis 12 Uhr werden sie mich sehr angenehm Seinn Henriette und die Levin kommen [zu mir] Auch – Thuhen sie es immer – liebe Seele und verlassen sie auf einen Abend nur, die grandeurs de la Société[231] um zu ihrer Freudin Pauline zu kommen

79. *Pauline Wiesel an Karl Gustav von Brinckmann in Berlin. Berlin, den 18. März 1806.*[232]

denn 18ten
Lieber Brinckman Obgleich Sie mich ganz vergessen so Schreibe ich Ihnen doch so finster es auch schon bei Mich ist Wenn sie Morgen Mittag können lieber Brinckman so kommen sie zu mir, daß heist zum Essen, von 2 Uhr bis so lange wie sie wollen,

Es wird ihnen nicht gereuhen Brinkman Ich ‹handel?› und werde mich morgen als ihre Freudin beweisen – lassen sie mich Morgen vor 10 Uhr Antwort sagen in fall ihnen mein billet Heute nicht antrift

In der groBten Eil Pauline

80. *Pauline Wiesel an Karl Gustav von Brinckmann in Gothenberg. Neuveville, den 7. Mai 1810.*[233]

Liebe Seele Erinnert Sie Sich noch Pauline César. Ich Glaube ja, Obgleich ich Schon oft in meinen Glauben bin betrogen worden, So habe ich doch die größte Lust Ihnen zu Schreiben; Ich wage es Brinckman, und mache Ob sie noch immer derselbige gegen mich währen und Erzähle Ihnen Alles Umstendlich, In Bassel sind sie nicht, denn sie hätten sich längst nach Pauline erkundig denn Ihr König ist Tagtächlich bei meiner Schwester Ich bin wenige Meilen davon am Bienner See auch von Rousseux Insel[234] in der dicksten Schweiz in die Berge und höre nur Aus brife von Meiner Schwester daß Ihr König in Bassel ist[235], Lieber Brinkman wie Sehnlich wünschte ich Ihnen nur ein Tag zu sprechen ich glaube immmer sie sind noch derselbe und würden mich Anhören und meine Gestirn beklagen – Alles in der Weld ist Schon gesagt und gefühld worden, aber meine Impfindungen und mein Leben nicht. Aus Ein Sturm in denn ander, aus Einer extremité in der Andre Wahrum änder Ich nicht mit die Weld, und vorzücklich mit die Menschen, denn nichts ändert so Schnel Als die Wahrum behalte ich meinen glauben meinen Epmfindungen und mein Herz, ich weiß nicht ob ich Soll für Ein Glük halten

Ghote sagt sehr passend auf meine Lage

«Heimlich muß ich immer Weinen;
Aber freundlich kann ich Scheinen,
Und sogar gesund und roth
Wären Tödtlich diese Schmerzen
Meinem Herzen
Ach, Schon Lange wär ich todt.[236]

Ja Liebe Seele, daß ist Schon seid manchen Jhar meine essistenz, denn ich bin gesund und roth dabei, und wenige ahnden wie es in meiner brust Ewig stürmt Wie ich hir her gekommen bin; wie ich dort wahr, und an jegen Ort, daß ist zu weitlauftig Ihnen zu Schreiben, Nur so viel, ich bin in Ein klein Städchen Neuville[237] genand. Wegen meine Pauline, die rasend an Nerwen Leidet und die Schweizer Luft anbefohlen ist, Hir ist Ein sehr guter Docter der in Jena Studiert hat[238] und Jung und klug ist; und ich habe die beste Hoffung er soll sie kuriren, Ich bleibe auf Etwaß mit ihr, bis Sie sich hir gewöhnt, Er hat Eine allerliebste Frau, gut und wirtSchaftlich, Also ist Pauline in jeder Art Gut anvertraut, Ubrigens Ist der Ort in jeder art für die Krankheit sehr gut, denn die Luft ist himlich, Wer noch Hoffung hat, Wer noch Lieben kann, Wem daß Herz noch Heftig Schlagen kann, bei Erwahrtungen, denn könnte es Auch hir sehr Gut gefallen, denn die Natur ist Schön, Aber mich änstigen die Nahe Berge ich will weiter in freihe ich will mehr Luft und Weld Ich will, und muß Zerstreut Sein mit Größere Weldbegebenheiten um meine Eigne wenisten Auf Augenblicke zu Vergessen Wo ich Aber hingehen werde ist umbestimdt; Wenn ich Geld hätte so ging ich nach Italien; Aber So Lieber Brinkman bin ich Arm, und beinhah ganz Arm, denn Sie wissen vieleicht noch nicht, daß ich vörmlich mit Wiesel Geschieden bin,[239] der mich auf die Fürterstliche Art mein Geld, Alles waß ich besaß genohmen hat, ohne daß Ich kann daß mindeste thuhen, denn Ich gab ihm Eine gerichtliche Quittung daß ich Alles von ihm bekommen habe und daß er mich nichts Schuldich währe! Nehmlich Er sagte mich Er hätte Alle meine papiere in der Tasche und er würde Sie mir auf der Stelle geben, ich unterschrib und im Augenblick ging er zur Stube raus ich nach und er in Wagen mit Post nach Paris. Es Sind anjetz 2 Jahr her, ich glaube in diesen

Augenblik ist er in England ich haben nie von ihm wieder reden hören Ich hatte mich doch Etwaß erspart, und sehe mit Freude endgegen wie ich könnte ganz nach meinen wünschen Leben! nun habe ich nichts! in der Weld, Als waß mich meine Mutter gieb, denken sie sich Also meine Lage, – – – – Meine Gesundheit ist Felsenfäßt und ich kann Alles unternehmen, Meine Pauline ist auf 3 Jahr hir in dieser Pansion und ich brauche mich in Keiner Art für sie zu änstigen Ich kenne genung die Menschen und mama bezahld, Aber Ich Ich Lieber Brinkman Waß soll Ich anfangen Waß kann ich anfangen Won Menschen kömt Kein Glük[240]

hätte ich nicht müssen Paulinen hir her bringen, und Etwaß mit ihr bleiben Aus Liebe und Vernunft, So dencken sie daß ich hätte daß Glück haben können mit Einer Russiche Prinzesin und ihren Mann[241], Als Geselchafterin nach Italien gegen, Ein Jahr dort beiben und über Deutschland zurück kommen, dabei hätten sie mich noch 500 frank Jährlich gegeben, und ich währe immer mit der Frau geblieben die nicht Geselschaft Lieb, der Dockter Gall[242] hatte mich die Stelle verschaft, Aber mein Unglük Stern Wollte es Abermal nicht, nun bin ich frei, Aber gewiß findet sich so etwaß nicht wieder, Obgleich ich es annehmen würde, und ging es nach Siberien meine Lust zum reisen meine gesundheit und meine ganzes Leben drängt sie danach, Auch bin ich rasend Vernünftig geworden, Wie es die Menschen nennen ich nenne Es Hoffnungsloß und Zerstreut, Lieber Brinkman Schreiben Sie mich Gleich nur nach Bassel meine Schwester besorgt mich denn brief Es ist ganz nahe, von Berlin bin ich nun seid 2 Jahr fort, Allso weiß ich nur durch brife daß die Ralle woll ist, Sie Will immer kommen, Aber es fähld ihr an Alles Vorzüglich Aber an courage Sie wissen daß sie mich imer für die courageuseste frau hield; weill sie jarkeine hat.[243] von Genz bekam ich Einmal Einen sehr guten brif, Aber daß sind nun schon 3 Jahr[244] – Schreiben sie mich Liebe Seele errinner sie sich ganz wie ich Wahr, denn [ich] in ihren Sinn wie sie mich Kannten bin ich noch ganz So. Schreibe sie noch immer der Frau von Stall, und Lebt die noch in der Schweiz,[245] Kann mich die nicht Etwaß helfen mit reisen O Gott könnte ich Ihnen nur sprechen nur Einen Tag Brinkman wie oft wie oft habe ich an

Ihnen gedacht! Roux also Kennen Sie auch, der sprach Ihnen Auch von Mich. Ist er recht glüklich ich wünsche es denn er verdient es rasendt zu seind Er ist So gut So gut, daß er nicht weiß wie Infam die Menschen können sein Er ahndet nichts von Wiesel, Ich wahr ihm sehr gut, Obgleich ich ihm queldte ich wahr ungezogen dazumals wie Ein verzogenes Kind, und Er verzog mich noch mehr, Obgleich ich ihm Liebte so sollte es nicht So Scheinen;

Adieu Brinkman Leben Sie glüklich Schreiben sie mich Umstendlich Alles ob sie mich noch gut sind ob sie mich noch kennen, ob sie mich beklagen in meinen dickken Berge von Menschen geschieden – daß Währe recht gut, Aber die Einsamkeit mit keine reden zu können als immer von Wirtschaft wo von ich nichts verstähe – um 8 Uhr deß Abend ist hir die großte Nacht, und man passirt für wahnsinig länger in der Luft zu bleiben – die Trauriche Pauline Schrieb am 7ten May an Brinkmann

Wenn sie in Bassel währen so kämme ich Gleich meine Schwester besuchen mit der ich sehr sehr Gut bin, die mich Lieb wie eine Fremde pflanse [die] wo von sie denn geruch und die Natur Lieb, denn Eigentlich weiß sie Nichts von mir, Sie ist rasend réligieuse, Aber nicht Catolisch denn daß begreife Ich sehr gut nein die Aller traurichste,

Pauline Wiesel
und
Louis Ferdinand von Preußen

ich bin ja toll
rasend von Liebe
Wollust und Genuß

Louis Ferdinand von Preußen,
Ende Oktober/Anfang November 1805

1. *Louis Ferdinand von Preußen an Pauline Wiesel in Berlin. Berlin, im Februar 1804.*[1]

Du hättest mir liebe Pauline die Augenblicke schenken können die du in der comodie gewesen, sage mir nur wer der Man oder officier war der in der Loge mit dir war, ich sehe so schlecht und ob ich gleich den Logenaufschließer frug so war es nicht möglich etwas darüber zu erfahren, und eben so verließen mir meine Augen und eine Lorgnette die mir gualtieri geliehen. Ich erwarte mit sehnsucht die heutige Nacht und werde um 1/2 11 Uhr spätestens auf der Redoute[2] seyn. Wie wenig hast du mich heute Morgen errathen du kleine Liebe Menschenkennerin. Ich war sehr unglücklich und schmerzhaft bewegt, so hätte ich mir meiner Pauline gezeigt am liebenden Herzen Trost und Theilnahme gesucht, allein so wolte ich nicht (...) die so trivial ist und beurtheilt erscheinen und daher machte ich einige frostige Späße, Pauline sprach von nichts als Ihren (...) – von die blauen Augen des (...). Doch meine Pelle war sehr Liebend und Gut – und nur er war diesmal kranck –

Liebe Liebe Freundin an einem weißen Bande erkent dich Louis aber schreib ein Wort in welcher Loge du bleiben

2. *Louis Ferdinand von Preußen an Pauline Wiesel in Berlin. Berlin, vor dem 12. März 1804.*[3]

Liebe süße Pauline ich schreibe dir um 4 Uhr nach einem langen Gelage wo der Dinge viel gesprochen und dennoch wenige ergründet und der steten Tischgewohnheit gemäß immer von einem zum andern [...][4] übergegangen wurde.

Es ist etwas ungewöhnliches unter uns Pauline, die [Wahr] Liebe, in den mehrsten Verhältnißen scheint mehr als sie ist, bei uns ist sie mehr als sie scheint. Nur sind wir des Spieles zu gewohnt!, oder vielmehr zu seicht, zu Eitel, oder zu furchtsam, dem süßen, innern Gefühl unseres Herzens zu Folgen, zu folgen, der süßen Stimme, die uns ruft, Liebt euch, Ihr seelig gebohrnen, ihr genusreichen Wesen, Die Epoque die euch trennte ist ja nichts, nichts als eine Prüfung die Ihr untereinander berechnen müßet, ohne daß sie euch mehr empfänglich für Liebe macht. Du beurtheilst mich falsch Pauline würcklich ganz falsch. Ecoute mon amie bien chere je desirais tant te voir ce Soir, trois fois j'ai envoyé chez toi (on me disait) que tu etais ches ton Oncle mais je te conjure de me permetre de te voir demain a onze et 1/2 chez la Cray pour tout arranger pour demain au Soir – Chere Pauline Comment peut tu croire qu'un etre qui depuis 4 ans souffre douloureusement d'avoir vu L'aurore des Lumieres, de la Philosophie, S'éclipser, qui pleure sur L'humanité avec touts les etres penseurs et sensibles, qui souffre d'une innaction cruelle qui ne donne aucun effort a ses ‹...›[5] que cet etre La dis-je puisse etre occupé d'une pauvre quadrille O Sancta Simplicitas ou plutot[6] O du armes Berlinisches Colonistisches, Cesar Leveauxsch[7] und Klatschich erzognes liebes Geistvolles Pellechen Wie würde es dir [erscheinen] seyn wenn Liebend und strenge dir Louis [nicht] erschiene, so manchen schlimm unützen Trieb verdamte, und so; dem wilden Sprößling Pauline oder vielmehr, die Verwachsene Pauline zum schönen Baum zu Neigen suchte.

Mais ecoute (ne sort pas demain de si bonne heur et ecris moi si je puis être vers onze heur chez la Cray.

Mille baisers chere Pauline que ne puis je te les donner partager ton joli lit et (vivre pour toi) aime moi et parlons ce ‹...›[8] je t'adore pour ‹ça je vie?›[9]

3. Louis Ferdinand von Preußen an Pauline Wiesel in Berlin. Berlin, vor dem 12. März 1804.[10]

liebe Pauline wie verwünsche ich jene unsehliche Hindernisse die mich wieder heute von dir trennen ich war so glücklich, athmete nur Liebe, genuß, schon wolte ich nicht zu Hause gehen weil ich so gewiß dich zu sehen rechnete und doch ging ich hierher, mich deines Versprechens erinnernd. Ich fand deinen Brieff Liebe Liebe Pauline, und noch heftiger wurden meine Wünsche nach dir, tausdendmal küßte ich die Zeilen die deine Liebe Hand geschrieben. Mein Blut floß wie Feuer in meinen Adern, und in dieser Stimmung, erhielt dein Brieff alles was für dich Pauline bestimmt war, verzeihe es war das einzige was mich augenblicklich täuschen, mich zu dir versetzen konte. Ich bin den Nachmittag bis jetzo 10 Uhr zu Hause geblieben. Henriette[11] war in der Comodie und nachdem ich hundert angenehme Geschäfte abgemacht, habe ich Musik gem. O Pauline gewiß du wärest glücklich durch mir gewesen, vieleicht hätte meine Liebe dein ganzes Herz erfüllt, o Pauline lebtest du stets mit mir dann gewiß würdest du mich lieben. Pauline einzige Morgen früh bekommst du einen langen Brieff, ich lebe nicht bis Morgen um 5 Uhr, es ist die Zeit bis dahin für mich ohne Werth. Nur dann fängt meine existenz an.

Schlafe sanft liebe, und möge ein Traum dir deinen Louis zeigen voller Liebe so wie er ist.

4. Louis Ferdinand von Preußen an Pauline Wiesel in Berlin. Berlin, vor dem 12. März 1804.[12]

Liebe Pauline, du hast wahrhaft unrecht zu glauben, daß mich ein Ball oder eine Quadrille[13] nicht beschäftigen kann; es scheint indeßen, als wenn dieser Gedanke deiner Eitelkeit schmeichelte, denn es ist immer behaglich, sich zu sagen, daß so etwas, was die andern Menschen beschäftiget, zu klein ist auf uns zu wirken, so als wenn man in der Komödie sagt «Mon Dieu, que c'est bête,»[14] und dennoch das Lachen nicht laßen kann, oder wenn ich so einen erschlafften Alten über Liebe sprechen höre.

Liebe Pelle, beschäftigen thun uns zuweilen Dinge wider unsern Willen, so mich diese Quadrille und diese Fête[15]. Übrigens scheint sie mir (die Fête nämlich) etwas Wichtiges, und insofern sie das Vergnügen von 2000 Menschen zur Absicht hat, meiner Aufmerksamkeit nicht unwürdig, da ich mir diese Obliegenheit auferlegt habe.

Doch genug davon meine liebe theure Pauline! Kenne ich dich nicht? und muß ich nicht, der so viel Schönes in dir bewundert, auch wißen, daß Frauen, und selbst so kluge Weiber wie Pauline, alles dennoch als Weiber betrachten müßen?

Einzige beste von der Probe kann ich nicht wegkommen, oder vielmehr es nicht mit Gewisheit versprechen. Deswegen bitte ich nur einen Augenblick in der kleinen Stube zu kommen, himlische Pauline, ich bitte dich darum.

5. *Louis Ferdinand von Preußen an Pauline Wiesel in Berlin. Berlin, kurz vor dem 12. März 1804.*[16]

Dein Louis ist noch immer krank, oder vielmehr durch den Schnupfen so verstimmt und melancholisch als du – Liebe Pauline laß mir einen Augenblick bey dir kommen, so lange schon binn ich nicht bey deiner Mutter gewesen; es kann also nicht besonders scheinen gewiß wird es mir gelingen dir liebe süße Freundin mit dich selbst und dem Glücke zu versöhnen. Den ganzen Nachmittag bin ich zu Hause wäre es nicht möglich mir einen Augenblick zu schenken, ist es daß ich bey deiner Mutter komme so nim wenn ich vorübergehe eine Schnupftuch in der Hand:

Verzeihe diese wenigen Worte – ich schreibe dir noch auf alle Fälle.

6. *Louis Ferdinand von Preußen an Pauline Wiesel in Berlin. Berlin, kurz vor dem 12. März 1804.*[17]

Liebe Pauline einziges himlisches geliebtes Wesen, wäre es nicht möglich früher das Schauspiel zu verlaßen. Angebetet von deinem Louis, leidet sein Herz dich nach denen Augenblicken der heftigsten Liebe, so kalt, herzlos oder vielmehr so stets mit kleinigkeiten beschäftigt zu sehn

Denke Liebe Pauline daß stete Zarte Versicherungen deiner Liebe deinen Louis wichtig sind – daß wir nur stets unsere Handlungen irgend einen großen interesse oder einen Princip unterordnen müßen wenn wir nicht stets [noch?] selbst unglücklich seyn wollen, und andere mehr oder weniger dazu machen.

Das schönste was du mir gewähren ‹kannst› da nichts den Reiz erhöhen ‹kann› den Liebe Anmuth, und das Kraftvolle positive gepräge das die Natur dir gegeben und du daher in meinen Augen im höchsten Grade besitzest so gieb und erhalte mir ruhigen besiz dieses so hohen Guthes verschönere es noch mit allen dem was ein zartes fein empfindendes Herz geben kann, und ewig bin ich dein

L

7. *Louis Ferdinand von Preußen an Pauline Wiesel in Berlin. Berlin, kurz nach dem 13. März 1804.*[18]

Hättest du, Pauline, den Brief, den ich dir am Abende der Redoute schrieb[19], gelesen, so würdest du meine scheinbare Gleichgültigkeit dir sehr leicht erklärt haben. Daß es dein Plan war, nicht nach der Redoute[20] zu gehen, ist wahr, und ich merkte es, daß der Spaß, den ich über die Levi und über dein Diné gemacht, dich beleidigt hatte; daß du diesem aber die sichre Gewißheit, mich unendlich glücklich zu machen, aufopfern konntest, aus Laune, Kaprize, Ärger, dies ist ein abermaliger Beleg, daß du stets von deiner Imagination beherrscht bist, und nie dein Herz, deine Sensibilität irgend etwas gegen diesen wilden Strom vermag. Liebe Pauline, wie sehr ich dich liebe, wie äußerst intereßant du mir bist, dies wird die Zeit dich lehren,

Diese Karte entnahm ich dem Buch

____

Haben Sie dieses Buch

☐ gekauft ☐ geschenkt bekommen?

Was war für Ihre Kaufentscheidung ausschlaggebend? (Mehrfachnennung möglich)

- ☐ Beratung in der Buchhandlung
- ☐ Präsentation des Titels in der Buchhandlung
- ☐ Prospekte / Verzeichnisse
- ☐ Rezensionen / Bücherlisten
- ☐ Empfehlungen durch Freunde und Bekannte
- ☐ Umschlag / Ausstattung
- ☐ Themen
- ☐ Werbung / Anzeigen

Ihre Altersgruppe?

☐ bis 30 Jahre ☐ 30 – 45 Jahre
☐ 46 – 60 Jahre ☐ über 60 Jahre

Welche Zeitungen / Zeitschriften lesen Sie regelmäßig?

- ☐ SZ
- ☐ FAZ
- ☐ DIE ZEIT
- ☐ NZZ
- ☐ Der Spiegel
- ☐ Focus
- ☐ taz
- ☐ Stern
- ☐ Die Woche
- ☐ Brigitte
- ☐ örtliche Zeitungen
- ☐ ______________

Welche Themen unseres Programms interessieren Sie?

- ☐ Alte Geschichte (1037)
- ☐ Mittelalter (1038)
- ☐ Neuere Geschichte (1039)
- ☐ Zeitgeschichte Politik (1040)
- ☐ Theologie / Philosophie (1012)
- ☐ Kunst / Kunstgeschichte (1015)
- ☐ Belletristik (1042)
- ☐ Literaturgeschichte (1013)
- ☐ Islam (1016)
- ☐ Judaica (1017)
- ☐ Gesundheit / Medizingeschichte (1041)

dies muß der stete Wunsch dich zu sehen dir beweisen; daß in den Augenblicken, wo du mich siehest, ich sehr oft verstimmt bin, und wenn ich dich in Gesellschaft sehe, ich dir nicht die Ursache meines Betragens erklären kann, ist sehr natürlich. Sprich doch nicht von Amusiren! Ich kenne nichts Trivialeres, als diesen Ausdruck, – Kinder, Hofdamen und Fähnriche, die amusiren sich, – aber ein Mann, deßen Verstand sich beschäftigen, der denken, fühlen, genießen kann, der amusirt sich nicht.

Nun noch Eins, liebe kleine verführerische Pelle, die den Gualtieri mir gestohlen, wann sehe ich dich heute? Die Cray bittet mich zu sich, – o komm einen Augenblick dort hin, oder ich könnte zu dir kommen, sie dort sehen –.

Lebe wohl, liebes geliebtes Wesen.

8. Louis Ferdinand von Preußen an Pauline Wiesel in Berlin. Berlin, Frühjahr 1804.[21]

Kann meine himlische Pauline Ihrem Louis nicht eine Minute schenken nur einige Worte mit Ihr sprechen sie an seyn Herz zu drücken, Ihr noch über Ihren Brieff zu sprechen wäre ein unendliches Glück, – ich gehe jetzo bey Cabinetsrath beym[22] und könte von dort einen Augenblick zur Tante[23] – o Pauline bey allen was dir lieb ist erhöre meine bitte.

9. Louis Ferdinand von Preußen an Pauline Wiesel in Berlin. Berlin, Frühjahr 1804.[24]

– Du begreifst es, daß uns die Menschen nicht erklären können, und doch, Pauline, ist es so gewiß, daß wir schon lange in uns fortgedacht, gelebt und geliebt haben, als es gewiß ist, daß es nur eines Augenblicks bedurfte, um glücklich mit einander zu sein, um sich zu lieben, zu besitzen, zu verstehen; unser Glück wird sich entweder sehr vermehren, weil unsre beiderseitigen Hoffnungen und Ansprüche auf einander sich immer mehr bestätigen werden, oder schon wären wir geschieden! Pauline, ich folge meinem Wunsch, meinem Herzen, ich bin und bleibe dein.

Vetter und Gualtieri sind bis jetzt bei mir gewesen; Pauline, diese alle lieben doch nicht! O Pauline, wenn du einst mich kennen wirst, und ich die Geschichte deines Herzens, du die meine, dann, Pauline, sollst du mit mir gestehen, daß wenig Menschen lieben können, so wie Louis. Brinckmann ist wirklich göttlich, die Liebenden schreiben der Liebe wegen, der liebt der Briefe wegen –. Große Gefühle sind nicht so geschwätzig, und Wahrheit ist mit Liebe unzertrennlich. Alle diese Menschen, so auch die Levi, dein eklicher Gentz, sind so kalt überspannt, – Exaltation ist zuweilen die Folge eines heftigen Gefühls, und diese Menschen exaltiren sich, um sich oder Andern den Beweis Ihres Gefühls zu geben, kein Ausdruck ist wahr, keiner einfach in ihnen. Brinckmann liebt dich, seine Briefe scheinen mir aber gar nicht so zu sein, daß sie das Gepräge des Wunsches nach Besitz trügen, und das ist erbärmlich.

10. Louis Ferdinand von Preußen an Pauline Wiesel. Berlin, im Sommer/Herbst 1805.[25]

Deine Schmerzen deine Pein dein lieber reuevoller Brieff rühren mich tieff – und ebenso Pauline würdest du gerührt seyn wüßtest du welchen Schmerz mir deine ganze Handlungsweise verursacht! die schlimmen unseeligen folgen derselben häuffen sich jeglichen Augenblick – Nach einem steten Wechsel der schmerzlichsten Scenen mußte ich so tieff so unendlich durch dich gekränkt werden! ich mußte dich dem straffenden und doch zu gelinden Urtheil Aller derer ausgesetzt sehn, denen meine Ruhe meine Ehre mein Glück theuer ist! Von allen seiten mußte ich gekränkt werden; Pauline du von der ich mit recht so viel Liebe so viel Ersatz erwarten konte – du hast mein innerstes zerrüttet gekränkt kein schönes Gefühl kein edles ließ meine Leidenschaft in deiner Brust keimen – Verrathen hast du mich betrogen – Aufgeopfert jeder impulsion von Leidenschaft – Welches Pfand der Besserung wilst du mir geben – da solche Liebe dir nicht ergriff, da sie dich nicht würdiger besser weniger gewaltsam hart als du es gewesen machen konte. Ich mag dein Herz nicht mit der Schilderung alles dessen betrüben was deine

Aufführung hier hervorgebracht wie gehässig deine Klatschereien deine kleine intriguen mit diesen und jenen deine Betrügereien hier erscheinen!

Ach Pauline wie schmerzt alles dieses mir; zerknirscht hat mich eine Unterredung mit meiner Schwester der Mutter heute alles geschildert was zwischen uns vorgestern vorgegangen.

Doch genug Pauline – der Vorwürffe Liebes bestes reuevolles Wurm Komm nach Berlin schnell, beweise dort daß nicht gewaltsames Handeln und praemeditirter Plan dich sondern vielmehr Eiffersucht und Liebe dich verirten sei gut, Versprich mir heilig nicht deinen Louis der sich sorglos deiner Liebe anvertraute, mit einem Wust von intriguen, geschwätz, und halbwahren Geschichten zu umringen sei würdiger Weiblicher – als du es bist, und ich drücke dich Liebevoll an mein Herz und wir sehen uns in Schrike dann wieder! Doch Pauline Liebe beste Pauline verliere dich nicht für mich – es ist auf einen Punkt gekommen, der nicht steigen darff.

ich ende – Liebe Liebe Pauline.

Louis Ferdinand von Preußen an Rahel Levin Varnhagen in Berlin. Schricke oder Wettin[26]*, Mitte/Ende Oktober 1805.*[27]

Ich muß Ihnen Liebe kleine meinen Dank für die herzliche theilnahme die Sie mir, in der so äußerst peinlichen Lage in der Sie mich in Berlin gesehn gezeigt, hier aus meiner Einsamkeit ablegen. Gegen allen denen die in diesen sonderbaren Verhältniß[28] *verwickelt waren, theilnehmend gut und gerecht, Ohne Falschheit, stets den Schmerz lindernd, alles zum besten kehrend, haben sie unstreitig, eine für Ihrem Herzen und Ihrer Vernunft, befriedigerende Rolle gespielt, als die deren Leidenschaften, blos hierin im spiele waren. Von meiner Stimung kann ich Ihnen nicht vieles sagen, der große Aufwand von Kraft, jener stete Wechsel von Gefühlen, von denen heftigsten sensationen, vom Glücke zum Schmerz hatt mich ganz abgestumpft, und mein Herz ist öde und tod, auch bin ich nicht ganz wohl und dieses mag dann auch wohl zu meiner Stimung beitragen. Sie fühlen selbst zu viel, um daß sie nicht blicke in mein innerstes gethan; sie haben gesehn wie heiß und heftig ich Paulinen Liebe, mit welcher innigkeit und Zärtlichkeit, ich an dem himlisch guten lieben Jettchen hänge; dieses scheint Räthzelhaft, manchen unbegreiflich, und doch haben es die so sehr sonderbare Umstände, jenes so einzige entstehn diese Verhältnißes so gewolt daß ich in dieser Verwicklung von Umständen nichts wollen konte; Daß diese beide Weiber voller Liebreiz voller Annehmlichkeiten verschiedner Art, doch beide nicht das würcklich Liebenswerthe, auch vieleicht nicht mal das Liebenswürdige in mich Lieben, da mein Herz meine Liebe sie so ganz umfaßet. Ich bin in der peinlichsten Ungewisheit was aus der Explication*[29] *zwischen Pauline und Jette entstanden, nach so engen so intimen Verhältnißen halte ich es für ihr beider bestes Freundinen zu bleiben! mir ziemt es mich im den strengern Geschaftsleben zurück zu ziehen und nicht sowie ich es gethan Zeit und Kraft, den Weibern zu Vergeuden die doch ernst und Kältere Vernunft mehr als hingebung und stete Liebe, beherschen. Sie sahen Paulinen, so gut, so liebend, und dieses kam aus Ihrem innersten so wieder Ihren willen unter Tausend Trähnen als wenn es etwas schlechtes wäre. Rathen sie zum guten predigen sie Mäßigung und sie werden allen wohl thun. Pauline wird wenn sie würcklich liebt, auch alles thun um diese spanung zu enden, die Ohne Ihrer Ueberleg‹en›heit nicht entstanden wäre – Zeigen sie keinem diesen brief und Lieben sie mich etwas weil ich es verdiene,*

Louis

11. Louis Ferdinand von Preußen an Pauline Wiesel in Berlin. Berlin, Ende Oktober/Anfang November 1805.[30]

Meine Pauline ich war so sehr [gestern] Moralisch und Physisch trunken daß ich [gestern] dein Herz schmerzhaft gekränkt, da ich dich doch so innig Liebe. und du gestern so himlisch liebend und hingebend warest, [und] Es that mir sehr wehe [zu] dich in dem Faden einer Erzählung [zu] zu unterbrechen [zu sehn] die so vieles interesse für mein Herzen hatte, und mich das deinige von einer so gewünschten seite kennen Lehrte – ein Ohngefähr verstimmt dich, eine Laune, ein Blik den ich Zufällig nach einen Hause hinwerffe. Sie Pauline ich schwöre es dir ich verlange nicht nach den Besitz anderer Frauen, ich kenne nichts fastidieuser[31], ecklicher und leppischer als die Rolle eines sogenanten homme a bonne fortune[32], – du so lange gewünschte genügts mich ganz – und [...][33] jeder Tag jeder Augenblik den ich mit dir gelebt hatt dich meinen Herzen näher gebracht, ich bin ja Toll rasend von Liebe Wollust und Genuß, wie man es nur seyn kann wenn man Liebt, und wie kanst du es nur glauben daß der Gedanke an eine andere mich beschäftige wenn wir über das sprechen, was meinen Herzen am wichtigsten seyn muß, was die sicherheit mir gewährt das Pauline lange Lieben; was dem Verstand, den Genüßen aller Art ein höhern Werth [noch] nur geben kann.

Liebe Pauline Ein einziges Wort des Trostes, und eine halbe Stunde Unterredung gewähre Sie deinen Louis

12. *Louis Ferdinand von Preußen an Pauline Wiesel in Berlin. Berlin, Ende Oktober/Anfang November 1805.*[34]

Ich liebe dich unaussprechlich, Pauline, selbst deines Briefes wegen[35], er ist mir ein Beweis deiner Liebe zu mir. Du beurtheilest mich falsch, die erbärmlichen bonnes fortunes[36] sind für mich nicht reizend, und o wie sehr oft wünschte ich und wünsche ich noch, nie mehr als Ein Weib geliebt zu haben! Wie glücklich ist der, deßen erste Liebe sein ewiges Glück macht! Liebe wünschte ich, Liebe ist der einzige Wunsch meines Herzens, das Ideal, nach dem ich strebte. Sanft und wohlwollend ist mein Karakter, und feurig brennend jeder oder viele einzelne Züge; die Farbe, das Kolorit, was meine Handlungen tragen, ist deswegen, daß es andern gleicht, nicht daßelbe. Ich habe so hohe, heilige Begriffe von der Liebe, daß sie dir, daß sie dir, daß sie so manchem dir vielleicht unbegreiflich scheinen würden. Überdem handle ich mit stetem Wunsch, glücklich, höchst glücklich zu sein, ohne jedoch je das Glück meines Lebens auf ein gewagtes, zu unsichres Spiel zu setzen. Mein Herz haben die herben Erfahrungen der Welt nicht erkaltet, nicht ist in mir erstorben diese himmlische Poesie des Lebens, die allein glücklich macht, diese Hoffnung auf Liebe und Freundschaft und auf alle höheren Gefühle, die edle Menschen auszeichnen, – aber, Pauline, bei Gott, bei allem was Werth für deine Augen hat, du kennst mich nicht, wenn der Gedanke, daß ich Frauen leicht liebe, der Wunsch nach Besitz in mir stets rege ist, dich beherrscht. Ich liebe Weiber, ich finde etwas Sanftes in ihrer Gesellschaft, die Freundschaft der Levi hat einen Karakter, der viel süßer als alles Übrige ist, das ists, was ich lebhaft fühle, der Männer Freundschaft ist so selten, und – sei es immer gesagt – ich bedarf sie nicht. Ich finde es angenehm, mit Frauen umzugehen, und auch der entfernteste Gedanke an Liebe, an Besitz ist nicht in meinem Herzen.

So ist es mit der Plettenberg. – Liebe Pauline, dich liebe ich, dich war ich zu lieben bestimmt, und gewiß, wenn so lange das Schicksal uns trennte, so waren wir dennoch nicht für einander verdorben. – Dein Blick sagt es dir, er liebt dich, und nie kann, so wie du, eine andere in seinem Herzen herrschen. Aber verbanne doch diese erbärmliche, kleine Ansicht meines Karakters. Glaube an mich. O Pauline, wenn du nur die Hälfte der Mühe, die du mir zu schaden oder mich falsch zu erklären gebrauchest, anwendetest mich zu entschuldigen, so würde ich glücklich sein. Die Liebe ist die Geschichte der Frauen, sie allein bestimmt sie.[37] An mir, Pauline, findest du ein Herz voller Liebe zu dir, offen jedem Gefühl, und stets bereit dir alles mit Wucher zu ersetzen, was du für mich thun, für mich fühlen werdest. –

Liebe Pelle, ich muß schließen, und dich um Verzeihung bitten, so schlecht und schnell geschrieben zu haben –. Ewige Treue, Liebe der liebenden Pauline, dein Louis verspricht sie dir!

Nur ein Wort. Wenn ich dich sehen könnte!

13. Louis Ferdinand von Preußen an Pauline Wiesel in Berlin. Potsdam, den 4. November 1805.[38]

Potsdam. ce 4 Novr
Kaum verließ ich dich Pauline als ich bey der Kleinen, erfuhr wie sehr falsch ich dich stets beurtheilte –! hätte Schmerz Aufopferung alles ungeschehn machen können, ja hätte ich in einen Augenblick die Gewisheit unaussprechlich geliebt zu seyn in deinem Herzen erzeugen könen – Ich wäre glücklicher viel glücklicher gewesen, als es deine himlisch reizenden berauschenden Gunstbezeugungen nur machen könen! So fuhr ich nach Potsdam mit schmerz pein und hundert schmerzlichen Gefühlen im Herzen dich unwürdig behandelt zu haben, und verkant von dir! dich verkant zu haben. Pauline liebe einzige Pauline –. Stets hielt ich das was würklich gekränckte Liebe ist oder dir (es ist einlerley so scheint) für bloße Reizbarkeit der Imagination für bloßen Wunsch irgend einen Reiz zu erzeugen und dadurch das zu erhalten was der Eitelkeit und selbst der Einbildungskraft schmeichelt; nehmlich die höchste Beglaubigung unseres Werthes, in der Macht in der Kraft die sie ausübt, und indem was sie auf andere würckt. Nie, oder nur selten glaubte ich dein Herz mit theilnehmend, bey dir Meine Pauline, Mein Alles, Meine Geliebte im steten Rausch, kann ich würcklich nicht alsdann so meine Liebe fühlen, stets Krampfhaft bewegt, gereizt, fehlt Ihr jene sanfte Folge die Ihr einen wo nicht größern aber vieleicht doch bleibenden Reiz gewähren könte als den sie jetzt in dieser – Unreinen Lage hatt! – So Pauline erfuhr ich daß du gestern Tränen vergoßen! daß dein Herz bewegt; O Pauline und ich war schlecht Hart Kalt aus Calcul weil ich glaubte Paulines Reizbarkeit deren Quelle Liebe ist, wäre nicht im Herzen sondern in der Laune in der Imagination. Es kann hier nicht die Rede davon seyn ob diese Reizbarkeit Motivirt ist, Meinem Herzen ist die Quelle theuer! Pauline bedencke daß diese zeiten in 48 Stunden enden[39], daß sie zu ertragen so lange für uns beide Pflicht war weil wir diese Verhältniße Schufen und sie die Umstände selbst, vortheilhaft zerstören; also laß uns dieses so lange tragen Bald ich schwöre es dir Lebe ich allein für dich

mit dich, so wie ich durch dich Lebe! ohne dich keinen Lebensgenuß kenne! Sie Pauline seit gestern Lies mir die Plettenberg[40] und die Azcerenza[41] sagen ich solte sie schnell besuchen glaubst du ich könte hingehn; nur bey dich ist Wonne Liebe und Seeligkeit; Pauline Verzeihe deinen Louis, der dich verkante Liebe Ihm, und schenke Ihm eine Minute gehör. Zu deinen Füßen flehe ich es Liebe Pauline – O kontest du in Meinen Herzen Lesen, Kein Opfer deine Liebe zu verdienen ist mir zu groß, keines mein Unrecht wieder gut zu machen

Louis

Liebe Pauline – gute Pauline – ich kalt gegen dich so war ich es weil ich glaubte es sey Calculirt gut weg mit dieser frostigen Berechnung und ganz dem Herzen – daß dich anbetet

Pauline – liebe Pauline – göttliche

–

14. Pauline Wiesel an Louis Ferdinand von Preußen in Erfurt. Berlin, den 4. oder 5. Dezember 1805.[42]

Vous m'avez trompé de la manière la plus infame, Mais j'en Suis bien aisse, Je ne vous en aurais point cru Capable avec tout mon esprit Je suis revenut a 2 heure à la Maison avec les meilleure disposition [pour me] conter Henriette, Elle étoit comme je le croyée d'abord á tout me ‹toutes?›, Vous l'avez fait chercher au Palais elle n'avoit point l'idée de venir, au Contraire cela ne lui a point fait plaisir du tout car elle etoit endonmié depuis une heure, mes vous avez renvoyée Votre Voiture avec Dussec et Kleist en lui faisant priée instament de venir vous voir encore au Palais Aussie j'en Suis fort contente, dans une demi heure la Lewin le Saura, il maitonne ce que elle an dira, vous ayant entendué preter Serment 20 fois de Suite que vous ne Saviez pas coment Henriette avoit eu se idée [meije le] moi je la connoit mieux et je disait d'abord, cela ne résemble pas du tout à Henriette, dans aucune Maniere

Voila le Seul trionffe que j'en porté, Je ne me trompe point avec Henriette et j'ai dit mille fois que cela ne lui resemble Mes Vous voyant 2 heure a me comblee de caresse et en me jurant sur tout ce qui vous est chérè en me disant meme que cela ne vous avoit fait aucun plaisir, je lai enfin cru Mes je Suis Contente de vous avoir vué et entendué encore comme cela le dernier Soir La Lewin sera plus étonné que moi, Si vous n'avez pas eu l'esprit de le lui dire encore hier Soir avant de partir cela serais aumoins fin vous auriez jouée votre rolle assez bien si vous avez eu l'esprit dy songer,

pour moi cela met tout a fait indifferent faite aprésent ce que bon vous Semble ecrivee moi ou Non jouée le bon ou le Maichant, faite ce que vous Voules moi j'ai prie le bon partie je suis absolument j'airiee et consollé,

Adieu

ne Songé plus a moi [je n'ai aucun] je me dedin absolument de Vous, vous n'avez plus aucun droit Sur moi, pas meme Se lui de l'amitié car vous m'avez abusée vous m'avez menquez de Confience et de tout[43]

15. *Louis Ferdinand von Preußen an Pauline Wiesel in Berlin. Erfurt, den 11. Dezember 1805.*[44]

Den 11ten
Nicht einen Tropfen Blut hatte ich in meinen Adern Pauline als ich deinen Brieff[45] erhielt, hier hatte ich einen gefunden den Du mir in einen Augenblicke schriebst alls ich Schricke verließ. Nie betrog ich dich! Liebe, treue, sagte dir mein Herz zu ich habe sie dir gehalten, ich fühle sie jeden Augenblick, fühlte sie selbst dann wenn du mein Herz zerrißest, wenn du kalt und Gefühlos gegen mich wahrst. Liebe! Pauline die zerstöhrt sich nicht so bald, wie du die deinige aus deinem Herzen verbannest, und jetzo vieleicht wärend daß mein Herz von schmerz von Kummer zerrißen ist. lachend und scherzend, in herzloser Kälte da sitzest. Hätte ich dich würcklich – ich sage hätte ich dich betrogen in einen Augenblick wo ich von Weichherzigkeit übermant, mein Herz von hundert verschiedene Gefühlen gefoltert und durchströmt war, die der Schmerz meiner Schwester[46] und aller derer denen ich theuer binn erzeugt hatte,

hätte ich dich getäuscht da du hart, kalt; nicht empfindend, nur blos gereizt warest, jedes deiner Worte mein Herz zerriß, warlich nicht mir sondern dir hättest du es zuschreiben müßen wenn eine Handlung die ansich ganz einfach gewesen ware, in [deinen Augen] dem ich stets Mistrauen und Misdeutungen fürchte, durch heimlichkeit, und unwahre Darstellung, einen Caracter von Wichtigkeit bekommen hätte. Den Jäger von Radziwill schickte ich nach meinen Wagen er machte die Bestellung an Meier[47] der sagen solte ich würde nochmal nach meinem Hause kommen, weil ich noch etwas mit Mlle Fromme zu sprechen hätte, es war mir nehmlich eingefallen daß ich die Nahmen meiner Kinder[48] im Testamente sowohl in der Abschrift für dem Könige als in deine[49] übrigens, auszufüllen vergeßen hätte; dieser versteht so falsch, daß er henriette im Wagen steigen laßet und sie sogar im Zimer Neben meiner Schwester führet; [dieser Embaras] dieses Embarassirte[50] mich und Radziwill da Ihr Wagen nicht da war so brachte ich henriette zu hause, gefoltert von der Idée, ich würde den schein des Betruges haben schicke ich von den Linden wo ich war Haube zu dir, weile, zwey Minuten bey meine Kinder, vergeße in der Angst den Zweck meines hinkommens; da der Gedanke dich nicht sprechen zu können mir unaussprechlich schmerzte, da ich nicht wußte ob es möglich seyn würde bey der Kleinen noch hereinzudringen – so komme ich zu dir, O Pauline konte ich dich sprechen warest du nur empfänglich irgend eine Vorstellung anzuhören, Wild, heftig hart so warest du, alles was ich dir hatte sagen können das Misverständniß von Meyer oder den Radziwillschen Jäger von, hinkommen oder herkommen –, alles dieses wäre für dich, nur verloren gewesen; [schon ist] und nur die Liebevollsten Versicherungen, jener steter Wechsel von Scenen die Schmerz, und gekrankte Liebe hervorbringen, verschaften mir von dir einen Herzlichen Liebenden Abschied, von der Pauline, von der ich viel verdiene, weil ich dir viel gab, von der ich wenig fordere weil ich stets mehr zu geben wünschte. Ich schied von dir so liebend so gut; so bereit alles böse zu vergeßen, weil mein Herz nur Liebe für dich empfinden kann; wie schmerzlich ich heute Empfand als ich deinen schändlichen Französischen Brieff bekam laßt sich schwer beschreiben, O Pauline; glaube mir von so ferne schmerzet alles heftiger, das Herz blutet und [ferne ist] die Heilung ist schwerer; ein so schönes Ideal unserer Liebe entwarf meine Imagination mein Herz!! Für einander geschafen! weil ein mehr als gewöhnlicher Reiz uns unwilkürlich, im geheimniß unserer Herzen, an einander Zog, obgleich die Umstände uns stets trennten, liebte ich dich als Mädchen; folgten dich meine Blicke, meine Wünsche, als wenn [irgend?] ich geahndet hätte du mußt sie lieben sie wird dich lieben; so bekam und fand ich dich, mit ödem Herzen [mit vieleicht mit...?][51] in einen Zustand von Betäubung wo du dich, ich dich nicht kennen [kontest] und Lieben konte, nur im inersten meines Herzens Liebte ich ohne es zu wißen und dieses ist so war, daß je mehr ich dich kante je mehr der Genuß, der sonst so totend für der Liebe ist dieselbe schwächen solte je mehr Liebte ich dich, je heiliger wurde sie in mir Ich liebte, und Liebe dich jeden Tag mehr weil bey jedem Wesen von Gefühl und Energie, die Anhänglichkeit die Liebe mehr in Maasgabe deßen was man giebt als von dem was gegeben wird anwächst und zunimt; Jetzo Pauline schied ich von dir in der süßen hoffnung daß du mich Liebtest, daß du das Liebevolle, Edle, Liberale und Zarte, diese bey mir mit der höchsten Energie geparte Sensibilität Liebtest, Ich genoß nur wenn du genoßest ich lebte in dich, ich fühlte mich Arm wenn ich dich nicht mit Empfindungen aller Art überströmen konte, mein Leben hätte ich in deinen Armen Aushauchen mögen, ich beneidete das Glück was dir im spiel etwas gab. alles hätte ich dir geben mögen, von einem andern, vom Schicksal selbst wenn es nicht durch mich würckte wäre mir alles unerträglich gewesen, Ich hielt dich so fest in meiner Seele, daß ich allein das recht dich zu Lieben, allein das dich zu Haßen mir glaubte, ich war stets bey mir selbst und oft bey der kleinen dein Ankläger und dein Verteidiger Aus dem Grabe griffe keine Mutter nach dem Schatten Ihres Kindes [mit?] hielte [es] fester die Traumgestalt als ich an deiner Liebe haftete, Mein gehörtest du, so lange du lebtest, so lange schon das Zauberbild mir Vorschwebt, so sehr daß ich alles was geschehn vergeßen kan, daß du mir eine Liebes Braut ein anderes Wesen bist, so sehr daß ich mit kalter resignation – Thorheiten begehn konte, daß ich [...][52] sogar über meiner sonst so reizbaren Eiffersucht oft siegen konte! Nur einen haßte ich; und seit ich hier bin weiß ich bestimt daß er mich haßt, und das freut mich! doch hievon ist es nicht Zeit zu sprechen. Pauline, die ich Liebte Liebe. Anbete, [...][53] alles böse in dich, [begriff und] entschuldigte ich und begriff es so wie es in deinen Brieffe aus Schricke steht, das übrige entsteht aus deiner Erziehung Arme Pauline du wagst es nicht mal gut zu seyn du denkst die Leute würden es dir nicht glauben daher die Tausend [...][54] unpaßende sachen und handlungen in dir, die oft aus eigentlichen Embaras entstehn, wovon dein Herz auf Tausend meilen enfernt ist –. Du sprichst in diesen Brieffe daß ich dein Herz und dein Gemüth nicht Liebte sondern etwas andres Liebe Pauline man liebt nur daß ganze Wesen ich ware eben so embarassirt dir zu sagen ob ich deine Augen deine Nase deine Taille, deine reizbarkeit Liebte Dich liebe ich einer deiner Blicke entzündet mein ganzes Wesen, und das schönste Weib laßt mich kalt, auch der Gedancke an eine andere ist mir fremd. Dein Eigentliches Herz Liebe ich weil ich es troz seinen Verzerrungen, und Verstümlungen erkenne, ich kenne auch die Leeren in deinem Wesen, weis genau was versiegt, und vertroknet, und was dir noch blühn kann; Also glaube daß [...][55] ich nichts suchen werden, wo ich nichts finden kann, ich kenne das Gebiet deiner Ideen, ich weis daß du heftiger als Zärtlich und Empfindend bist, daß das schönste in dir verborgen ist weil Umstände Verderbheit anderer [und] und vielleicht die deine es in dir zurück geschreckt haben. Du hast das Vertrauen glücklich zu seyn und glücklich zu machen verloren; [Stets] gebeugt ist dein ganzes Wesen, und du bist zu Stolz aufrecht gehalten zu ‹werd›en[56], in steten Reiz, in steter Ungewißheit über dich und andere, betrübst du dich über dich selbst – Unsere Lage war unrein, sie wird anders Pauline! [denn?] bald sehe ich dich wenn du es noch wünschest! Ja ich will vor daß vieleicht das Schicksal uns trennt, vor daß der Krieg beginnt dich noch einmal sehn gelobe mir dann Glück und Lohn der treuesten Liebe wenn ich dich wiedersehe! Pauline du Lachtest und Aßest [um 9 Uhr des Morgens], und mit der andern Hand stießest du mir den Dolch ins Herz;

Porträts

Pauline Wiesel

Karl Gustav von Brinckmann

Prinz Louis Ferdinand von Preußen

Prinz Louis Ferdinand von Preußen

Friedrich Gentz

Alexander von Humboldt

Henri de Campan

Morgen Marschier ich nach der Bömischen Gräntze mit der Avantgarde bleibe bis den 22t in Auerbach in der Gegend von Annaberg im Ertzgebürge, um alsdann warscheinlich über Prag zu marschiren[57] doch bitte ich dich solches nicht zu sagen – vieleicht könten wir uns sehn, gewiß selbst, wenn es dir nicht unwerth scheint meinem Herzen einigen Trost zu gewähren. Pauline ich liebe dich über alles in der Welt, [wüßtet] wüstest du mit welcher Liebe ich an dich hänge, wie ohne Falsch, und edel mein Herz ist, und du in einen Augenblick wo ich von dir Glück Seeligkeit erwarte, wo Entfernung selbst mich noch fester an dich kettet, wo jeder Augenblick deinen Andenken geweiht jede Handlung dich zum nahen oder entfernten Zwecke hatt, wo sehnsucht und Liebe mich verzeren [wo ich] schreibst mir einen Brieff der mich tödtet – und mein Herz zerreißt; Woher dieses stete Mistrauen, Liebe ist Vertrauend henriette wird dich sagen daß ich [mir] Ihr aus Leipzig wegen dem Testament geschrieben, also dieses keine Geschichte oder etwas ‹...›[58] ist welches ich mir erdencke. Pauline was kann mich vermögen so mit dir zu reden, ich möchte mich dir und dir mich erhalten! findest du es glücklicher mein Herz zu zerreißen von dem der dich unaussprechlich Liebt gehaßt zu werden kennst du nicht das Glück unaussprechlich glücklich zu machen, von einem Edlem gutem Wesen geliebt zu seyn sein Leben zu beglücken; [ach] o! dann taumle durchs Leben vergeude alles was du noch geben kannst, gieb Lüstern, da wo ich mit Liebe und Seeligkeit genoß – Verflucht sey tausend mal dieser Gedancke – !

In Prag oder auf diesen Marsch dahin könte ich dich sehn – es sind 26 Meilen. Adieu Pauline troz deinem brieffe bete ich dich an Liebe dich, alles was ich von dich habe umgiebt mich stets ‹...›[59] und selbst in meinem bette verlaß ich es nicht Weib Braut, Geliebte, versprochen, schreib ein Wort des ‹...›[60]

Dresden schickst eine Estaffette[61] an mir, nach Auerbach – A son Altesse Royale Monseigneur le Prince Louis Ferdinand Lieuteneant general Commandant L'Avantgarde de L'armée du Prince de hohenlohe[62] [à Auerbach] a son quartier general à Auerbach, du fährst über Freyberg Chemnitz. nach Zwickau, dort findest du einen meiner Leute, mit Wagen und Pferde; dies ist ein project, das andere wäre für Prag. [doch] oder es laßt sich beides verbinden. doch ist noch nichts bestimt ob wir durch Böhmen gehn oder nicht in Berlin mußt du es allen geheim halten, dein Brieff von deinem Mann kann ja leicht Täuschen, du sagst wie es war ist er wäre in Francfurt am Mayn und du müßtest Ihm in Leipzig sprechen. Diesen Brieff schicke ich durch Estaffette; frey geht nach 12 stunden keiner zur armee so schickst du einen an meiner Adresse, nach Gera die ‹ich› auf meine Kosten gerne Zahlen werde. Nun lebe wohl sey glücklich – vergiß mich nicht – nähre nicht Kaltsein gegen mir; glaube es ich verdiene geliebt zu seyn – die Zeit wird es dich Lehren! es ist etwas schönes Glücklich ganz glücklich zu machen Du kannst – du nur kannst mir Glück gewähren

Tausend Küße

Louis.

Louis Ferdinand von Preußen an Rahel Levin Varnhagen in Berlin. Erfurt, den 11. Dezember 1805.[63]

Den 11t Abends

Ihren Brieff liebe kleine; erhielt ich gestern früh, mit sammt der Einlage von Paulinen[64]*, mit banger Zärtlicher Erwartung ofnete ich den brieff, deßen form, und die durch dem papier durchscheinenden französischen Caractere etwas unglük weißagendes für mich hatten. Wie tief er mich gekränckt mögen sie selbst aus seinem Inhalte sehen, wie schrecklich, wie grausam solche Wunden zu schlagen, wenn man fern ist; alles schmerzt tausendmal mehr, alles fühlt man tieffer. Hätte ich paulinen durch unrichtiger Darstellung betrogen, hätte ich es gethan, Ihr allein und nicht mir hätte sie die Schuld beymeßen müßen weil jede auch die einfachste Handlung zuweilen und beinahe stets von Ihr misdeutet wird; Wenn in einem Augenblicke, wo alle Gefühle in mir aufgeregt waren, die Scenen des ganzen Tages mein Herz mit Wehmuth erfülten, ich den Wunsch gehabt hätte Jettchen und meine Kinder nochmal zu sehn; sonder scheu hätte ich es Paulinen gesagt, auch die reinste gewißenhafteste Liebe hätte hierin nicht gefehlt, denn in gewißen Augenblicken liebt man blos was das Wesen was wir lieben liebt; so also auch im Augenblick meiner Entfernung aus Berlin, wo* *die wenigen denen Ich theuer binn sich mit liebevollen Herzen an mich anschloßen! Allein wäre Pauline wol einer solcher Ansicht fähig gewesen! heftig, gereizt, ja beinahe wüthend bevor ich ihr nur sprechen konte. Nun zur Erzählung selbst Ich spreche bei meiner Schwester von meinem Testamente, als es mir wie mit einem Blitzstrahl ins Gedächtniß fährt daß ich in denen beiden Copien die Nahmen meiner Kinder auszufüllen vergeßen; ich sage dem Radziwillschen Jäger er möchte zu henriette hinlauffen und Ihr sagen ich müßte noch hinkommen sie zu sprechen, dieser begegnet meinem Jäger der henriette bestelt gleich zu mir zu kommen, es so falsch bestelt das Jettchen oben bei Radziwill neben meiner S‹ch›wester Stube kam! das übrige wißen sie, von der Angst gefoltert Paulinen die idée eines betruges zu hinterlaßen schicke ich von den Linden aus Haube zu Ihnen, ich vergeße in der peiniglichen Ungewißheit, ob ich noch bis zu Paulinen würde dringen können warum ich kommen wolte, Nehme von dem guten Jettchen und den Kindern Abschied und renne zu Ihnen, von Leipzig aus schrieb ich wegen der dadurch nothwendig gewordenen Uberschickung des Testaments*

Wie es mit meiner Liebe zu Paulinen ja eigentlich ist wäre schwer Ihnen zu schreiben, ich weis nur daß ich sie unaussprechlich Liebe, und alle meine Gefühle erlangen, in Einsamkeit, und Entfernung, mehr Kraft. Oftmals ist mir als Liebte ich sie ewig – Lange schon hatte ich sie im Herzen und im Kopfe – ich sah sie wieder! allein da war es als wäre eine Mauer zwischen uns, ich suchte und doch fürchtete sie – alsdann lernten wir uns kennen, Pauline misgriff meinen Caracter ich sah in Ihr nur die fehler, die exuberan‹c›en, die Auswüchse, dieser Reichhaltigen Natur, ohne sie eigentlich zu Lieben, oder ohne diese Liebe in mir laut werden laßen; Bis endlich wie Sie wißen es auflоderte ich sie troz den Menschen, troz mir, ja Ihr selbst, Liebte jeden Tag mehr opferte, jedes [Ihr] Opfer mich mehr an [Ihr] sie band und festkettete; rechnen sie noch hinzu den ans Magische grenzenden Liebreiz den sie für mich hatt – den Stoltz meines Caracters! wie oft sahen sie mich nicht Kalt und resignirt, meiner Liebe, bewußt, da sitzen, kalt und gleichgültig wenn andere Pauline herabwürdigend, [und] mich und meiner Liebe, vieleicht spotteten. Noch etwas schönes lag in meinem Herzen, ich habe zuweilen gehoft die reliquien von Paulinens schöner Natur zu retten – Meine heftige zärtliche Liebe solte Ihr Herz erwärmen – die ideen des guten und schönen beleben, sie solte wieder an sich selbst glauben, ich dachte sie solte das edle, gute in mir lieben und erkennen, mein Leben durch Genüße aller Art verschönern – überdem ist bei Ihr die härte [das sie] nichts weiter als die reaction der tiefsten gebeugtheit, der Zerrüttung Ihres innern – sie hatt nicht den Muth zu zeigen daß sie gut ist nicht den Muth gefühle [zu ze] an dem Tag zu legen – Ich habe sie erröthen sehn wenn sie etwas gutes oder gefühlvolles sagte als wenn ein anderer eine Sottise[65] *sagt – blos weil sie fühlt daß sie das Recht es zu sagen verloren hatt – Einen Brieff von Ihr aus schricke mir geschrieben fand ich hier – er war gut, Liebend und war. So war es Liebe kleine, und so ist es noch nach dem schmerzlichen ‹. . .›*[66] *Stoße den der unglückliche Brieff in mir erzeugte und von welchem mein Herz blutet*

Hier ward ich mit Liebe Freude und Vertrauen aufgenommen; Einen frühen Freund mit dem ich seit vorigem Kriege sehr aufrichtig verbunden war – Blumenstein[67] *ein Franzose oder Elsasser fand ich hier wieder – es ist eine Freundschaft die so alte Camaradschaft, Achtung für Tapferkeit die ersten Gewehrschüße zusammen gehört zu haben, Verlust gemeinschaftlicher Jugend bekannten, und alle mit der Jugend verbundne ideen erzeugt hatt; die sich aber über dieser Gräntze nicht erhoben weil die meisten Franzosen über diesen Casirten ideen*[68] *nicht erhaben sind; Heute haben wir ein rendes Vous der drey verschiedene avantgarde chefs gehabt des General Blücher – des General Rüchels und Mir der die des Linken armee corps commandirt, Morgen geht jeder zu seiner bestimmung und am 20ᵗ bin ich am Fuße des Bömischen Gebürges, mit meiner aus Preußen und Sachsen zusammengesetzten avantgarde. Ein Wort gaben wir uns alle ein feierliches Männliches Wort und gewiß soll es gehalten werden – Bestimmt das Leben daran zu setzen, und diesem Kampfe Wo Ruhm und hohe Ehre uns erwartet, oder Politische freiheit [ideen] Liberale ideen auf lange erstickt und zernichtet werden wenn er unglücklich wäre, nicht zu überleben! – Es soll gewiß so seyn! der geist der armee ist trefflich und würde es noch mehr seyn wenn mehr Bestimmtheit und Erregende Kraft von oben wäre, und ein fester Willen, die schwachen und schwankenden Menschen bestimte! Was ist dieses erbarmliche Leben, Nichts! auch gar nichts – Alles schöne und Gute Verschwindet Erhaben ist das schlechte und die traurige Erfahrung reißt unbarmherzig alle schöne Hoffnungen von unseren Herzen! so muß es in diesem Zeitalter seyn den so erstarben auch alle schöne Men-*

schenbeglückenden ideen! nur das erbärmliche blieb, nur dieses siegt –. warum also sich beklagen, wenn im kleinen geschieht woran ein ganzes Zeitalter Leidet.! – –

Wenn ich mich so oft im Weiblichen Herzen herein dachte – so glaubte ich – nichts heiliger müßte einem Weibe seyn, als dem Geliebten, im Kriege zu wißen; Ihm zu Betrüben., [...][69] *ja vieleicht noch mehr zu thun, wär in meinen Augen, schlimmer als ein Mord! –*

Hier Liebe kleine; einen brieff einen langen Brieff für Paulinen ich gebrauche einer Estafette die nach Berlin geht – geben sie Ihr diesem Brieff, er ist so lang so schlecht geschrieben – allein ich Litt' zuviel als ich Ihm schrieb, und meine ideen konte ich also wenig ordnen, bitten sie Paulinen Ihm zu lesen, und des undeutlichen schreibens wegen nicht zu ermüden – Leben sie glücklich – schreiben sie mir oft – Wachen sie auf Pauline – seyn sie War gegen mich —

Louis

16. *Louis Ferdinand von Preußen an Pauline Wiesel in Berlin. Jena, den 16. Dezember 1805.*[70]

Ich habe nun Goethen wirklich kennengelernt;[71] er ging gestern noch spät mit mir nach Hause und saß dann vor meinem Bette, wir tranken Champagner und Punsch, und er sprach ganz vortrefflich! Endlich deboutonnierte[72] sich seine Seele; er ließ seinem Geist freien Lauf; er sagte viel, ich lernte viel und fand ihn ganz natürlich und liebenswürdig. Grüß heute die Kleine von mir und sag ihr dies: dann bin ich ihr gewiß unter Brüdern dreitausend Taler mehr wert!

17. *Louis Ferdinand von Preußen an Pauline Wiesel in Berlin. Zwickau, den 1. Januar 1806.*[73]

Am 1t Jenner 1806
Dir meine Pauline, so nach alten, unmodischen brauch am Neujahrstag glück zu wünschen, ist wohl nur erlaubt, wenn man selbst so ein kleinstädter ist wie ich es jetzo bin, und doch kann ich nicht umhin obgleich ich dir gestern schrieb, und nur am

3^{t} oder 4^{t} nähere Bestimmungen über der Dauer unsere Lage erwarte. Liebe geliebte Pauline, möge dieses Jahr uns enger und fester noch verbinden, möge es mir das Schicksaal vergönnen dich so glücklich zu machen als es nur ein Wesen seyn kann, und noch mehrere Engere Banden dich an mir ketten; jeder Tag jeder Augenblick läßt mich Lebhafter fühlen daß ich ohne dir Pauline nicht glücklich seyn kann!, ich kann dir es nicht genug sagen; wie glücklich mich schon zuweilen daß Bewustseyn meiner Liebe macht, Es giebt mir die gewiße Hoffnung so wieder von dir geliebt zu werden, und auch die, unaussprechlich glücklich zu seyn. Liebenswürdige, Liebliche, so himlisch versprichst du mir es ja in dem Brieffe vom 21^{t} daß ich noch einmal ganz glücklich, es durch dich seyn soll – Ich kann es ja nur durch dich. Meine Pauline ich fühle sehr gut wie oft ich ungerecht gegen dir war; und wenn wie ich es so gerne glaube du mich schon lange ja ewig liebst, wie oft habe ich dann nicht dein Zartgefühl deine Liebe beleidigt – o meine Arme himlische Pauline, wie hart war ich nicht! – Doch nie alles dieses wieder meine einzige Freundin geliebte – Ich habe nach Dresden geschrieben dort ist ein Mahler der Demiani heißt und in Hamburg mein Portrait en Miniature ganz himlisch gemahlen hatt.[74] wenn es irgend möglich so kömt er her und macht es für dich allein. Hier habe ich alles so veranstaltet daß du bey mir Wohnen kannst neben mir an, blos Dussek und einer meiner Leute und eines von den Aufwarterinnen brauchen es zu wißen und sonst kann es allen ein Geheimniß bleiben, nur den augenblick der Parade und des Mittagseßens sonst bin ich den ganzen Tag mit dir und Liebe und spreche und Vergöttere dich –

Liebe einzige Vertraue deinen Louis und nie mehr in den Brieffen Mistrauen oder rückerinnerungen! noch eins, ende doch diesen kleinen mich und dich Beleidigenden Betrug, nehmlich daß du thust mit Jette als schrieb ich dir nicht – Bitte darum meine Liebe, sage doch es so wie ich es dir in meinem letzten Brieffe sagte. Gebrauche die Zeit das Wiesel in Dresden ist und mache daß du von Ihm geschieden. Laß Ihm wenn er es will die 5000 rth – ich will überdem [sol] wenn es nöthig mich verbinden, für dich zu sorgen[75] Nun noch eins, schicke ich dir von meine gepuderte Haare, so jeden Brieff etwas was du stets so lange tragen tragen mußt bis zum nachsten Brieff – Einen Ring mit deinen und meinen Nahmen habe ich bestelt, schicke mir auch einen er sey das Zeichen unserer ewigen Verbindung –

Nun noch Tausend Küße an Pauline Cesar

Louis

Ich schrieb an henriette den 30t und sagte Ihr ich hätte dich oft geschrieben – und sagte dabey wie es den Werth der brieffe schade [...][76] sie zu zeigen oder, sie den Anstrich der falschheit gäbe – Wozu denn dieser Trug – da nichts zu betrügen ist und es keinen ‹...›[77] – Thue also so – oder bestimme es wie es gesch‹ehen soll›[78] so wie alles – und dein Wille wird mein Gesetz seyn –

dein Louis. der dich anbetet bittet also hierüber dich zu beßern, und Ihm zu Vertrauen –

18. Louis Ferdinand von Preußen an Pauline Wiesel in Berlin. Zwickau, den 7. Januar 1806.[79]

Zwickau, den 7.

Liebe Pauline, deinen lieben seelenvollen Brief vom 31. erhielt ich oder fand ich bei meiner Rückkehr hier in Zwickau, da ich während 6. Tagen mit einer Truppen-Inspektion in den verschiedenen Kantonirungen vom Prinzen beauftragt wurde, welche nun freilich nicht sehr befriedigend und unterhaltend gewesen. Wie glücklich mich der Gedanke macht, dich glücklich gemacht zu haben, die Hoffnung zu nähren, daß mein Brief dein Herz erfüllt, kann ich dir, meine Pauline, nicht sagen! Gewiß werden, Geliebte, die darauf folgenden Briefe diesen Eindruck nicht verdorben haben –. O könnte ich doch dein Herz so ganz mit Vertrauen, Liebe und mit der Gewißheit erfüllen, geliebt und von deinem Louis angebetet zu sein, alle Mißtöne würden und werden alsdann bald ganz verschwinden! – Obgleich, meine Pauline, ich meine Rückkehr noch entfernt halte, so sei gewiß, daß ich nur für dich leben werde! Sei es immer gesagt, du böse himmlische Pelle, ich konnte mich zuweilen nur einer kleinen Schadenfreude nicht verwehren, jetzt – so dachte ich – wird Pauline dem Geliebten nicht die Thür verschließen, erwarten wird sie ihn; und wenn dann jeden Abend er kommen wird, zu theilen mit der Himmlischen das göttliche Lager[80], wenn dann er in ihren Armen ausruhen wird, an der Seite des lieben Weibes erwachen, o wie unaussprechlich glücklich werde ich sein! Nur – ich wiederhole das, was ich dir schon sagte – Vertrauen in mich und Glaube an dich selbst können nur unser Glück fester gründen! Du sagst es mir, meine Freundin, meine Geliebte, du könntest nur glücklich sein, wenn du mir deine Liebe recht beweisen könntest, – Pauline, darf dein Louis dir diese Beweise fordern, oder vielmehr kann er vertrauend dir stets sagen: Pauline, liebe Pauline, du, in deren Hände ich zutrauungsvoll mein höchstes Glück legte, von der ich es erwarte, die allein es mir gewähren kann, – dieses kann mein Glück noch erhöhen, dieses thut meinem Herzen wehe –? Willst du stets meine Wünsche erfüllen? Empfange, Pauline, das gewiße Versprechen, Louis Ferdinand wird nie eine andere als Pauline Cäsar besitzen, sie allein! Auch hier und stets an jedem Orte ist keine Verführung mächtig genug, dein Bild einen Augenblick aus meinem Gedächtnis zu reißen, meine Einsamkeit selbst ist für mich voller Reiz, der Gedanke, in derselben so ganz dem Gefühl meiner Liebe zu dir nachzuleben, die Überzeugung, daß jeden Augenblick du Zeuge meiner Handlungen sein könntest, und daß nichts darin wäre, was dein Herz kränken, für deine Liebe störend sein könnte, schmeichelt meinem Herzen und erfüllt es mit dem süßesten Gefühl! Auch du, Pauline, nicht wahr, du thust nichts, was mein Herz kränken könnte? Ich fürchte deine Laune, dein ewiges Umhertreiben, – sage mir ein Wort darüber, auch von denjenigen, die zu dir kommen, o bewahre unsere Liebe vor jedem unreinen Hauch! –

Liebe Seele, alles, sagst du, hat sich gegen unsere Liebe verschworen, – laß mich lieber sagen, es stand am Himmel geschrieben, vom Schicksal, von der Natur waren wir bestimmt uns zu lieben; so lebhaft ist dieses in meinem Herzen, daß ich dir schwöre, den Augenblick, wo du mich verläßt, zernichte ich mich! – Nur sei unsere Liebe nicht klein, sondern sie spreche sich so aus, wie es in unsern Herzen ist; dieses Schwanken, dieses erbämliche, es muß weg aus deinem Herzen, deine Liebe muß deiner und meiner werther noch werden, nicht wahr, Pauline? Übrigens soll dein Wille ganz unsere Lebensweise bestimmen. Dein Glück ist das meine, und nur dasjenige, was dich, meine Pauline, ganz glücklich macht, kann mich ganz glücklich machen, – verhehle mir also nichts, sage und schreibe es mir stets, wie es in deinem Herzen ist, wie du es fühlst. Ganz für dich, meine Pauline, will ich leben, und gewiß soll dieses Jahr nicht enden, ohne daß uns die engsten Bande verbinden. Nur mache bald, Pelle, daß du von Wiesel geschieden. Liebe Freundin, wie oft denke ich an den Augenblick, der uns vereinen wird, meine Phantasie mahlt ihn stets mit neuen Farben aus: Überfallen will ich dich, einen Abend sollst du mich finden, ich will die Geliebte entkleiden, mit zarten, liebevollen Küßen jedes Glied bedecken, und dann will ich dich in meinen Armen festhalten, in himmlischer, liebevoller Umarmung, und heiße brennende Küße und der Liebe süßes Gespräch sollen dann abwechseln, und wenn dein Auge bricht, dein Mund nur: Lieber, lieber Louis! stammeln kann, o dann soll sich mein Leben in Strömen ergießen, und in dem geliebten Schoße Leben erwecken, ein himmlisches Kind, der Liebe glückliches Pfand, soll unsere Seeligkeit noch erhöhen. Aber vorher, meine Pelle, kommst du zu mir, wir werden in einigen Tagen eine Veränderung in unserer Lage haben, dann schicke ich dir sogleich eine Estafette.

Nun, meine Pauline, etwas über dich! Die unselige Schwäche, deine Beschäftigungslosigkeit, und die Gewohnheit, stets in äußeren Dingen Zerstreuung, Amusement zu suchen, machen, daß du dich stets vom Strome fortreißen läßt; überdem liegt etwas Behagliches für dich in dem Gedanken: «Was ich thu, geschieht nur aus jener Gefälligkeit, jener Leichtheit, mich in den Willen Andrer zu fügen, die aus der Gutmüthigkeit meines Karakters entspringt; wäre dieses nicht, dann würde ich anders handeln!» Durch dieses Raisonnement rettest du dich für deine Augen von dem Vorwurf, ein Leben zu führen, deßen Leere du fühlst, und zugleich kannst du auch, der alten Gewohnheit treu, den Tag so recht tüchtig todtschlagen, ihn mit den Promenaden, Dejeuné's, tausend nothwendigen Visiten, Komödie, und irgendeiner Soirée, wo du jemand tribulirst[81], ausfüllen, – und doch wünschte es dein Herz anders! Allein so ist es mit aller Schwäche, das Wollen und Wißen und das Vollbringen ist zuweilen sehr verschieden. Auch lag es bis jetzt in der steten Nothwendigkeit, außer dir zu sein, dein Innerstes war durch so vieles zerrüttet und gebeugt, – nun ist es anders, nun muß es anders sein! Geliebt, angebetet von einem Wesen, was du liebst, das deinem Herzen, deinem Geist, deiner Eitelkeit – und dieser feurigen Organisation genügen kann, gewiß, daß es ein seelenvoller, zartdenkender Louis ist, den du liebst, deßen Glück ganz von dir abhängt, der dich zu lieben versteht, in dem die Menschen und die Welt nichts tödten, wohl aber vielleicht etwas verderben konnten, o dieses muß dein Herz erfüllen – du mußt mich lieben, mehr noch als – – –

Schreiben auch thust du so selten – Pauline! Sowahr ich dich liebe, ich verzeihe dir nicht den geringsten Anschein einer Etourderie[82] selbst, – doch dieser Gedanke ist deiner und meiner unwerth! – doch bedenke, daß diese selbst schändlich wäre. Sage mir was du täglich thust, du dumme, dumme, liebe Pelle, – es ist so peinlich, nicht das Wesen, was man liebt, in seinen täglichen, stündlichen Handlungen gewißermaßen folgen zu können. Nun schließe ich. Was ich dir schicke, trägst du bis zum nächsten Briefe. Leb wohl, Engel – Liebe – ewige Liebe – Braut – Weib – Angebetete –

Dein Louis.

Übermorgen erwarte ich Hans hier und Graf d'Entraigues.

Während daß ich dir schreibe, brennt mein Haus, ich glaube, ich habe es angesteckt. —

Henriette Fromme an Louis Ferdinand von Preußen.
Berlin, den 21. Januar 1806.[83]

Mardi le 21
Vous n'avez pas tenù Votre promesse, et ne m'avez traitee en Amie. Je n'y pretends plus. –. je renonce dès ce moment, a tous vos Sentiments –. j'étais folle et me parais moi meme ridicule, d'avoir été aveugle, ‹j'uscequ'ici?›. –. il m'était doux [de] et j'aimais à me

[faire] laisser tromper par Vous. – aprèsça je Vois clair –. Je ne suis pour rien dans Vos Sens; et pour bien peu de chose dans Votre coeur. – Pourquoi donc nous gèner mutuellement –. tu serai plus heureux si tu ne vois plus une Creature, qui te reproche son malheur. – et moi je puis encor etre, heureuse, et jouir de ma jeunesse loin de toi. Louis soyez Genereux, et ne me sacrifiez pas. –

Mettez moi en ètat, de pouvoir Vivre agrèablement loin de Vous; –. Cette prètention n'est pas trop grande, et je suis sur que tu m'acorderai ma priere Mon amour Maternel, n'est en tout celà pour rien. je trouverais une follie, si je me Voulais sacrifier, a mes enfans, ce sont tant autant les tiens, tu les rendras heureux, si non, je ne puis en rien contribuer à leurs bonheur, et je soufrirais peutetre un jour de leurs reproches. – Voilà ma ferme Volonté: si tu n'y consens pas mon parti est pris, je remets ces enfans aux soins de ta soeur; je pars dans la misere, je ne te revoie jamais – resulte en ce qui voudrà. l'Etat le plus avillissant, ne m'avilirà pas tant, que l'idee de pouvoir Vivre avec qu'elqu'un, dans des lieus non legitimes, sans posseder Ses afections. N'en Voullez pas à Pauline. elle ne le merite pas. –. Pardonnez moi d'avoir derangee Vos progets; je ne le voulais pas j'ai dite à Pauline de partir,- mais soit crainte du scandale, que je pouvrais faire, soit delicatesse pour ma situation, elle n'a pas voulue.

Quante ce ne serà qu'un rétard, car [...][84] mon sort doit etre en tout cas decidée en huit jours; –. Je ne te revoie pas, je le jure, par tout ce que j'ai de sacrè au monde. –. Car l'idee de pouvoir encor Vivre avec toi m'est la plus horrible de tous. –. Pas que je te deteste; non Louis ça n'est pas possible; mais je ne t'aime, et ce qui est dur, je ne t'estime plus.-. Sois heureux – ne te fais jamais des reproches, de ta conduite envers moi; [car je] tu m'as donnè bien de chagrins, mais j'étais aussi tres heureuse et si tu m'assure une situation agrèable c'est tout ce que je pretends[85]

Henriette

19. Pauline Wiesel an Louis Ferdinand von Preußen. Berlin, den 21. Januar 1806.[86]

Berlin denn 21ten
Wie leit thut es mich lieber Louis deinem und meinen Wunsch nicht nachgehen zu können – Allein du wirst so woll aus meinen Als Auch aus Jette ihre brif die Unmöchlichkeit davon Einsehen, und wenn ich es sagen darf etwas mit deine Schuld – du känst Jetten und Mich genug und weiß dabei wie Jette Sensible auf jeden kleine betrug ist, Ich habe sie Alle Tage gesähenn und ihr Freilich öfters von der Möhlichkeit einer kleine Reise nach Dresten zu meinen Mann gesprochen, dein brif kann in denn augenblik wo Jette mich wollte Abholen – ich fuhr nicht gleich mit weill ich gleich beschäftich wahr meine arangements zu machen, Ich ging Also spähter zu ihr und sagte ihr meine Plahn mit der Reise zu meine Mann, – Jette wahr nicht ein Augenblick die Düppe[87] von dieser Lüge sagte mir sehr entschieden sie währe gefaßt Auf Alles und wollte auch jarnicht auf die Wahrheit drengen Ob ich zu dir oder zu meinen Mann ging, Nur so viel Versicherte sie Mich so bald ich aus Berlin ging (Heute Nehmlich) liß sie die Kinder zu deine Schwester bringen sagte die ganze Weld ich währe zu dir um nicht die Düppe zu Scheinen,

du haßt Alles mit deinen brife Verdorben mit daß ewige verbitten die brife zu Zeigen du wolltes nicht Jette gestähen daß du mich liebtes, und mich wolltes du auch nicht sehen lassen auf welche Art du Jetten Ewig beruhigtest – – Jette hätte bestindt eine éclat[88] gemacht wenn ich währe vortgereist denn sie ist ganz ruhig dabei nur will sie nicht die [pud] Duppe in die Augen der Weld erscheinen – Ich wahr dich so wie Jetten daß Opfer Schuldich! zu bleiben. Jette hätte ganz gewiß ein Schrit gethan denn sie bereuhen würde und der dann zu spaht gewähsin währe sie wollte Schon Bransion seinen Bruder hollen lassen und ihm dieh Kinder Ubergeben denke nur nicht etwaß aus Haßt gegen dich oder Mich Nein [aus] Mit der großten Uberlegung – weill sie in jeden fall daß Leben nicht mehr führen will sie glaubt die Düppe zu Sein in denn Augen der Weld und es ihr überdem nicht mehr gefäldt. Jette ist sehr gut mit mir hat nicht denn mindestet Haß gegen Mich Noch in diesen Augenblik wahr ich bei ihr sie ist ganz ruhig und gesund aber deine Falscheit ärgert ihr.

du haßt ihr Ewig auch solche brife geschrieben wo sie Nahtürlich muste glauben du liebstes nur mit mich zu Schlaffen und sie währe dir die Liebste – da ich doch weiß daß Jette dir nicht solche brife Schrieb so hat sie recht und du Unrecht

Mich thut es leid Jette diesen Ärger Veruursagt zu haben – aber Alles fäld auf dich zurük – alles ist deine Schuld – Eine kann man nur Lieben und solche Rolle kann sich nicht zuterieren[89]. Jette ist wahr daß weiß ich. Auch kann man mich nichts weißmahen du haßt an allen Schuld mit deine dumme Falshe brife – Jemehr ich nachdenke je mehr bin ich gehen dich Ultrirt[90]. du haßt Alles immer anders gesagt. Louis ich Schwöre dich ich kann dich noch das Opfer bringe so rasend Lieb ich dich auch habe – –

Ich will aus Berlin gehen ehr du ankömst. Sehen kann ich dich so nicht mehr – Ich fühle es ich kann dich nicht mehr sehen – spricht mein Urtheil Lieber Louis spricht ehr du kömst Liebst du mich würcklich, ist alles wahr waß du mich so oft so wahr geschworen so wirst du fühlen waß zu mahen ist – Ich ergeben mich nach deinen Willen soll alles geschäehen – Louis lieber Louis willst du Pauline noch sehen noch lieben – geliebt wirst du Ewig von Mich werden – glüklich oder Unglüklich ––––

Ich kann dich nicht sagen welche Sonderbahre Gefühle sich in meiner brust drängen So gern ich Abgereist währe so gern ich dich gesähin hätte so währe mich der Abschied von Jette Unerträchlich gewähsen – Ihr zu leuchgenen ihr nicht sagen zu dürfen daß ich zu dir ging währe mich Unerträchlich gewähsin, jetz bin ich ganz Frei ich fühle mich ganz rein gehen Alle Menshen ich Leuchgene Jette nichts mehr ich bin nicht mehr falsch gegen ihr – ohne daß ich ihr habe deine brife gezeig denn daß währe falsch gegen dich und Unnütz. Aber gesagt habe ich ihr daß ich dich Liebe daß ich so nicht länger Leben könnte wenn du Zurük kämst; Ach mich ist so leicht mich ist so wie nach einen Schwären Gewitter Alles ist erheiter in meine Seele ich bin mich nichts übels mehr bewußt Ich erwahrte Alles von Schicksall Louis schreib mich balde balde oder laß mich ewig nichts mehr von dich hören – Ach mich ist doch so Gut Zumuht als wenn ich noch mal solte und müste recht glüklich Sein –

Lebe woll Louis kein bitten kein Flechen kein Vorwurft keine Tränen nichts sollst du erfahren Nur spricht mein Urtheil

Alles hatte ich Schon in bereitschaft Aber es ist Auch gut daß es so gekommen ist.

Louis Ferdinand von Preußen an Rahel Levin Varnhagen in Berlin. Leipzig, Ende Januar 1806.[91]

Leipzig
Liebe kleine hier wo ich Paulinen die mich sehnlichst ich sie zu sehn wünschte, empfing ich diese beiden brieffe[92]*, wie alles dieses mich beugt Meinen Schmerz, und die Angst die ich darüber habe konnen sie leicht errathen, Gott – hier schicke ich Ihnen zwey offne briefe*[93] *einen an Pauline einen an Jetten in der Angst und im schmerz geschrieben sie sehn alles darin – so wahr es in meinem Herzen liegt, meine heiße Leidenschaft für Pauline, meine ewige Anhänglichkeit an Jette, siegeln sie sie beide zu und schicken sie hin – So war es ist das ich ohne Pauline nicht leben kann, so auch ist der Gedanke Jettchen ihre Kinder [mich] verlaßen zu sehn, die mir und Pauline ein ewiger Vorwurff wären mir unerträglich – warum bin ich unseeliger nicht Tod – O Gott – schicken sie mir eine Estaffette hier in hotel de Saxe*

Louis. Tourné

Gott rathen sie zum Guten, schicken sie mir die Brieffe zurück – Gott sie sehn wie sich so alles verflochten, ich Zittere für Beide, und für beide einer durch der andere. – wenn sich dieses band nicht so wie ich es wünsche entfaltet – – so sind wir alle unglücklich. Liebe kleine verzeihen sie! Das meine Liebevolle Zartheit so imer miskannt wird! Ach ich wußte es daß [meine] ich das Opfer dieses allen würde – Pauline ist himlisch gut und Edel, Jettchen die ich so Zartlich Liebe wie ich es einer Schwester schuldig Wie es mein Herz für die Mutter meiner Kinder fühle glaubt mich falsch, sie selbst will mir nur bloß Schwester seyn O Kleine beklagen sie mich, wachen sie auch über Pauline – uber alles –

20. *Louis Ferdinand von Preußen an Pauline Wiesel in Berlin. Zwickau, den 29. Januar 1806.*[94]

Zwickau 29t

Deinen Lieben herzlichen seelenvollen herzerquickenden Brieff[95] und zwey andere die in Jettchen Ihre Brieffe eingeschloßen waren erhielt ich an einem Tage du Liebe himlische Pelle, du geliebte angebetete Pauline den kleinen brach ich zu erst auf, weil ich unter den andern vor mich liegenden brieffen weder deine Hand erkannte noch Siegel oder etwas ähnliches mir etwas von dir weißagte, schon zürnte ich des kleinen unbedeutenden frostigen Brieffes[96] wegen, als ich den andern aufbrach, (das Siegel ließ mich glauben, es wäre von irgend einen Graffen oder Fürsten) und anstatt diesen finde ich sechs seiten, so liebevoll, so liebend, so voller Lieblichkeit, daß es mein ganzes innerstes erfülte so wie eine Blume die [...][97] Athmosphere mit Wohlgeruch, hinlegen mußte ich den Brieff, ich wolte, ich konnte die Freude nicht auf einmal faßen, sie nicht genießen. Liebe Pauline sag es mir immer, sage es mir stets, daß du mich Liebst so liebst wie du je lieben kontest, daß ewig, lange, sehr lange schon ich in deinem Herzen binn, so wie du in dem meinigen! – Pauline, <u>nichts</u> hatt man in der Welt verloren, <u>nichts</u> wenn man dem begegnet, den man liebt, und von Ihm angebetet wird; sage wem gewährt das schicksal dieses glück, wie manches tiefempfindendes Wesen, stirbt und vergeht, ohne je dem innern Drang seines Herzens befriedigt zu sehn! Daß wir später uns fanden unter verschiednen Umständen, und Verhältnißen; schadet ja der Liebe nicht, denn ich Liebte dich so, du mir! Und hätte frühe sehr früh schon die Liebe uns verbunden, wäre ich der erste Gedancke deines Herzens gewesen, du der meine! wie vieles hätte uns doch nicht Zerspalten können. Genug wir fanden uns, reichhaltig an Mitteln glücklich zu seyn; weil wir Lieben, so Lieben uns ganz zu verstehn. Wenn du meinen letzten Brieff mit Aufmerksamkeit gelesen, so findest du darin die wahre Geschichte meiner Liebe zu dir! Alle[s] äußere Umstände, du selbst, dieser durch Erziehung, vorurtheil Gesellschaft erzeugter Leichtsinn, diese scheinbare Kälte vor allen schönern Ideen, stießen mich zurück; nur ein innerer Drang riß mich unaufhaltsam zu dir hin; ich wußte es, du mußtest, das im Herzen tragen, was [deine] die reichhaltige Natur würcklich in demselben legte, das andere, alles üble, gehört den andren, deine Tugenden dein Werth aber dir Pauline. Ein Mahler zeichne den schönsten Kopf, und ein erbärmlicher Fuscher, ändere einen Zug, und es wird Caricatur, Kranckheit verzerre oder verkürze einen Muskel im Liebevollsten Gesicht, und es ist unkentbar – so ist es auch mit dem Caracter, mit dem Herzen, und so ging es dir Pauline – Alles! dein ganzes Leben!, selbst deine Verirrungen [ist] sind mir ganz klar! und auch weiß ich bestimt daß du mich Liebst sehr liebst –

Seit dem Augenblick wo die Liebe von Wiesel aufhörte bist du in einem steten Rausche gewesen, du hast Vergnügen und Genuß gesucht, und vergebens daß zu finden gewähnt was Liebe nur in vollen Maaße gewährt! daß noch in deinem Herzen lag – Nun fanden wir uns, du dachtest bloß [zu] genießen zu wollen, wir schwelgten und selbst alles was Liebe tödtend gewesen, wäre – erzeugte die unsrige, sie läuterte sich, und jetzt muß und wird sie dein Herz ganz erfüllen ganz erwärmen, sie wird dich, du mir ganz glücklich machen – Daß that schon dein Brief; er hatt mir unbeschreiblich wohl gethan, und einen sanften himlischen Eindruck auf meinem Herzen gemacht – seit dem Augenblick daß ich Ihm habe, hatt er mich nicht einen Augenblick verlaßen! – O Pauline gefahren woltest, du trotzen, um drey Jahre[98] zurück zu kauffen!

Liebe einzige, [thue] Pauline, gebrauche diese energie um alles dasjenige zu unterdrücken was unser Glück zerstören kann! gewiß, unaussprechlich geliebt zu seyn, mein ganzes Leben, mit Genuß und Seeligkeit zu erfüllen, schone auch mehr meines Zartgefühls, und daß die angebetete Pauline nicht mehr vergeße daß es mir unleidlich ist wenn sie durch inconsequenzen in Ihren Manieren und äußern Betragen mein Herz kränckt!

Liebe Pauline dein Brieff hatt mich beinahe toll gemacht dieser Brieff trägt selbst die Spuren davon – ich laß deinen Brieff küßte deine Haare – ich hätte diesen todten Zeilen, diesen Worten Leben geben wollen – daß etwas von meinem Wesen – bei dir wäre, und so ergoß mein [Wesen] Leben, meine Seele sich auf dieses Papier. Daß du glücklich machen kanst, es seyn!

o das fühle ich ganz – fühle es daß ohne dich kein Glück für mich ist

Wie kann denn Pauline mein Brieff dir undeutlich gewesen in betreff des heißen Wunsches dich zu sehn! – so bestimt schrieb ich ja[99] – weil ich wußte daß wir vom 20 bis zum 1t oder 2t hier bleiben und in Zwickau und Umliegender Gegend cantonniren[100], würden ich wähnte daß wir von dort nach Böhmen gehn und glaubte dich alsdann, einige Tage hier geheimnißvoll und dann eben so in Prag zu sehn, wo du von Dresden hättest hinkommen können; diese Zeit ist nun verfloßen und wir werden warscheinlich nur erst in drey oder 4 tagen mit Gewisheit etwas über die Veränderung unserer Lage erfahren, da die Politischen Umstände unseren Marsch nach Böhmen nicht mehr gestatten.[101] Sehe ich alsdann nur die Gewisheit an einem Orte auf 10 oder mehrere Tage zu bleiben, so schicke ich dir sogleich eine Estaffette – mit der Marsch route und das ganze ganz genau calculirt – Meine Pauline meine Liebes einziges Weib – meine Geliebte versprochen, rechne bestimt darauf – [du brauchst] ich brauche es nicht dir zu sagen wie seelig ich seyn werde, wie glücklich! allein der gedancke dich vieleicht umsonst diesen Weg machen zu sehn, und alsdann vieleicht wieder Mistrauen, Misbehagen, in dich zu erzeugen, ist für mich peinigend, dich alsdann vieleicht irgend wo angekommen zu wißen, nach tausend Müheseeligkeiten, in diesen Unwegsamen Gebürge von größern Städten auf 7 bis 12 Meilen entfernt und du mich dann, nicht finden würdest, und ich mit dem besten Willen nicht im Stande seyn [würde] dich von irgend einer Veränderung zu preveniren[102], wäre schrecklich, gestattete meine Lage daß ich mich von hier entfernen dürfte, und wäre ich nicht mit Geschäften überhäuft, und dürfte nicht [...][103] mich aus dem Bezirk meiner Cantonnirungen[104] [zu] entfernen, so könte ich schnell mich mit dir ein rendes vous geben – So aber mußt du dort hin kommen wo ich bin – hier hatte ich alles arrangirt – du hättest zwei Zimmer Bewohnt, in dem alten weit-läuftigen Hause welches ich occupire, niemand hätte es hier wißen können, sobald ich erfahren daß du in Dresden angekommen, wäre ich dir selbst bis Chemnitz entgegen gekommen, und unbemerkt wärest du in der Einsamkeit mit mir gewesen. Liebe einzige, um daß du Reisen kannst ist es nöthig dich so zu arrangiren daß du [den] über einen Wagen disponiren, und zwar so schnell daß du den Tag darauf wenn du meine Estaffette bekömst fahren – alsdann kauffe bei ‹August?›[105] dich ein Reise bette so wie ich es habe – durch die Estaffette schicke ich dir eine andere Anweisung –. Pauline liebe einzige meine geliebtes. Weib[106] wie sehne ich mich nach dem Augenblick wo ich dich so ganz Liebend an das Herz drücken, wo ich dich ganz glücklich sehn werde, und dann uns das Schicksal deinen und meinen heißesten Wunsch gewähren.

Nur gebrauche der Zeit jetzo deine Gesundheit zu stärken, warum badest du nicht! auch keine Misbräuche der imagination – küße das Bild deines Louis, seine büste[107] – aber das übrige bewahre für Ihm – Liebe, einzige, übers Meer, weit fort, mit dich – O wo du bist kann nur Glück seyn – höre Pauline wie Arm wäre ich Ohne dich, wie sehr stolz können beide wir sagen wer bedarf der andern so wenig um glücklich zu seyn aber das erste was ich wunsche ist, daß du frey, von Wiesel geschieden bist[108] schicke mir den Brieff den du schriebst – schon in Berlin versprachst du es mir – Mein bist du auf ewig mein, so Liebte dich keiner, so genoß je keiner, von Liebe war ich durchdrungen, dein ganzes Wesen Liebe ich, mein Mund bedeckte mit Küßen deinen Brieff alles was ich von dir besitze – O Pauline dencke daß jeder Blick jedes antasten eines andern dich entweihet verhülle dich, dein Auge weile auf keinem; o die Luft die sie um dich Athmen beneide ich – alles ist mein – jeder Blick von dir, jedes lächeln, jede bewegung deines Körpers; erfülte mich ja mit Liebe und bewegte krampfhaft jede meiner Nerven – O Pauline ich werde Toll sehe ich dich nicht bald –

Eines Anmerke ich noch vor daß ich schließe – die beiden Brieffe die du mir schriebst in Jettchen ihre brieffe, sind mit dem menagement[109] geschrieben das ich sehe daß du sie an Jettchen gezeigt – Laß uns doch alle diese kleine falschheiten verbannen, sage doch gerade heraus daß ohne falsch zu seyn man die Brieffe die man schreibt nicht zeigen kann, es ist nicht möglich dann mit demselben abandon[110] zu schreiben, ich könte es nicht wenn ich meine brieffe zeigen müßte, oder sie der Empfänger zeigte. alles dieses ist Mangel an Zutrauen, du wilst dich dadurch das recht erwerben, die meinigen zu sehen. Mir hatt dieses alles so confuse gemacht daß ich nicht eigentlich weis ob Wiesel in Dresden ist oder du es mir nur zum Schein sagst. Es würde mich rasend inquiettiren[111] dich mit Ihm zu wißen Liebe Pelle antworte bald hierauf. Nun Pauline noch eine Bitte Gedencke doch etwas und schicke mir etwas was du lange getragen, so das es von deinen emanationen[112] ganz erfült; Liebe Pauline es wird mich rasend glücklich machen – schreib mir auch wem du siehst! Liebe sey ja vorsichtig Sag der kleinen sie wäre mich zwar noch eine Antwort schuldig aber morgen schreib ich Ihr.

Tausend Küße gebe ich dir in Gedancken du Zauberin du Liebevolles Wesen du Lieberfüllende Pauline schone deiner Gesundheit – beruhige deine Nerven und dein Blut, schlaffe sanft in dem Lieben bette bis du in meinen Armen ruhend, durch brennenden Küßen geweckt, mich wieder mit den Liebevollen Armen umschließen wirst, ich mich fest an dir schmiegen und von Liebe und Wollust Trunken, [ich] Namenloß glücklich seyn werde

Louis

Dein Bruder[113] ist bey dem 2t Battaillon von Gettkandt und daher fürs erste unter dem General Blücher – da ich da ich das erste Batt nur unter meinem befehlen habe, und dieses 2t nur wiederbekomme wenn die reserven einrücken er ist wohl ich habe mich nach Ihm erkundigt.

[sprich] Gieb Loulou Cocotte und Pette – tausend Küße vergiß mir die Sporen nicht – sprich mir auch nicht von andern Männern, von deine dumme Rußen[114] –

Liebe Pelle wie dum bin ich in deinen Brieffe vom 21 steht ja auch daß Wiesel in Dresden ist, aber ich sehe nur auf die ausdrücke deiner Liebe, nur Pauline kann ich nicht wißen ob du in dem brieff vom 24[115] es mir so geschrieben daß er dich sehn wolte – Trenne dich doch von Ihm Liebe Pauline, der Gedancke dich mit Ihm zu wißen ertrage ich nicht[116]; indeßen scheint es mir Vortheilhaft es in Berlin zu sagen du köntest über Leipzig reisen welches näher wäre da wir wahrscheinlich rechts Marschieren werden, um Cantonnirungen um, oder an der fränkischen Grentze zu beziehn – sobald wir etwas gewißes haben bekömst du Nachricht – nur mußt du dich in Berlin so einrichten daß da [immer] man nicht Ahndet daß du bey mir bist weil man davon profitiren würde mich in meinem Militarischen Verhältnißen schaden zu thun bist du einmal bey mich so ist es leicht alles so einzurichten daß [du] außer zwey meiner Leute es niemand erfahre

Meine einzige Pauline tausendmal will ich es dir wiederholen daß ich nicht Ohne dich Leben kann und will! – [du L] nur Pauline faße endlich vertrauen in mich ließ [diese] beide letzte brieffe und glaube mir daß ich dein – auf ewig dein bin, [ich] glaube es auch Liebe daß ich unfähig bin dich zu betrügen und unser Verhältniß rein ganz rein ohne falsch seyn wird –

Erwerbe ich dein Vertrauen nicht dann ist kein Glück zu hoffen schreibe mir auch nicht mehr solche zwitter brieffe – das ist ja nichts, die verwirren mich ganz – ich [habe] muß überdem auch an Jettchen darüber schreiben. Liebe Pelle sobald der Prinz hohenlohe die [die] nähere Bestimmung aus Berlin bekömt welches spätestens den 3ᵗ geschieht schreibe ich par Estaffette. Wie glücklich und wie unglücklich kann mich ein Wort von dir machen; sobald ich das gute lese o dann bin ich trunken, und das Lesen des Briefes vom 24ᵗ hatt mich rasend verstimt – was will denn Wiesel von dich – warum mußt du denn deine Brieffe zeigen. Einzige Pauline. lebe nun wohl – dencke daß mein Glück von dir, ganz von dir abhängt, [wenn du] das deine Liebe [sie] allein mich glücklich machen, nur Vertrauen, auf dich und in mich Wahrheit –, und nichts was zum Misverhältniß Gelegenheit giebt – Sobald ich nur es möglich machen sehe ich dich meine Pauline – ich dürste ja nach diesem Augenblick, dein Glück ist ja das meinige – du wilst mich ja glücklich sehn durch dich soll ich es ja seyn – das sagst du ja Engel o du wirst es halten – Tausend Küße

21. *Louis Ferdinand von Preußen an Pauline Wiesel in Wettin. Schricke, vor dem 20. Februar 1806.*[117]

Du liebtest mich nie Pauline, denn du Lerntest nie an mir ein edles gutes Herz verehren, Ich opferte dich alles, Ich liebte dich mit deine Fehlern, unaussprechlich! – Doch neulich entstand in mir der schöne Traum, das auch dein Herz sich von der Liebe heiligen Feuer besehlt Läutern könte; Du hast Ihm zerstört, heftig – Ungerecht, und hart, voller Sinnesreiz aber nie Liebend bist du – Dein Herz ist Tod, und für unendlicher Liebe, für Zerstörung, in und außer mir gewährtest du mir nichts. – Deine heilige Versprechung die du mir unter strömen von Tränen thatest Dasjenige was mir deine Brieffe noch mehr versprachen – alles dieses ist vergeßen ist dahin – gefoltert, gequält, leidend sahest du mich wenn bald vieleicht wir scheiden; und jedes deiner Worte zeriß mein Herz – beharre! o des schandlichen genußes das Wesen was man zu Lieben sagt zu peinigen – meinen Herzen ist er fremd er soll es ewig bleiben, möge das deine nie erwachen Pauline –; entfernt von mich wird sich die Wahrheit wieder deinen Willen deinen Augen zeigen – dann Pauline wird dein Herz fühlen, ohne das reizbarkeit, Aufwallung dich stets Hart Herzlos machen, und dann! – o Pauline verdient ich das für so viel Liebe – Ich habe heute Abend nicht mit eßen wollen – Ich schwöre es Dir du thatest mir zu wehe, und mein Herz leidet zu sehr jedes Wort war kränckend – ruhe sanft – und freue dich deines Tages – straffe mich recht, daß ich dich Liebe daß ich hoffen konnte auch du kontest meinen Herzen Lohnen., und daß mein süßeste Hoffnung war ein Pfand unserer Liebe zu besitzen – o tragst du es unter deinen Herzen – gieb Ihm diesen Kinde allen Liebreiz der Mutter aber das Herz des Vaters

22. *Louis Ferdinand von Preußen an Pauline Wiesel in Berlin. Schricke, vor dem 20. Februar 1806.*[118]

Liebe einzige Pauline mögte doch deine Liebe Pette dir den Zehnten theil der Liebkosungen wieder geben, die ich heute an Ihr verschwendet habe, werden es zwar nicht die brennende Heiße Umarmungen der Liebe seyn, jene Feurige Küße [seyn] womit ich dich himlische bedeckte, so wird doch meine Pauline nicht das Herz Ihres Louis verkennen, deßen höchster Genuß es ist Liebe zu geben zu beweisen –! Pette sagte mir ich reise bei Catharina nach Berlin aber ich will lieber bei Prinz bleiben. Sie hatt troz ihres schreiens und Lärmens mit uns gegeßen, ist Mit Kuchen und allem was sie nur wünschte so beschenkt daß Ihre Bitten selbst im entstehn erstickt worden

O Pauline Liebe einzige, noch sehe ich deinen schmerz deine Tränen, geliebt angebetet, konnte ich nicht glauben dich noch mehr Lieben zu müßen, Ich allein Ahndete alles was in dich vorging! – Meine Augen ruhten stets auf deine kleine, die heute würklich einzig Liebens würdig war; O trügest du unter den Liebenden Herzen ein Pfand der heftigstenen Liebe – O welch ein Kind muß es werden wo wir unsere beiden Kraftvollen, Energischen Existenzen vereint. Liebe Pelle aber keine jener spiele der Imagination mehr – wenn sie aus Uppiger Wollust entstanden so verdamt sie die Liebe Ein Blick, voller Liebe, o was wäre über diesem. Ich zweifle nicht daß die Explication ganz unsern Wünschen entspreche, bald sehe ich dich, bedecke dich mit Tausend Küßen – Jeder Theil des Lieben Leibes soll ein Opfer bekomen, auch denen Launen und Capricen des Lieben Loulou Ferdinand giebt sich Pauline, Tausend Küße bedecken den Mund, die himlische süße, meine Zunge ruht mit Wollust auf den heimlichsten Wohnsitz des Vergnügens – Pauline einzige komm in meine Arme. Doch Pauline laße uns weiser seyn, quäle mich nicht ich beschwöre dich, noch bin ich so kranck das ich schwerlich nach Wettin gehn kann. Geliebtes einziges Wesen auf ewig dein

Louis.

23. *Louis Ferdinand von Preußen an Pauline Wiesel in Berlin. Magdeburg, den 20. und 21. Februar 1806.*[119]

Den Donnerstag 20.

Nach so genußreichen Stunden Pauline die ich mit dir zubrachte! die du mir so wirklich einzig schenktest; wo du von mir dich entferntest um mit der Liebenswürdigsten heiterkeit, ohne der praetension, mir etwa ein Opfer zu bringen! – der schändlichen Jahreszeit, den grundlosen Wegen wieder von neuem trotztest, mußte wol jedes andere mir, schrecklich scheinen – Alles üble, alles Misbehagen, kanst du nur aus mein innerstes vertreiben – allein es war zu glücklich! es scheint mir ein traum! mein Herz meine Imagination hascht darnach, und ich kann es nicht fassen diesen zeitraum von Genuß von Liebe jenen steten Rausch – Es war ja nur eine Folge von Genuß von Liebe! Doch das fühle ich näher must du, und kannst du auch noch mehr meinen Herzen kommen, denn noch ruhiger kann unsere Liebe werden, noch glücklicher kann ich seyn, noch mehr Vertrauen kann ich in dir meine Liebe Freundin haben, und kann gewiß nie! ein Gefühl heftiger werden als dasjenige was ich für dich in meiner Brust trage so kann es dennoch an sanftheit gewinnen. Ruhe viel Ruhe bedarff ich, Ruhe durch Liebe nehmlich, alles üble mußt du aus meinem Herzen verscheuchen; alle die Mistöne deiner und meiner Existenz alle die unseres Zusammentreffens müssen und werden (dafür bürgt mir deine und meine Liebe) verschwinden: In Wettin war ich krank, nehmlich, so rasend agitirt[120] so finster, so gespannt, daß ich keine Nacht schlaffen konnte; Es gibt so gewisse Augenblicke im Leben wo sich alles üble gleichsam in einer Masse unserer imagination zeigt, überdem war es auch Physischer Reiz; seit gestern bin ich in Magdeburg wo ich schnell von Wettin hinritt, ich hatte etwas Fieber, die Aussichten von Krieg eine gewisse unaussprechliche Angst neue sehnsucht einen Brieff von dir zu finden, und der folternden idee los zu werden die ein schändlicher Traum meiner erhizten Phantasie mitgetheilt hatte, trieben mich so rasch hierher, daß der rasche Ritt und einige Arzeney die ich gestern Abend nahm mich beinahe ganz herstelten (...) ‹Ohrdorf›[121] war mir auf eine meile entgegengeritten.

Den 20.

Liebe seelens Pelle endlich deinen Brieff[122] – Liebe einzige beste – Nähre fülle mein Herz mit diesen Liebestönen daß sie stets im Herzen deines Louis wiederhallen – Betrachte Ihm als einen Kranken, dem nur dieses Leben und Gesundheit geben kann. Ich fühle es wie du, Ohne dich Pauline ohne deine Liebe kann ich nicht Leben. Alles Liebe ich an dich, den steten kampf selbst von Leidenschaft und Guthmüthigkeit dein inneres Leben das eigenthümliche deiner Ausdrücke (nota bene wenn du ernst sprichst) die vielen schönen und großen Gefühle die in deiner Brust liegen und die du gar nicht einmal ahndest die Natur Legte alles in dir, solchen unbeschreiblichen Liebes Reiz – Wie oft fühle ich das – was du in deiner sprache mir sagst! – Wenn man eine Untreue thun kann ist es als wenn es geschehen wäre!

tief und wahr ist dieses! Auch treu, strenge treu Liebe und vergöttere ich dich meine Pauline – Mit Unbefangenem Herzen könte ich jeden Augenblick des Lebens dich bei mir erscheinen sehen und stets deiner Liebe würdig – o welch ein Genuß für ein würklich fühlend und liebend Herz, so stets seiner Liebe zu Opfern, Keinem spreche ich von meiner Liebe – dennoch muß ein jeder Ahnden etwas großes kraftvolles beschäftigt sein Herz – Nun zu deinem Brieff – Jettchen must du als ein Kind betrachten, daß sie kalt ist liegt in hundert Kleinigkeiten, nur das glaube ich sey stets gut mit Ihr, halte sie von Thorheiten ab, nur das billige ich ganz daß du nicht mit diesen abgeschmackten Mädchen gehst! noch verlange und verstehe ich, hauptsächlich durch das nach und nach zurückziehn, daß du nicht in der Geschichte mit (...) dich im geringsten mischest, seine ewigen confidencen[123] gegen dir sind mich zuwider, warum das Zuhause fahren verbot ich es nicht oft schon! Was Jette dir war, das muß sie dir bleiben, umsomehr da du Ihr Mittelbar doch das[124] glück was wir genießen zu dancken hast, nur müßen alle diese bagatellen humeurs und capricen[125] keinen Einfluß auf deine und meine Zufriedenheit haben, dies wird den doppelten Nutzen haben, auch sie hierin zu beßern Sei Ihr also freundin in dem Maaße wie es die Verschiedenheit euerer Caracter zuläßt in denen im Grunde weiter nichts als Gutmüthigkeit homogen ist, Ohne je die Rolle einer Complaisante[126] aus welchen Motive es auch sei zu spielen, halte sie von Thorheiten ab die sie nicht glücklich machen werden, und die mehr oder weniger aus Bosheit der anderen, oder durch dem sonderbaren enstehn dieses Verhältnißes, auf dich mit zurückfallen [würden] und daher mich doppelt kränken würden. Gewiß ist es; (und da ich es stets voraus sah wolte ich sowohl dich und Ihr,[127] die Unangenehmen folgen sparen,) ich sah wie falsch sie deinen Caracter dein ganzes Wesen selbst, deine Fehler beurtheilte, und Ahndete welche schieffe Richtung sie bekommen würde, auch Arbeitete ich stets entgegen, so lange ich Mittel dazu hatte; jetzt kannst du mehr als ich, da alles was ich ihr über Ihre etourderien[128], sagen würde vieleicht wenig gehör bei Ihr finden würde. Nun genug hievon meine Liebe Pelle! doch noch eins henriette schreibt mir Acht Zeilen danck, und sagt mir Loulou und

Cocotte hätten das schnupfenfieber – Ihr Brieff ist auch vom 18^t wie der deinige!

Deinn Lieber Brieff hätte mir beinahe den Anfang des meinigen verleidet, Nein Himlische Liebe, wer so fühlt der kann meinen Herzen nicht näher kommen, [Ja] gewiß wir werden ewig uns Lieben! –

Lieben müßtest du mich! schon dieser Gefühle wegen, daß ich sie wieder in deiner Brust enfachte, Lieben, bewundern, muß ich in dir daß Himlische Kraftvolle Product, der schönsten Natur beweinen, die Zeit wo wir uns nicht kanten, und daß wir uns nicht stets, lange schon kanten. Indeßen dennoch zweifle ich daß man [sich] mit reinere Bewußtseyn als wir, sich lieben kann. – Selbst die fehler in mir – und dir, dieses seltsame zusammentreffen, dieser Kampf in dir, vieles gutes in mir aus dem innern Leben, aus Zarter Gerechtigkeit entspringend, alles dieses erzeugte auch in dir jene Herzliche Liebe zu mir, welche mit der Brennenden Heißen Leidenschaft verbunden, ein stetes sicheres ewiges Band Knüpfen wird! Das du die erbärmlichkeit der Menschen siehst und kennst' – wundert mich nicht du Liebe Liebe Pauline, [daß] auch mir kommen sie so vor und stets hoffe ich über Ihren Tadel oder Ihrem Lobe gleich erhaben zu seyn – Ein großer Mann des Alterthum's sagte einst als er in einer Volcks Versamlung mit Beifalsbezeugungen gleichsam überhäuft wurde wie! habe ich etwas dummes gesagt![129] so komt mir das Lob der mehrsten Menschen vor – mich hatt es oft gebeugt – so gewiß auch dir – Will dich einer Loben so sagt er entweder, sie ist Reizend, amusant, sie hat tournure[130] – das eigentliche ergreiffen wenige – Hübsch angezogen also warest du Liebe dumme geprügelte maltractirte[131] Vergötterte berauschende Pauline – das ist sehr schlecht recht schändlich daß ich es nicht sach mit den sachkundigen blick mit meiner ewigen Toiletten-sucht [sucht?] das ich es nicht sah [es nicht], ich er der es so gefühlt hätte, deßen leisester Athemzug Liebe Wollust Begehren gewesen, bey dem dein Kleid nicht vorüber gerauscht, auf dem dein Blick nicht geweilt Ohne mein ganzes Wesen zu entzünden! Lebe einsam sehe nicht alle diese erbärmliche Menschen die dich und mich nicht kennen können, deren Gegenwart dich Vergiftet; denn mit aller deiner Liebe wagst du es nicht gut zu scheinen bald sehe ich dich! nur aller dieser Kriegs apparat stört mich – doch in kurzen binn ich im lieben Alcoven, und am 6t März entsteht vieleicht in Paulines brust ein noch süßeres Gefühl – Graf Schmettau ist hier in der stube – der Brieff muß auf die Post ich ende – so schnell und unordentlich verzeihe es liebe einzige Pauline –. Morgen früh gehe ich nach Schricke Wallfarthe nach der Eisgrube – – schreibe dir noch tausend sachen – Tausend Küße Geliebte dir – in 8 tagen empfängst du meine Schuld

L.

freytag Abends um 9.

24. *Louis Ferdinand von Preußen an Pauline Wiesel in Berlin. Magdeburg, Ende Februar/Anfang März 1806.*[132]

Morgens

noch ein paar Zeilen will ich zu meinem gestrigen brieff zusetzen meine himlische Pauline, ich habe die ganze Nacht von dir geträumt, so herzlich so seelig, und bei dir kann ich es umgekehrt sagen, nicht als ob es ein traum wäre sondern wie es ist in den seeligen Augenblicken die ich mit dir zubringe! O Pauline Liebe Pelle wie unausprechlich liebe ich dich, gerade so wie du bist, mit allem, selbst was die andern fehler nennen. dich Liebe ich – nicht so wie die meisten Menschen Lieben, die so ein Ideal von einer Frau im Roman von Rousseau[133] oder in Werther – oder irgend einen franzosischen oder Englischen buche sich gemacht haben; und nun Ihre Geliebte darin herein zwängen dieses in ihr beßern wollen, um daß sie so wie Werthe‹r›s Lotte oder Julie[134] sind – das alles ist Liebe nicht – Sondern wie ich dich Liebe nicht auch blind und Ohne Kenntniß ihres Wesens – sondern weil ich dich Liebe – weil ich es muß – weil du mich an dich ziehst wie der Magnet das Eisen – weil dein ganzes Wesen mich ergriffen, weil es in meinem Herzen ist, und ich nicht sagen könnte hierin soll Pauline anders seyn, und ich könte sie mehr noch Lieben. Deine Scenen selbst die mich wüthend ärgern, und von denen die andern gewiß sagen – Wie sie Ihm Kuält und Argert – haben doch auch Ihren Reiz denn was mich nicht Glücklich macht kann mich nicht Quälen, Liebe Pauline aufs Leben bin ich dein – gewiß ewig – getodtet hast du in mir alle Gedanken an andere Weiber – nur bei dir mit dir ist Glück – drum bald bin ich bei dir meine Pauline – Ich habe [mir] alles hier arrangirt und Sontag ist der Letzte termin wo ich meine Geschäfte hier beendet.

Dein Tuch dient mir des Tag über zur Cravatte und Nachts um den Kopf – Liebe Pauline einzige – Nicht war auch Ohne mich kannst du nicht Leben – fliehe wenn du wilst – dein Louis Eilt dir nach – du bist Sein ewig [seyn] sein – Liebe einzige – besuch das Haus in Teplow[135] und laß alles durch Vetter dort behandeln – – aber nicht mit Knauserey damit etwa um 100 Thaler zu sparen wir nicht recht a notre aise[136] sind – Bequemlichkeit Ohne übermaaß so will ich es, so wie es auf dem Lande seyn muß, nicht war, du liebe Pauline du verstehst wie ich es meine – dort wollen wir Lieben Genießen, und das Schicksal wird dir und mir das höchste Glück ein liebliches Kind geben ——————————————

Louis

25. *Louis Ferdinand von Preußen an Pauline Wiesel in Berlin. Schricke, um den 6. März 1806.*[137]

1.

Liebe Pauline gestern bekam ich deinen kleinen Brieff[138] du seelens pelle, aber es war nicht dein 4^t sondern der 3^t den ich von dich empfangen, und sehr böse bin ich, daß du mich so rasend kurz abgefertiget hast – daß du mich gar nicht schreibst wem du siehst – gewiß wenn ich dich wiedersehe, muß ich wieder sagen schon wieder etwas neues –

Liebe Pauline also glücklich recht glücklich hatt dich mein Brieff gemacht, dieser Gedancke erfült stets mein Herz wenn ich Dich schreibe meine einzige – Ohne daß ich jedoch irgend etwas in meinen Brieffe setzte was ich etwa anders, oder weniger heftig fühle als ich es dir sage – Nein! Ich bin wahr ganz wahr mit dir meine Pauline – denn wäre ich es nicht, wäre ich der kleinsten Verstellung fähig, schrieb ich anders als ich dencke oder fühle –

so würde meine Liebe zu dir nicht das seyn was sie würcklich ist – auch dir könte sie nicht so ergreiffen –. Wenn ich also weiter oben sage, daß der gedancke mein Herz erfült (Paulinen, wird dieser Brieff glücklich machen so ist es blos die Gewisheit der höchsten Ubereinstimmung unserer Gefühle! die mich so Urtheilen läßt. Neulich liebe Pauline laß ich deine alte brieffe wieder durch, nehmlich die unserer ersten bekantschaft, ich weiß nicht sie haben einen schmerzlichen Eindruck in meinem Herzen zurückgelaßen, sie sind voller Äußerungen heftiger Liebe, ja vieleicht [eines] hierin noch über den jetzigen Erhaben! – einer unter denselben hatt mich besonders frappiert, da er beinahe die Weißagung unserer Liebe, und jetzigen Verhältnißes enthält. Nun dachte ich über allen dem nach was zwischen diesen Zeitraum vorgefallen, und so wurde ich verstimt: Doch Liebe bald vergaß ich dieses alles und dachte nur an deiner Liebe, an allen was du gelitten, wie es so natürlich in diesen verworenen Verhältniß, bei deiner Liebe, deiner Hefftigkeit, deinen Wunsch Deine Gefühle nicht zur sprache kommen zu laßen, bei das Unwahre der ganzen Existenz – dahin kommen mußte. Gott was hast du mich zuweilen gepeiniget – Doch keinen Gedancken mehr hieran – Nie wird etwas ähnliches zwischen uns vorfallen, [geheilt] geneset ist das kranke Herz die Liebe die heiße Zarte Seelenvolle Liebe deines Louis hatt alle Wunden [des] deines Herzens geheilt – Engel, geliebte, Pauline, du [stehst] bist nun [da], ganz so wie es mein Herz wünscht! – Ich schwöre es dir meine Freundin mit voller Uberzeugung meines Herzens, ewig – werde ich dich Lieben! – aber strenge werde ich gegen dir meine Liebe Pauline seyn! du sagtest oder vielmehr schriebst mir, mit schwerer Buße woltest gerne 3 Jahre deines Lebens zurück kauffen[139] – Deine Buße sei, alles dasjenige, zu vermeiden was mich nur entfernt an dieser Epoche deines Lebens erinnern könte

Liebe süße Freundin Tag und Nacht dencke ich an dich, sehne mich nach dir, du einzige, nach deine berauschenden himlischen Liebkosungen, nach deinen Liebevollen Blicken, deinen – Liebenswürdigen genialschen gespräch, – dencke an deiner Liebenswürdigkeit – die sich gar nicht beschreiben läßt; sondern die sich in jeden Augenblicke nur fühlt, und solchen unmerklichen Zauber über deinen Umgang verbreitet, der mich so an dich feßelt; so das schon, daß du [blos?] mit einem Kleide so wie du es thatest nach Leipzig mit mir gehn und das alles mit einer grazie – ohne pretension, mit der himlischen Liebenswürdigsten heiterkeit – Du Weib meines Herzens – ewig bin ich dein – Ich dencke immer am 6^t Merz hoffe daß meine Hoffnung nicht betrogen ist – Liebe Pauline o wie wird dein Herz klopfen, wie ängstlich-hoffend diesen 6^t. 7–8– März – und wie seelig wenn du ans Herz mich drücken, und sagen Louis ich glaube es würcklich daß ich schwanger bin.

henriette schrieb ich auch durch Nostiz[140] einen sehr – guthmütigen sanften brieff! ich hoffe daß sie dir davon sprechen wird – nur das ist nöthig daß sie [sich so] so handelt daß alle diese Thorheiten wegfallen, oder zum wenigsten alles aufhört was unser Verhältniß stört.

Die Confusion ist so groß daß ich bis jetzt keine Antwort und nichts positives über meine fernere destination oder vielmehr weder ich noch die Reg‹imenter› die unter meinem befehl stehn keine instruction haben. Liebe süße Pauline leite alles ein daß du bald Berlin verlaßen kannst nur wünschte ich daß du mir den kleinen Kerl[141] mitbringst, vieleicht sehe ich dich noch vorher – gewiß bald, dieses sey gewiß Engel – mein Herz, mein ganzes wesen bist ‹Du› so nöthig wie die Luft die ich Athme Wann werde ich wieder an deiner Seite Liegen wie Liebend, so göttlich gut und Liebenswürdig bist du – [...][142] Aber ich auch! nicht war du dummes Liebes Pellechen so Liebend, Nacht und Tag wachend und Träumend bin ich nur Liebe, für dich, wenn ich dich so an meine seite fühle du Liebes Wesen, so ist die erste Äußerung auch die wenn ich meiner beinahe nicht [Bewußtseyn] bewußt bin –, Liebe! ich drücke dich sanft an mein Herz – und dieses mit einem Bewußtseyn von Liebe, so sanft, so ohne den augenblicklichen Gedancken von Lust – nur aus jenen sanften Wohlwollen und Liebe – was sich nicht beschreiben läßt.

Nostiz giebt dir diesen Brieff – er ist ein guter mich würcklich rasend ergebener Mensch – Nun Tausend Liebende Küße auf dem Munde, Jede Stelle deines Leibes bedecke ich mit tausend Küßen – schicke mich doch das Medaillon mit deine Haare

Louis

26. Louis Ferdinand von Preußen an Pauline Wiesel in Berlin. Schricke, den 11. März 1806.[143]

2.

Wie schmerzhaft mich deine Brieffe vom 7. und 8[144] – in vieler hinsicht errecht und welchen sanften Göttlichen schimmer sie auf der andern seite auf meine Existenz verbreitet ist nicht zu beschreiben Pauline – Der Gedancke dich Schwanger zu wißen, ein Pfand der heißesten Liebe unter dem Liebenden Herzen – rührte mich [so] zu unbeschreiblich – obgleich ich jedem deiner Brieffe berechnete, und daran dachte – ob endlich – der 22te seelige Tag herannahte – welcher mich fester – doch gewiß nicht liebender an dich kettete – Doch Pauline wüßtest du wie sehr mein innerstes schmerzhaft auf aller art erregt ist – ach bedencke es selbst – du die mich heiße tränen vergießen sahest, selbst in jenen Augenblicken die deine Himlische Liebe so unaussprechlich, seelig ausfülte, so würdest du mich mehr schonen, nicht in Augenblicken wo du verstimt bist an mich schreiben, oder nicht augenblicklichen Empfindungen nachgeben, die deiner und meiner nicht werth sind. Gott! Liebe Pauline – bald – scheint es dir Lieb und wiederum nicht – nochein engeres band zwischen dir und mir enstehn zu sehn, da dieses hingegen bey mir der seeligste süßeste Gedancke ist – Ich Glaube wohl Pauline daß alle Empfindungen in uns nicht stets so aufrecht stehn, und daß hauptsächlich in einer Lage die stets so verworren wie die unsrige und in die durch nichts Klarer [und geläuterter] als durch unsere Liebe wurde, es augenblicke von Zweiffel von Mismuth gewißer Arth geben kann; aber Pauline deswegen soltest du mich nicht kränken, durch Mistrauen und bedencken daß ich bey einer jeglichen meiner Handlungen dein Wohl – dein und mein Bestes – nehmlich die Begründung eines ewigen engen unzertrennlichen Verhältnißes beabsichtige. Kann ich zwar nicht mit Allgewaltiger Kraft – alle Folgen eines so seltsamen entstehns unseres Zusammentreffens heben, [habe ich] so glaube es so war ich dich Liebe – so war es ist, daß Pauline meine Pauline mein einziger Gedancke ist – daß sie die stete Gefärthin meines Lebens seyn wird daß [das O] alle Opfer die ich bringe, nur Ihr allein im tiefsten Herzen gebracht sind.

[Indeßen] glaube es mich Pauline daß nichts in der Welt unser Verhältniß stören wird.

Daß ich nicht über [unsere?] der Lage der Dinge oder unsers Verhältnißes Entschied oder sprach, Lag nicht in den Umständen, da ich selbst nicht entschieden über dem Orte war wo ich den Sommer zubringen wolte – vielmehr sagte ich nur in Leipzig daß es mir angenehm seyn würde mit dir im Juny und hälfte July in Berlin [zu seyn] zuzubringen das Leben dort blos für einander zu genießen weil auf dem Lande in dieser Epoche alles mehr zurück ist, ich bei meinen Eltern in Bellevue Logiren [könte] würde und daher auch nichts störendes seyn könte. und du alsdann, bis zu dem Augenblicke deiner Niederkunft bey mir entweder nach Schricke oder Wettin gehen würdest Gefält dich dieser Plan nicht so Gehst du in 10 Tagen mit mir – hierher! – Unbegreifflich ist es mir Liebe Pelle daß einige Äußerungen von henriette, die du doch sonst in allen deinen Brieffen für unbedeutend hälst dich so Montirt[145] haben –! Uberdem wird dieses alles ruhiger und anders werden Pauline meine Liebe Pauline – [welchen] einzige theuere welchen Nahmen soll ich dir geben – welches Gefühl nennen welches in meiner Brust nicht für dich ist – oder vielmehr [welches soll ich nennen welches] [welchen Nah] wie soll ich das gefühl nennen was ich für dich empfinde – Nur stürmisch zu stürmisch ist es – und doch fühle ich auch auf einer andern Seite, daß [in] die Liebe nur würcklich wie es in einer von den Elegien von Göthe steht, Glück ohne ruhe ist.[146] Ich schrieb es dir neulich – daß so gewiß ich bin daß du mich Liebst – und wir nur für einander Leben können weil wir für einander geschaffen – du allein mich würcklich geliebt, Liebst, ewig, und auch ich nur dich geliebt hätte, und ewig dich Lieben werde, ich dennoch sobald ich deine Brieffe bekomme, in einer fieberhafften Spanung bin. Auf der andren seite bin ich deiner Gewiß baue auf dich – und troz deiner Vielseitigkeit – finde ich stets nur in allen Gedancken Glück mit und durch dich. Daß alles zwischen uns schöner noch werden wird dafür bürgt mir die Vergangene Zeit, deine und meine Liebe.

Noch eins will ich dir sagen, deine brieffe, haben mich zwey Tage kranck gemacht, und solche Sobrietät[147] in Eßen und Trincken erzeugt daß ich keiner strengeren Aufsicht bedarff, nur das tröstete mir daß ich weiß daß wenn du Schwanger bist du stets traurig gestimt

Pauline – Pauline Ubermorgen drücke ich dich an mein Herz! wäre es nicht Nothwendig gewesen so wäre ich schon seit 10 Tagen in Berlin

Ich Liebe dich unaussprechlich – ich werde nichts mehr Lieben – als dich – dir ist das ganze Herz –! dir wäre es ewig gewesen! –

Das Nostiz dir gesagt oder früher als ich ich wäre nach Rogetz[148] ist falsch, zum wenigsten insoferne, denn ich war nicht dort als vor 3 tagen zu einer Art fête die Alvensleben[149] veranstaltete bei der sich Dussec sehr durch Tapferes Trincken und ungeheuer verliebte Gesichter distinguirt. Wäre der Brieff den ich durch Möllendorf geschickt nicht so beschrieben oder ausgefüllt gewesen so hätte ich es dir gleich geschrieben – indeßen Ich schwöre es dir daß es mir im strengsten Sinne des Wortes ordentlich peinigte dir es nicht gleich in diesen brieff geschrieben zu haben – Pauline [doch?] es ist gewiß – auch der kleinsten Verstellung bin ich gegen dich unfähig – jeden augenblick meines Daseins – meines Wesens fühle ich Liebe, für dich. Tausend verschiedne Motive überdem haben Mitgewürckt mich später erst nach Berlin kommen zu laßen. Erst wolte ich mehr bewußtseyn und Ruhe erwerben – mein ganzes Wesen war so aufgereizt daß ich erst etwas mehr [Ruhe erwerben] Herr meiner selbst werden wolte, [danach?] alsdann dachte ich daß alle Leute die in Berlin sind, und ich ‹meine?› Verhältniße sehn könte dir vieleicht stören könten – – Warum bist du nicht gekommen hieher –

Nun höre Liebe Göttliche den 13 um 11 Uhr reite ich von hier weg habe rasende menge relais[150] und bin bei dir in 7 stunden oder spätstens 8 – du bist invisible[151] – diesen und den 16ten, wo ich Abends bei meiner Schwester soupiren werde – Pauline Liebe – einzige dann reden wir alles ab und wilst du so kömst du alsdann gleich hieher. Ordorf giebt dir diesen brieff nebst meiner Schuld Liebes bestes Weib nehmlich 20 Louis die du mir geliehen das übrige um die depensen[152] deiner Reise, und deines himlischen Alcovens zu bezahlen –

Undanckbare Pelle ich habe einen Ring machen Laßen den ich

seit 6 tage am finger trage um den Augenblick wo [ich] das Schicksal des 6 Marzes Ihm für mich zum seeligsten Tage erheben würde es so gut und Mühsam ich es nur könte hinein zu graviren oder vielmehr zu Kritzeln und Ihn dir zu bringen – Nun noch Tausend Tausend Küße Liebe einzige Pauline ich Liebe dich

---

Louis

frühe sehr frühe gehn wir zu bette Pelle bedencke 18 Meilen zu reiten –. und rasend flegen solst du mich. Uberdem Liebe Pauline binn ich seit drey Nächte schlaffloß, denn ich habe solche rasende Zahnschmerzen gehabt daß ich beinahe wahnsinnig geworden wäre – Ich habe keinem etwas bestimmtes über mein Sejour[153] in Berlin geschrieben weil ich meiner Schwester eine surprise[154] zu machen wünschte – Nur allein mit dir will ich seyn den 15 und 16 lange bleiben thue ich nicht

---

Pauline Liebe seelens Pauline steht dir vieleicht dein Louis in anscheinender Hefftigkeit der Gefühle nach – Tieffer und reiner Liegen sie aber gewiß in seiner brust –

Pauline Schwanger – Gott – welch ein Glück – wie unne‹nn›bar Glücklich – O wie will ich dich flegen Lieben – bis zum Augenblick – stets bey dir seyn und wenn du mich dann Küßen wirst mit Naßem Auge von süßen aber schmerzhaften tranen gefült

Pauline Liebe Pauline

---

27. *Louis Ferdinand von Preußen an Pauline Wiesel in Berlin. Schricke, den 25. März 1806.*[155]

Schricke 25^t

Liebe Pauline deinen lieben seelenvollen Herzerfüllenden Brieff bekam ich gestern, ich zweifle nicht daß auch der meinige schon in deinen händen ist! Der deinige hatt mein Herz mit den süßesten sanftesten Empfindungen erfült er hatt mit mir geschlaffen, oft habe ich Ihn wiedergelesen, mit immer neuen Vergnügen, und obgleich ich allein war hundert mal ausgeruffen, Englische,

Liebe Pauline, und mit brennenden Küßen so manche schöne, aus tief und edelfühlenden Herzen entspringende stelle, [geküßt] bedeckt: Alles Zarte feine und Liebevolle was in deinem brieffe steht hatt mich doppelt gefreut und um so mehr ergriffen weil in demselben augenblick ich dir beinahe die selbigen sachen schrieb. Liebe mich stets so meine Pauline hänge ewig mir mit treuen Herzen an, und jeder Tag den wir verleben, wird uns inniger noch verbinden – Morden könte ich diejenigen, die allein daran schuld sind daß [es] lange vieles schöne in dir erstickt war. Doch es lebt jetzt in der lieberfülten brust, in deinem Herzen, O meine Pauline, so schreibt so fühlt man nur wenn man Liebt wenn man so liebt wie du. Ich kann dir nicht sagen wie klein wie erbärmlich mich vieles von allem dem vorkömt was seit dem Zeitraum das wir uns kennen zwischen uns vorgefallen ist meine Aufwallungen von Zorn – unser Zusammentreffen dieses verworne Verhältniß – es ließ sich ein Roman davon schreiben der für die Kentnis des Menschlichen Herzens interessant – aber doch den meißten Altags Menschen ein Problem seyn würde – Alles was uns Zerspalten, trennen, solte, was die Liebe nie zur sprache kommen solte laßen ist geschehn – und nach zwey Jahren ist sie gereiniget und in höchster Kraft in unseren Herzen – ich kann dich mit fester Uberzeugung an dem meinigen drücken, und [sagen] ausruffen Pauline du bist meiner Liebe werth. Also thaten möchtest du verrichten das Leben für mich wagen, und dein Kraftvoller Geist – dein Liebend Herz, deine Empfängliche Imagination, alles möchtest du in [durch] dich durch den Geliebten beschäftiget sehn! – stets neue Mittel haben Deine Liebe Ihm zu beweisen – Die Zeiten können vieles noch erzeugen – denn so wie es ist kann und wird es einmal nicht bleiben! – bis dahin Freundin – Geliebte, Angebetete – flege erwärme erziehe in dich selbst alle diese Göttlichen Blüthen unserer Liebe. In schricke bin ich seid 3 tagen mit Nostiz Dussec und dem dummen Möllendorf –! ich schlaffe in der Stube wo du so oft mich besuchtest, nehmlich rechts wenn man im Hause herein kömt – und jede Nacht war meine Imagination mit dir meine Pelle beschäftiget! – diese Nacht nachdem ich vor den Einschlaffen deinen brief gelesen – träumte ich, ich sehe dich wieder, du warest, wie jemand der eine unaussprechliche Angst ausgestanden hatt, und sagtest mir, heute muß es sich entscheiden ob ich schwanger bin – du zähltest die Minuten und wiederholtest mich immer in Achzehn minuten dann ist es ganz entschieden

henriette Ihre Art zu seyn, thut mich um Ihr selbst willen leid – es ist jedoch eine natürliche folge Ihrer Eitelkeit und schwäche – Ihrer Familie verrieth sie das Geheimniß meiner Anwesenheit in Berlin[156], theils um nicht Ihren perquisitionen[157] in Hinsicht Ihrer eignen Verhältniße ausgesetzt zu seyn theils um Ihr interesse zu Captiviren[158], und Ihre eigene Art zu seyn zu entschuldigen. – Diese Hezen sie gegen dich und mir auf – weil sie theils die Wahrheit nicht wißen, theils aus der natürlichen Gemeinheit Ihrer Caractere, und hinzu haben sie Jettchen Ihre Eitelkeit mit hingestimt, Es ist Erbärmlich Unpolitisch. Mich hatt Jette in 10 frostigen Zeilen[159] für dasjenige gedanckt was ich Ihr geschickt sonst weiß ich nichts von Ihr seitdem ich Berlin verlaßen, hätte sie gegen mir die Tadelloseste Aufführung, ich die schlechteste, wäre Ihre Liaison mit dir durch mich, und nicht durch Ihr entstanden, sie könte würcklich nicht mit weniger Rücksicht handeln. Weder die Güte meines Caracters, Nachsicht, Zartheit meiner Aufführung, und den innigen brüderlichen Antheil den ich an Ihr nehme scheint sie zu erkennen. Ich schreibe ihr nichts von dem was du mir in hinsicht Ihres bonhomme‹s?› gesagt. Nur fende ich daß du wol daran thätest ihr das unpolitische, falsche und ingenereuse Ihrer Conduite[160] gegen mich fühlen zu laßen, doch hierinn thue nach gefallen. Ich möchte mir nur unangenehme Scenen und explicationen sparen, und doch endlich ruhig in diesem Verhältnis seyn in dem ich mir die größte generosität aus vielen Ursachen zur Pflicht gemacht habe.

Jedem Tag sehne ich mich nach dir meine Pauline und bald gewiß bald sehn wir uns, bestimtes kann ich dir [wegen?] nicht ehr sagen als bis ich vom Könige Antwort erhalten, denn als einer Folge der algemeinen Confusion, hatte man weder mich noch denen Regimentern die hier sind eine bestimte instruction gegeben. Indeßen den Dienstag als Heute den 25 oder Morgen bekomme ich Antwort[161] und werde dir meine Pauline [sobald] dann das nahere schreiben; ich wünschte daß du mir zum wenigsten den kleinen Kerl mitbringen köntest, wenn ich nicht nach Berlin komme – oder kommen muß denn aus allen was du mir schreibst, sehe ich das henriette mich in der Nothwendigkeit setzen wird, Ihr ernster zu sprechen – Jedoch vieleicht ändert sich das alles,

Du bist ein Engel Pauline je mehr ich deinen brieff lese je mehr Zartheit finde ich darin – ich glaube dir, ich glaube daß du nichts thun kannst was meine was deine Liebe beleidiget – ich billige alles was du thuest schon im voraus, so gewiß binn ich daß dein Liebend Zart empfindend Herz nie ausgelotet werden kann –. Das die dummen Menschen es nie begreiffen können, das Vertrauen erwecken es andern beweisen eines der süßesten Gefühle des Herzens ist; das betrügen das traurigste und erbärmlichste in der Welt ist und daß nichts mehr die schönen Fähigkeiten der Seele abnutzt und deteriorirt[162] als in einer perpetuellen[163] Lüge mit sich und andern zu leben –. Und doch sind die so gemeinen Räncke, dieses erbärmliche Täuschen in den Augen so vieler, Klugheit –! Doch wir lernten eine beßere kennen und diese nur werden wir stets üben. Liebe süße einzige Anklagen will ich mich bey dir – in allen folgte ich deinen Wünschen nur rasende exces im trincken habe ich diese Zeit über gemacht – sonst aber ist meine Gesundheit gut, und heute habe ich den ganzen tag in der Heide auf die Jacht zugebracht 8 stück Wildprett geschoßen, wovon ich dir eines mit der Post aus ‹Burzv?› schicken werde. Von Gentz bekam ich gestern ein brief[164] den ich hier mit beigelegt, was er mit dir zu tractiren[165] begreiffe ich nicht!! Das die Levi dich wieder recherchiren[166] ‹will› wundert mich nicht, diese ganze Scene war eine bloß episode die die Egloffsteinsche Geschichte[167] und dies Seckiren des Mittags hervorgebracht hatte – Grüße sie Lieber Engel – indeßen billige ich ganz daß du dich nicht sehr in den Soireen faufilirest[168]! – [Glück uns] Wohl uns daß wir der Menschen immer mehr entbehren können. – Glücklich durch einander, durch Gefühle – des Herzens, durch [ideen?] unsern Verstand, müßen wir sie blos aufsuchen um nicht zu schwelgen, wie wir es thaten –! Mit ungeduld erwarten wir alsdann den Augenblick wo wir allein und blos unserer Liebe […][169] leben können, wo wir Genießen, wie Pauline und Louis nur allein, wie

Zwey so ausgestattete Wesen nur genießen können – Ich ende meine Pelle, um den brieff fortzuschicken – Ich Küße dich tausendmal in Gedancken, du weißt wie ich Küßen kann, den Ganzen Lieben Himlischen Leib bedecke ich mit tausend [Küß] Uppigen brennenden, Liebevollen Zarten Küßen, auf dein Liebes feinfühlendes Herz, Pauline bald ach bald – giebst du sie mir alle zurück.

Louis

PS

Ich bin beschäftiget für dich etwas zu componiren.[170]

Das Geld was ich dir schuldig empfangst du in kürze.[171]

28. Louis Ferdinand von Preußen an Pauline Wiesel in Berlin. Schricke, Anfang April 1806.[172]

Liebe Seelens Pauline daß du so spät meinen beiden ersten Brieffe bekommen liegt darin daß sie nur mit der fahrenden Post gehen konnten da ich dir das kleine Rondo[173] und auch die schnepfen die ich dir versprochen schicken wolte. – Deine beiden Brieffe haben mich sehr glücklich gemacht – wären sie nur mit mehr glauben und Vertrauen geschrieben, und sähe ich nicht aus selbigen daß deine Liebe zu mir doch nicht meine schöne Hoffnungen ganz erfült und die meinige dein Liebes Herz nicht so ganz geheilt so alles schöne darinn, erweckt und belebt hatt als ich es hoffte – Indessen alles wird kommen – Pauline – ruhiger werden wir noch Lieben und glücklicher noch seyn – Vertrauen müssen und werden wir einander ganz – denn ewig bin ich dein – nur du kannst mich von dich trennen – aber frey ganz frey mußt du stets seyn – Ich sagte es dir einzige in meinem letzten Brieffe daß ich alles in dich liebe weil ich dich anbete, also jede äußerung deiner Leidenschaft jede Beglaubigung derselben, wenn es auch durch form nicht andern klar ist, ist mir theuer, weil es mich deine Liebe beweiset, und diese mein höchstes Gut, ja mein einziges Glück ist! Nur haben diese Scenen, oder das sogenante quälen das üble seelens Pelle mich furchtsam gegen dich zu machen! und noch mehr sie schrecken alles schöne größere Gefühl in mich, und in der Gegenwürkung auch in dir zurück! dabey ist das eigentlich üble daß anstatt unbefangen mir zu sagen, was dich kränkt du von etwas andern ausgehst, und alsdann deinen Zorn ausschüttest, mit desto größern Mißbehagen da durch diesen Ausbruch du nicht einmal deinem Herzen eigentlich Luft gemacht – Pauline Liebe Pauline Traue mir traue meiner unbegränzten Liebe! Ich dächte wir hätten den Stoff in uns noch glücklicher als in Leipzig zu seyn – es muß noch besser werden![174] Nun nicht mehr davon Pauline, es darf es kann es muß kein Zweiffel zwischen uns statt finden., ich Liebe dich! ich kenne dich! ein Wort von Liebe – eine Ergießung deines Herzens, Lohnt mich! und alles üble ist vergeßen; Liebtest du mich nicht, so würde diese Unruhe selbst nicht statt finden; alles erkenne ich in dich; ich weiß es ja, wie selten das eigentliche zur sprache kömt – und nur hierin allein hast du unrecht – Mit mir unrecht! – indeßen es ist so! ich Liebe dich! – ich trage dich im Herzen voller Liebe. Nur das Pauline! solch inners Leben wie ich habe solches inneres Bewußtseyn von Kraft mit Zarter hingebung verbunden soltest du mehr würdigen – lernen – ich hofte es würde mehr dich ergreiffen! Du bist [so] hart so oft. Doch aber auch himlisch Gut – das ist gewiß ich Liebe dich und kann und will nicht ohne dich Leben; du bist ja mein Leben, meine Liebe zu dir ist ja nicht eine gewöhnliche Liebe oder das die Menschen so nenen, alles ist ja dagegen, nur ich bin und bleibe dafür – <u>du</u> und <u>ich</u> wir allein kennen es – so wie wir allein an den Wundern, an dem Zauber unser Genießen glauben können weil wir es empfinden! Sonderbar ist es – ferne von dir bin ich auch derselbe – stets mit dir beschäftiget, Wechseln tausend verschieden Empfindungen in Meiner Brust, Liebe Zorn <u>Vertrauen</u> (o dieses liebe Line ist ewig in meinem Herzen) [...][175] und dieses innere Gefühl von Vertrauen, mit jener unbeschreiblichen Unruhe [die mir jedoch?] verbunden, beweißt mir wie wenig eigentliche Ruhe, bey dem besitz eines [hohen Guths] [großen Glücks] Großen Guthes möglich ist, ich halte es für die schönste beglaubigung deiner und meiner Liebe! – Noch eins Pauline wie erbärmlich die Menschen sind! Neulich als ich der Levi in dem Augenblick nach unserer Scene sagte wie du gewesen! [sprach] sagte sie mich immer. (O wenn sie nur über sich gewinnen könten nicht so ihre Liebe ihr zu zeigen, und so mehres! Bey Gott Pelle solte ich so deine Liebe erkünsteln; wäre sie nicht die schöne Ausbeute deines Herzens, nehmlich kontest du mich weniger schonend je behandeln weil mein Herz offen und entfaltet vor deinen Augen Liegt so würde ich dich nicht so Lieben können. Sontag über Acht Tagen reißt Grunthal[176] von hier weg und einige Tage nacher bin ich in Berlin! du ‹bekomst/bekamst?› 3 schnepfen die ich nebst 7 ander geschoßen und viel mehr noch durch ‹Dedun?›[177], ich trincke nicht übermäßig, gewiß nicht einmal so viel als in Berlin, gehe nach 12 zu bette weil ich dem ganzen Tag im freien bin. Mein kleines Rondo bekamst du hiebei – und ich bin beschäftiget dir etwas à quatre main[178] zu componiren weil ich fürchte daß dieses zu schwer ist. Nun an mein Herz Liebe seelens Pelle. Mit tausend Liebenden Küßen bedecke ich dich in Gedancken. Verzeihe diesen schnell geschriebenen Brieff du bekamst einen andern den ich schon angefangen durch ‹Dedun?›

Pauline liebe Pauline fern von dich ist kein Glück – sey vorsichtig ich beschwör dich darum – jedem Augenblick mei‹ne›s Lebens kanst du Zeuge meiner Handlungen seyn[179]

Soweit war ich als ich deinen Brieff erhielt deinen lieben göttlichen Brieff voller feinen göttlichen Gefühls – Liebe Pauline hatt dich der meinige so ergriffen, o dann hast du mir gewiß zehnfach gelohnt – noch ist er bey mir – und nie soll er mich verlassen. Liebe mich doch ewig so und ich bin glücklich! – Wie ich lebe wilst du wissen – so einfach und dem gewöhnlichen Menschensinn nach trivial – daß es schwer zu beschreiben ist – des Morgens um 7 Uhr gehe ich oder reite ich aus – sehe die zu machenden Pflanzungen oder gehe auf die Jachd – dann bin ich bis Abends um 9 Uhr in die Brücher[180] – und Schieße Schnepfen oder Becassinen – dinire sobald ich zurückkomme und gehe höchst ermüdet zu Bette ohne nach Rogatz zu gehen aber gewiß nie ohne Paulinen hundert Liebende begehrende Wünsche zu zollen. keine Nacht ohne von göttlichen bezaubernden ideen geweckt zu werden denen allein meine Pauline allen Reiz verleiht deren einziger Zweck sie ist. Ich habe seit 6 Tagen um Urlaub geschrieben sobald er kommt gehe ich nach Berlin den andern Tag da ich dem Könige schon seit 5 Tagen geschrieben zu dir bei dir meine liebe himlische Freundin.

Mit Dorville – sein haus[181] könte Nostiz wol alles arrangiren oder Miethen – da dieser Gedanke (...) beide auch fortan (...) und himmlisch reizend ist so gefält er mir um so mehr und köntest du alles mit und durch Nostiz arrangiren lassen.[182] ‹da?› mir der Preis von 60 L ganz courant – wenn alles dieses nicht bis meiner Ankunft ‹geschieht?›

Dein brieff ist Göttlich – Pauline Liebe Herzens Pauline – ich bete dich an – du Liebst. Göttlich [dich ...][183] bald sehr schnell binn ich bey dir Ach! sey ganz mein – Vertrauend [...][184] sanft und gut – eben so wie du jetz Kraftvoll und Willend bist – so wirst du mir die schönste Reizendste Beglaubigung der schonsten Natur seyn –

‹Pohr?› bringt dir diesen brieff nebst zwey Snepfen! – mit der Post bekomst Du Rehe und auch Becassinen –

Tausend Küße Liebe seelens Pauline Tausend Zarte Liebende Liebkosungen Alles was ich ‹errathe?› kann – was mein Liebend Herz dir giebt schicke ich dir

Louis.

29. Louis Ferdinand von Preußen an Pauline Wiesel in Berlin. Schricke, kurz vor dem 19. April 1806.[185]

Liebe Pauline, deinen Brief erhalte ich nur spät, weil ich heute auf der Jagd war – Möllendorf möchte ich gerne etwas für dich, Liebe, Liebe, mitgeben – ob er gleich nicht würdig ist, etwas an mir oder durch mich zu lieben, also einer – Geliebten etwas zu geben, für die er wirklich keinen Sinn finden oder haben kann. Daß ich dir dieses sage, meine Pelle, ist nicht etwa, als hätte ich jemals von dir oder mit ihm von dir gesprochen, sondern das bloße Resultat der Ansicht seines Karakters, oder vielmehr seines Wesens, in dem nichts Wahres, als seine Faulheit, Paßivität und etwas aufgeregte Eitelkeit ist. – Gott, wie sind die Menschen! Bosheit, kalte Bosheit ist ihnen Witz und Verstand; sie scheuen sich selbst, gutmüthig zu sein! Und lieben, eigentlich lieben – thun wenige –; so treiben sie sich in der Welt herum, ohne Sinn, ohne irgend eine Leidenschaft, ohne Lust an etwas, mit erschlafftem Gemüth und herzloser Brust –! Zu ihrem Müßiggang hören sie dann wohl einmal, dieser oder jener, von dem sie etwas halten, weil er etwas gethan, was ihnen ungewöhnlich scheint, thut, fühlt etwas, was sie zwar nicht kennen, so denken sie doch, es muß etwas daran sein, wir wollen es auch mal probieren! Und so lieben sie dann, sind witzig, Roué's[186] und was es denn der Dinge in der Welt giebt, betrügen Wenige, und prellen sich schändlich um das wenige Glück, was ihnen beschieden war. Noch Andere – und zu diesen gehöre ich – die laßen es sich einfallen, dem Himmel in's Handwerk zu pfuschen, und alles abwägen und richten zu wollen! – und wie schwer ist dieses! Erinnere mich bald bei unserem nahen Zusammentreffen an diese Episode in meinem Brief! –

Dein lieber, liebender Brief[187] hat mich unaussprechlich glücklich gemacht; – jedoch Eines möchte ich mir erklären! – sobald ich von dir einen Brief bekomme, den ich mit so sehnlicher Ungeduld erwarte, so bin ich in einer Spannung, in einer Angst, die sich nicht beschreiben läßt! – Und doch glaube ich deiner Liebe – und auch nicht der entfernteste Zweifel ist in meiner Brust. Du wirst mich gewiß, Pauline, an Glück gewöhnen! – Wann werde ich dich weniger lieben, oder vielmehr, wann wird der Zauber, mit dem mich auch der leiseste Gedanke an dich erfüllt, gemindert sein, um dich inniger noch lieben zu können! – Ich sehe dich in kurzem Liebe Freundin, diese Tage wolte und konte ich nicht kommen, weil entweder Du mir bald die Gewisheit meines Glücks geben, oder dennoch in diesen Tagen eine Epoche eintreten wird wo Dich meine Gegenwart nicht so erfreuet hätte – o mit welchem seeligen Gefühl werde ich dich an meiner Brust drücken, wenn dieses entschieden, nur diesen Augenblick zu kommen, wolte ich nicht – allein in wenigen Tagen binn ich in Berlin um 12 Uhr reite ich aus[188] Schrike und Abends binn ich in deinen Armen. – Uebrigens mußte ich noch hier bleiben, theils um einige Pecuniaire Einrichtungen zu treffen, als auch eine sache zu arrangiren die mir äußerst wichtig ist indem sie meine revenuen[189] sehr beträchtlich vermehrt ich hatte grünthal dazu herbeschieden, und dieser hatt krankheitshalber seine Reise aussetzen müssen. Pauline, Liebe Pauline, überfallen wird dich dein Louis, dennoch nicht so, daß wir nicht des Lieben geweihten Liebes Tempels ganze Eleganz ganz genießen werden –

Sprich nichts von Maske, – von Opfer, – von den Menschen, – sondern glaube an mich! – Von Jette bekam ich einen kleinen Brief, – vielmehr zwei – einen vor dem deinigen, der zwar sehr gut aber leicht –, den zweiten, wo sie sehr traurig scheint! – Sie könnte so glücklich sein, – und Recht, so Recht hast du, daß du und ich nur wirklich wahrhaft ihr anhängen! Sei stets gut, sehr gut für sie! Übrigens, Pauline, bin ich rasend verstimmt und traurig, alles hat mich so niedergeschlagen, – mein Inneres, meine Imagination und alles ist so ernst, daß ich noch gar nicht meine Aßiette[190] bekommen kann, – ich bin so zornig, heftig, hart, bitter, daß ich ordentlich darüber erschrecke. – Im Trinken verspreche ich Mäßigung – und das um 12 Uhr zu Bette gehn; und deinen Louis dazu zu bewegen, soll dir nicht schwer werden, liebe, liebe Zauberin! – Das Aufstehn und die Morgen mögen wohl schön sein, – indeßen sich an deine Seite zu schmiegen, dich herzlich liebevoll küßen und drücken, o dies ist schöner noch! – Überhaupt keinen Plan gemacht, als den, stets gut und liebend treu und wahr zu sein. Küße meinen Loulou und Cocotte, und gieb der lieben dicken Pette ein paar tüchtige Küße. – In zwei Tagen schicke ich dir durch Osdorf 60. Louis d'or – oder vielmehr 300. Rtl. Leb wohl, liebe, liebe Pauline!

Louis Ferdinand von Preußen.
Magdeburg, den 28. Juni 1806.[191]

Ich bescheinige hiermit, daß Madame Wiesel gebohrene Pauline Cesar und die Pauline Stein an der auf meine Ordre der Wechsel der H. Mohl und Trefftz in Leipzig durch den H. Hummel in Wettin tracirt[192] worden ist eine und dieselbe Person ist; und habe dieses wenn es je zu Irrungen und Schwierigkeiten Gelegenheit geben solte mit meiner Nahmens Unterschrift und Petschaft besiegelt; wenn durch irgend einen unvorhergesehenen Umstand die H. (...) und Heyl nicht gehörig avisirt wären.

Louis Prinz von Preussen.
den 28. Juny zu Magdeburg.

30. *Louis Ferdinand von Preußen an Pauline Wiesel in Schricke. Berlin, den 8. August 1806.*[193]

Berlin, den 8
Es wäre sehr schwer, meine Pauline, dir den himmlischen, bezaubernden Eindruck zu schildern, den die letzten Augenblicke, die ich mit dir zubrachte, in meinem Herzen zurück gelaßen haben. Liebte ich dich je mit Leidenschaft, und fand ich mich zwar stets durch einen mächtigen Reiz zu dir hingezogen, so haben diese letzten Augenblicke ein Gefühl in mir hervorgebracht, das ich bis jetzo für dich noch nicht kannte. Dein sanftes, liebreiches Wesen hatte eine namenlose Grazie – dein natürliches, gutmüthiges Sprechen mit Loulou war wirklich rührend – ich sah alles schön in dir, deine himmlische Natur, – nie vielleicht ist mein Innerstes tiefer gerührt worden, ich genoß selig – seliger vielleicht noch, als in deinen Armen –, mein Auge ruhte lange auf dir, – mein Herz blieb ganz bei dir, – du liebe, geliebte Pauline! Nein, Pauline, sage mir, ist dir die Bewegung meines Herzens entgangen? es war etwas ganz Neues! Engel, lieber Engel, einst sagtest du mir, im Scherz, du hättest noch Punkte, oder Seiten, die du nur später zeigen wolltest. – Dieses war zu reizend, meine liebe Pauline, o dieses Wesen ist zu berauschend, zu verführerisch. Nie, Pauline, werde ich es vergeßen, des Kindes Redseligkeit, dein liebliches gütiges Sprechen, deine sanften affektueusen[194] Manieren, so etwas Zartes, Liebevolles, Ruhiges, Verklärtes, – stören konnte ich das liebliche Schauspiel nicht, sonst hätte ich dich öfter an mein Herz gedrückt und Thränen innerer Rührung und Liebe an deiner lieben, herzlichen Brust geweint. O wie oft seitdem habe ich es mächtig gefühlt, daß ich ewig dein bin, meine Pauline, meine Liebe, mein himmlisches Weib!- Nun sollst du genau erfahren, was ich, seitdem ich hier in Berlin bin, gemacht habe, so genau als ob meine liebe Line es mir abfrüge. Um 12. Uhr war ich in Berlin, und nach 1. Uhr in Charlottenburg, ich hatte den Ärger, gegenüber den schändlichen Haugwitz[195] zu haben, der mir allen Appetit zum Eßen verdarb, der Erbärmliche konnte mir nicht ins Gesichte sehen, denn verachtender und ernster, als ich ihn ansah, ist noch kein Sterblicher es gewesen. Der König sprach furchtsam und zau-

dernd von London, von England und Rußland, und von der isolirten Lage von Preußen.[196] Um 6. Uhr war ich in der Stadt, schrieb dort beiliegende Antwort an Hrn von Quast[197] – und begegnete um 7. Uhr bei der Komödie Vetter, mit dem ich bis 9. Uhr spazieren ging und von meiner Pauline sprach. – Ich soupirte in Bellevue. – Montags stand ich um 10. Uhr auf, die Nacht war in steten Träumen an dich vergangen, und zweimal rief ich: liebe Pauline! Um 11. Uhr brachte ich die Korrekturen zu Werkmeister[198], ging dann zu Steibelt[199], der etwas an meinem Pianoforte zu ändern hatte, – beredete ein Geschäft in Betreff der Erbauung von Wagenremisen bei meinem Hause. Ich aß in Bellevue, wo ich einen Brief von der Pfuhle[200] fand, in welchem einer von Hrn von Quast wegen der 50.L., worin er mich versichert, in meinem Hause 3000. Rtl. verloren zu haben. Nachmittags vor der Komödie ging ich zu Hrn von Haller, von welchem ich einige wirklich allerliebste Zeichnungen bei meiner Schwester gesehen, und bat ihn, mein Portrait[201] zu machen, welches er dann auch wirklich heute Morgen angefangen. – In der Komödie war ich in der Königlichen Loge.[202] Nach derselben ging ich mit Radziwil, Möllendorf und Vetter, um bei Berthou[203] zu soupiren, aber Vetter verließ uns, um einem göttlichen, mädchenhaften, anspruchslosen Dienstmädchen zu folgen, und kam auch nicht mit uns soupiren. Heute früh begegnete ich der Pfuhle, die mit einer Mad. Löwe[204] aus Breslau spazieren ging, – sie zieht in das Logis von Quast nach Charlottenburg – dieser ist nämlich sehr mit Möllendorf zerfallen, weil er wirklich unartig grob gegen Vetter gewesen, dem Möllendorf ein Billet zu seiner Loge gegeben. Mein übriger Tag, der Mittwoch und Donnerstag ist beinahe ganz dem Grafen d'Entraigues bestimmt, welcher hierher gekommen, und zwar hauptsächlich mit mir zu sprechen, ich eße heute zu Abend mit ihm, Johannes Müller[205] und Humboldt[206]. Bis jetzt sprach mir keiner von dir, meine liebe Line, nur meine Schwester sagte es mir, sie sähe mir es an den Augen an, daß ich Frieden gemacht hätte. Über mein Hiersein schreibe ich nur soviel, daß ich vor Ende der Woche bei dir bin. Stelle dir, Engel, vor, welcher Gefahr ich entgangen bin! – Die Königin giebt ein ländliches Fest in Charlottenburg den 12.ten,[207] eine Schweizergegend zeigt sich hinter einer Gaze, und der

Schutzgeist des Erbprinzen zeigt ihm an seinem Geburtstage einen glücklichen Tag seines Lebens in der Schweiz, den seine Phantasie ihm als das höchste Glück gemahlt, – man sieht Schweizer Bauerngegenden, man tanzt, spielt, Radziwill singt den Kuhreigen u.s.w. – auch ich sollte Schäfer sein – mit einem Herzen voll Liebe zu Paulinen, voller Schmerz über die schändliche Zeit, in der wir leben, und ahndungsvoller Besorgnis für die Zukunft! –

–

Ich schließe, Engel, – Pauline, die zu lieben, von der geliebt zu sein ich stolz bin, weil alles Schöne, Edle, Liebevolle in ihr liegt, weil sie lieben und genießen kann, und auch namenlos selig machen. Ich küße dich tausendmal!

Noch eins! Deine Zartheit oder Liebe müßen nicht zu weit gehen, du warst hart und zurücksetzend gegen Paulinen, das leide ich nicht, meine Freundin, – meine süße, liebe Pauline! Ewige, ewige Liebe!

Louis.

Unsere Lage mit Schweden ist noch immer prekair;[208] auch sagt man, die Franzosen gingen nach Sachsen. Noch eins, den Brief an Quast sollst du bei meiner Ankuft sehn.

31. *Louis Ferdinand von Preußen an Pauline Wiesel in Berlin. Dresden, den 13. September 1806.*[209]

Freitag.

Daß mein erster Brief, meine Pauline, so klein gewesen, und ich gezögert auf den deinigen[210] zu antworten, darüber wird mein lieber Liebling nicht zürnen, denn während der Abwesenheit des Prinzen hatte ich alle Geschäfte zu besorgen, und war überdem mit einigen Besuchen gequält, und vor der (seit heute) erfolgten Rückkunft des Prinzen konnte ich nichts mit Gewißheit über unsren hiesigen Aufenthalt bestimmen. – Du gehst gleich, oder vielmehr sobald als möglich nach dem Empfang der Estafette mit der Emmi und Lolo und Melzow hieher – das Weitere über deinen hiesigen Aufenthalt verspare ich bis an's Ende des Briefes; meine liebe, liebe Pelle, erst von deinem Briefe, von deiner und meiner Liebe! Glücklich, unaussprechlich glücklich hat er mich gemacht! Ich gestehe es dir; einen schmerzhaften Eindruck (leise schmerzhaft aber nur) hatte auf mich Einiges während meinem letzten Aufenthalt in Berlin gemacht; der lebhafte Wunsch meines Herzens, dich glücklich, selig, zufieden zu sehen, war nicht so erfüllt, als ich es hoffte, als ich vielleicht mit Unrecht wähnte das Recht zu haben es zu erwarten. Dieses beleidigt meinen Stolz, schmerzt mich tief, und mein Herz leidet. – Bei der Liebe, die ich zu dir habe, bei der Liebe, die ich so lebhaft fühle, bei der Wahrheit meiner Empfindungen, und dem Werth, den ich um so mehr denselben beilege, je weniger irgend eine Rücksicht, Vorurtheil oder vorgefaßte Meinung Anderer mich bestimmt, ist nichts schmerzhafter, als von der verkannt zu werden, der man alles sein möchte, ihr nicht das Glück zu gewähren, welches man ihr spenden möchte, und welches für ein zartfühlendes Herz der Liebe höchster und seligster Genuß ist. Liebte ich dich weniger, meine süße geliebte Pauline, so würde nicht einer deiner Blicke, eine Äußerung des Unmuthes, ein augenblickliches Mißkennen meiner Liebe, mich so sehr betrüben, und ich würde von einem andern, ruhigern Augenblick diejenige Gerechtigkeit erwarten, die du mir in einem solchen nicht giebst, allein dieses läßt meine Heftigkeit nicht zu; gewohnt, von der Liebe Zauberin Genuß und Glück in der höchsten Fülle zu genießen, ist jede Störung mir doppelt unangenehm, und ich bin nicht kalt genug, um diese trüben Augenblicke vorübergehen zu laßen. Doch nun genug davon, Pauline, wie wenig ich mich betrog, beweiset mir dein lieber Brief, denn gewiß war ich, daß dein Herz mir bald Gerechtigkeit würde widerfahren laßen; in der Abwesenheit, in der Vergangenheit erscheint alles in einem sanftern Licht, meine liebe Freundin. Ich selbst klage mich wegen meiner Heftigkeit und Tollheit an, meine Pelle, wir sind beide strafwürdig, du, deinen sanften guten Louis, der dich anbetet, zu mißkennen, ich, daß ich, da ich deinen ganzen Werth, aber auch deine Fehler kenne und deine Reizbarkeit, ich dennoch heftig werde, anstatt mehr zu deinem Herzen zu sprechen, oder deinem Willen selbst oft ernst zu gebieten, lieber deiner Imagination und deinen Sinnen stets Opfer zolle oder durch selbige das Ende unserer Mißverständniße finde, und – sei es gesagt – suche. Liebe Pauline, Liebe, die ich unbegreiflich liebe, daß es einmal bei so heftiger Liebe, bei keinem großen Glück in der Welt, nicht möglich ist ruhig, ganz ruhig zu sein, das ist gewiß; mir fällt bei der Ruhe immer ein, was ein liebendes Weib zu demjenigen sagte, der sie nachher, lange nachher wiedersah, – und sie sich beide kälter und für einander abgestorben wiedersahen, ohne jedoch den Gedanken ihres vorigen Glücks nicht im Gedächtnis zu behalten: «Wo sind die seligen Zeiten, wo wir so unglücklich waren!» sagte sie. O Pauline, wenn auch du zuweilen in deinem Zorne sagtest: «Ein schönes Glück, welches ich genieße!» – – Könntest du mich vergeßen? Nie! Meine Freundin, nicht Stolz, nicht Eitelkeit spricht dieses Wort aus, – mein ist dein künftiges Leben – jedem Glauben an alles, was Liebe, jedem, was gut, schön und erhaben ist, gesellt sich der Gedanke an mich, an deinen Louis zu, es ist nicht anders möglich, meine Pauline; nie, gewiß, haben zwei Wesen mehr als wir einander Glück geschenkt, nie sich mehr einander nöthig gehabt – ewig – rechne ich auf dich. –

Gentz sehe ich oft hier! – Sein Verstand und Wesen hat nur zwei Tendenzen, erst die alte, nämlich antifranzösische, die sich in Memoires aushaucht, zweitens die social-vornehme, die er eben so befriedigt, indem er bei dieser oder jener Frau aus Wien oder Petersburg hingeht und Visiten macht, von Liebe, unserer Liebe, weiß er nichts! und spaßhaft soll es mir sein, liebe Pelle, während deines hiesigen Aufenthalts sein Erstaunen hierüber zu sehen. – Englische Pauline, das schwöre ich dir, daß ich dich so liebe, so viel Sinn für dich habe, als man nur haben kann, daß jeden Tag meines Lebens mir immer mehr bewußt, wie nahe du meinem Herzen stehest! Deine letzte Reise hierher[211] ist auf eine mir unangenehme Art bekannt – Gentz, eine Menge Andre, die Frau von Ompteda, ihr Mann, – Alle wißen es! Ich erspare dir alle die Details, die wirklich unangenehm sind, nur das ist aus mehreren Ursachen nöthig, von nun an dich und deinen Mann, mich[212], aus einer unangenehmen Kategorie zu ziehen, das Wie wollen wir hier besprechen. Das Herkommen mit Vetter fällt weg, du kömmst mit

Lolo und der Amme. Montag Abend bist du hier[213]; ich bestelle dir ein Absteigequartier in der Stadt Berlin[214], den 19. spät gehe ich mit der Avantgarde nach Döblen[215], und dann, wenn ich Dresden verlaße, geht meine Pauline von hier. So will ich es, liebe Freundin! Der Amme und Melzow befehle ich, auch nicht ein Wort von dir und mir zu sagen, weil du sonst stets, wie ich, von einer Menge Menschen umringt sein würdest. Ich werde das Quartier in der Stadt Berlin für Mad. Uhde bestellen.

Ich wohne in der Frauengaße im Pfitzingerschen Hause. Mache es so, daß in Berlin kein Lärmens davon wird, und hier sollst du bloß Gentz, mich und einige Wenige sehen, und dann nach Schricke, Berlin und Wettin gehen.

Adieu, Pauline, Liebe, Beste, dein Medaillon verläßt mich nie, dein Louis, dein Freund, dein Geliebter, der dich anbetet, schwört und verspricht dir ewige Liebe, du bist sein Glück, sein Lohn! alles was er erwartet! er hofft und erwartet Treue, Vertrauen und Liebe von dir.

Mein Portrait fängt Graßi[216] morgen an.

Louis

Hiebei bekömmst du den Befehl an die Amme und Melzow – tausend Küße dir, liebe Pauline!

32. *Pauline Wiesel an Louis Ferdinand von Preußen. Berlin, Ende September 1806.*[217]

– 12.

der Krieg – du Krieger du Jäger du Musikus – So viel geht mich Ab Louis – und denn erst kömt die Liebe – Nein Louis erst die Liebe und denn daß Ubrige – bei mich Aber fäld keine Theilung vor ich Liebe nur dich Allein auf der Weld dich und Pauline du haßt Alles in mir getötet ich weiß nicht ob mich daß Glücklich machen soll oder ob es nicht vieleicht besser währe es währe Anders nein Louis es kann nun mal nichts anders Seinn

Vergiß mich nicht dein Versprechen mit denn Bilde[218] auch nicht Schreibe mich viel doch nur wenn es dich So zumuhte ist um keinen ander gedanke – nur immer wenn du willst nicht meinetwegen Louis – Lebe woll meine gedanken folgen dich ich bin ewig bei dich könnte mein Geist es dich nur auf irgend Eine Art wissen machen! jeder deiner Leuhte beneide ich, die daß Glük habe dich zu sehen – ach Louis wahrum daß ewige endsahen in diesen Leben in diesen kurzen Leben wahrum bin ich nicht mit dir – Aus lauter Gründe die Alle 10 Tausendtmal Schwächer sind als meiner Liebe zu dir Als daß Glük waß es mich machen würde bei dich in deiner Nähe zu Sein – ach Louis ich muß Schliessen Aber Wahrhaftig recht Trauhrich recht bewegt – Alles ist anders Als man glaubt Als man denk ich bin so Schikanird von Tausendt ärbärmlichkeiten und doch kann ich es nicht änder – Louis nim Eine Stadt nim Kossen[219]

Schick Geld ich habe keinen Sus und bin Alles Schuldich – Ich bin die beide lezte Stasionen selbst noch an die Alwensleben Schuldich – wo soll ich es hernehmen ich habe ja nicht mal Ein Stük zum Versätzen die beiden Mädchin ziehen auf denn 1 ten Nowennber da hilft keine Klugheit kein endsagen kein Witz keine Gute, nichts als Geld oder solche unannehmlichkeiten die nicht zu Uberleben sind ich habe nun seit mein hir sein noch keine groschen in die Hände gehabt denn meine Mutter kann ich es nicht sagen denn es hilft mich zu nichts –

Meine Schals wollte ich Verkaufen Aber man will mich nur für beide 50 Thaller geben und sie habe beide über 2 Hundert gekostet – und denn noch jeden Monat nur 25 Alles daß hilft mir nichts – Schreib mich nur von wem ich mich borgen soll ich weiß keinen Menschen oder trauhe keine denn er möchte dich denn nicht recht Seinn.

Lebe woll Louis ich bin so verstimdt dich daß sagen zu müßen ewig in solcher Infame Lage ist terrible meine Schuld ist es nicht

Sei nicht böse auf deine
Arme Pauline

33. Louis Ferdinand von Preußen an Pauline Wiesel in Berlin. Jena, den 2. Oktober 1806.[220]

Jena, den 2.
Meine liebe seelenvolle Pauline; mit der innigsten, wärmsten heißesten Liebe schreib' ich dir, noch immer steht dein Bild vor meinen Augen, dein Schmerz, deine Thränen[221]; o nimmer, nimmer werd' ich sie vergeßen! – Arme liebe Pauline, ewig sind meine Gedanken bei dir, mit dir gewesen, jeden Augenblick suchte ich dir zu folgen, bis zu deiner Ankunft in Berlin. Pauline, ich fühle es so wahr, so tief, nur durch dich bin ich wahrhaft glücklich, nur du breitest über mein ganzes Wesen einen steten Zauber aus, der Gedanke an dich, du Liebe du, mischt sich allem ein, von dir, meine Pauline, erwarte ich auch nur Glück. Wie innig ich dich liebe, sehe ich selbst daraus, daß ich dir selbst deine Fehler nicht wegwünschte, alles in dir trägt ein unverkennbares Gepräge von Wahrheit, deine Aufwallungen, deine Ungerechtigkeiten, alles lieb' ich, obgleich es mich quält, so wie ich dir es sagte und es fühle, nichts könnte ich dir wünschen, nichts möchte ich anders wißen, obgleich ich, wenn ich vieles von Andern oder an Andern, wie dich, so sähe, ich es tadeln und nicht lieben würde; bei dir scheinen mir alle diese kleine Fehler nur Auswüchse einer zu kraftvollen Natur zu sein, in der manches zwar nicht ganz entwickelt, vieles zurückgehalten, indeßen nichts Schönes ganz erstickt worden. Du liebe unartige Pauline, du englische Pauline – unendlich schwer war es, dich zu erziehen und dich nicht zu verderben, – alles Schöne, alle Kraft, die in deinem Wesen liegt, zu entwickeln, dazu gehörte ein Geist, wie es wenige giebt! Auch das ist mir gewiß, daß vielleicht eine höchst vollkommene Erziehung dich zwar zu einem in andrer Art sehrintereßanten Wesen würde gebildet haben, aber daß auch vielleicht manches andere in dir wäre verborgen geblieben, welches nur so seltsame Wendungen und Ereigniße in deinem Leben in dir aufgeregt haben, und das dich dem, der dich so wie ich liebt, der dein Wesen so ergriffen, vielleicht noch reizender machen muß. Der unendliche Reiz, den du hast, ist unbeschreiblich, – du kennst ja die Wunder unserer Liebe, und so, wie wir aus dem Kelche der Wollust tranken, thaten es wenige. –

Meine Pauline, meine liebe Pauline, ich rechne ganz auf deine Liebe, sie wird und soll mir Lohn sein, wenn ich zu dir kommen und dich wieder an das Herz drücken werde.

Liebe Pelle, nun etwas von meinem Leben und Geschäften! Daß wir in einer großen Spannung und Erwartung sind, kannst du leicht denken, da der Krieg mehr oder weniger über unsre ganze Existenz entscheiden wird, so drängen unwillkürlich sich ernste Gedanken dem Geiste auf; den schönsten Kampf jetzt zu kämpfen, wo so viel Ruhm zu erwerben, so vielen Üblen zu steuern, ist wahrlich ein schönes, wichtiges Loos, auch habe ich von allen Freuden, allen Genüßen Abschied genommen, und lebe nur, um in meinem Geschäftskreise mit der größten Energie zu wirken. Meinen süßesten Lohn, meine Pauline, erwarte ich darauf von dir; über jede Begebenheit, die mir geschehn, über jeden Succeß[222], den ich haben werde, wird deine Liebe einen sanften Schimmer verbreiten, allem wird sich dieses Gefühl mischen. Daß deine Gedanken mich stets begleiten, davon bin ich überzeugt, gewiß daß das Glück deines Lebens nur von mir, durch mich kommen kann! Schicke bald mir dein liebes Bild –, meine Pauline, alle Tage will ich es besehen, Blicke inniger heißer Liebe auf selbiges heften. – Wie oft denke ich mir dich so lebhaft, rufe jeden deiner Züge in mein Gedächtnis zurück, liebe liebe Freundin!

Diese Tage waren wir stets auf dem Marsch, kamen spät an, alsdann dinierten die sämmtlichen Adjutanten mit mir, nachmittags endete ich meine Geschäfte, mit dem Prinzen von Hohenlohe, den Herren vom Generalstab, schrieb mein Journal, welches ich dir monatlich sicher zuschicken werde, und ging früh zu Bette. – Möllendorfs Faulheit ist unbeschreiblich; seine Berliner Korrespondenz mit dem Langhans'schen Hause, der Mlle Mebus u.s.w. absorbirt seine Zeit, er wird wie immer sehr gequält. – Nostitz ist fleißig, und alles Übrige ist, wie du es kennst; Dußek befördert so viel Wein als möglich durch seine jetzt sehr heisere Kehle.

Leb wohl, liebe beste Seele! Ich wollte noch vieles über deinen Mann, über deine Lage, wenn jemand von deinen Bekannten aus Paris[223] wiederkommen sollte, dir sagen. Ich halte es für überflüßig, denn dein Herz und deine Liebe bürgen mir, daß du gewiß auch den Schein vermeiden werdest. Küße den Kleinen. Ich küße dich tausendmal mit der heißesten innigsten Liebe. –

Bis zum 15.ten sind wir aneinander[224]. –

Lebe wohl, bald schreibe ich dir wieder.

Louis

Schicke mir, sobald du hoffst, daß es gut ankommen kann, etwas Gutes zu eßen –. Adieu, Liebe, schreib mir nur gute, liebe Briefe, sie sind mein einziges Glück.

Pauline Wiesel
und
Friedrich Gentz

vor eigentlichem Unglück
sind sie
durch Ihre
große und starke
Seele bewahrt

Friedrich Gentz, Juni 1816.

1. *Friedrich Gentz an Pauline Wiesel in Berlin. Töplitz, Ende Juni/Anfang Juli 1806.*[1]

Diesmal schreib' ich Ihnen, reizende Pauline, nicht um Ihretwillen, sondern wegen der Einlage[2], die ich auf keinen unschuldigern Namen, als den Ihrigen, der Post anvertrauen kann. Ich beschwöre Sie bei allem, was uns heilig ist, das Paket sicher und schnell, und ohne ein Wort davon gegen Andre zu erwähnen, an Ihren Freund[3] abzugeben! Von den «Andern» ist nur die Kleine[4] ausgenommen, die davon wissen soll und muß; aber bei Leibe sonst niemand. Sie, liebste Pauline, weiß ich längst, können vortrefflich schweigen, wie alle Frauen, wenn man sie dafür zu interessiren weiß. Interessiren aber will ich Sie durch das Versprechen, Ihnen künftig das Geheimniß zu sagen, das Sie jetzt bewahren sollen.

Sagen Sie dem Prinzen, daß ich ihn bewundre und liebe, wie ich es von jeher gethan; sagen Sie ihm, daß er hier viele Freunde und Verehrer hat, die ihn gern an der Spitze großer Dinge sähen, weil nur bei Gesinnungen und Kräften, wie die seinigen, für unsere schmachvoll behandelte, aber nicht verlorne Sache noch Hülfe und Heil zu hoffen sind!

Von Christel weiß ich seit längerer Zeit nichts. Ich glaube, sie ist in Venedig.[5] Ansprüche habe ich keine mehr an sie, aber eine lebhafte Theilnahme für sie kann nie in mir erlöschen. Sie hätte, wie alle liebenswürdigen Geschöpfe dieser Art, in bessre Hände fallen sollen – als sogar die meinigen! – Mir geht es hier persönlich ganz vortrefflich, Geld habe ich genug, und Freuden aller Art. Könnte ich die Politik vergessen, so wäre ich ganz glücklich. Das Sonderbare ist, daß diejenigen, die durch das politische Unglück am meisten zu verlieren bedroht sind, grade am meisten darüber zerstreut sind, und sich in keinem Lebensgenusse stören lassen. Wollen wir es auch so machen, theuerste Pauline? Aber Sie thun es schon längst, und nur ich bin so ungeschickt, immer zu sorgen und zu fürchten! Kommen Sie nach Böhmen, und helfen Sie mir leichsinnig sein. Aber bringen Sie den herrlichen Prinzen mit! Leben Sie wohl! Und bleiben sie mir gut, wie ich Ihnen!

Gentz

2. *Friedrich Gentz an Pauline Wiesel in Berlin.*
Prag, den 16. März 1807.[6]

Die Gelegenheit, die sich mir Heute darbietet, ist zu gut, liebenswürdige Pauline, als daß ich sie nicht gebrauchen sollte, um Ihnen ein Zeichen des Lebens zu geben.

Seitdem wir am 28[t] September auf der steinernen Bank im Zwinger zu Dreßden saßen[7] – welche Wellen von Unglück aller Art haben sich über uns gewälzt! Was haben wir verloren! Was für tödtliche Wunden sind unsren Herzen geschlagen worden![8]

Wenn Sie Sich so oft meiner erinnerten, als ich an Sie, mit der zärtlichsten Wärme an Freundschaft, mit Wehmuth, mit Sorgen, und mit Liebe, gedacht habe, so müßen unsre Gedanken einander hundertmal begegnet seyn. Mehrere Monate lang war ich ohne alle Nachricht von Ihnen. Seitdessen erfuhr ich wenigstens zu meinem Troste durch die Prinzessinnen von Curland,[9] daß Sie lebten, und in Sicherheit wären.

Das Interesse, was ich an Ihrem Schicksal nehme, ist von so mannichfaltiger, und von so bestehender Art, daß ich, was auch immer mit Ihnen geschehen möge, Sie nie aus den Augen verlieren werde. Sie wissen es; ich glaube es Ihnen bewiesen zu haben. In vielfachen Verhältnissen habe ich Sie gekannt; meine lebhafte Freundschaft für Sie hat, denke ich, in keinem sich verleugnet.

Schreiben Sie mir also, wenn Sie irgend eine sichre Gelegenheit finden – es bedarf deren nur bis Dresden; denn was Sie an Baron Buol, den Oestereichischen Chargé d'affaire adressiren, ist schon so gut als in meiner Hand – Schreiben Sie mir, wie es Ihnen geht, wie Sie seit den schrecklichen Catastrophen gelebt haben, und was Ihre Plane und Aussichten für die Zukunft sind. Seyn Sie versichert, daß dies alles mich so sehr, als irgend eine der großen Welt-Begebenheiten interessirt.

Rufen Sie mich gelegentlich ins Andenken meiner dortigen Bekannten zurück. Grüßen Sie vor allem meinen edlen Freund und Gönner Schack[10], – ich sah ihn auf eine Augenblick am 10ten Oktober – einem Tage, von dem ich damals nicht ahndte, daß er einer der schwärzesten meines Lebens seyn sollte – in Erfurt.[11] Empfehlen Sie mich Humboldt[12] – wenn er jetzt mir einmal schreiben könnte, würde es mir eine wahre Erquickung seyn. Es thut mir leid, daß ich Johannes M. nicht mehr gegen Sie nennen kann, von dem weiß ich unglücklicher Weise schon zu viel.[13] – Geben Sie mir doch auch einige Notizen von Wiesel[14]; sein Schicksal ist mir keinesweges gleichgültig; ich wünschte sehnlich zu wissen, was aus ihm geworden ist.

Leben Sie wohl, unvergeßliche Pauline! Und laßen Sie mich bald etwas Gutes von Ihnen hören

G.

Prag den 16t März 1807.

Schreiben Sie mir doch auch, was die Levy[15], und was Vetter macht. – Lebt Jette[16] noch? – Ich bin immer derselbe; ich habe hier in Prag einen so glücklichen Winter gehabt,[17] daß ich mich fast davor schäme.

Kommen Sie doch nach Teplitz oder Carlsbad, nur, um des Himmels willen benachrichtigen Sie mich zum voraus davon.

3. Friedrich Gentz an Pauline Wiesel in Neuveville. Töplitz, den 15. Oktober 1810.[18]

Teplitz den 15 Oktober 1810.
Ich habe Ihre lezten Briefe erhalten, liebenswürdige Pauline! Es müßten sich in der Welt noch ganz andre Umkehrungen zutragen, als die wir erlebt haben; wenn das Innerste meines Gemüths dergestalt affizirt werden sollte, daß ich aufhörte, mich lebhaft für Sie zu interessiren. Was ich an Ihnen liebte, und liebe, steht doch über allem Wechsel der Dinge; von dem Uebrigen nehme ich immer nur so viel Notiz, als es auf Ihr Glück oder Unglück Einfluß haben kann. Sie hatten also Recht voraus zusehen, daß zwischen Ihnen und mir nichts geändert seyn konnte, und ich danke Ihnen dafür, weil es mir beweist, daß Sie es der Mühe werth gehalten hatten, mich gründlich zu studieren.

Meine Verzweiflung aber ist, daß ich keine Mittel in Händen habe, Ihnen wirksame Hülfe zu leisten.[19] Ich überlege die Sache oft hin und her, sehr ernstlich, mit großem Interesse. Auf dem Wege, die Sie zu wünschen scheinen, sehe ich keinen großen Erfolg. Solche Empfehlungen können uns glücken, wenn man die Person selbst vorzuzeigen im Stande ist; es muß ein Interesse an ihr vorangehen, wenn man mit dergleichen Projekten zum Ziel kommen soll. – Ich glaube eher noch, daß Schuw.,[20] über Ihre wahre Lage gehörig aufgeklärt, dahin zu bringen sein würde, daß er etwas Rechtschaffenes für Sie thäte;[21] und ich bin entschlossen, diesehalb wenigstens einen indirecten Versuch, da ich ihn nicht hinlänglich kenne, um ihn persönlich anzusprechen, bey ihm zu machen. – Der beste Rath aber, den ich Ihnen für den Augenblik zu geben weiß, ist dieser: Wenn Ihre Umstände es Ihnen nur irgend möglich machen, wenn Sie nur soviel als dazu an Geld-Mitteln erforderlich ist, auftreiben können, so reisen Sie nach Wien. Dort werden Sie mich finden; dort entdeckt sich vielleicht, wenn wir unsere Bemühungen vereinigen, ein Ausweg, auf welchen ich Ihnen wieder helfen kann. Durch Correspondenz halte ich es für unprakticabel. Daß es mir an gutem Willen nicht fehlt, solten Sie dann wenigstens inne werden. Ueberlegen Sie das, liebste Pauline, und in jedem Falle schreiben Sie mir nach

Wien unter der Adresse des Arnsteinerschen Hauses. Daß Ihre nächsten Briefe etwas erfreulicher seyn mögen, als die, durch welche Sie zuletzt mein Herz zerrissen haben, aber ist der sehnlichste Wunsch

Ihres alten treuen Freunds

FG.

4. Friedrich Gentz an Pauline Wiesel in Bern. Wien, den 22. April 1811.[22]

Wien, den 22. April 1811

In diesem Augenblick, Meine liebe Pauline, erhalte ich von H.[23] aus Dresden, Ihren Brief vom 20.v.M.[24] – Den frühern mit der Einlage an Sch.[25] habe ich durch Arnsteiner ebenfalls erhalten; warum ich diesen nicht eher beantwortet, werden Sie aus folgender treuer Erzählung nehmen.

Ich habe Sch. zwar sehr häufig in Gesellschaft gesehen, aber seitdem ich hier war, vielleicht nicht zwanzig Worte mit ihm gesprochen. Der Grund davon ist, daß ich – sans vous affliger[26] – nicht leicht einem zurückstoßenderen und widrigeren Wesen in dieser Welt begegnete. Das Urtheil, was ich hier über ihn ausspreche, war übrigens das, welches er allgemein erfahren hat; denn ich glaube nicht, daß 3 Menschen in Wien sich an ihn haben gewöhnen können. Man hielt ihn außerdem auch für einen äußerst beschränkten Kopf; doch davon kann ich, bey meiner zu geringen Bekanntschaft mit ihm, nicht urteilen.

Als ich Ihren Brief erhielt, mußte ich folglich gleich auf fremde Hülfe denken. Ich wendete mich an eine der wenigen Personen,[27] mit welchen er in einer Art von freundschaftlichem Verhältniß zu stehen schien. Diese Person sagte mir zwar gleich, auch sie vermöge nichts über ihn, übernahm aber die Bestellung des Briefes, von dessen Inhalt ich sie, ohne irgend etwas spezielles mitzutheilen, in so weit unterrichtet hatte, daß sie wußte, es handle sich im das Wohl und Weh einer hülfsbedürftigen Frau. Diese Person mußte 8 Tage unterhandeln, cabaliren und Krieg führen, ehe sie es nur dahin bringen konnte, daß der Misantrop den Brief annahm. Er wollte vorher wissen, von wem er käme; er betrug sich wie ein vollkommener Narr. Endlich entschloß er sich, den Brief zu empfangen; aber alle Versuche meiner Freundin, ihn je wieder zu einer Erklärung, nur zu einer Antwort auf die Frage: ob er den Brief beantworten würde? – zu bringen, waren vergeblich. Zuletzt vermied er jede Unterredung mit dieser Person, ja so viel er konnte, jede Gelegenheit sie zu sehen. – So hat er es bis zu seiner Abreise getrieben. Er ist nehmlich zu Anfang dieses Monats nach Paris gegangen, um dort seine Mutter und Schwester zu sehen.[28] Man glaubt, er kömmt nächstens wieder nach Wien zurück; von seinen ferneren Planen habe ich nicht die geringste Kenntniß, und ich glaube, es weiß hier Niemand etwas davon.

Sie verlangen nun von mir, liebe Pauline, ich soll Ihnen schreiben, er wolle nach Bern gehn etc. Sie begreifen wohl, wie peinlich dies für mich ist, da ich genötiget bin, eine offenbare Unwahrheit zu sagen. Wenn ich mir indessen Ihre traurige Lage vorstelle, und mir denke, daß ich auch ohnehin nichts Wirksames zu Ihrer Erleichterung thun kann, so wird es mir unmöglich, Ihren Wunsch ganz zurückzuweisen. Ich füge daher diesem Brief ein vorzeigbares Postscriptum[29] bey, worin ich Ihnen wenigstens einigermaßen Genüge geleistet habe. Die Sache noch bestimmter auszudrücken, oder gar zu sagen, ich wüßte es von ihm selbst, wäre zu stark gewesen. Da ich übrigens Ihren Brief so spät erhalten habe, so weiß der Himmel, ob dieser Artikel Ihnen noch etwas helfen wird.

Viele Erfahrung und Welterkenntniß hat mich gelehrt, daß man sich, besonders da, wo es auf wesentliche Dinge ankömmt, nicht genug hüten kann, über Menschen abzusprechen. Es ist möglich, daß ich (und das Publikum mit mir) Sch... Unrecht thue; es ist möglich, daß in dieser finstern, verschlossenen Hülle dennoch ein menschliches Herz wohne. Es ist auch möglich und fast glaube ich, daß er ehemals anders war; recht aufrichtig zu sprechen, halte ich ihn jetzt für einen Menschen, qui frise la folie,[30] der im eigentlichsten Verstande schwermüthig, oder wahnsinnig zu werden droht. Wenn er Ihnen aber auf Ihren Brief, den er vor wenigstens 2 Monaten richtig erhalten hat, gar nicht antwortete, so besorge ich doch sehr, daß Sie nicht mehr viel Gutes von ihn zu erwarten haben.

Was die anderen Personen von seiner Familie betrifft, (die ich sehr genau kenne) so ist dermalen nur Eine, die sich vielleicht Ihrer annehmen könnte. Die Mutter wird nie das Geringste thun; die ältere Schwester[31] ist eins der abscheulichsten Geschöpfe ihrer Zeit und ihres Geschlechts, ein wahres Ideal der Vereinigung aller bösen Eigenschaften in einem und demselben weiblichen Exemplar. Die jüngere hingegen, die D.[32] hat neben vielen unausstehlichen Seiten, auch einige gute; sie ist sehr exaltirter Gefühle fähig, sie hat das Unglück kennen gelernt; man kann sie gewinnen, man kann sie erweichen. Es gab eine Zeit, wo es mir ein Leichtes gewesen wäre, sie für eine solche Sache in einer Viertelstunde zu stimmen, diese Zeit ist längst vorüber; ich habe mich mit ihr (über ihr Verhältniß mit dem Mann) schon vor 5 oder 6 Jahren unheilbar entzweyt.[33] Ich erwähne dieses Umstandes nur, um Ihnen bemerklich zu machen, daß es bey dieser Person Chancen der Hoffnung gibt. Wenn Sie ihr in einem vertraulichen Briefe Ihre ganze Lage schildern, thut sie vielleicht etwas zu Ihrem Besten.

Glauben Sie mir, liebenswürdige Seele, daß ich in Verzeiflung bin, Ihnen nichts als dergleichen fatale Dinge melden, nichts als solche trockne, unfruchtbar leere Rathschläge darbieten zu können. Wäre meine Lage nur noch so, wie sie vor zwey Jahren war, Sie würden andre Briefe von mir lesen. Aber ich bin jetzt von allen Seiten gehemmt und gelähmt, und habe mehr Mühe und Noth, als Sie Sich vorstellen können, um nur die Rolle, die ich nun einmal 10 oder 12 Jahre lang in der Welt gespielt habe, einigermaßen zu behaupten. Wäre ich in Ihrer Nähe, so würde doch vieleicht manches besser gelingen; aber was kann ich nun vollends in dieser Entfernung für Sie thun?

Hören Sie unterdessen nie auf, den besten Willen in mir vorauszusetzen. Schreiben Sie mir, so oft Sie wollen, und sollte es auch nur Ihr Herz etwas erleichtern! Ich gehe in wenigen Wochen nach Prag, komme aber dann nach Wien zurück, und etablire mich wieder für beständig (d.i. in so fern es in dieser Welt noch etwas beständiges gibt) hier. Wenn Sie mir Ihre Briefe hierher adressiren, treffen sie mich also am sichersten.

5. *Pauline Wiesel an Friedrich Gentz in Paris.*
Paris, den 15. September 1815.[34]

Freitag denn 15 Sp 1815.
Erschreckken Sie nicht Lieber genz über meine dreißtigkeit, Sie in solchen augenblick zu Stören,[35] mit meinen Ewigen traurigen Geschitte, mit kurzen worten Also ich möchte wissen ob Schouvaloff hir ist, oder wieder kömt ich habe Einen brif von ihm bekomen aus Paris von 18 august. (denn ich bin nur Vorgestern Abend Angekomen) mit ihm mündlich zu sprechen, und kann ihm nicht finden[36] –

Ich habe nicht Solche große pretensionnen Ihnen zu Sehen, denn dazu bin ich nicht mehr glücklich genug Aber ich habe gehört durch Einen Junge graffen August Bronwick[37] der bei denn graffen Métternich Arbeitet in der Légasion, daß Sie woll sind

Leben Sie glücklich Liebe Seele, und lassen Sich mich Eine Silbe antwort wissen

Ich bin in Rue Pelletier Bouleward Italien n:6. im entresol.

Leben Sie glücklich Liebe Seele, und haben Sie Einen Augenblick mitleid mir mir, denn ich bin wie auf Kohlen

Pauline Wiesel

6. *Friedrich Gentz an Pauline Wiesel in Paris.*
Paris, den 16. September 1815.[38]

Ob ich gleich unendlich beschäftigt bin, so wäre es mir doch rein unmöglich, Sie hier zu wissen, und nicht zu sehn. Ich werde also Morgen, nachdem ich zuvor über Sch.[39] (der nicht hier ist) die sichersten Erkundigungen eingezogen habe, zwischen 2 und 4 Uhr unfehlbar zu Ihnen kommen,[40] und danke Ihnen, liebe Seele, daß Sie Sich an mich gewendet haben.

Gentz

den 16. September Abends.

7. *Friedrich Gentz an Pauline Wiesel in Paris. Paris, den 20. September 1815.*[41]

Je suis écrasé de travail, de conférences, et d'engagement au point qu'il m'est impossible de tenir ma parole aujourdhui. Mais ‹...›[42] demain[43] entre 2 ‹...› quelque chose qui ‹...› je serai chez Vous ‹...›

Chere Pauline, ‹...› croyez aller ‹...› je suis très ‹...› de Vous revoir[44] ‹...›

8. *Friedrich Gentz an Pauline Wiesel in Paris. Paris, den 23. September 1815.*[45]

Damit es mir heute nicht wieder so schlimm gehe wie in den vorigen Tagen, lege ich Beschlag auf Sie von Nachmittag um 4 Uhr an. Sie essen mit mir[46] und essen vorher nichts damit Sie Sich nicht den Appetit verderben, und wenn Sie mir etwas gut sind, so nehmen Sie kein anderes Engagement, es mag ein Junge oder ein Mädchen seyn, die es Ihnen böte Sie haben mich bisher sehr schlecht behandelt, und sind auf lauter Abwegen gegangen; ich werde Sie schon wieder zur Ordnung bringen.

Sonnabend 23. Septbr.

Gentz.

9. *Friedrich Gentz an Pauline Wiesel in Paris. Paris, den 24. September 1815.*[47]

Ne sortez pas, chère Pauline, avant que je n'aie été chez vous. je viendrai probablement avant midi, peut-être déjà à 10 heures, peut-être à 9 1/2. – Vous m'avez fait passer hier une soireé délicieuce.[48]

Gentz.

10. Friedrich Gentz an Pauline Wiesel in Paris.
Paris, vor dem 2. Oktober 1815.[49]

Schreiben Sie mir, liebe Seele, wo Goll[50] wohnt; ich muß ihn ernstlich über meinen Husten consultiren, weil ich seit einigen Tagen rasend gelitten habe.
Gentz.

11. Friedrich Gentz an Pauline Wiesel in Paris.
Paris, den 2. Oktober 1815.[51]

Meine liebste Pauline
Ich war gestern und vorgestern ungeheuer beschäftigt, und dabey so leidend, daß ich selbst in den wenigen freyen Stunden mich nicht entschließen konnte, auszufahren. Heute ist abermals ein heißer Tag; ich will und muß Sie aber sehen, und komme also, wenn ich nicht eher kann, diesen Abend um 8 Uhr sicher zu Ihnen.[52] Ich werde Ihnen dann zugleich sagen können, wie ich mich mit Goll gesetzt habe, der diesen Morgen mich besuchen wird.
Gentz.

12. Friedrich Gentz an Pauline Wiesel in Paris.
Paris, den 5. Oktober 1815.[53]

Paris, 5. Oktober 1815.
Zweytes Billet.
Ich klage Sie nicht an, wohl aber mein Schicksal; die liebste Erholung die es für mich hier gab, ich sehe, ich muß so gut als Verzicht darauf leisten. Der Gedanke, daß Sie mir unaufhörliche Opfer bringen sollen, martert und tödtet mich. Ich weiß, daß es Ihnen eine Pein ist zu Hause zu bleiben, und ich kann es Ihnen durch nichts vergelten. Der mäßigsten[54] Person, der die Zeit ewig lang werden muß, stehe nun ich gegenüber, dem sie ewig zu kurz wird, weil den ganzen Tag Geschäfte und Verwicklungen aller Art mich drängen. Dies läßt sich nicht vereinigen.

Mit dem Schicken ist es auch so leicht nicht, als Sie glauben. Mein Lohnbedienter ist eigentlich der Einzige, den ich dazu brauchen kann, und diesen jage ich den ganzen Tag in den verschiedenen Theilen der Stadt herum.

Also: Von jetzt an lasse ich Sie ganz frey, und bitte Sie, bey der Verteilung Ihrer Zeit mich durchaus fallen zu lassen. Ich werde nichts desto weniger tausend Versuche machen Sie zu sehen, rechne es Ihnen aber nie an, wenn ich Sie nicht finde, und nehme dagegen auch nie ein bestimmtes Engagement mit Ihnen – weil ich es nicht erfüllen kann; und nachher über alle Beschreibung unruhig werde, wenn ich weiß, daß Sie mich umsonst erwarten. Sind sie einmal unpäßlich oder wandelt Sie eine Laune an, einen Tag zu Hause zu bleiben, so lassen Sie es mich gleich wissen, damit ich dann alles aufbiete, um einen solchen Tag zu benutzen. Und brauchen Sie irgend etwas von mir, so disponiren Sie unbedingt über mich als über Ihren ersten und besten Freund.

Ich bin sehr leidend. Dies war z.B. die Ursache meines Ausbleibens gestern Abend. Ich war in einem solchen Zustande, daß ich Gott dankte, mich um halb 9 Uhr zu Bett legen zu können.[55] So etwas weiß man auch nicht vorher. Kurz, ich bin geschlagen und resignire mich, und will nicht ein todtes Gewicht an Ihr lebendiges Leben hängen.

Gentz.

NB. Ich komme nach dem Essen, wenn ich mich nur erträglich befinde, an Ihre Thür,[56] bin aber im Geringsten nicht böse, wenn Sie nicht zu Hause sind.

13. Friedrich Gentz an Pauline Wiesel in Paris. Paris, den 7. Oktober 1815.[57]

Paris, 7. Oktober.

Ich danke Ihnen für Ihren lieben, sehr lieben Brief. Ich bin aber heute so leidend, daß ich kaum mehr die Hände rühren kann. Nichts desto weniger ist es möglich, daß, wenn ich mich nach dem Essen nur etwas besser befinde, ich einen Versuch mache Sie zu sehen.

Die Mendelssohn wohnt im Hotel Sebastiani in der Rue Faubourg St. Honoré.[58]
Gentz.

14. Friedrich Gentz an Pauline Wiesel in Paris.
Paris, den 8. Oktober 1815.[59]

Ich habe diese Nacht sehr gut geschlafen, und fühle mich daher etwas leichter als gestern. Dennoch werde ich Sie heute schwerlich sehn; es ist schon um 12 Uhr Conferenz, und ich esse zu Mittag in Suresne 1 1/2 Stunden von Paris bey der Princesse de Vaudemont. Morgen aber sollen Sie bey guter Zeit, entweder mich selbst,[60] oder sichere Nachricht von mir haben.
Gentz.
Sontag, 8. Oktober.

15. Friedrich Gentz an Pauline Wiesel in Paris.
Paris, den 10. Oktober 1815.[61]

Wenn Sie für heute noch kein anderes Projekt gemacht haben, so will ich mit Ihnen irgendwo essen; und zu diesem Ende, um Sie nicht zu lange hungern zu lassen, vor 4 Uhr sicher bey Ihnen seyn. ‹...›[62]

16. Friedrich Gentz an Pauline Wiesel in Paris.
Paris, den 19. Oktober 1815.[63]

Daß Diner dauerte bis 9 1/2 Uhr; und hierauf mußte ich mich gleich in Palais Royal begeben, um dort Jemanden zu sprechen, der diese Nacht nach England abgereiset[64] ist, den ich nothwendig sprechen mußte, und der mich bis 11 Uhr aufhielt. Heute bin ich bereit gleich nach der Conferenz zu Ihnen ‹zu› kommen; ob dies um 2, um 3, vielleicht um 4 Uhr seyn wird, weiß ich nicht. Daß ich aber in diesen Stunden komme, ist ganz gewiß.
G.

17. Friedrich Gentz an Pauline Wiesel in Paris.
Paris, Ende September/Anfang Oktober 1815.[65]

Mein Wunsch und Vorsatz ist, zwischen 1 und 3 oder 4 Uhr zu Ihnen zu kommen. Sollte dies vereitelt werden, so sehen Sie mich auf den Abend gewiß. ‹. . .›[66]

18. Friedrich Gentz an Pauline Wiesel in Paris.
Paris, September/Oktober 1815.[67]

Meine liebe Pauline!
Erwarten Sie mich jetzt nicht länger! Wenn es mir möglich ist, komme ich heute Abend um oder nach 8 Uhr zu Ihnen. Geben Sie darum aber nichts auf; es ist überdieß nicht einmal gewiß, ob ich auch dann kommen kann. Ich frage an Ihrer Thür; und sind Sie nicht Hause so sehen wir uns Morgen.
Gentz.

19. Friedrich Gentz an Pauline Wiesel in Frankfurt am Main.
Paris, den 15. November 1815.[68]

Paris den 15. November
Ich habe Ihre lezten Briefe erhalten, den ersten vor ungefähr 6 Tagen, den zweyten diesen Augenblick. Es ist einigermaßen schändlich, daß ich diesen abwartete, um Ihnen zu antworten; aber der Grund, der mich leitet, war doch nicht zu verwerfen. Ich hatte die Hoffnung, daß wir bis zum 12ten mit allem fertig seyn würden, dann hätte ich vorgestern mit Jemandem Partie gemacht, der über Frankfurt ging, und der sich sogar mir zu Liebe noch bis Heute aufgehalten hat. Da ich es aber nicht gewiß wußte, so konnte ich Ihnen nicht eher schreiben, oder lief Gefahr, Sie auf eine oder die andre Art irre zu führen. Jetzt ist es entschieden, daß ich vor Montag oder Dienstag (20 oder 21) durchaus nicht fort kann. Und da ich mich etwas fürchte, allein zu reisen (mit meinen vielen Sachen!) so muß ich über Straßburg gehn, weil ich bis dahin gute Gesellschaft habe.

Meinetwegen dürfen Sie also Ihren Aufenthalt in Frankfurt[69] nicht verlängern. Gern hätte ich Sie noch einmal gesehen; wenn ich aber denke, daß es höchstens auf Einen Tag hätte seyn können, so tröste ich mich.[70] Bilden Sie Sich nur nicht willkührlicher Weise ein: «Wien sey zu umständlich für Sie» Ich werde Ihnen zu seiner Zeit schon das Gegentheil beweisen, und gebe den Wunsch, Sie dort zu sehen, wahrhaftig so leicht nicht auf.

Sie waren Zeugin, wie tief das Mißverständniß mit Ralle[71] mich manchmal gekränkt hat. Es wunderte Sie vielleicht oft, daß unter so großen Geschäften und Zerstreuungen diese Sache (die einzig unangenehme, die ich in Paris erlebte) mich so angriff. Sie können sich also denken, welche Freude mir R's Brief, und Ihre Commentare[72] dazu gemacht haben. Es ist mir, als wenn einer der schwersten Mißtöne aus meinem Leben geschafft wäre. Daß sie mir Gerechtigkeit widerfahren ließ, befremdet mich nicht; es mußte so kommen; denn das Andre war unnatürlich, und recht monstruös. Daß sie mir aber mit so unendlicher Weisheit und Liebenswürdigkeit schrieb, und in wenig Zeilen eine ganze Welt von unnützen Qualen und Verwirrungen auslöschte, das werde ich nie vergessen. Solche rasche Uebergänge sind nur in starken Seelen möglich; eine schwächre hätte wenigstens aus Eitelkeit nur langsam aufgegeben. Sagen Sie ihr das Beste was Sie auftreiben können, von mir. Sie wird gewiß nie wieder an mir zweifeln; und unser Verhältniß wird sich noch einst vollständig abklären und fortsetzen. Das glaubt' sie im Herzen auch.

Ich danke Gott dafür, liebe Pauline, daß ich Ihnen den Aufenthalt in Paris einigermaßen versüßen konnte. Unsre Rechnung aber steht zum wenigsten gleich – denn Sie haben auch mir großen Genuß, und schöne Augenblicke genug gewährt. Ich habe nie so klar im Innersten Ihrer Natur gelesen, als hier, und das allein war mir mehr werth, als alle eitle Ehre, die mir in Paris zu Theil ward. Sie sind ein Fels im Meere, einer der wenigen festen Punkte, die ich in der Welt noch kenne. In unserer Ehe sind sie der Mann, ich das Weib; dennoch soll nichts sie trennen.

Ich werde Ihnen schreiben, sobald ich nach Wien komme. Thun Sie aus Ihrer Einsamkeit ein Gleiches. Carl ist durch Ihr Andenken sehr geschmeichelt. Der Gedanke an die lange Rückreise macht mich sehr mißmuthig; und mein Arm quält mich noch immer, und Galls Kunst war bisher vergeblich an mir. Doch was hilft es? Man muß das Böse mit dem Guten compensiren; und es ist mir von allen andren Seiten in Paris äußerst wohl gegangen. Fahren Sie nur fort mich mit unbedingtem Vertrauen zu behandlen; und wenn Sie etwas brauchen, so wißen Sie, wo ich zu finden bin. Es bleibt alles beym Alten; denn zwischen uns kann nichts besser werden, als es ist.

Adieu von ganzem Herzen G.

Von Lafond weiß ich Ihnen nichts zu sagen. Ich habe Allex. Humb. neuerlich wenig gesehen, und Sie wissen überdies, daß er ihn immer verleugnet.[73]

20. *Friedrich Gentz an Pauline Wiesel in Murten. Wien, den 14. Juni 1816.*[74]

Wien, den 14. Juny 1826.
Meine liebenswürdige und geliebte Freundin! Ich habe alle Ihre Briefe, bis zu dem vom 8ten May, und vor etwa 8 Tagen auch das mir überschickte Buch, richtig erhalten. Rechtfertigen oder loben will ich mein langes Stillschweigen nicht; entschuldigen kan ich es mancherley Weise; da dies aber eine höchst langweilige Sache ist, so laße ich das Vergangne fahren, und schreite lieber gleich zur Gegenwart und zur nächsten Zukunft.

Ich wohne seit 6 Wochen in Weinhaus, eine Viertelstunde von der Stadt, am Eingang des Gebirges, welches der Leopoldiberg, (...) Berg u.s.f. bilden, welches Ihnen gewiß nicht unbekannt ist, in einem kleinen Landhause, das ich mir, – so wie den damit zusammenhängenden Garten – schon zu Anfang des vorigen Sommers bequem und ganz lieblich eingerichtet, im vergangenen Frühjahr aber noch sehr verschönert, und mit Tausenden von Blumen und Gewächsen bereichert habe. Während der ersten Zeit, die ich hier zubrachte, trieb mich eine wichtige Arbeit täglich in die Stadt, und ich genoß nur die Abende und Morgen in dieser Villa; seit einigen Wochen bin ich freyer, und könnte hier recht ruhige und heitere Tage verleben, wenn meine Gesundheit besser wäre. Aber, leider, plagt mich mein Arm fast eben so sehr als im vorigen Sommer in Paris, gute Tage wechseln häufig mit schlechten ab; und von diesen habe ich manchmal ein Gefühl von tiefer Unbehaglichkeit, begleitet von einem inneren Mißmuth, mit dessen näherer Schilderung ich Sie verschone. Es ist nicht Einbildung, nicht Hypochondrie, sondern das lebhafte Bewußtsein eines in mir cirkulirenden Krankheitsstoffes, der bis jetzt noch nicht seine eigentliche Form gefunden hat, vor dessen weiterer Entwicklung aber mir oft bange ist.

Nachdem ich mancherley Local=Mittel, zuweilen mit vorübergehendem Erfolg, im Ganzen immer vergeblich versucht habe, ist endlich beschlossen worden, daß ich Seebäder gebrauchen soll. Ich werde daher in den ersten Tagen des August mich auf den Weg nach dem Adriatischen oder Mittelländischen Meere machen, und mir selbst den Ort aussuchen, wo ich am leichtesten und besten meinen Zweck erreichen kan. Ist Trieste oder Fiume[75] dazu brauchbar, so werde ich schwerlich weiter gehen, es müßte mir denn das Bad selbst Muth und Lust zu einer anderen Reise einflößen. Finde ich in Trieste oder Fiume mein Conto nicht, so werde ich freylich, da ich das Clima von Venedig im Sommer sehr fürchte, bis nach Genua gehen müssen, denn hier weiß kein Arzt und kein Mensch, wie es in diesem Punkte in Italien steht. In jedem Fall müßte ich Ende des September wieder in Wien seyn.

Dies ist mein Plan, liebste Pauline! Und ich will Ihnen nicht bergen, daß ich dabey eine entfernte vague Hoffnung nähre, irgendwo mit Ihnen zusammenzutreffen. Sie können sicher darauf rechnen, daß ich Ihnen, ehe ich die Reise antrete, noch bestimmt und ausführlich schreibe, wie ich sie einzurichten gedenke; vielleicht mache ich Ihnen alsdann auch einen positiven Vorschlag; ich kenne Ihre große Beweglichkeit, und weiß, daß keine lange Vorbereitungen dazu gehören, um Sie zu einer Reise durch halb Europa, geschweige denn zu einer course nach Oberitalien zu disponiren. Ueberdies will ich Wien nicht verlassen, ohne Ihnen ein kleines cadeau[76] zu übersenden, welches Ihnen wenigsten einigermaßen, und im Verhältniß meiner jetzigen Kräfte zu den damaligen, die guten Tage in Paris reproduciren soll. Diese Freude werden und müssen Sie mir gönnen; ich gestehe aber, daß sie selbst für mich dreymal größer seyn würde, wenn ich Sie zugleich zu einer entrevue[77] einladen könnte. Die Ausführbarkeit dieses Projekts hängt jedoch von Umständen und hauptsächlich von der Dauer meiner Reise ab; denn sehe ich, zum Beispiel voraus, daß ich höchstens 3 oder 4 Wochen jenseits der Alpen zubringen kan, so werde ich mich schwerlich entschließen, Sie aufzufordern.

Carl, der sich durch Ihr Andenken äußerst geschmeichelt fühlt, ist, nach wie vor, mein treuer Gesellschafter; ich werde mich aber, was mir sehr leid thut, bey der bevorstehenden Reise von ihm trennen müssen, weil er zu eben der Zeit eine andere Reise, mit einem Projekt, das meinen Beyfall nicht hat, wozu ich aber meine Zustimmung nicht versagen konnte,[78] unternehmen will, so daß wir nur in Wien wieder zusammen treffen werden.

Wie das Buch, das Sie mir geschickt haben Sie in so hohem Grade entzücken konnte, begreife ich wirklich nicht. Ich kannte es längst, habe es aber, Ihrer Empfehlung zu Ehren, noch einmal durchgelesen. Es enthält allerdings einige pikante Stellen, auch einige recht vernünftige Gedanken, wie denn etwas durchaus schlechtes von Mirabeau[79] nicht zu erwarten ist. Aber das Gute ist in einem Ozean von deplacirter Gelehrsamkeit, und frostigen Späßen verschwemmt. Haben Sie denn nie ähnliche Produkte von Voltaire gelesen, in denen ja doch ein ganz anderer Geist, ein ganz anderes Leben weht? Kennen Sie denn Crébillon und Grécourt nicht? Nur aus Ihrer Unbekanntschaft mit dem Besten gerade in dieser Gattung, könnte ich mir, wenn ich sie voraussetzen dürfte, Ihren sonderbaren Enthusiasmus für diese kalten Libertinagen erklären.[80]

In Ihrem letzten Brief hat Ihre Philosophie mich mehr als einmal wahrhaft erbaut, Ihre zärtliche Freundschaft für mich immer gerührt. Wäre ich nur recht gesund und recht muthig, ich wollte Ihnen beweisen, ob ich Ihren Umgang zu schätzen weiß. Aber alle um uns nimmt matte Farben an, wenn der innere Sinn ermattet. – Doch ich will nicht von Neuem in Klagen verfallen; vielleicht wird alles wieder besser, vielleicht ist schon mein nächster Brief in anderen Tönen gesetzt. Wenn Sie mir gleich antworten, so kan ich noch geraume Zeit vor meiner Abreise den Ihrigen erhalten. Die Adresse ist ganz richtig und rechnen Sie, meine Liebe, mit größter Zuversicht darauf, daß Ihre Briefe mir immer höchst willkommen sind, auch wenn Geschäfte, Trägheit oder Unmuth mich abhalten, es Ihnen jedesmal zu sagen.

Leben Sie so wohl als Sie es verdienen; vor eigentlichem Unglück sind sie durch Ihre große und starke Seele bewahrt. Ich wollte ich besäße nur die Hälfte Ihrer Kraft; wie gerne wollte ich Ihnen die größere Hälfte meiner Mittel (selbst die des Kopfes mitgerechnet) überlaßen!

Gentz.

21. *Friedrich Gentz an Pauline Wiesel in Murten. Salzburg, den 5. August 1816.*[81]

Salzburg den 5 August.
Mein Reise-Plan hat sich gänzlich abgeändert. Nach reifer Überlegung haben meine Ärzte in Wien, die Seebäder für diesen Sommer verworfen, und mir dagegen den Gebrauch des Gasteiner Bades[82], welches 16 Meilen oberhalb Salzburg – in den höchsten Alpen – liegt, empfohlen. Ich gehe in eine förmliche Wildniß; aber Wunderdinge werden von diesem Wasser erzählt, und ich unternehme den Versuch mit großem Vertrauen.

Unterdessen habe ich, ehe ich in meine engen Bergschluchten einfahre, und mich auf 4 Wochen unter, und fast über dem Ewigen Schnee einquartiere, drey Tage lang in den Paradisischen Gegenden von Salzburg – die selbst in der Schweitz nichts übertreffen kann – zugebracht; eigentlich eine halbe Stunde von hier in Aige, einem Landhause des Fürsten Ernst Schwartzenberg, mit einem Englischen Garten, der gewiß in Europa seines Gleichen nicht hat.[83]

Ich bleibe nur bis zu Ende des August in Gastein, und gehe dann gerade nach Wien zurück, wo meine Gegenwart sehr nötig ist. Es war mir im höchsten Grade fatal, daß ich vor meiner Abreise das Versprechen, welches mein letzter Brief enthielt, nicht erfüllen konnte. Sie dürfen aber sicher darauf rechnen, daß es gleich nach meiner Rückkehr geschieht.

Ich schreibe Ihnen von Gastein aus, besonders wenn das Bad mir gut anschlägt. Schreiben Sie mir sogleich nach Salzburg oder Gastein! Gerade an dem Tage als ich Ihren letzten Brief erhielt, worin Sie mir die Herrlichkeiten von Genua so reitzend schildern, war beschlossen worden, daß ich nicht ans Meer reisen sollte.

Carl ist bey mir, befindet sich sehr wohl und erkundigt sich oft nach Ihnen. Er weiß, wie sehr ich Sie liebe. Und wer, der Sie so kennt, wie ich, sollte Sie nicht lieben? Glauben Sie nur nie – wenn auch zufällig noch so lange Pausen einträten – daß meine Correspondenz mit Ihnen einschlafen könnte. Nie werde ich Sie aus dem Gesicht verlieren; und Sie können unter allen Umständen auf meine Treue und thätige Freundschaft rechnen.

Leben Sie wohl. Meine Vortrefliche Pauline!

Gentz

22. *Friedrich Gentz an Pauline Wiesel in Murten. Wien, den 6. Januar 1817.*[84]

Wien den 6 Januar 1817

Ich schäme mich fast, meine Theuerste Pauline, vor Ihnen wieder zu erscheinen. Ich habe viele und schwere Sünden gegen Sie auf dem Herzen. Es ist allerdings ganz abscheulich, daß ich seit dem Monat August auf so viele Ihrer lieben Briefe nicht antwortete. Großentheils war der Umstand daran Schuld, daß ich Ihnen etwas versprochen hatte, was ich bisher nicht zu leisten vermochte – in Kurzem aber sicher erfüllen werde. Ich sage Großentheils lag die Schuld in dieser falschen Scheu; dann gab es aber auch Monate, wo überhäufte, schwierige, und unangenehme Arbeiten mich nicht zu mir selbst kommen ließen. Vergessen habe ich Sie nie. Das ist auch mir unmöglich.

Als die beyliegenden Neujahrs-Karten[85] mir in die Hände fielen, dachte ich mir: Jetzt muß ich Paulinen eine augenblickliche Freude machen, ihr sagen, daß ich immer derselbe war. Das alles ist die Bestimmung dieser Zeilen.

Das Gasteiner Bad hat Wunder an mir gethan. Meine Gichtschmerzen sind für diesen Winter ganz verschwunden, und seid mehreren Jahren befand ich mich nicht so volkommen wohl als jetzt. Die Erscheinung ist um so merkwürdiger, das Glük ist um so größer, da mein Gemüth nichts weniger als heiter, vielmehr durch vieles, was sich um mich her zuträgt, und woran ich Theil nehmen muß, äußerst verstimmt ist. In meinem kleinen häuslichen ‹...stallenschen?› steht indessen, Gottlob, alles gut. Ich führe diesen Winter ein arbeitsames und stilles Leben, und gehe weniger als je in Gesellschaft. Mit dem ersten Frühling gehe ich wieder in mein liebes Landhaus; die Beschäftigung mit Pflanzen und Blumen ist meine herrschende Passion geworden. Ich studire sogar, trotz der Beschränktheit meiner Zeit, den Winter über Wissenschaftlich Botanik, um den nächsten Sommer mehr genießen zu können.[86] Nach Gastein reise ich in jedem Fall wieder. Wenn man etwas so wirksames einmal erprobt hat, wäre es Thorheit, nach andren Ressourcen zu suchen. Carl blüht und gedeiht, und empfiehlt sich Ihnen schönstens. –

Ich hoffe, Ihnen zu Ende dieses Monats wieder zu schreiben, und bitte Sie, nie, wie ungünstig der Schein auch seyn wirst[87], den Glauben an meine treue, zärtliche Freundschaft zu verlieren.

Gentz

23. *Friedrich Gentz an Pauline Wiesel in Murten. Wien, den 18. Dezember 1817.*[88]

Wien, den 18. December 1817.
Fest und unwiderruflich entschlossen, diesen Brief heute abgehen zu lassen, quoiqu'il (...) schreibe ich Ihnen nun bloß diese paar Zeilen, um beyliegendes Papier[89] damit zu begleiten. Nicht ohne Scham übersende ich Ihnen diese armselige Antwort auf Ihren letzten Brief; könnte ich in diesem Augenblick mehr thun, Sie wissen, liebe Pauline, Sie glauben steif und fest, daß es an meinem Willen nicht fehlen würde.

Beantworten Sie diesen Brief nicht eher, als bis Sie einen zweyten von mir erhalten haben werden, worin ich mich über mein langes Stillschweigen zu erklären suchen werde. Dieser zweyte Brief soll sicher in 3 oder 4 Tagen abgehen.

Bis dahin, adieu de tout mon coeur.[90]

Gentz.

24. *Friedrich Gentz an Pauline Wiesel in Karlsruhe.*
Frankfurt, den 30. November 1818.[91]

Frankfurt, den 30. November.
Meine liebste Pauline!
Sie können Sich wohl vorstellen, daß, da ich Sie nunmehr in meiner Nachbarschaft[92] weiß, ich diese Gegenden nun nicht verlassen werde, ohne Sie gesehen zu haben. Vernehmen Sie also, daß ich am 8. k. M.[93] ins Carlsruhe seyn werde, und melden Sie mich bey unsrer vortrefflichen Freundin an! – Ich bin allerdings sehr gesund – viel gesunder als in Paris – und sehr vergnügt, und habe auch, Gottlob, alle Ursach es zu seyn. Das Weitre bey unsrer persönlichen Zusammenkunft, auf welche ich mich unbeschreiblich freue. Adieu!
Gentz.

25. *Friedrich Gentz an Pauline Wiesel in Karlsruhe.*
Frankfurt, den 1. Dezember 1818.[94]

Frankfurt, den 31. Dezember.
Pauline! Ich reise Sonntag den 6ten von hier ab, und komme Montag den 7. nach Heidelberg, und am folgenden Tage nach Carlsruhe. Es würde mich aber außerordenlich freuen, wenn ich zuvor einige Stunden mit Ihnen allein zubringen könnte. Mein Vorschlag und meine Bitte ist also: Fahren Sie Sonntag Abend, oder Montag ganz früh nach Heidelberg. So viel ich weiß, heißt das vornehmste Wirthshaus der Carlsberg.[95] Nehmen Sie dort ein Zimmer für Sich, und zwey für mich, und erwarten Sie mich! – Scheuen Sie bei dieser Expedition keine Kosten; ich übernehme alles. Zerstören Sie mir aber meine Hoffnung und meine Freude nicht![96]
Ich rechne auf Sie.
Gentz.

26. *Friedrich Gentz an Pauline Wiesel in Wien.*
Wien, den 26. Dezember 1825.[97]

Ihre Ankunft in Wien,[98] meine liebe Pauline, ist gerade in einen Zeitpunkt gefallen, wo ich, von Geschäften fast erdrückt,[99] kaum ein Blatt zu schreiben im Stande war. Mein Vorsatz war, Sie gestern zu besuchen; dies aber wurde vereitelt. Wenn Sie Sich entschließen wollen, zu mir zu kommen, so thun Sie es heute um 2 Uhr.[100] Darauf können Sie sicher rechnen, daß Sie einen sehr freundlichen Empfang finden werden.

Gentz.

Den 26. December.

27. *Friedrich Gentz an Pauline Wiesel in Wien.*
Wien, den 29. Januar 1826.[101]

Ich wünsche sehr, meine theure Pauline, Sie vor Ihrer Abreise noch zu sehen, und es würde mich äußerst betrüben, wenn es nicht geschehen sollte. Morgen möchte es kaum möglich seyn; aber Dienstag um 2 Uhr soll nichts mich daran hindern. Auf einen halben Tag wird es nun wohl nicht ankommen. Bestimmen Sie also Ihre Reise auf Mittwoch.

Ich behalte mir vor, Ihnen mündlich für den wahrhaft lieben und herzlichen Brief zu danken, den Sie mir geschrieben haben. Ich verstehe mich auf die Sprache eines aufrichtigen Gemüthes, und weiß also das Ihrige nach Gebühr zu schätzen.

Gentz.

Den 29. Januar 1826.

28. Friedrich Gentz an Pauline Wiesel in Wien.
Wien, Anfang Februar 1826.[102]

Si vous n'êtes pas partie, chère amie, et si vous passez encore ici la journée d'aujourd'hui, je vous prie de venir chez moi pour un moment entre 9 et 10; je voudrais vous donner une petite commission[103] pour Paris.[104]
G.

29. Friedrich Gentz an Pauline Wiesel in Wien.
Wien, den 2. Februar 1826.[105]

Wie könnte ich Ihnen Ihre letzte Bitte[106] abschlagen, meine liebe Pauline? Ich wünsche nur von Herzen, daß das wenige, was ich in diesem Augenblicke entbehren kann, hinreichend sey, Ihrem Bedürfniß abzuhelfen.

Meine eigentliche Adresse ist sehr lang. Sie können aber ganz füglich bey M. le Chevalier G. stehen bleiben, höchstens hinzusetzen, Conseiller aulique actuel de S. M. Imp.Roy.Apostolique.[107] Die Wohnung ist vollkommen überflüssig.

Gott begleite Sie! Ich werde mich freuen, balde gute Nachrichten von Ihnen zu vernehmen.
Gentz.
Den 2. Februar 1826.

30. Friedrich Gentz an Pauline Wiesel in Paris.
Wien, den 30. Mai 1826.[108]

Vienne, le 30 Mai 1826.
Ce n'est qu'hier, chere Pauline, que j'ai reçu votre boite avec les plantes. Je n'etais pas sans inquiétude sur cet objet, puisqu'il y a bien long tems que vous m'aviez informé de l'envoi, sans me nommer le commissionnaire. Je ne le connais pas non plus à présent; mais je suis en possessions de la boite. Je vous dois bien des remerciments du soin que vous y avez mis, et de la manière

habile et délicate dont vous avez envelloppé les plantes; si bien, qu'elles me sont arrivées saines et sauves.

Vous ne quitterez pas Paris sans m'en avoir prévenu. Si je puis vous etre utile en quelque chose, veuillez me le dire. Vous connaissez l'amitié tendre et sincère, avec laquelle je suis pour la vie,

votre bien dévoué

Gentz.

A propos! j'ai oublié de vous demander si on doit toujours vous écrire sous votre nom de famille ou sous celui de l'ex. Min.[109, 110]

Pauline Wiesel
und
Alexander von Humboldt

Ich ginge 12 Stunden zu Fuß
um Sie zu sehen
Wir sind uns ewig nahe
Alexander von Humboldt,
Februar 1808

1. *Alexander von Humboldt an Pauline Wiesel in Berlin. Frankfurt am Main, den 2. Dezember 1807.*[1]

Durch einen unglüklichen Zufall, theure Pauline ist Fanfan's Brief[2] nicht in Ihre Hände gefallen. Er ist mir hier auf der Post zugekommen und war also wahrscheinlich wohl auf der Militärpost gewesen. Der Brief ist am zweiten Tage seiner [Abreise] Ankunft geschrieben, unendlich herzlich und voll liebevoller Gesinnungen für Sie.[3] Sie sind erst den 8ten Tag nach Fontainebleau gekomen, da sie Axe, Wagenbaum und ich weiß nicht was alles für Glieder der Kutsche mehrmals zerbrochen haben. Unsern Freunden selbst ist nichts unangenehmes widerfahren. Fanfan ist vom Kayser aufs herzlichste aufgenommen worden, den zweyten Tag der Ankunft war er bei der Frau[4]. Über seine Lage[5] ist noch immer nichts entschieden und wenn aus dem unendlich innigen Briefe viel Sehnsucht nach Berlin herausblikte, so enthielt er doch auch nicht den Ausdruck der Zufriedenheit mit Paris. Sie wissen es selbst, gute theure Pauline, die bessern fühlenden Menschen sind oft die glüklicheren. Fanfan hegt große Sehnsucht nach mir und in der That werde ich ihn in wenigen Tagen sehen. Ich gehe dem Prinzen voran[6] und reise wahrscheinlich morgen nach Paris. Von dort aus schreibe ich Ihnen, denn ich hänge mehr an Ihnen als Sie, Theure, es glauben. Sie haben einen großen Genuß gehabt jemand zu finden der Sie ganz in Ihrem holden unbegreiflichen Sein zu errathen versteht, Roux.[7] Ich bin ihm sehr viel näher getreten. Ich bin wohl.

Die Geschäfte sind nicht immer angenehm, aber in meinem Inneren erwarte ich mehr Freude. Vergessen Sie mich nicht.

Ht.

Frankfurth den 2 Dez 1807.

2. *Alexander von Humboldt an Pauline Wiesel in Berlin. Paris, den 1. Februar 1808.*[8]

Paris, 1. Februar 1808.
Ich schrieb Ihnen einmal von Frankfurth a. M. aus, zweimal von Paris. Ihr Stillschweigen, theure Pauline, macht mich fürchten, daß ein böser Geist Ihnen meine und (...) Briefe vorenthält. Diese Zeilen werden gewiß in Ihre Hände kommen, der Geh. Rath Graun, ein (...) Mann, nimmt sie mit. Meine Freuden, wie meine Leiden wissen Sie. Wir lebten sehr glücklich hier 3 Wochen lang, wir waren alle vereint, die wir uns gerne sahen. Wir waren täglich miteinander. Ich hatte ahnden können, daß es einem nicht lange so gut sein könnte. Auch wurde bald alles gestört. Sie wollen, daß ich Ihnen von C.[9] rede und nur von ihm. So eine Pflicht erfülle ich gern. Ich fand ihn sehr sehr heiter hier. Meine Herkunft trug viel zu dieser Heiterkeit bei. Er war sehr unaussprechlich gut, freylich im gesellschaftlichen Zirkel zerstreut, ich auch, aber wir sahen uns täglich oft erst nachts 3 Uhr, und immer sprachen wir von Ihnen und von jenen Zeiten. In St. Germain war ich mit ihm. Die kleine Rosalie ist ein liebliches Wesen wie ein klarer englischer Kupferstich, erstaunlich kindlich, fast noch kindisch.

Er liebt sie sehr, doch wird sie ihn nie ganz verstehn, so wenig als er sich. Unser Leben war hier ein neues Leben. Die alten Umgebungen waren alle weggeblasen, höchstens (...) von dem ich immer mehr weiß, daß er ein höchst gebildeter Mensch ist! Eine Nacht hat alles zerrissen. Der General Clery (?) hatte dem Großherzog[10] vorgestellt, wie vortheilhaft die Mission nach Lisbonne wäre, vortheilhaft um nachher alles zu erlangen. So ward es beschlossen, Widerstand war unmöglich und in 2 Tagen war C. im Reisewagen. Er war in einer fürchterlichen Schwermuth, schwermüthiger als Sie ihn je gesehen. Ein fremdes, weitentferntes Land. Er nahm seinen Bruder mit, einen jungen liebenswürdigen Menschen. Ich habe ihnen manches beim Weggehn erleichtern können. Ob er in Portugal bleibt,[11] dort die Frau hinkommen läßt – alles ist ungewiß. So ist der Menschen Schicksal, gute Pauline, beklagen Sie ihn und mich. Sie allein fühlen es. Nach seinen letzten Briefen ist er heiterer. Ich weiß es ist ein Genuß für Sie. Ich lege die beiden Briefe bei. Ich umarme Sie innigst. Um mich her ist alles wüst und leer. Ich ginge 12 Stunden zu Fuß um Sie zu sehen.

Wir sind uns ewig nahe. Sie kennen mich. Schreiben Sie mir bald.

Ihr Humboldt

Grüßen Sie die Kleine herzlich von mir.

3. Alexander von Humboldt an Pauline Wiesel in Paris. Paris, Januar/Februar 1809.[12]

Arme, theure P.[13] Ihre momentane Armuth wendet sich an die meinige, die wohl bleibender sein möchte. Daß Menschen wie wir vom Geld reden müssen, ist doch nur in so einer unsinnigen Welt möglich. Den lezten sou werde ich mit Ihnen theilen, gute theure P. Aber arme Dinte ist ein schlechtes Glied ... Sie sind gar lustig daß Sie mir von Sicherheit, Wiedergeben und reden: brauchen Sie das gegen mich. Die Schwierigkeit liegt ja bloß in der Möglichkeit baares Geld zu schaffen und die ist für mich nicht klein, seitdem ich mich von Berlin losgerissen. Ich habe gar kein Geld von Lafond in den Händen, er hat mir keine Silbe von Ihnen seit 3 Wochen gesprochen. Aber Sie kennen seine Gesinnungen gegen Sie. Ich kann Ihnen also nicht von dem Seinigen, oder in seinem Namen geben. Nein, Theure, es ist mein eigenes Blut, daher ist es dünner und nur 500 Franken. Aber auch diese Elendigkeit hilft vielleicht für einen Augenblick und dieser Gedanke würde mich sehr sehr glücklich machen. Ich komme troz der Kälte mich mit Ihnen bessern Zeiten zu erinnern. Doch aber vielleicht erst übermorgen, da ich au travail[14] <schlo.?.>. Schreiben Sie mir drei Zeilen, Gute Seele.

Ihr Humboldt

Rue St. Dominique d'Enfer n 20

Sonnabend

Pauline Wiesel
und
Moritz Robert

Pauline Wiesel an Moritz Robert.
Berlin, Ende April/Anfang Mai 1808.[1]

Lieber Meier waß ist daß meine Auge sind ja naß – von Trännen denn geliebten Hambourger[2] nicht gesähen zu haben – kommen sie geliebtes Kind geschwind – In meiner Einsamen Kammer dort erwahrten Ihnen ‹die› Freundin der Jugend – Jette[3] ist untroßlich Ihnen noch nicht geküßt zu haben – Auch ich Meierkin will Ihnen sagen daß Sie mein bundesgenossen sind – tra tra lalalalalalalala.

Pauline Wiesel
und
Henri de Campan

Henri de Campan an Pauline Wiesel in Passy.
Paris, Ende April 1809.[1]

Ma chère Pauline Je suis bien loin de craindre l'ennui près de vous, Je vous aime beaucoup et je n'attendrai pas que la Petite soit ici pour vous revoir avec plaisir. Ma conduite est pourtant singulière J'en conviens et nullement d'accord avec ce que vous connaissez de moi. Je vous ai déja dit, chère amie que j'étais éngagé depuis longtems, mais que j'avais autant de liberté qu'un autre. Je l'avais eue jus qu'actuellement mais j'ai mis trop peu de ménagement à me montrer avec vous, et soit par le récit de mes domestiques soit par d'autres rapports Je me suis trouvé accablé de scènes et de bruit.[2] Il a fallu cesser de vous voir tout à fait et je serai obligé de continuer encore quelque tems, mais croyez que je vous aime tendrement et que vous trouverez toujours en moi un ami zélé. Ecrivez moi quelques détails sur Rale. elle m'écrit qu'elle part et qu'il faut que ‹vous› lui reteniez le logement. Dites moi si vous croyez qu'elle vienne avant la fin de mai cela m'inquiète extremement parce que si elle n'arrive pas avant le 1. Juin il faudra ou que je parte sans Pierre (puisque je dois le lui envoyer) ou que je lui envoye un autre domestique avec lequel elle ne serais ‹pas›[3] si à l'aise, quoique ‹ce› soit un très bon garçon. adieu sur toutes choses point d'histoire sur ma lettre avec vos amies et ‹bruzla?›

votre ami H. C.

Karl von Nostitz
und
Pauline Wiesel

Karl von Nostitz an Pauline Wiesel in Bern.
Paris, den 3. Dezember 1815.[1]

Paris, den 3. December 1815.
Es hat mich sehr gefreut, einen Brief von Ihnen aus Frankfurt[2] zu erhalten. Die nächste Veranlassung desselben wird wohl durch beikommende Erklärung[3] gehoben sein, der ich nichts zufüge, weil man mit Freunden, vorzüglich mit weiblichen, nicht von Geld sprechen muß. Es ist nichts gemeiner als Metall, und damit der Mensch immer zur Niederträchtigkeit gestempelt werde, muß Alt und Jung, Groß und Klein sich täglich und stündlich damit abgeben.

Ich soll Ihnen sagen, wie es mir in Paris gefällt? Sie haben Recht, das lebhafteste Bild eines entfernten und doch vertrauten Lebens erhält man nur durch mannichfaltige Briefe von Bekannten, welche das Leben gerade so führen, als wie man es wissen will.

Es haben sich alle Menschen von mir getrennt, welche die gleiche Veranlassung des Krieges mit mir in Paris zusammengebracht hatte, und ich trete immer mehr und mehr auf den Standpunkt eines Reisenden ins Fremde, wozu der Umgang mit meinen neuen Landsleuten, den Russen,[4] das seinige beiträgt. Zuweilen wird es mir wirklich unheimlich in der großen weiten Stadt, doch, gewöhnt an steten Wechsel der Erscheinungen, schicke ich mich in Paris wie in mein ganzes Leben, das keinen einzigen heimlichen Winkel hat.

Soll ich Ihnen sagen, daß ich gar nichts von den schönen Französinnen zu erzählen weiß, die mit den gedrechselten Beinen, den funkelnden Augen und den breiten kurzen Hüften wie auf Eiern einhergehen. Jeder Fremde hat eine bonne fortune,[5] sowie er nur in Paris die Nase zum Fenster hinausstreckt; es ist, als löse er die Anwartschaft darauf mit dem ersten Opernbillet. Es ist ein Unglück, wenn man einmal nach und nach und Stück für Stück alt wird. Vor der Erfahrung und vor den ernsten Geschäften des Lebens schwinden die Täuschungen am schnellsten. Das Blut ist noch frisch, das Herz noch warm, und die faule Phantasie hat den Flug verlernt. In allen Französinnen, die mir bis jetzt noch vorgekommen sind, sehe ich nur Flor=Syrenen[6], die uns was vorsingen, wenn auch nicht ein Wort wahr ist. Was soll ich das Zeug anhören und noch theuer erkaufen, theuerer als die Liebesharmonie der Sphären. Lieber schicke ich den Körper auf den Kauf oder zum täglichen Brod den Magen.

Wenn mich doch vor dem Altwerden das Leben mit frischem Reiz anlachen könnte, wenn ich nur noch einmal ein recht froher Narr und nicht ein Schlechtwegnarr sein könnte. – –

Vorgestern war ein großer Ball bei Wellington. Die Franzosen rissen sich erst darum, dort zu sein, und dann schimpften sie. Sie finden, «qu'il n'y avait pas assez de dignité.»[7] Wie gefällt Ihnen das? – Die Leute haben mir viel vorgetanzt, die Engländerinnen, als würden sie durch einen Draht am Kopf fortgezogen, die Französinnen, als tanzten sie auf glühendem Draht. Nun, wenn's den Leuten nur Spaß macht, Zusehen ist leicht.

Das Souper war ein wahrer Opernschmaus: Alles in Zuckerpyramiden zur Schau und Nichts zum Genuß vorgesetzt. Damit hätte der noble Lord den Wienern kommen sollen, die verstehen keinen Spaß, wenn es auf's Hungern abgesehen ist!

Pauline Wiesel
und
Hugo von Hatzfeld

Pauline Wiesel an Hugo von Hatzfeld in Berlin.
Paris, den 24. Februar 1822.[1]

Paris le 24 Févérier 1822
Mon cher ami, que Serve toute les belles pfrase que je pouvais vous faire, Si votre trés bon et généreux coeur et fermée pour moi; n'avez vous pas réçus une petite pettision de moi, par Monsieur Le ConSeillee Lecop.[2] vous n'avez pas Seulement daingne me faire un mot de réponse, Se ne Sont pas la vos promesse d'autre Fois, ny vos bontés car rarément vous m'avez réfusée. Rale veut me voir ce hété,[3] c'est le Seul et unique désir que J'ay encore mes moyens ne me le permette pas vous Savez que je ne voyage pas en Princesse, une Simple plaçe dans le cabriolet me Suffit – ma bonne Santé me le permet et mon trés parfait éstomac, Si vous voulies me réndre ce Servise Le Seul et le dérnier que je vous demande; Rale veux venir moitié chemin rester deux mois emSemble, gugé de mon bonheur, vous m'auriez fait goutér le prémier bonheur et le dérniér – car je ne demande plus rien dans ce monde, c'est avec un peut d'argent que vous me renderiez trés heuréuse, car je ne ne peut le démandér qu'a vous cher ami, ne Soyez pas indifferent a mes priêre, c'est las dérniere je vous le promet. Figurez vous notre plaisirs de nous revoir après 3 ans d'abSence je ne peut rien faire pour vous, ce tems est passé, je ne peut qu‹...›[4] résouvénir avec Mélancolié pour qu‹oi› Etiez vous trop bon avec moi, vous m'avez gaté. Je ferait de voêux pour votre Santé je partagérais volontier la mienne avec vous Si Cella etait fésable car c'est le Seul bonheur que me reste

enfin adieu chér ami Soyee bon encore une fois par moi, Et réndéz moi un Souhet de bonheur d'autre fois. Voilla mon adresse. a Md Cesar Rue de Joubert no: 3 Chaussee d'antin a Paris

Je Serait contente avec la moindre chose.[5]

Spiegelbilder
Über Pauline Wiesel

von jedem Manne,
der sie liebt,
angebetet wie sein Spiegelbild,
sein anderes Ich.

Fanny Lewald, 1849

1. *Karl Gustav von Brinckmann an Rahel Levin Varnhagen in Berlin. Berlin, den 11. April 1793.*[1]

‹...› Zum Souper war ich bei Cesars und das war scharmant. ‹...› Sonst trieb ich des Unsins mit den Mädchen sehr viel, saß bei Tisch neben M[d] Schüz, und Pauline, die hernach von mir rückte, um Graf Hazfeld Plaz zu machen. Dies gab zu ein poetischen Bruch zwischen Pauline und mir Gelegenheit, worüber viel Wiz verschüttet wurde, und nach dem Soupé sang Hatzfeld göttlich zum Clavier. ‹...›.

2. *Karl Gustav von Brinckmann an Rahel Levin Varnhagen in Freienwalde. Berlin, den 22. Juli 1793.*[2]

‹...› Beifolgende poetische Aktenstücken[3] betreffen alle zusammen einen Kuß den ich von der schönen Pauline Cesar wirklich ersungen habe, und da mir überhaupt noch kein Gedicht jemals auf eine so großmütige Weise belohnt worden ist, so sind diese Stücke allerdings ein wenig interessant. No 1. habe ich Ihnen diesen Winter schon einmal, wiewol in unvollkomnerer Gestalt gewiesen. Um diese Stanzen ließ mich P. durch den Grafen H. H.[4] ersuchen, und ich fand die Idee so possirlich grade ihn zum Vorsprecher meiner Liebe zu machen, daß ich sie unmöglich unbenutzt lassen konnte. Ich schickte dem Grafen also meine Verse mit der Epistel N° 2., die offenbar das beste im ganzen Konvolut ist, nicht ganz unwizig, und vielleicht allein Werth, Sie einen Augenblick zu amüsiren. Auf diese Beiden erhielt ich eine Antwort par une Dame anonym, worin ich aber gleich Mr d'Arget,[5] Cousine de la Belle en question[6] erkannte, die ich alleweile nicht bei der Hand habe um sie Ihnen zu schicken. Genug der Kuß wurde darin reklinirt[7], und das veranlaßte mich sogleich in N° 3 gegen alle fremde Antwort zu protestiren und auf meine ehemahle Wünsche zu bestehen. Der Erfolg war, daß mir vorgestern bei einem stattlichen Souper die verlangte Belohnung feierlich zugestanden und ertheilt wurde, wodurch dann noch bei Tisch das Impromptu N° 4., entstand, so wie N° 5 über einen Scherz wegen einer Rose, die ich schon über ein halb Jahr in meinem Portefeuille getragen habe.

‹. . .› Glauben Sie nicht etwa daß die Liebe der schönen P. mein Herz so sehr beschäftige, daß mir dies Ersaz für das Exilium von Ihrem Kanape sein könnte.[8] ‹. . .›

3. *Rahel Levin Varnhagen an Karl Gustav von Brinckmann in Berlin. Freienwalde, den 25. Juli 1794.*[9]

‹. . .› l'abé Hatzfeld wie ihn viele nenen war Gestern, mit Fr: v: Wolff Mam Beisson Zezar[10] Pauline und Hr: v: Kat hier, er spielte aber so l'ombre[11] daß er uns neben sich nicht sah. Pauline sprach ich aber sie ist sehr schön. ‹. . .›

4. *Karl von Finckenstein an Rahel Levin Varnhagen in Berlin. Wien, den 23. Oktober 1799.*[12]

‹. . .› Ich war kaum hier angekommen, so ging ich zu Wiesel, den ich wohl und froh fand, und mit dem ich fast beständig zusammen bin; er so wie seine kleine Frau, die ich in dieser Zeit recht lieb gewonnen habe, grüßen Dich herzlich. Beide lassen Dir, im Fall Du nach Wien zu kommen gedenkst, anbieten, bei ihnen zu wohnen. Sie sind hier in der Gesellschaft auf einem recht angenehmen Fuß, und Du kannst nirgends besser und freier sein, als bei ihnen. Dieser Vorschlag kam ganz von ihnen, denn ich hatte gar nicht Zeit ihn zu thun. ‹. . .›

5. *Henriette Mendelssohn an Karl Gustav von Brinckmann in Berlin. Wien, den 17. November 1799.*[13]

‹…› Pauline Cesar, die Zierde der Stolz unsrer Königsstadt, lebt mit ihrem Manne Herrn Wiesel, jezt hier, hier in Wien, ein frohes, genialisches, sinnliches unelegantes Leben! Sie sind taglich bei Arnsteins, und ich bin mit beiden recht gut, ich finde sie wunderbar lieblich bei so wenigem Verstand als ihr zugetheilt ist, und den Mann recht anständig erfahren witzig und vorurtheilsfrei, und wenn ich ihn nach einigen Gesprächen beurtheilen darf, von weit größerm innren Gehalt als gewöhnlich dem vernünftig werdenden rouer[14] bleibt.‹…›

6. *Karl von Finckenstein an Rahel Levin Varnhagen in Berlin. Wien, den 1. Februar 1800.*[15]

‹…› Wiesel's, die noch immer darauf rechnen, daß Du ihre Einladung bei ihnen zu wohnen, annehmen werdest, haben mit mir gemeinschaftlich für den Sommer ein Haus in Hiezing, einem Dorfe in der schönsten Gegend um Wien gemiethet. ‹…›

7. *Henriette Mendelssohn an Rahel Levin Varnhagen in Berlin. Wien, den 8. April 1800.*[16]

‹…› Wiesel sehe ich sehr oft, alle Tage und recht viel, und ich wundre mich noch jedesmal, wenn er in die Thüre tritt. Wenn Sie mit Ihrem großen Verstande, der sich in den leichtesten schönsten Einfällen und Bemerkungen jeden Augenblick mittheilen kann, sich wundern, daß Wiesel so gern mit Ihnen ist, wie muß ich es bei mir nun unerklärlich finden, da ich doch höchstens nur verstehe, was einer Schönes sagt und denkt! – Mich freut's, daß auch Sie die Ähnlichkeit zwischen Wiesel und Humboldt gefunden haben, mir war sie auffallend. Wiesel ist recht brav, voll Verstand und Feuer und mit Sinn für alles was in's Leben gehört; er kann verachten wie sich's gehört, dabei verkennt er aber doch nie eine wirklich schöne Seite im Menschen, wenn sie auch gar nicht in seine Sphäre gehört, er kann so still und gutmütig und einfach sein, als wäre er's wirlich noch, da er doch nichts weniger als eine dupe[17] des sogenannten Schicksals ist, und sich wohl zu vertheidigen weiß, wenn es gilt. Mit seinem Anerbieten, das er Ihnen gemacht,[18] Liebe, war es und ist es ihm großer Ernst; er sagte mir gleich, als ich ihn das erstemal sprach, er könne sich nichts Angenehmeres denken, als in Ihrer Gesellschaft zu leben, und Pauline ist recht gut, und wenn sie nur erst sicher ist, daß Sie nicht von Philosophen und Dichtern sprechen, und besonders so etwas von ihr nicht verlangen, so sind Sie ihr gewiß besonders lieb. ‹...› Sonderbar ist, wie ich jetzt mit niemand so viel als mit Cesar's[19] und Wiesel lebe, und wie ich sonst sie vermied, und nie glauben konnte, daß wir je uns nähern könnten. Paulinens schönstes Talent ist ihre Liebe, sie ist eigentlich weder gut noch gebildet, aber reizend und naiv. Wiesel läßt keinen Tag vergehn, ohne mich zu sehen, da ich so wenig Ansprüche mache, und nur Freude an ihm habe, so betrachtet er mich wie den zweiten Theil seiner Frau. ‹...›

8. Henriette Mendelssohn an Karl Gustav von Brinckmann in Berlin. Wien, 1801.[20]

‹...› Kennen Sie diesen Wiesel oder erinnern Sie Sich seiner, seine Frau ist Pauline Cesar, diese kennen Sie! Ich habe während ihres Aufenthaltes hier sehr viel mit ihnen gelebt, und ich fühle es noch oft schmerzlich daß ich an Wiesel den einzigen gescheidten Mann verlohren habe, der hier zu finden war.[21] Er ist ohne Kenntniße zu haben sehr gebildet, hat einen lebhaften Vorurtheilsfreien Geist, und viel rühmlichen Enthusiasmus, für alles was gut und schön sein, sei es was es sei. ‹...›

9. Caroline von Humboldt an Rahel Levin Varnhagen in Amsterdam. Paris, den 12. Mai 1801.[22]

‹...› Die Wiesel kommt manchmal her – sie ist ganz in die Kinder vernarrt. Ausdrükke des Schmeichelns wie ich sie nie in meinem Leben gehört habe. So z.B. heute zur Adelheid PfirschenPodex'[23] verstehst Du? ‹...›

10. Henriette Mendelssohn an Rahel Levin Varnhagen in Berlin. Wien, den 24. August 1801.[24]

‹...› Von dem ‹Wiesel› höre ich auch nur zufällig, er geht jetzt nach der Schweiz mit Vetter und seiner Frau, die übrigens sehr intim mit Roux[25] sein soll. Das sind Geschichten! Aber sehr natürliche, die übrigens weder unerwartet noch unangenehm sein können. Ich darf dreist behaupten, daß ich seit Wiesels Abreise kein gescheites Wort gehört habe, avouez que cette abstinence est un peu forte![26] ‹...›

11. Friedrich Gentz an Rahel Levin Varnhagen in Berlin. Wien, 1803.[27]

‹...› Von Pauline weiß ich rasend viel; ich lebte vier Tage in Brüssel[28] mit ihr, tête-a-tête – Was wir da gefressen haben, mitten unter Confidencen und Thränen – das faßt die Welt nicht. Ganze Stundenlang wurde das Diner bestellt, und nun noch alle die Confituren hinterher. Es war ein Hauptspaß. ‹...›.[29]

12. Karl Gustav von Brinckmann an Luise von Voß in Giewitz. Berlin, den 22. Dezember 1803.[30]

‹...› Weiter kam ich nicht vorigen Sonntag, als ich abgerufen wurde, um bei Omptedas zu essen, wo ich vor Abends um 11. Uhr nicht los kam, so sehr interessirte uns die kleine Wiesel – cidevant[31] Pauline Cesar – die erst seit kurzem von Paris zurückgekehrt ist. Sie haben dieses höchste originelle Wesen vermuthlich nie gekannt. Ich vor Zeiten sehr viel als ganz junges Mädchen, wo mich ihre liebliche Gestalt, ihre Naivität, ihre komische Laune immer äusserst amüsirten, aber ich ahndete doch nie, daß so viel in ihr wäre, wie sich seitdem entwickelt hat. Ich halte sie nehml. nun für eins der geistreichsten Weiber, die ich kenne, voll Witz, unerschöpflichen Einfällen, in allem eine eigenthümliche Art zu sehen, – ein ganz seltener Takt in Beurtheilung der Menschen. Und dabei hat sie – in dem strengsten Sinn des Worts – nichts gelernt; ich glaube nicht, daß sie Ein Buch gelesen hat. Dagegen hat sie viel gesehen; sich in allen Verhältnissen herumgetummelt, hat sich eine ganz eigene Filosofie erfunden, u. ich weiß sie bisher mit niemanden zu vergleichen, als mit der kleinen Levy – nur daß diese [...][32] viel mehr Kultur, Pauline dagegen in Allem mehr weibliche Grazie hat. Ihre Art zu leben u. zu sein – wobei sie selten oder nie auf allgemeingültige Konvenienzen Rücksicht nimmt, – hat sie natürl. Weise manchen Lästerungen Preis gegeben, – da ich nun aber ein entschiedenes Faible[33] für alle originelle Personen habe, gegen welche sich grade die Gemeinheit am lautesten erklärt, so nehme ich davon keine rechte Notiz, u. möchte nur, daß unsre Gesellschaften mehrere so angenehmunterhaltende Gespräche hätten. Ihr selbst entgeht indeß der heilige Eifer nicht, mit der manche ihrer ehemaligen Jugendbekannten sich von ihr entfernen, u. neulich kam es mir ordentl. rührend vor, als sie mich bei ‹...›[34] darauf aufmerksam machte, wie alles sie flöhe. «Komm› ich Ihnen nicht vor, sagte sie, wie das Mädchen von Orleans[35]; um das sich erst alles so anbetend drängte, u. auf der alsdann plötzlich ein Fluch ruhte, der alles von ihr verscheuchte! Sie sind allein [noch] der gutmüthige Schäferjunge, der sich noch der alten Tage erinner, aber heimlich glauben Sie wohl auch noch, daß ich eine Hexe bin!» – Nichts weniger, sagt' ich – höchstens eine Zauberin, aber keine bösartige. – Da die Omptedа eine so äusserst gute Reputation hat, ist es mir sehr angenehm, daß die sie protegirt. – ‹...›

13. Friedrich Gentz an Karl Gustav von Brinckmann in Berlin. Wien, den 28. Dezember 1803.[36]

Ich erhielt kurz hinter einander, erst Ihre beiden Briefe vom 10ten und 13ten, dann den vom 17ten, dann den vom 20ten Dezember. Noch kann ich mich von meinem Erstaunen kaum erholen. Ich hielt Sie starker und tiefer, aber gar nicht mehr solcher wilden Leidenschaften fähig; und, was noch mehr ist, ich glaube, Sie haben eine solche Leidenschaft noch nie gehabt. Gleich Ihren beiden ersten Briefen sah ich es an, daß es großer und voller Ernst mit der Sache war. Der vom 17ten – das größte Meisterstück von Geist, Witz, und Seele, das mir seit langer Zeit vorkam – hätte mich wieder [über], nicht über die Stärke, aber über den eigentlichen Charakter Ihrer Empfindung, etwas irre führen können; aber der letzte entscheidet und vollendet nun alles. Dieser letzte macht mir sogar, ich kan es nicht leugnen, einigermaßen bange; Sie sind offenbar in einer Exaltation, die alles erwarten läßt; aber ich tröste mich mit einem der Götter=Aussprüche der (für mich verewigten) Kleinen: «Es geht einem nie schlecht, wenn man nur das liebt, was Einem wirklich gefällt.»

Wenn ich Ihnen je etwas werth war, mein lieber Brinkmann, so müßen Sie mich jetzt notwendig anbeten; denn Niemand in der Welt kann Ihre Leidenschaft für Pauline mehr begreifen und mehr billigen als ich. Mein Verhältniß mit diesem bezaubernden Geschöpf ist eins von denen, auf welche ich stets mit der innigsen, und vollkommensten Zufriedenheit zurückblickte: Ohne sie je im eigentlichen Verstande zu lieben, war doch mein reines Wohlgefallen an ihr vom ersten Augenblick unsrer Bekanntschaft an bis auf den heutigen, so groß, daß es fast nichts Denkbares gab, was ich für sie nicht gethan hätte. Ich kan in der That sagen, daß ich sie an meinem Herzen getragen habe; sie weiß es, und hat es Ihnen gewiß oft bezeugt. Noch im vorigen Sommer, in einer Epoche, wo ich sie sehr unglücklich und verlaßen glaubte, schrieb ich ihr von Prag aus einen Brief, worin ich sie sogar aufforderte, ihre Zuflucht zu mir zu nehmen; ich hätte meinen letzten Heller mit ihr getheilt. Sie ist eins der liebenswürdisten Wesen, die je erschaffen wurden; ihre Fehler, die eine nichts=nutzige Welt ihr so hoch anrechnet, verschwanden in meinen Augen immer wie Staub vor dem unauslöschlichen Sonnen=Glanze ihrer innern, persönlichen Treflichkeit; ich hielt es fast immer nur für Scherz, daß eine so eigentlich selige Natur je unglücklich werden könnte. Sie gehört unter die äußerst seltnen Personen, mit denen es (auch wenn man nicht verliebt in sie ist) gar keine Langeweile gibt; ohne allen äußern Stoff, würde ich mich mit Paulinen Jahrhunderte lang unterhalten; dies sage ich nicht von drei Menschen in der Welt. Ueberdies giebt es keine große Eigenschaft, keinen Vorzug des Geistes oder des Herzens, keine Tugend, zu welcher dieses herrliche Mädchen – denn Mädchen for ever! – Nicht mit der leichtsten Mühe erzogen werden könnte. Sie schwebt so nahe an allen Vollkommenheiten, daß ich nie habe begreifen können, warum sie sich nicht längst zu den höchsten Standpunkten, und über die ganze gemeine Sphäre emporschwang; sie kömmt mir immer wie eine verbannte Gottheit vor, die nächstens doch wieder in den Himmel aufgenommen, und zu Jupiters Rechten gesetzt werden muß. Es war ein bloßer Zufall, daß ich nie eine eigentliche Leidenschaft für sie faßte; Sie werden mir also glauben, wenn ich Ihnen versichre, daß ich die Ihrige höchst natürlich finde.

Es freut mich ungemein, daß, als ich Ihren ersten Brief empfing, ich schon seit acht Tagen an Pauline geschrieben hatte. Mein Brief an sie war vom 14ten Dezember, und ich erhielt Ihren am 20ten. Nur auf zwei, nicht auf drei Briefe war ich ihr Antwort schuldig; und warum – habe ich ihr befriedigend genug erklärt.

Jetzt wird sie nun freilich meines Raths, und meiner Hülfe nicht mehr bedürfen; und es gereicht mir gewiß zur nicht geringen Beruhigung, sie in Ihren Händen zu sehen. Schlecht wird es ihr nun schon sicherlich nicht mehr gehen; sie ist fürs erste gegen alle Pfeile des Schicksals gedeckt; seitdem Sie sie in Schutz genommen haben, sehe ich mit Ruhe und Heiterkeit auf ihre Zukunft hin; denn ich habe eine wahrhaft hohe Ide von dem, was Sie für Menschen die Sie lieben, zu thun imstande sind. – Sorgen Sie also nur dafür, daß sie mich nicht gänzlich vergißt; und sagen Sie ihr, daß, wenn ein grausames Verhängniß ihr je das Glück, welches sie jetzt gefunden hat, wieder entreißen sollte, alle meine alte Vorschläge und Anerbietungen in ihrem ganzen Umfange wieder eintreten. Solange sie mit Ihnen ist, bedarf sie weder meiner, noch der Welt; die letztre ist ohnehin nicht werth, mit ihr in irgend eine Berührung zukommen.

Jetzt kan und will ich Ihnen auch sagen, daß die erste Veranlaßung (nicht die einzige) zu meiner Brouillerie[37] mit der Arnsteiner, aus der nun, Gottlob! eine völlige, und ich hoffe, ewige Trennung geworden ist, ein lebhafter Streit über Pauline war. Die A. sprach von ihr, wie es einer gemeinen Juden=Creatur wohl ansteht und gebührt; sie ging in ihrer Verwegenheit so weit, mir das Recht, «eine solche Person!!» noch zu verteidigen, absprechen zu wollen; ich aber fing Feuer, und setzte ihr – vielleicht etwas zu deutlich, aus einander, wie und warum sie sich nicht anmaßen dürfte, über eine «eine solche Person» auch nur zu denken, viel weniger zu reden. – Von diesem Tage an entwickelte sich ihr Haß gegen mich, der nachher durch ihre längst=genährte Wut über meine gute Aufnahme in der ihr verschlossnen, und von ihr mit wahrer Juden=Wut beneideten Großen Welt – durch den Streit über Rongé,[38] den ich, ihr ins Angesicht, für den letzten Aller erklärte – und durch die Beschuldigung, daß ich gesagt hätte, que je n'aimais ni les bateaux plats ni les platitudes[39] – zur völligen Reife gedieh. Sie können Sich nicht vorstellen, wie froh ich darüber bin. Meine Zeit ist mir so kostbar, daß ich, obgleich ein Theil davon nun einmal der Gesellschaft gehört, diesen Teil wenigstens nicht in schlechter Gesellschaft vergeuden will ‹...›. Auch Mariane geht fast mit keinem Fuße mehr hin, und ist, gleich mir, vollkommen disgraziiert[40]. Auch diese hat einigemale der Arnst. ihre wahrhaft niederträchtige Aeußerungen über Pauline recht wacker vorgeworfen; aber an einer so eingefleischten Jüdin, wie die A. ist alles verloren.

Da es unter den jetzigen Umständen undelikat wäre, Sie von irgend etwas zu unterhalten, was nicht auf irgend eine Weise mit Pauline zusammenhängt, so sage ich Ihnen auch, bis Sie Selbst es wieder verlangen werden, von fremden Dingen nichts. ‹...›

Auch wird doch wohl die Paulinen=Liebe Sie nicht verhindern, die Fr. v. Stael zu sehen?[41] – Bei Paulinen=Liebe fällt mir eine Anekdote von der Kleinen ein. Sie erzählte mir einst etwas ziemlich außerordentliches – ich weiß aber schlechterdings nicht mehr was es war – das sie P. gesagt hatte. Darauf frage ich sie: «Nun? und was antwortete sie Ihnen denn?» – Und sie: «Nichts! sie machte ein Paulinen=Gesicht, und schwieg.»

Möge solch ein Paulinen=Gesicht Sie, mein alles Guten würdiger, und für das Beste geschaffner Freund, recht oft und lange beglücken!

Gentz.

Wien den: 28 Decbr. 1803

14. Karl Gustav von Brinckmann an Luise von Voß in Giewitz. Berlin, den 1. Januar 1804.[42]

‹...› Die Kleine seh' ich diesen Winter dafür öfter, aber die ist auch nur interessant, wenn sie allein ist; denn ihre Umgebung ist zum Theil schrecklich. Die kleine Pauline hingegen, von der ich Ihnen neulich schrieb, ist allein, oder in Gesellschaft wenigstens immer gleich amüsant. Etwas Originelleres und Pikanteres von tournure d'esprit[43] ist mir noch nicht vorgekommen; u. da ihr Geist nie etwas angenommen, oder erlernt, sondern alles selbst erfunden hat, so charakterisirt alles, was sie sagt, eine gewisse eigenthümliche Frischheit, die [...][44] ordentlich stärkt u. erquickt, wenn [man] einem lange [mit] nichts vorgekommen als blosse Wachsfiguren der ge[meinen]selschaftlichen Kultur. ‹...›

15. Karl Gustav von Brinckmann an Friedrich Schleiermacher. Berlin, den 13. Januar 1804.[45]

Berlin den 13. Januar 1804.

Diesmal lieber Sch[leiermacher] geht es mit meinem Antworten nicht so rasch wie das leztemal, und der Fehler liegt zum Theil darin, daß ich es zu gut machen wolte, da Dein treflicher und inhaltreicher Brief vom 14. Dezember allerdings manche sehr ausführliche Erörterungen verdiente. Da ich indeß alleweile unfähig bin, mir selbst hierin Genüge zu leisten, so will ich Dir wenigstens vorläufig durch einige Zeilen begreiflich machen, warum dies nicht angeht, und Dir auf das herzlichste für alles danken, was mir in Deinem Leztern eine unendliche Freude gemacht hat. Ich lebe nehmlich in einem Wirwarr, der mir, wenn auch nicht alle Besonnenheit, wenigstens alle Ruhe raubt. Mit Geschäften überhäuft, die durch meines Königs Aufenthalt in Deutschland verdoppelt werden, finde ich mich zugleich durch meine Reprentazion als Chargé d'affaires[46] verpflichtet den Hoffeierlichkeiten beizuwohnen, die seit Kurzem sein Ende nehmen. Die dabei unvermeindlichen Verkältungen vermehren meine Migraine und meine Kränklichkeit so sehr, daß ich den Göttern danke, wenn ich jede Woche mit 24. Stunden völlig darniederliege. Dazu kommt aber seit 4 Wochen noch etwas viel wichtigeres, was ich Dir wohl gestehen kan, weil Du es schon als Filosof begreifen mußt – eine Art von begeisternder Leidenschaft, die mich ganz aus der Bahn meiner gewohnten Existenz herausgeschleudert, und mich wirklich in die früheste Jugend zurückverzaubert hat. Ich sage mit Bedacht, eine begeisternde Leidenschaft, damit Du nicht, wie die Welt glaubest, es sei eine bloße Intrigue, denn der würde ich weder meine Zeit noch meine Filosofie aufopfern. Aber eine wahre Leidenschaft, die meinen Geist eben so sehr beschäftigt, wie mein Herz, und mich zu meinem eigenen Erstaunen überzeugt, was ich immer geahndet, daß der Frühling der Empfindungen in einer sittlichen Natur gar nicht verwelken kan, und daß es eigentlich gemeine Menschen sind, die nur Eine erste Liebe kennen. Ich weiß nicht, ob Du jemals von Pauline Cesar, nachherigen Madame Wiesel, hast sprechen hören? Vor vielen Jahren sah' ich dieses reizende Wesen aufblühen, und lebte damals täglich im Hause ihrer Mutter, wo ich zu den übrigen tausend frivolen Anbetern ihrer 15 Jahre und ihres unendlich amüsanten Mutwillens mitgehörte. Ich besang sie in französischen Versen, und tändelte mit ihr, wie mit einem genialischen Geschöpfchen, dem ich übrigens weder Ernst des Verstandes noch Charaktergehalt zutraute, und unser Verhältniß war in keinem tieferen Sinn weder ein verliebtes noch ein freundschaftliches. Ich reiste nach Frankreich,[47] sie heirathete, ich verlor sie einige Jahre völlig aus den Augen, und als sie vor 2 Jahren auf einige Zeit nach Berlin kam, lebte ich beinah einzig in dem Haus der Gräfin Voß und sah Paulinen nur zufällig ein par mal am 3ten Ort; bewunderte immer ihre Originalität, und bedauerte, daß in einer so gewöhnlichen Umgegebung wahrscheinlich nichts rechts aus ihr geworden wäre. Sie reiste zum 2tenmal nach Paris, und seitdem hörte ich von allen Seiten entsezlich lästern über ihren grenzenlosen Leichtsinn, ihre Galanterie, ihre Untugend u.s.w. – Dabei nahm ich sie zwar immer in Schuz, vertheidigte sie mit viel Beredsamkeit, aber doch nur, weil ich von der Erbärmlichkeit ihrer Ankläger a priori überzeugter war, als von ihrer Schuld. Gentz, der in Brüssel mit ihr zusammentraf,[48] und mir einen ungeheuren Brief über ihren Verstand und ihre Liebenswürdigkeit schrieb,[49] machte mich erst wieder von neuem auf sie aufmerksam, so wenig ich auch seine Hyperbelberedsamkeit für gediegene Kritik hielt. Endlich kam sie vor etwa 6 Wochen hierher; ich nahm mir vor, sie gleich zu besuchen, verschob es 14 Tage und traf sie von ungefehr bei der kleinen Levin. Hier hörte ich sie beinah 2 Stunden lang sprechen, und saß wie versteinert vor Bewunderung. Geist, Wiz, Liebenswürdigkeit, die feinste Menschenkentniß und eine Ansicht der Welt und ihrer Verhältnisse aus dem höchsten Standpunkt – dies alles aus dem liebsten Munde eines 24jährigen Weibchens sezte mich in ein Erstaunen, daß ich in Wahrheit nicht ein Wort hervorbringen konnte. Sie bat mich, sie nach Hause zu führen, und als wir allein waren, fragte sie mich mit einem eigenen Ton: «Was war denn Ihr Todtenstillschweigen? So kenne ich Sie ja gar nicht? Freuen Sie sich denn kein bischen mich wiederzusehen? oder wär' es möglich, daß einige Lästerungen der platten Welt auch Ihnen imponirt hätten?» – Nein, Pauline, sage ich tiefgerührt; das war es nicht. Ich konnte nicht sprechen, weil ich weder Sie noch mich begrif, und mir in Ewigkeit nicht verzeihen werde, daß ich Sie, zwar nicht verkannt, aber doch bei Gott bisher auch nicht gekannt habe. Mein Stillschweigen sprach jene Worte des Karlos an die Eboli aus:

«Unglaublich! Wie? ein solches Mädchen hatte
Berlin! und ich – ich erfahr es heute zum Ersten male!»[50]

«Das war also? erwiederte sie: Gut! Erfahren Sie denn, daß ich Sie besser kenne. Nicht von der Zeit her, wo ich als ein Kind Sie nicht beurtheilen konnte, aber seitdem wir einander aus den

Augen verloren haben. Wissen Sie also, daß ich gerade jezt, da ich einen Freund brauche, auf Sie gerechnet habe, für die Ewigkeit!» –

Begreifst Du nun, daß ich mich einer solchen auf Gnade und Ungnade ergeben mußte? aber wie schildre ich Dir nun, was ist seitdem an ihr fand? Die kleine Levin hat einmal unendlich wahr vor mir gesagt: L'amour ne lui vient jamais que par les oreilles.[51] Du wirst also nicht glauben, daß ich von ihrer Schönheit allein bezaubert bin; vielmehr findet die ganze Welt, daß sie nicht zum Wiedererkennen sei. Das finde ich zwar nicht, weil ich wenigstens zum Theil auch mit den Ohren sehe, aber auf allen Fall ist es dies nicht, was mich begeistert. Sondern Du magst es nun glauben oder nicht, mir ist noch kein gescheidteres und eigenthümlicheres Weib vorgekommen, und es ist mir unbegreiflich, wie dies alles sich aus ihrem Innern von selbst entwickelt, und emporgebildet hat. Hunderte haben mehr gelesen wie sie, und von positiven Kenntnissen ist die Rede nicht, aber sie weiß doch alles, und wie weiß sie es? Freilich haben wenig Frauen die Welt und alle Verhältnisse des lebens so frei studirt wie sie. Ich bin weit davon entfernt sie von Vorwürfen frei zu sprechen, die unser Moralpedantismus den Aspasien[52] zu machen berechtigt ist, aber Du müßtest die Grundlinien[53] nicht geschrieben haben, wenn Du dem ungeachtet nicht auf mein Wort glauben könntest, daß sie dabei höchst sittlich ist. Um Dich nicht zu ermüden, will ich alleweile nicht weiter über sie sagen. Ihr Charakterbild solst Du einmal in meinen Rhapsodien finden;[54] aber nur noch so viel zur Erklärung dessen was ich oben sagte, daß sie mich ganz aus der Bahn meiner gewohnten Existenz geschleudert hätte. Ich habe nemlich nie ein interessanteres Gespräch gekannt als das ihrige, und Du weißt, daß ich kein Vergnügen kenne, das ich einer geistreichen Unterhaltung vorzöge. In Gesellschaft ist es Wiz und Scherz und Laune; aber wenn wir allein sind, nichts als Filosofie, freilich keine Fichtische. Du wirst es Dir aber vorstellen können, wie unglaublich anziehend es für einen Menschengrübler, wie mich, sein muß, dem die Weiber ein solches Hauptstudium sind, eine Freundin gefunden zu haben, die über alles was sie thut und empfindet nachdenkt, und mich eines Vertrauens würdigt, wie noch keinen, weil sie selbst behauptet, noch nie hätte sie ein Mensch so völlig verstanden. Ein junges Weib, das Takt genug hat einen Geliebten nicht einen Grad mehr Vertrauen zu schenken, als er zu empfangen fähig ist, und einem Freund ihre ganze Seele mit ihren feinsten Nüancen zu entfalten! Sie findet es sehr natürlich, daß ich sie anbete, weil ich sie begreife, und so prüf' ich nun an ihr alle meine bisherige Weiberkenntniß, denn es ist kein Falsch in diesem reinen und hellen Gemüt. Auch sind meine Rhapsodien durch sie nicht wenig bereichert worden. – Dies alles erklärt Dir hinlänglich, daß was ich nur von meiner Zeit erübrigen kann diesem beseligenden Umgang gehört, und Du wirst es verzeihen, wenn die Transzendentalfilosofie eine Weile vernachlässigt wird. ‹…›

Niemeyers sind hier; ich erwarte die Stael; Das alles beschränkt meine Zeit; verflüchtigt meine ruhige Existenz, und ich sehne mich nach einem alltäglicheren Leben – bloß durch Pauline beseelt. ‹…›

16. Friedrich Gentz an Karl Gustav von Brinckmann in Berlin. Wien, den 14. Januar 1804.[55]

den 14. Januar 1804

Ihre Briefe, teuerster Freund, – ich erhielt deren zwei, einen vom 24ten und einen vom 31ten, nach Abgang des meinigen vom 28ten, so daß ich nun überhaupt fünf Paulinische besitze – machen mir ein unnennbares Vergnügen; und, wenn ich gleich nicht jeden besonders beantworten kan, so rechnen Sie doch sicher darauf, daß keins Ihrer Worte an mir verloren geht. Aus meinem Briefe werden Sie gesehen haben, wie sehr ich sie verstehe, rechtfertige, und ehre. Fahren Sie nur ununterbrochen fort, mir zu schreiben, wenn auch von gar nichts weiter mehr als dem Einen die Rede ist. Dies Eine verdient, ein menschliches Daseyn auszufüllen. ‹…›

Hierbei erhalten Sie auch einen Brief an Pauline![56] Er ist nicht tröstlich; aber in einer so ernsthaften Sache kan nur die Wahrheit gelten. Noch verzweifle ich nicht ganz, obgleich meine Hoffnung schwach ist. Sie sagen mir, ich sollte Verbrechen thun! Welches beginge ich nicht, wen ich Paulinen Freiheit und Ruhe erkaufen könnte! Aber [dencken?] kenen Sie denn die Leute von der großen Welt so wenig, daß Sie noch glauben, man kome ihnen durch Verbrechen bei? Welches hätten sie nicht vorher berechnet, und vorher ausparirt? Nein! Die Ehre ist noch das einzige Mobil, welches den Unterdrückten gegen sie übrig bleibt; die Furcht prostituiert zu werden, ist der wahre Talisman, dessen man sich gegen diese Menschen bedienen muß. – Ich werde das Meinige thun.

Sobald Sie wieder etwas von der Welt und ihrem Treiben hören wollen, so gebieten Sie nur über mich. Bis dahin schreibe ich Ihnen nicht einmal von Marcoff, den wir seit 8 Tagen hier besitzen. Ihre Paulinischen Briefe würde ich als unnachahmliche Meisterstücke vergöttern, wenn sie auch nicht von Ihnen kämen; denken Sie Sich also, welchen Werth sie jetzt für mich haben müßen. Ich schmachte nach neuen; unterdessen lese ich die Alten mit stets frischem Vergnügen. Adieu.

G.

17. Hugo von Hatzfeld an Karl Gustav von Brinckmann in Berlin. Berlin, den 18. Januar 1804.[57]

Pauline, que je viens de Voir tout a L'heure, et qui n'avait point de domestique a vous envoyer, ma prié, Mon cher Collèque, de vous faire Savoir, qu'elle passera sa Soir aujourd'hui bey der guten Ompteda, et qu'en consequence elle Sera enchantée de vous y voir egalement. Tout a Vous

Hatzfeldt

Mardi, 18 janvier a 5 heure du Soir[58]

18. Friedrich Gentz an Karl Gustav von Brinckmann in Berlin. Wien, den 18. Januar 1804.[59]

‹...› Sie haben Recht, am Tage nur dem Tag zu leben; es giebt keine Zukunft, wenn man liebt; beinahe auch keine Vergangenheit; aber ich kan nicht umhin, mich bisweilen zu fragen, was den aus dieser Liebe wohl endlich werden wird? – Vorübergehen wie ein Schatten – das ist unmöglich. Ein Ziel? Ich erdenke mir keins. – Wenn Sie zum erstenmale dieses Thema in Ihre Gedanken aufgenommen haben werden, so benachrichtigen Sie mich doch vom Resultat! Unterdessen kan ich Ihnen nicht aus drücken, wie glücklich es mich macht, Paulinen auf einmal in dem Schiffbruche des Lebens an einen solchen Anker befestiget zu sehen. Was Ihnen diese Liebe zuletzt für Früchte tragen wird, vermag ich nicht zu ergründen; aber für Paulinen ist nichts als reiner Gewinn davon zu hoffen. ‹...›

19. Karl Gustav Brinckmann an Luise von Voß in Giewitz. Berlin, den 22. Januar 1804.[60]

‹...› Über dieses genialische Geschöpf könnte ich Ihnen noch Bogen schreiben, denn die ist für mich ein filosophisches Studium geworden. Auch enthält schon mein Portfeuil [kei] lange Rhapsodien über sie.
[Das] Diese Luftschifferin des Lebens, hat übrigens eine so leichte Reputation, daß eine ganze Klasse von Weibern – nicht eben die schlechtesten, aber auch nicht ganz vorzüglichsten – gewaltig gegen sie in Harnisch sind. Mich irrt nun so etwas nie; u. die kleine Levin behauptete auch einmal im Scherz: »Mir würde die ächte Menschenkenntniß schon deswegen so leicht, weil ich für Tugend und Laster gleich viel Sinn hätte.» Lassen Sie sich also über meinen Enthusiasmus für Paulinen so viel sagen, als man will; aber glauben Sie mir auf mein Wort, daß ich keine Intrigue[61] mit ihr habe. Vielleicht schicke ich Ihnen noch einmal eine Skizze von meinen künstlerische Ansicht dieses Charakters – mag man sie auch nur als eine filosofische Zeichnung, nicht als Portrait gelten lassen. ‹...›

20. *Friedrich Gentz an Karl Gustav von Brinckmann in Berlin. Wien, den 4. Februar 1804.*[62]

Wien den 4ten Februar

Am vorigen Posttage habe ich Ihren langen Brief vom 21ten Januar, und heute den kürzern vom 28ten erhalten.

Jenen würdig zu beantworten – wenn es überhaupt auf solche einen Brief eine Antwort giebt – maße ich mir wenigstens heute nicht an. Ich begnüge mich, Ihnen zu sagen, daß ich ihn mit hohem Interesse gelesen, und mit immer steigendem Interesse wieder gelesen habe. Er sei, wie Sie es wollen, ein Denkmal Ihrer jetzigen Gemüthsstimmung; nie, nie, werden Sie Sich dieses Denkmals zu schämen haben. Ich leugne Ihnen nicht, daß indem ich diese merkwürdige Schrift las, neben tausend heitern Gedanken, auch tausend trübe in meiner Seele aufstiegen – das Beste, o Gott, ist immer und immer nur ein Traum! – aber durchaus harmonisch klang jedes Ihrer Worte an den innersten Saiten meines Herzens wieder; ich fühlte es, daß ich werth war, Ihr Freund, und der Freund Paulinens zu seyn. – Ueber einige Stellen muß ich mir noch kleine Erläuterungen ausbitten; und überhaupt will ich über einen so wichtigen Gegenstand, als jener Brief ist, bis jetzt noch gar nicht geredet haben. ‹...›

21. *Wilhelm von Humboldt an Karl Gustav von Brinckmann in Berlin. Rom, den 4. Februar 1804.*[63]

‹...› Zuerst muß ich Ihnen auf die kleine Wiesel antworten. Es ist eine wahre Blasphemie, wenn Sie glauben, daß ich sie nicht anbetete. Es ist freilich, und ich denke noch immer mit Schaam daran, wahr, daß ich sie anfangs in Paris gar nicht erkannte. Allein ich sah sie auch kaum. Aber schon als ich aus Paris wegging, war ich fest überzeugt, daß es eine erste Person ist, die ich aber weit lieber im Stillen verehre als daß ich von ihr rede. Denn sie läßt sich nicht aussprechen. Nur das muß man und kann man sagen, daß, soweit es Frauen auf Erden giebt, keine so reizend und keine so amüsant ist. Das einzige liebliche Bild, was mir Berlin in der Phantasie geben kann, sind die

Linden, wenn sie darin, besonders wie sie es manchmal that, ganz allein spatziren ging. Niemand setzt so die Füße und ist so chaussirt[64], und hat solche tournure[65]. Wenn sich das Judenpack einbildet neben ihr Verstand zu haben, habe ich oft lachen müssen. Die kleine Levi hatte z. B. Ausdrücke von ihr angenommen, und brillirte damit, aber es waren hohle Glocken, denn die kleine Wiesel sagt nie etwas mit Praetension, alles entsteht im Augenblick und ist immer neu und originell. Und welcher Charakter dabei. Mit einem Wort so etwas hat nie gelebt, und ich habe in ihr wieder die Deutsche Natur bewundert, der man so oft Leichtigkeit und Reiz abspricht. Denn sagen Sie selbst, ob irgend eine von den bewunderten leichten Französinnen, von denen auch Sie zu meinen tiefen Aerger einige pronirten, ihr das Wasser reicht. Grüßen Sie sie von mir, aber sagen Sie ihr nichts von dem was ich Ihnen über sie schreibe. Denn das Einzige, worin sie platt ist, ist in der Art, wie sie mich zu sich ansieht. Doch hat sie selbst es nicht läugnen können, daß sie mich einen Tag, wo sie in Tegel war, sehr glücklich gemacht hat. ‹...›

22. *Rahel Levin Varnhagen an Karl Gustav von Brinckmann in Berlin. Berlin, den 13. Februar 1804.*[66]

‹...› Vor ungefähr zehn Tagen war Pauline bei mir vor dem Bette, und hat mir ihre Geschichte erzählt:[67] eine Stelle war darin für mich, wie sie es sagte, so erschütternd, daß ich ordentlich einen Krampf bekam, und sie zu reden aufhören wollte. Viel gelobte ich mir dabei. Und auch ich bin ganz verkannt und verloren dadurch. Verloren. ‹...›

23. *Friedrich Gentz an Karl Gustav von Brinckmann in Berlin. Wien, den 15. Februar 1804.*[68]

Wien den 15 Februar
Ihre beiden letzten Briefe, mein treflicher Brinkmann, haben mich tief gerührt. Wenig Menschen ist es gegeben, Sich Selbst, und alles was sie umgiebt mit solcher Klarheit zu überschauen; aber noch viel weniger besitzen den Muth, vor Sich Selbst, oder vor einem vertrauten Freunde, so ohne Rückhalt zu gestehen, was sie sahen, wenn das Resultat so wenig erfreulich ist. Ich begreife die ganze Schrecklichkeit Ihrer Lage; ich fühle sie lebendig. Ihnen darf ich es sogar gestehen, daß ich Ihre Meinung über die Unmöglichkeit, Paulinen zu retten, theile; ich sage, Ihnen: denn ich weiß, daß Sie trotz dieser Überzeugung, keinen Schritt verweigern werden, der nach menschlichen Wahrscheinlichkeits=berechnungen, zu solcher Rettung führen könnte. Auch kan ich mich noch immer nicht des Gedankens erwehren, daß der scheinbare Zufall, der Paulinen mit Ihnen zusammen führte, ein Wink ihres guten Genius war, der ihr noch einmal eine bessre Laufbahn eröfnen wollte. Ging sie, trotz dieser glücklichen Aussicht, aufs Neue ins Verderben, so zieht kein Mensch, und kein Gott sie wieder heraus. Zu dem, was Sie über dieses liebe, süße, unglückliche, verlorne Wesen gesagt haben, weiß ich nichts hinzuzusetzen; mein Ruhm und mein Stolz ist, daß ich – vielleicht allein unter allen – sie, ohne sie zu lieben, gerade eben so gefaßt habe, wie Sie, geweckt und getrieben von allem, was die Augen des Geistes eröfnen, und die tiefsten Kräfte des Gemüthes ins Leben rufen kan, sie faßten.

Aber warum sollen denn die Paulinischen Episteln mit dem Januar aufhören? Sie denken doch nicht schlecht genug von mir, um vorauszusetzen, daß so genannte vernünftige Briefe mich mehr interessiren würden? Sie werden doch nicht glauben, daß ich so tief gefallen, so hülflos verknöchern sey? Oder wäre es Ihrer eignen Ruhe wegen? Aber nein! Sie brauchen einen Vertrauten, so lange Ihr Herz unter diesen Stürmen schlägt; und keiner auf Erden verdient im gegenwärtigen Falle, so sehr Ihr Vertrauen als ich. Fahren Sie also immer fort, Paulinische Briefe zu schreiben; ich bitte es mir zur besondern Gunst von Ihnen aus. Fröhliche oder traurige, vernünftige oder rasende, das alles ist mir gleichviel. Ich will Sie sehen und haben, wie Sie sind – mit andern mögen Sie Künste und Rollen spielen, je nachdem es auf dieser trüben, kalten, und höchstens von Thränen befruchteten Erde, die eiserne Noth, oder die unerbittliche Pflicht erheischt. ‹...›

24. *Friedrich Gentz an Karl Gustav von Brinckmann in Berlin. Wien, den 7. März 1804.*[69]

Wien den 7 März. 1804.

Seit langer Zeit hatte ich keinen Brief von Ihnen, lieber Brinkmann! Ist es ein gutes, ist es ein böses Zeichen? Ich fürchte das letztre. Ein Zeichen Ihrer Unzufriedenheit mit mir kan es nicht füglich seyn; ich habe Ihnen freilich in Verhältniß der zahlreichen, und überaus interessanten Briefe, die Sie mir seit einigen Monaten geschrieben haben, nicht oft, und nicht aus führlich geantwortet. Aber mich dünkt, die Lage der Sache brachte es mit sich, daß Sie mehr schreiben mußten als ich; Sie waren diesmal der Held des Stücks, und ich war nur der Depositär Ihrer Gefühle, der Theilnehmer an Ihren Schicksalen, der Vertraute Ihrer Freuden und Ihrer Leiden. Ihre letzten Briefe trugen den Stempel der Wehmuth, der Traurigkeit, fast möchte ich sagen der Niedergeschlagenheit so sehr, daß Ihr plötzliches Stillschweigen mich wirklich ängstiget. Gut steht es nun mit Ihnen in keinem Falle; des bin ich gewiß; gebe nur der Himmel, daß Sie nicht ernsthaft krank geworden seyen; welches nach allem was Ihnen in der letzten Zeit widerfahren ist, nicht zu verwundern wäre.

Ich sah es zum Voraus, daß diese Leidenschaft Sie nicht zum Glück führen konnte; denn ich kannte längst die Tiefe des Abgrundes, in welchen auch Sie endlich geschaut haben; ich konnte mit mathematischer Evidenz berechnen, daß Sie sich eine Quelle der stechendsten Schmerzen geöfnet hatten. Aber tadlen durfte ich Sie deshalb nicht, und werde Sie niemals tadeln, wenn Sie auch – was Gott verhüte! – darüber zu Grunde geben sollten. Ich nehme von dem, was ich über Pauline gesagt habe, kein Wort zurück; es giebt keinen Enthusiasmus, es giebt keine Leidenschaft, die die Vorzüge dieses liebenswürdigen Geschöpfs nicht rechtfertigen. Aber auch ohne die unselige neue Verbindung,[70] von welcher Sie in Ihren letzten Briefen sprechen, war ihre bürgerliche und moralische Existenz schon so zerüttet, daß der, welcher der Besitzer ihres Vertrauens oder gar ihrer Liebe ward, auch mehr oder weniger der Genosse ihres Unterganges werden mußte. Von dieser Seite würde ich sogar Ihre Verbindung mit ihr, als ein nahmenloses Uebel betrachtet haben, wenn ich nicht gewußt hätte, daß in Ihrem sittlichen und wohlgeordneten Gemüth, auch mitten unter Stürmen und Ungewittern, immer ein gewißes wohltthätiges Gleichgewicht obwaltet, und daß die heftigste, und selbst die gerechteste Leidenschaft nie ganz bei Ihnen die Stimme der Vernunft übertäuben wird. Trotz einiger äußerst starken, und beinahe schreckenden Aeußerungen, in den Paulinischen Briefen besorgte ich daher doch nie, daß Sie Sich im eigentlichsten Verstande mit P. in einen Abgrund stürzen würden; aber ich ahndete unendliche Schmerzen, und furchtbare innre Katastrophen für Sie; und ich vermuthe mit Betrübniß, daß ich mich hierin nicht geirrt haben werde.

Schreiben Sie mir doch recht ausführlich, wie es mit Ihnen steht; ich habe so lebhaften Antheil an Ihrem – leider nur so kurzen – Glück genommen; laßen Sie mich nun auch Ihre Schmerzen theilen; und vor allen Dingen hüten Sie Sich, mir wieder mit so einfältigen Ankündigungen, als: «daß dies nun der letzte Paulinische Brief sey», «daß Sie von diesem oder jenem Monat an nicht mehr über P. schreiben wollten» u.s.f. – je wieder vor die Augen zu kommen. ‹...›

25. *Friedrich Schleiermacher an Karl Gustav von Brinckmann in Berlin. Stolpe, den 24. März 1804.*[71]

Eine solche Entdeckung, wie die, welche Du mir mittheilst, ist gewiß viel interessanter als die Erörterungen über meinen Brief hätten sein können, und es freut mich nicht wenig, daß Du auch darin noch der Alte bist, mir einigen Sinn dafür zuzutrauen.

Nach dem was ich sonst hörte, selbst was ich von Fr. Schlegels Interesse für sie bei seinem letzten Aufenthalt in Berlin,[72] konnte ich mir beim besten Willen Paulinen nur als eine frivole Grazie denken, und natürlich ist es wol, da sie den Gesellschaften nur Scherz und Wiz und Laune giebt, und mit dem Höheren gar keine hetärische Verschwendung ausübt, daß Viele auch des Urtheilens nicht Unfähige die sie kennen, sie dennoch nicht anders sehen. Daß diese demnächst, da Du ja auch gar nicht unbekannt lebst, glauben, Dein Verhältnis könne nur eine Intrigue sein, ist auch ganz in der Ordnung. Ebenso natürlich aber muß es Dir sein, daß ich unbedingt glaube, wo Du an einem Weibe das findest, was Du von dieser rühmst. Ich hoffe, Du wirst mir, wenn Du irgend dazu kommen kanst, noch recht viel von ihr sagen, weil ich doch zu den gewiß wenigen gehöre, die sie ordentlich mit verstehen können, um so mehr da auch solchen Studien meine jezige Lage höchst ungünstig ist, und ich Alles nur aus der zweiten Hand beziehen kann. Vorzüglich interessant wäre es mir zu wissen, auf welche Art eine solche Natur einen Geliebten haben kann, – vorübergehende Begünstigungen, die der Welt am ärgerlichsten sind, mir aber gar nicht, schließe ich hier nicht mit ein – , der nur eines beschränkten Vertrauens von ihr empfänglich ist. Dies ist ein sehr wichtiges Kapitel in der ethischen Kunstlehre der Liebe. Gewiß ist es der Aspasia mit dem Perikles auch so ergangen, aber wohl nur aus Mangel eines Bessern; und ich leugne Dir nicht, es wäre mir sehr gelegen, wenn der bessere Freund voll begeisternder Leidenschaft den unbedeutenden Geliebten verdrängte. ‹...› Auf die erstere ‹Pauline› möchte ich immer wieder zurückkommen. Der Mangel der positiven Kenntnisse ist für mich nur ein neuer Reiz. Es ist warlich Schade für viele Weiber, wenn sie viel lernen, sie verdunkeln dadurch nur jenes ihnen eigenthümliche genialische Wissen, das bei der Unwissenheit in seinem hellsten Licht erscheint. ‹...›

26. *Karl Gustav von Brinckmann an Luise von Voß in Giewitz. Berlin, den 7. Juni 1804.*[73]

‹...› die kleine Wiesel geht nach Pyrmont.[74] Allein ihre Art von Liebschaft [hatt] mit Prinz Louis hatte mich schon so verdrießlich gemacht – nur ihretwegen, wahrlich nicht aus Eifersucht – daß mit ihre Freundschaft in der letzten Zeit beinah eben so viel Kummer wie Genuß verursachte. Indessen werde ich nie ohne die herzlichste Liebe u. grosses Interesse [an] dieses höchst interessanten Geschöpfchens gedenken. Ich habe unglaublich viel durch ihre filosofische Naivität gelernt. Sie war mir ein köstliches Studium – aber auch ein trauriges; denn in dem klarsten Spiegel der Zukunft sehe ich sie unglücklich, u. sie muß u. wird ohne Rettung in einen Abgrund stürzen. Sie [lebte] schwelgt mit der unbesonnensten Verschwendung von dem Capital ihres sittlichen Lebens – [nicht einmal von] u. wird ein dürftiges Alter nur zu schnell erreichen, wenn der Tod sich nicht ihrer erbarmt.

Wenige Leute, oder vielleicht niemand, kennen sie so genau wie ich, u. deswegen meint man, ich sei nur blind oder bezaubert; Aber es ist dem nicht also. ‹...›

27. *Peter Roux an Karl Gustav von Brinckmann in Berlin. Paris, den 15. und 16. Juni 1804.*[75]

à Paris le 15 juin 1804.
j'ai remis à leur adresses les deux lettres que vous m'avez fait parvenir par Mr Koch. dans le billet du 15 fevrier dont Vous les avez accompagné Vous me dites que j'aurai probablement deja reçu une longe lettre que vous vous disposiez à m'ecrire sur un sujet qui nous intéresse également tous les deux. Mon très cher et très paresseux ami, cette lettre si longue, je suis encore à la recévoir après quatre mois d'intervalle. j'ai eu trois ou quatre fois des nouvelles de Pauline et aujourd'hui même une lettre[76] qu'elle vient de m'ecrire renouvelle mes regrets de ne pas être eu possession de celle que vous m'avez annoncée. l'attendrai-je encore, ou faut-il que j'y renonce? vous me l'enverrez. je vous en prie. P.

me marque qu'elle vous voit souvent, elle parait vous aimer beaucoup. que fait elle, que dit elle? les plus grands, les plus petits détails me seront infiniment agréables. cette petite folle me fait tourner la tête chaque fois que j'y pense et j'y pense souvent, très souvent, car j'ai retrouvé une autre Pauline, qui me la rappelle sans cesse et que j'ai d'autaunt moins tort d'aimer, que Pauline elle même en a été amoureuse.‹...›

le 16.

J'allais vous envoyer ce chiffon lorsque j'ai reçu de Mr de Talleyrand votre lettre du 31. Mai. j'ai été sur le champ chez Mlle Mendelssohn pour lui remettre votre paquet. Wiesel a eu tout de suite la lettre de Pauline. Elle est en colère contre moi? ella a tort, je vous jure; la négligence dont elle m'accuse est une chimère, pour une lettre qu'elle m'ecrit, elle en recoit trois ou quatre de moi. demandez lui plustot; si elle n'y pense pas, elle en conviendra. Moi l'oublier, mais c'est impossible. elle le sait bien, mais elle a besoin de me gronder, cela est nécessaire à sa santé, et c'est de vielles habitude que je ne cesse pas de m'y résigner. Elle est en colère contre moi. donnez lui cette petite lettre, et si elle bonde après, traduisez lui ce beau vers du Gedini[77] adunque nell› animе celeste ire cotante![78] je l'aime toujours ce petit demon et si je la revois jamais j'ai bien peur, comme dit M^{r} l'Eveque de Secz de ressembler l'esclave fugitif à qui le sort fit rencontrer son maitre.[79]

‹...› Le portrait de Pauline est vrai. mais qui le trouvera ressemblant? Vous et moi et deux ou trois personnes encore. Votre amie[80] s'appuyant de l'autorité de Mr de Humbold prétend qu'on trouverait difficilement une Pauline française. je ne sais ce qu'elle veut dire. pour moi, je suis convaincu que ce n'est que parmi les femmes françaises qu'on peut retrouver une Pauline, si ce genre d'individualité est en effet aussi rare que nous l'imaginons. si on m'en avait imposé la tache, je ne l'aurais pas developpé aussi savamment que vous. je me serais borné peut être à dire qu'elle est irréstible, parcequ'elle est éminemment, ce que devraient être toutes les femmes, parcequ'elle est femme éminemment.[81] ‹...›

28. Henriette Mendelssohn an Karl Gustav von Brinckmann in Berlin. Paris, den 15. Juni 1804.[82]

‹…› Lassen wir das und sprechen wir von Pauline von ihr die ganz dem Leben angehört. Zuerst muß ich Ihnen sagen, das mir der Augenblick des Empfangs Ihres Briefs, noch außer der lebhaften Freude davor, auf eine recht angenehme Weise bezeichnet wurde. Roux den ich seit 8 Monaten nicht bei mir gesehen und den ich durch Mißverständniße in anderer Bemühungen ganz von mir entfernt glaubte brachte mir ihn. Es war mir recht erfreulich ihn wieder zu sehen und ich versprach ihm alles was Sie mir über Paulinen sagen werden, treulich mitzutheilen. Dies ist den auch heute geschehn; ich habe ihm die 3 Blätter die Paulinens Charakterstük enthielten zugeschickt, und mir das lezte Blatt, wo Ihre Poesie die verdrießliche Wahrheit nicht verschönern konnte, zurückgehalten. Roux hat Pauline zu ernstlich geliebt, als daß ihm dies nicht weh thun sollte. Und nun zu meinem Glaubensbekenntniß über Paulinen. Wenn ich von dem was Sie so schön über sie sagen, Ihre eigne Bezauberung und den poetischen Zauber, der Ihren ‹Portraiten?› immer einen so überirdischen Glanz zu geben weis, hinwegnehme, so ist das Resultat grade meine eigne Meinung über das ganz originelle und unwiederstehliche Wesen. Wir haben uns in Wien und hier in Paris, troz allem was ich über sie und ihren Umgang hier wußte, viel gesehen, sie war gern mit uns und wußte das ich keine Art des Vertrauens je misbrauchen würde, ich finde sie ganz unendlich amüsant, naiv, geistreich und von der angenehmsten, lebendigsten, natürlichsten Coketterie. Meine Freude an ihr war aber nicht unvermischt. Ich habe es sehn müßen wie sie ihre ganze Zukunft vergeudet und verschwenderisch aufs Spiel setzte, um ein paar angenehme Augenblicke zu genießen, wen sie von ihrer Lebhaftigkeit und dem ungebändigsten Willen immer weiter geführt, sich selbst und jede Weitsicht aus den Augen verlor, das konnte ich nun nicht blos weil es meiner Art zu sein entgegen war, weil es sie selbst unwiederbringlich verdarb nicht gut heißen, und doch was hätte ich wohl mit langweiligen Predigten, und Anweisungen auf eine ferne Zukunft, die sie eigentlich nie denken konnte, gegen einen solchen regen kräftigen lebendigen

Willen und Muthwillen wirken können? Auch Sie lieber Brinkmann macht es oft traurig das Sie Sie nicht retten können, dasselbe Gefühl verstimmte und entfernte mich von ihr. Meine Ermahnungen und Vorsäze, wurden immer schnell von ihren Einfällen vernichtet, und wenn ich denn wenigstens mich gegen mich selbst ernst und streng zeigte, so erregte ihr das ein so herzliches Mitleides mit meiner Art zu sein, sie wußte so viel Gründe aufzufinden warum ich Unrecht hatte, daß wir die Rollen tauschten und sie mir oft Vorwürfe und Lehren gab; wenn ich mich auf welche für sie vorbereitet hatte. – Das Prediger Amt ist nun einmahl nicht das meine. Das «sehe jeder wie ers treibe»[83] ist ziemlich mein Wahlspruch, nur auf Paulinen konnte ich ihn nicht anwenden, es war mir leid für sie, ihr reizendes Wesen, und die unendlich liebenswürdigen Anlagen, die man durch unmäßige Begierden, so hatte verwildern laßen, [...][84] interessierten mich unglaublich und nahmen mir die Kraft, wenn ich auch oft den festen Willen hatte, sie zu laßen, es würde auch bis zu ihrer Abreise von Paris so geblieben ‹sein›, wenn nicht durch Mißverständniße durch eine kleine Perfidie von Paulinens Seite wir einige Zeit vorher eh sie Paris verlies uns nicht mehr sahen. Alles aber, hat sie durch die gutmüthige Art wie sie mich vor ihrer Abreise noch aufsuchte, wieder gut gemacht, und sie thut mir sehr Unrecht, wenn Sie mich nicht zu denen rechnet, die Sinn für sie haben. Was Sie u Humbold mit den schönsten Worten über sie sagten, sagte ich in dem selben Sinn zu roux, als der Brief noch unentsiegelt vor mir lag! Nur freilich lieber Freund, hätten Sie Theklas schönes ich habe gelebt und geliebet,[85] auf Paulinen nicht anwenden sollen, das klingt gar zu sehr wie Ironie, meinten Sie es aber Ernst, so fürchte ich, Sie werden einmahl so sehr Sie mir auch Ihre anspruchlose, einfache Neigung ganz im antiken Styl rühmen, rein und edel [...][86] nennen Sie Ihre Neigung wie Sie wollen, aber haben Sie diese Anwendung auf Pauline richtig gefunden so werden Sie es ein mahl verdrieslich bereuen. Wie kommen Sie auch nur darauf, von diesem Schmetterling sagen zu wollen, was die tiefe ernste Thekla von dem einzigen Gefühl ihres Herzens sagte: leben kann Pauline, rasch und leicht, aber lieben?? ‹...›

29. Friedrich Gentz an Karl Gustav von Brinckmann in Berlin. Wien, den 7. Juli 1804.[87]

‹...› Ich kan doch diesen Brief nicht schließen, ohne ein Wort über Pauline zu sagen. Aber was läßt sich dabei sagen? Wenn eine liebenswürdige Person so ganz muthwillig in ihr Unglück rennt, was sollen ihre Freunde dabei thun? – Verlaßen Sie sie indessen doch nie! Es ist klar daß sie zeitig genug Gott danken wird, noch einige Rathgeber und Stützen in der Welt zu haben; denn diese neue Laufbahn, was auch eigentlich das Ziel davon sey, wird doch gewiß nicht 6 Monate dauern. Schreiben Sie mir auch von Zeit zu Zeit, was Sie von ihr erfahren. Auch ich gebe sie gewiß niemals auf; nur weiß ich selbst nicht, wie ihr geholfen werden könnte. Ihren Brief über die Abreise[88] habe ich mit wahrer Rührung gelesen; ich wußte es ja vom ersten Moment, daß diese Liebe Ihnen nur Schmerzen gebähren konnte. ‹...›

30. Friedrich Gentz an Karl Gustav von Brinckmann in Berlin. Wien, den 1. September 1804.[89]

‹...› daß ich mir (in Paulinens Sinn) «nichts aus ihm mache». Sie verstehen doch diese göttliche Paulinen=Phrase?

31. Rahel Levin Varnhagen an Karl Gustav von Brinckmann in Berlin. Berlin, den 24. September 1804.[90]

Voilà, cher Brinckmann, une lettre de Pauline,[91] que j'ai reçu hier au soir, elle me demande l'adresse de Gentz: je vous prie de me l'envoyer, puisque j'ai aujourd'hui une occasion de la lui envoyer: et j'aimerais aussi de la savoir!

Etes vous mort ou parti ou répandu c.a.d. dans une maison?[92]

32. Hugo von Hatzfeld an Karl Gustav von Brinckmann in Berlin. Berlin, den 30. Oktober 1804.[93]

Je n'ai point encore entendu parler du Windbeutel[94] aujourd'hui Mon cher Ami, et je doute aussi qu'il nous arrivera avant la fin du Mois. En attendant je resterai depositaire de votre Cruel billet et le ferais parvenir a sa destination des que Dame-D'amour Sera arrivées. T.a.V.

Hatzfeldt

Ce Mardi. 30. octobre[95]

33. Hugo von Hatzfeld an Karl Gustav von Brinckmann in Berlin. Berlin, den 3. November 1804.[96]

Je vous annonce, Mon cher Ami, que la Wiesel est arrivée il y a une heure, et qu'elle a debarquée chés sa Soeur Meyer ou elle dine. si je puis finir Ma poste avant d'aller chés Metternich j'y passerais un Moment pour la Voir, et lui porter votre billet. T.a.V.

Hatzfeldt

ce Samedi, a Midi[97]

34. Karl Gustav von Brinckmann an Rahel Levin Varnhagen in Berlin. Berlin, den 10. Februar 1805.[98]

Den 10. Febr. 1805. Abends

Seit 6 Wochen habe ich Ihnen schreiben wollen, nicht eben um Ihnen zu sagen, daß ich eigentl. sehr krank bin, ewig leide, und allmählich zu Grunde gehe – daran ist nicht sonderl. viel gelegen; sondern um Ihnen zu vertrauen, daß ich der Welt völlig abgestorben bin, und keinen Menschen mehr sehe, weil mich eigentl. nichts mehr interessiert. Das ist doch wohl eine schlimme Krankheit! Aber zum Glück interessirt mich das Studiren mehr als je, und ich arbeite unmenschlich.

Aber nun das noch wichtigere. Sie müssen mir schon den Gefallen thun, und mir schreiben, was Pauline von mir denkt! Ich wage ihren Namen kaum mehr zu schreiben und doch hören Sie hier ein Geständnis, dessen Wahrheit ich noch sterbend beeidigen kan. Ich habe P. nie [unvernünftiger] heftiger und vielleicht unvernünftiger geliebt, als seit ihrer lezten Rückkehr. Aber ich wollte nicht, denn ich wollte ruhig sein, und mußte viel arbeiten; Beides wäre unmögl. gewesen, wenn ich sie sah. Also hieß ich mich nicht auch diesen Genuß absterben. Aber so wenig ist es mir gelungen die Vergangenheit zu vertilgen daß ich buchstäblich alle Nächte von ihr träume, und gern noch meine paar Dutzend übrige Lebenslagen für sie aufopfern würde, wenn ihr damit gedient wäre.

An allen diesen wird P. nichts gelegen sein, aber Ihnen doch; denn psychologisch muß es Sie interessieren wie mich selbst – meine persönl. Empfindungen abgerechnet. – Aber das sagen Sie ihr nur, das immer fort kein Mensch sie so liebte und anbetete wie ich, was auch das Lumpengesindel sagen mag, das mich vermuth. anderweitig verliebt, und frivol glaubt, Auf Ehre und Gewissen; daran ist kein Wort; ich wüßte nicht und wen, und warum sollte ich es Ihnen nicht sagen. Warum nicht Paulinen selbst am ersten; Denn so klug ist sie auch.

Zum Schluß also: Ich bin krank und elend, und muß doch auf die Cour[99] heut Abend, um Morgen wahrscheinl. zu liegen. Aber es glaubts mir kein Mensch daß ich krank bin, weil ich dazwischen arbeiten kan, und gar scherzen über mein Hinwelken. Mit P. weiß ich durchaus nicht was ich thun soll; denn 6 mal habe ich einen Brief an sie angefangen, aber – wahrscheinl. denkt sie doch auch etwas dummes über meine unbegreifl. conduite[100]. Also ein par Worte schreiben Sie mir. Wie soll ich denn wissen, was ich für Zeug esse?[101] Übrigens lasse ich unser Buch[102] drucken.

Ihr Br.

35. Rahel Levin Varnhagen an Karl Gustav von Brinckmann in Berlin. Berlin, den 10. Februar 1805.[103]

Wollen Sie, daß ich Paulinen Ihren Brief zeige; so sagen Sie «Ja» und ich thue es auf der Stelle. Ich will Ihnen gleich sagen was sie die ganze Zeit her dachte: denn sie dachte was ich ihr sagte oder schwieg danach wenigstens. (ich glaube, sie bedarff nicht immer etwas zu denken.) Ich meinte die letzte Begebenheit mit valencia[104] bey Ihrem letzten Besuch bey mir, sey Ihnen so prall zuwider gewesen, daß Sie mit Freuden diesen Punkt ergriffen, um endlich einer genug erprüften und nur Last=bringenden Verbindung ein Ende zu geben; psychologisch hatten Sie sich, meines Bedänkens, erschöpt. Und ich glaubte um sie allein durchzuspielen bliebe Ihnen nichts mehr übrig: mich rechnete ich mit ein; da Sie jetzt nur beinah beyde zusamen sehen könnten.

Dies hab' ich ihr auf's aller verständlichste erklärt; weil sie mich grade, mit wiederholten Fragen Nervenkrank marterte: ich verabscheu Fragen, von denen ich glaube daß man sie sich selbst beantworten sollte: und Paul: ist ganz kindisch im wiederhohlen jeder Art. Mein Todt! So dacht ich; und so sagt ich ihr. Ich wußte, daß Sie eingenommen von ihr waren; und ich glaubte, sie könne Sie sehr afficiren; aber ich wußte Sie nicht verliebt; und konnte also nicht denken daß sie den ganzen Brink: vereußern, oder unglüklich machen kann. Jetzt glaub ich absolut was Sie mir schreiben. Und ich werde ihr so bald Sie es erlauben, alles nach meinem beßern Wissen erklären. Ohne mich des herben Worts verliebt zu bedienen.

Hier ist endlich Einmal die Wahrheit! ich mag Sie nicht wie einen «Verwundeten» behandlen! Mein Ekel vor aller Unwahrheit ist auf's höchste gestiegen; und mich interressirt nichts mehr, etc:! Sie sind psychologisch mit dem kleinen Kreise fertig, und laßen sich nur so viel incomodiren, als es Ihre Geschäfts-Pflicht Ihnen auflegt; dabey haben Sie die Wonne autor zu sein; und mit Ihren Gedanken in geordnete Kenntniße graben und leuchten zu können. Dies thun Sie in der angenehmsten retraite[105]. Krank sind Sie; und daran nehm ich den wahrsten gründlichsten Antheil: weil ich ich bin, und Krankheiten kenne.

Wollen Sie, daß ich ganz allein mit Paul: einen dieser Abende zu Ihnen komme? ich fahre sie hin, ohne daß sie weiß wo es hin geht: dies zu meinem Spas; weil ich solchen liebe! Daß unser Buch erscheint daraus mach ich mir nichts! Wenn die Welt nicht weiß, daß es unser ist. Unbekannt hab ich manches vollbracht. Und es kränkt mich endlich, daß mir die Sprache fehlt! Wenigstens bildet sich eine jetzt schmerzhaft in meinem Herzen für die, die sich meine Freunde nennen wollen. Ich sah Sie nicht; Dienstleistungen, Opfer, Thaten; wirkliches Anerkennen; giebt es nicht; so hören Sie denn von nun an die Wahrheit; oder nichts.

Kennen Sie mich stumm? Adieu! Ich werde mit Frau von Berg von Ihrer Küche sprechen. Sie müssen durchaus göttlich essen. Sagen mir auch alles grad heraus: und glauben Sie mir, wenn ich Ihnen sage, es ist anders; wie ich Ihnen.

36. *Karl Gustav von Brinckmann an Rahel Levin Varnhagen in Berlin. Berlin, den 10. Februar 1805.*[106]

Den 10. Febr. 1805 Abends

Nein, liebe Kleine! Ihre Ansicht war doch diesmal so durchaus falsch daß sie mich beinah frappirt hat, und nur darum muß ich Ihr Billet beantworten.

Es ist mir gar nicht ähnlich, daß Ein Abend, der mir an sich noch so grell zuwider wäre, einen Entschluß für die Zukunft motiviren solte. Ausserdem daß es ganz unartig gewesen wäre, etwas, das meiner individuellen Stimmung bloß nicht zusagte, als eine Art von Beleidigung zu nehmen. Ich schwöre Ihnen daß ich an den Abend auch nie mehr gedacht habe. Es ist ein einziger Zufall, daß ich P.[107] seitdem nicht sehe, denn bei Ihnen bin ich seitdem gewesen.

Aber etwas viel wichtigeres enthält die Bemerkung: «Sie sind mit dem kleinen Kreise psychologisch fertig.» Im Gegentheil mit Personen, wie Sie, werde ich nie fertig; aber freil. mit Ihrem grossen Zirkel sehr bald. Die T. und die D. und die C.V.[108] weiß ich nun einmal so auswendig, daß ihre Unterhaltung mich ermüdet, wie das Lesen in Campes Kinderbibliothek.[109] Bei Ihnen ist das anders. Sie brauchen solche Menschen zum Ballspielen, um Ihren Geist Mozion zu machen, wenn er zu faul ist, was anders zu thun. Ich bin schon zu steif, um mich bücken, und zu zerstreut, um etwas aufzufangen, das nicht elastisch wieder vom Boden zurückspringt.

Meine Gründe in Rücksicht Paulinens waren gut – denn da mir im Grund alles gefällt, wenn sie es thut, nicht alles, was sie thut, an sich, so bringt mich der Umgang mit ihr immer aus mir selbst heraus, und doch eigentl. ohne Zweck. Denn glauben Sie doch nicht, daß die Liebe auch die Klugen dumm macht; nein, nur die Dummen noch dummer; die fühlen wie toll und eingebildet. Also weiß ich ja recht bestimt, daß es Paulinen so zieml. gleichgültig ist, mit wem sie Zauberei spielt, und nicht eine Minute bin ich fat genug gewesen, mir einzubilden, daß ich sie mehr amüsire, als hundert andere, mit denen ich nichts anzufangen wüßte. Daß sie vielleicht doch in einem ernsthaften Augenblick mehr auf mich hält, das glaub' ich, und das genügt meinem Stolz. Aber um die Wette laufen, ist meine Sache nicht – und Sie wissen ja, daß ich immer behaupte: Lieben darf ich die Königin, aber ein Narr nur macht sich lächerlich oder zudringlich durch seine Liebe.

Ich werde ewig den Göttern danken, daß ich dieses himlische Fänomen gekannt habe, und lieben will ich sie, so lang ich noch empfinde, was schön, liebenswürdig, originell, geistig und einzig ist. So habe ich sie diesen Abend wieder mehr, wie jemals gefunden. Ich betrachte sie absolut, wie eine Erscheinung aus der griechischen Götterwelt. Es ist nicht möglich sie so in menschlicher Gestalt zu erblicken, ohne sie zu lieben, und doch sollte man sich begnügen, sie anzubeten, und mit tausenden um ihren gemeinschaftlichen Schuz zu flehen.

Verzeihen Sie meine radotage[110]. Ich bin so matt, und bekomme eben wieder Zahnschmerzen. Grüssen Sie die Göttliche unendlich.

Ihr Br.

37. Rahel Levin Varnhagen an Karl Gustav von Brinckmann in Berlin. Berlin, den 11. Februar 1805.[111]

‹. . .› Ihr heutiges Billet zeig' ich P: nicht. Was Sie wißen sollte weiß sie. Es war das, ihr meine Meinung wieder aus dem Kopf zu bringen: und das ist geschehen.

Griechisch find ich sie gar nicht: sie wißen daß sie mir lieb ist. Aber nichts drükt mir so Berlin aus! Und ich behaupte sogar, nur ein eingefleischter Berliner vermag sie ganz aufzufaßen, obgleich es nicht 3 thun. Dies hab ich ihr oft selbst gesagt: manches andere aber nicht.

Von mir hab' ich nur gesprochen, als ich sagte, Sie rechneten mich mit ein; da Sie uns jetzt nur beyde sehen können. Es steht wahrhaftig alles in meinem gestrigen Billet: wenn Sie's nur lesen.

Was ist denn das wieder mit Ihren Zähnen? Nun bleiben Sie wohl wieder 6 Wochen zu hause.

RL.

38. Aus Rahel Levin Varnhagens Tagebuch. Berlin, 1805.[112]

Wenn es einem lange schlecht geht, mit Einem Worte, in einem gewissen Alter, wird man ganz blasirt über Schlechtes – wie ich neulich zu P.[113] sagte, – das sind aber schlechte Leute, die es über Gutes werden.

39. Karl Gustav von Brinckmann an Rahel Levin Varnhagen in Berlin. Memel, den 2. August 1807.[114]

‹. . .› Wahrlich Pauline hat Recht: «Die Leute bilden sich nur ein, daß sie das alles machen. Es ist alles [ganz anders] gar nicht wahr, u. die Kuriere, das Schreiben u. Kriegmachen – kommt ihnen nur so vor; es ist gewiß alles [ganz] anders, u. wird so ganz von selbst.» Es wird sie nicht wundern, daß ich Pauline in Staatssachen als einen klassischen Author zitire, den sie ist mir nie öfter und lebhafter [aufg] eingefallen, als während der lezten ernsthaften Negaziazionen über Krieg u. Frieden. Auch habe ich ihr selbst von Tilsit aus geschrieben; ich hoffe sie wird doch den Brief bekommen u. daraus ersehen haben, daß ich mich nicht so leicht verändere, wie der preussische Staat u. Konsorten. ‹...›

40. *Rahel Levin Varnhagen an Karl Gustav von Brinckmann in Memel.*
Berlin, den 8. und 9. Januar 1808.[115]

‹...› A: Humboldt sah' ich viel: er kennt mich wenig, und goutirt mich gar nicht: er war dicht, intim möcht' ich's nicht nennen, mit pauline liiert. Mündlich = = Eine Liebschaft war es nicht, daß denken Sie nur nicht. ‹...› Vom Winter der Verzweiflung nah, und ganz vermagert sah ich wieder einen eingemauerten Sommer in Berlin entgegen wo ich abends um 11 mit dem Bedienten ein bischen in den Straßen gehen würde – so ist seit vielen Sommern meine Lage – Pauline die ich gesehen hatte war nach Scharlottenburg gezogen; ich war allein, und wollte es nicht mehr dulden: auch ging meine Gesundheit zu Ende. Ich fuhr mit Einemmale hinaus Miethete mir Stube Kammer Küche für 6 rth Monat: in der Schloßstraße, ich hatte noch weniges Geräte von der Bleiche besorgte das hinaus. Ich aß mit paul:; wenig Menschen in der Welt haben mehr Sinn für Luft und Grünes als sie!, wir waren wie verliebt, dieses Sinnes wegen in einander! Und nach dem schwehren Augenblick fühlte ich mich wirklich glüklich und glüklich, daß ich dieses Gefühl's dieses Zufalls noch [genießen] noch habhaft werden konnte. Ich glaube es war mein Letztes. Schon endes Jully bekamen die kleine paul: und paul: Domestiken fieber ich blieb allein, und der August taugte schon nichts. Hitze thut mir wohl: wir waren außer zum Schlafen und Eßen immer im Garten. Nur wenige Schritte wohnten wir davon. Ganz Scharl: kannt ich: nämlich Arme. Mündlich von diesem rührenden Aufenthalt. Schreiben Sie mir Brink:; wenn ich auch nicht so sehr gut schreibe: auch literarisch kann Niemand Ihre Briefe besser schätzen und beurtheilen und goutiren als ich: apropos! ich habe einen Brief von Roux an paul:

gelesen der mich sehr lachen machte. Der hat ja Sprache, Ansicht, Ausdruk Alles im Deutschen von Ihnen angenommen. Und es war dem Bettler – wenn ich den Armen sage, ist es zu zweydeutig – nicht genug wirklich verliebt in paul: zu seyn, er mußte doch den Ausdruk von Ihnen dazu borgen; der sich geflißentlich nur, und andern, das was sie von Grazie, und Eigenheit, und Wahrheit in sich, hat so zu vergegenwärtigen [belustigt] und darzustellen belustigt. Unwißender Bettler! Ich setze ihn nicht zu sehr herab; fürchten Sie nichts! Sie aber, stellen Sie ihm auf keinen Orte wo er das Genik herunter bricht, wenn Urtheil vorbey streift! Ich kenne ihn sehr: und alle seinen sonstigen Briefe: Empfehlen Sie mich wenn Sie wollen.

41. *Karl Gustav von Brinckmann an Friedrich August von Stägemann in Berlin. Berlin, den 28. April 1808.*[116]

Die Wiesel gebe ich preis. Sie ist schon lange nicht mehr zu retten, wenn von reiner Weiblichkeit die Rede ist. Ihr genügen unheilige Myrten; aber der höchst eigentümlichen und wahrlich nicht geistlosen Liebeskünstlerin kann der dichterische Männerleichtsinn ein Kränzchen nicht versagen. So viel wie die Cynthia und Lesbia und Korinna[117] usw. ist sie immer noch wert. Was man Ihnen von einem Hochverrat gegen den Prinzen vorgefabelt hat, ist alberne Verleumdung. Irgendeiner solchen prosaischen Niederträchtigkeit ist sie völlig unfähig.

42. *Rahel Levin Varnhagen an Friedrich Gentz in Töplitz. Berlin, den 18. September 1808.*[118]

‹...› Wir haben zwei Freunde verloren! Pauline ist nach der Schweiz endlich. Sie war stark; aber sie verplumpte sich: obgleich sie für mich doch Reiz behielt. Sie und mich liebt sie am meisten. ‹...›

43. *Henri Campan an Rahel Levin Varnhagen in Berlin. Paris, den 9. Oktober 1808.*[119]

‹...› Pauline est ici, ma chère amie, et sa vue et son allemand, des folies, sa façon de s'accroupir sur mon canapé, me font sans cesse souhaite de vous voir. ‹...› Pauline est toujours fort drôle; elle est venu déjeuner chez moi avec Dufraisse, elle y mangé ce qui vous suffirait pour quatre jours; elle n'a pas changé de figure, et les modes de Paris lui font à merv‹e›ille.[120] ‹...›

44. *Aus Rahel Levin Varnhagens Tagebuch. Berlin, am 6. April 1809.*[121]

Donnerstag, den 6. April 1809.
Ich habe aus den Erzählungen Paulinens und anderer Frauen gefunden, daß die rohesten wie die abgefeimtesten Männer, wenn man sie genau kennen lernt, von Mann zu Frau sanfter und liebenswürdiger, kindischer und unschuldiger, biegsamer, weicher und verletzlicher sind, als man es je denken sollte. Mit der Verderbtheit steht es auch nur halb; und Rohheit ist unnatürlicher, als Lieblichkeit in Liebe. Nur Lüge, Affektation und Pedantism läßt sie aufkommen und bringt sie hervor. Weil man daran nicht denkt, versteht man viele Momente nicht: und schimpft sie: mit Verführung, Schwäche, und mehr solchen unpassenden und auch unverstandenen Worten.

45. *Henri Campan an Rahel Levin Varnhagen in Berlin. Moulins, den 18. Juli 1809.*[122]

‹...› J'ai revu Pauline avant mon départ, nous sommes bons amis; je n'ai pas de rancune des sottises que je fais, et ne riez pas de cela, car je sais bien des gens qui vous en veulent quand ils vous ont une fois manqué. Cela même est fort clair, car ils supposent que vous êtes, pour eux, d'aussi mauvaise humeur qu'ils seraient à votre place. Il est certain que je l'ai quittée malhonnêtement et sourtout bien vite,[53] mais j'étais trop malheureux, on me tirait les cheveux de deux côtés, j'étais comme l'homme de La Fontaine.[124, 125] ‹...›

46. Rahel Levin Varnhagen an Alexander von der Marwitz in Friedersdorf. Berlin, den 1. Juni 1811.[126]

‹...› Hier ist der Platz, wo ich Ihnen Paulinens letzten Brief[127] schicken muß. So ist es wenn Einer todt ist. Keine Kunde von ihm. Kein Laut: zu ihm, von ihm. Pauline hatte acht Tage ein Messer in ihrem Bette nach Louis Tod; und sie hat mir geschworen, und so daß ich's glaube, sie hätte sich erstochen, wenn sie hätte nur ein Zeichen kriegen können, daß es Louis weiß: aber so in der ewigen Stummheit, ewigen, vielleicht doppelten Getrenntheit! ‹...›

47. Rahel Levin Varnhagen an Alexander von der Marwitz in Potsdam. Berlin, den 26. Oktober 1811.[128]

‹...› Wäre Pauline hier, die mich tausendfach erheitert, die ich vielfältig lieben kann: die ganze verstäubte Stadt wäre mir belebt; und voll wären meine Tage, ich vermißte nichts; obgleich ich alle sterblichen Güter zu genießen wüßte. ‹...›

48. Rahel Levin Varnhagen an Friedrich de la Motte Fouqué in Nennhausen. Berlin, den 29. November 1811.[129]

‹...› Auch sollen Sie die Briefe und Billets haben, die ich von Louis konservirt habe[130]: weil Sie sie am meisten lieben werden. Sie aber vermachen sie mit den Tüchern, wieder Ihrem liebsten Verwandten, und so der weiter, und immer der Liebste dem Liebsten. Er ist ein geschichtlicher Mann. Er war die feinste Seele: von beinah niemand gekannt, wenn auch viel geliebt;

und viel verkannt. Es ist nicht Eitelkeit, daß ich mich so mit hinüber spielen möchte. Meine ehrenvollsten Briefe sind verbrannt, daß Feinde sie nicht lesen! Denn alles schrieb der Vielverworrene der vertrauten Freundin, oft auf einen Bogen, auf einer Blattseite. Mit wahrhaftem Vollgefühl sag' ich Ihnen aber: «Schade, daß meine Briefe an ihn nicht da sind!» Gerne ließ ich der Welt das Exempel, wie wahrhaft man mit einem Königlichen Prinzen, der schon vom Ruhm geführt, und hoch geliebt war, sein kann. Er hat alles was er schriftlich besaß – wie ich – vor dem letzten Ausmarsch in Schricke verbrannt, weiß ich vom Major Möllendorf. Auch hat sich nichts gefunden. Sonst hätte man das Geklatsche schon gehört. Man kann Fürsten die Wahrheit sagen; und verschweigt man sie bei einem Wüthrich, um Martern auszuweichen: so wird er dies schon merken. Mißhandelt wurde Louis oft – zur Empörung – aber schmeichlen thaten sie ihm doch, und die Wahrheit hab› ich ihm nicht sagen hören, wenn nicht Persönlichkeit dazu trieb; und großartig dies, nur von Einer; von Paulinen. Mir aber machte er es möglich, sie ihm jedesmal wie ich sie einsah zu zeigen. Halb, gewiß, gebührt diesem menschlichsten Menschen dieser Ruhm! Das Menschlichste im Menschen faßte er auf; zu diesem Punkte hin wußte sein Gemüth jede Handlung, jede Regung der Andern zurückzuführen. Der war sein Maßstab, sein Probirstein; in allen Augenblicken des ganzen Lebens. Das ist das Schönste was ich von ihm weiß. Nie sprach er darüber mit mir, nie ich mit ihm. Ich sah es aber ein, lebenslang. Er erröthete, wenn Menschen von andern zum Narren gehalten wurden: das sah ich, als man dies Einmal ziemlich gelinde mit einem verrückten Juden Schapse in seiner Gegenwart vornahm: er schenkte ihm Wein ein, und behandelte ihn geschwind als Gast. Mein Verhältniß zu ihm war sonderbar: beinah ganz unpersönlich. Obgleich er seine letzte Lebenszeit mit und bei mir zubrachte (mehr als die letzten drei Jahre). Von uns zu einander, war nicht die Rede. Doch mußt' er mir alles sagen: komponirte er, sollt' ich bei ihm sitzen; spielte er – am Ende gezwungen – Karten, auch. Mein Gräuel! Ich werde Ihnen noch viel von seinem Innren sagen, wie ich's weiß, was Sie aufschreiben können. Wir hatten Einmal, er, und ich, und Pauline, eine

Kontestation[131], wo denn häufig drin vorkam, was er mir gesagt hatte, und nicht hätte sagen sollen; und er machte ihr dieselben Vorwürfe. Mit einemmale, gelangweilt, sagte ich zu ihm: «Prägen Sie sich fest ein, daß Sie mir alles wiedersagen, und daß mir Pauline auch alles wiedersagt; ich kann das nicht behalten, was ich sagen, oder was ich verschweigen soll, solchen Kopf habe ich nicht. Sie sagen es mir ja dann doch beide zusammen.» Er lächelte ganz fein, und unvermerkt, und schwieg. Einmal schrieb ich ihm eine Antwort nach Schricke, sehr aus dem Herzen, worin ich ihm sagte, «wenn ich Ihnen die Wahrheit nicht sagen soll, so hab' ich Ihnen gleich gar nichts zu sagen; dies ist unser einzig Verhältniß.» Ich schrieb ihm «Gnädiger Herr;» und «Königliche Hoheit;» und Sie. Im Gespräch eben so, nur in sehr guter Laune, im Scherz, und urgenten[132] Fällen anders. Er nannte mich Kleine, Levi, oder Rahel, oder Mlle. Levi vor Leuten. Vor vielen Jahren, als wir noch nicht so sehr liirt waren, und er nur viel zu mir kam: attakirt' er mich über Goethe. Ich sprach nie von Goethe. Fing mich in einer Thüre; und docirte, wie schlecht Egmont sei, sehr lange, mir zur marterndsten Langenweile, weil ich nur der Schicklichkeit fünf Worte opferte, und gar nicht antwortete. Wie Goethe einen Helden habe so schildern können! in einer miserablen Liebschaft mit solchem Klärchen etc. Ein Jahr vor seinem Tod schrieb er aber seiner Geliebten, er sei vom Herzog von Weimar mit Goethen zu Hause gegangen, habe sich in sein Bette gelegt; Goethe davor; und da wäre er denn bei Punsch aufgethaut, er habe über alles mit ihm gesprochen, und nun habe er gesehen, was es für ein Mann ist; mit noch vielem Lobe; welches er so beschließt; «Laß dies ja der Kleinen lesen; denn alsdann bin ich ihr gewiß unter Brüdern dreitausend Thaler mehr werth.»[133] Dies, Fouqué, war mein größter Triumph in der Welt.

Ein großer Prinz, mein Freund, der Vetter meines Königs, der Neffe Friedrichs des Zweiten, der noch von Friedrich selbst gekannt war, mußte mir das schreiben; ohne daß ich je von Goethe mit ihm gesprochen hatte. Es mußte der menschlichste Prinz seiner Zeit, in seinen eigenen leibhaften Freunden dem größten Dichter huldigen. Dies schreib' ich Ihnen aus Eitelkeit. ‹...›

49. Karl August Varnhagen an Rahel Levin Varnhagen in Berlin. Prag, den 10. Februar 1812.[134]

‹...› Brentano hat ja lange genug in Berlin und mit Berlinern gelebt, um zu wissen, was man von Dir weiß; wenn er nun im Gespräch z.B. über Pauline fragte,[135] wie Du nur mit ihr habest umgehen können, so sagt' ich ihm wohl, daß die Bettina, als verrückt verschrieen, ja wohl die Eigenschaften besitzen könne, die er an ihr lobe, und Pauline ihren üblen Ruf für ihre Freunde durch eben so große und schöne ersetze. ‹...›

50. Friedrich Gentz an Karl August Varnhagen von Ense in Paris. Paris, den 15. September 1815.[136]

Die Nachricht von Paulinens Anwesenheit in Paris ist mir durchaus neu; sie interessirt mich so sehr, daß ich gewiß selbst alles aufbieten werde, um sie zu verificiren, ob ich gleich noch nicht recht weiß, wie es anstellen soll. Im Ganzen halte ich die Sache nicht für wahrscheinlich, da sie sich an keinen von den alten Bekannten gewendet hat; was konnte sie – bei ihrer nicht zu bezweifelnden Bedrängniß – zu einer solchen Reise veranlaßt haben?

Uebrigens verspreche ich Ihnen heilig, daß ich es mir zur Pflicht machen werde, Ihnen jede Notiz, die mir über diesen Gegenstand unserer gemeinschaftlichen Neugierde zukommt, sogleich mitzutheilen.

51. Karl August Varnhagen an Rahel Levin Varnhagen in Frankfurt am Main. Paris, den 16. September 1815.[137]

‹...› nach dem Essen sagt mir Stägemann, ihn habe jemand versichert, Pauline sei in Paris, und zwar bei Gentz, zu finden; ich schreibe gestern an Gentz durch die kleine Post, ein paar Worte trocken und etwas ängstigend; heute bekomme ich beifolgende Antwort,[138] die Dich ergötzen wird; ich glaube natürlich es sei ein leeres Gerücht gewesen, und gehe zu Stägemann hinauf, ihn davon durch Gentz'ens Brief zu überzeugen, bei ihm finde ich Eckartstein, der mich eben verlassen hatte, und Kiesewetter; beide haben Paulinen gesprochen, sie ist mit zwei Engländerinnen[139] hier, und soll, wie die Leute sagen, sich für eine reuevoll Bekehrte ausgeben, worauf denn die schlechtesten Witze gegen sie gemacht wurden, Plattheiten, daß ich mich ärgern konnte, aber nicht wollte, beiden hatte sie gesagt, sie wolle mich besuchen, sie habe an Gentz zu schreiben wegen eines Geschäfts, hatte ihre Wohnung genannt, die aber niemand behalten hatte, auch Eckartstein nicht, der einige Vorliebe für Pauline zu haben schien, und nicht mitschimpfte, wie Kiesewetter, Dr. Meyer, Ezechel etc., er will aber alles aufbieten, um sie mir zu verschaffen. Nun bin ich in äußerster Ungeduld, und kann es kaum erwarten Paulinen zu sehen, ich möcht' Dir gleich heute von ihr schreiben; es ist mir, als hätte ich einen Fund für Dich, geliebte, theure Rahel, einzige Freundin! ich gehe ihm nach, als wär' es mein eigenster Geschmack, da ich doch selbst noch ungewiß bin, wie ich mit Paulinen mich finden kann; aber es ist mir niemand jetzt in Paris wichtiger, um Deinetwillen! ‹...›

52. *Karl August Varnhagen an Rahel Levin Varnhagen in Frankfurt am Main. Paris, den 18. September 1815.*[140]

Paris, den 18. September 1815.
Montag Vormittags nach 10 Uhr.
Geliebte, theure Rahel! Gestern sah ich Paulinen; Gentz schickte mir beifolgenden Zettel[141], den er von ihr erhalten hatte, gleich im Original zu. Ich mußte zu Hause auf Tettenborn warten, der mir gesagt hatte, daß er zu mir kommen würde, und gelangte erst gegen 3 Uhr zu Paulinen, die aber glücklicherweise zu Hause war, weil um diese Stunde Gentz ihr seinen Besuch angekündigt hatte, der aber ausblieb. Was soll ich Dir sagen? Der Anblick Deiner Freundin, die Fülle aller Erinnerungen einer Dir so reichen Zeit, rührten mich fast zu Thränen! Ich sprach einige Minuten, ehe ich meinen Namen nannte, der kaum heraus war, als Pauline mit einem freudigen Schreck mich bei der Hand

faßte, und neben sich niedersitzen hieß; ein tiefes, abgewandtes, schnell umfassendes Ach! bezeichnete gleichsam eine Verwandlung, als träte nun etwas ganz anderes hervor! Sie fragte mit größter Liebe, mit wahrem Seelenbedürfniß nach Dir, erzählte mit dem frischesten Leben, mit karakteristischer Erinnerung von Dir, und – – hier bin ich durch Jung gestört worden, der mir Deinen lieben, herzerfreuenden Brief vom 12ten[142] bringt, mit dessen Liebesworten ich mich freue, wie ein Kind, der mich ganz beglückt, und in meinem Herzen Sonnenglanz erblühen macht! Geliebte Rahel, meine einzig theure Freundin! ich danke Dir! – jetzt höre weiter von Paulinen! Sie ist mit 30 geliehenen Louisd'or ohne Wissen der Mutter[143] plötzlich hiehergereist, um Schuwaloff zu sprechen, der ihr geschrieben hatte, aber nicht, daß sie kommen sollte, und der nun einige Tage früher nach Petersburg abgereist ist; da sie ihn nicht findet, so will sie auch nach wenigen Tagen schon zurückreisen mit dem unglücklichsten Gefühl des Mißlingens! Sie wohnt bei einer Freundin, einer Französin[144], die in Egypten geboren ist, und äußerst freundlich mit ihr scheint, ein Verhältniß von der Art derjenigen, die starke Persönlichkeiten wohl außerhalb der gewöhnlichen Verhältnißrubriken eigenthümlich zu bilden und zu halten pflegen, es scheint mir keineswegs gemein, aber auch nicht edel und nothwendig. Diese Frau störte uns oft, sie schien vergnügt, uns sprechen zu hören, und ging ab und zu, so daß wir großentheils französisch sprechen mußten; ich war über eine Stunde da, Pauline immer außer sich, so oft sie auf Dich und auf die Vergangenheit kam,in Ausbrüchen von Erzählungen, schlicht hingesagt, und doch lyrische Klagelieder des vergangenen Glücks, im höchsten Styl, noch mit der Freude gepaart, doch glücklich gewesen zu sein. Dieser Unterschied, «damals war ich glücklich, wie hat mich der in meinem Glück gesehen!» und «jetzt bin ich nicht glücklich, mir geht es schlecht!» zog sich zuletzt von ihrer persönlichen Lage auf den allgemeinen Weltzustand hinüber, und ging durch das ganze Gespräch. Sie wahr sehr großartig in unscheinbaren Worten. «Innerlich», sagte sie, «bin ich fünfzehn Jahr, obwohl ich der Zeit nach alt geworden bin. Ich bin auch nie ganz unglücklich, und nie lange, jeder Glücksschein bringt mich wieder heraus, füllt mein Herz ganz, als sei das andere nie gewesen, und ich nehme das Glück nicht als Gebühr, sondern als Glück, das vom Himmel herabfällt, und Glück ist! So z. B. heute, daß ich Sie gesehen, daß ich so von Rahel gesprochen, ist mir ein solches Ereigniß, daß mir nun alles Unangenehme, was mir noch begegnen könnte, nichts ist, ich schreite drüber weg, wie über Wasser.» Dergleichen sagte sie noch viel, sehr schnell hintereinander, oft zu mir gewandt, oft verloren sinnend zur Erde blickend. «Rahel hat Recht», sagte sie, «ich ertrage kein Unglück, und keine Langeweile, ich schaffe sie mir um jeden Preis fort.» Ueber Deine Heirath wunderte, freute sie sich unaufhörlich; sie erinnerte sich meiner nun ganz gut, vom Grunewald her.[145] Ich war tief angegriffen von der Gewalt der mir zuströmenden Gedanken und Betrachtungen. Sie hieß mich endlich gehen, weil sie sich anziehen mußte, ich soll aber alle Tage zu ihr kommen, und heute auch noch einen Brief für Dich[146] erhalten, der aber erst morgen abgehen kann. Pauline thut mir schrecklich leid; sie ist sehr alt geworden, auch dick: ihr Gesicht hat seitwärts noch bisweilen den Schimmer zaubernder Liebenswürdigkeit, sonst aber sind ihre Züge häßlich gezerrt, ausgetieft, und selbst gemein, sofern sie die Forderung des edlen Ausdrucks noch erwecken und doch nicht erfüllen. Sie will nach der Schweiz zurück, wo es ihr himmlisch gefällt, wo sie wohlfeil lebt, und von Zeit zu Zeit nach Italien reist, von dem, was sie ersparen kann. Dich in Frankfurt zu besuchen, würde sie glücklich machen; wenn Du dort länger bleibst, will sie es von der Schweiz aus möglich machen. Sie thut mir schrecklich leid. Wie sie ist, kann man ihr, ohne Riesenkraft an Geld und Unbekümmertheit um die Welt, nicht helfen; sie hat letztere gewiß mehr, als je, sie hat gar kein amour propre[147], wie sie sagt, der Namen und der Schein der Dinge sind ihr völlig einerlei. Sie hat das größte Gefühl für Realität, sie knüpft alles daran. Ueber manche Menschen äußerte sie sich mit der großartigen Menschenfreundlichkeit einer in's Elend gestürzten Prinzessin, ohne Nachtragen, ohne Anrechnen, bloß ihren Sturz vor Augen habend, und über den sinnend. Sie denkt an Louis und an die glückliche Zeit Deines Umgangs; sie möchte nun bloß die äußeren Vortheile des ehemaligen Glanzes als armselige Reste verbrauchen, fragte zweifelnd nach Prinz August, und sagte, sein Bruder[148] habe ihm so sehr für sie geschrieben, der Brief sei in ihren Händen hinterlassen geblieben, sie habe ihn abgeschickt, aber als ob sie ein Stück Blei in's Wasser geworfen. Joinville ist hier, sie glaubt ihn zu sehen. Ich werde hören, ob Gentz da war. Tettenborn will mit mir zu ihr gehen. Ich schreibe heute nur eilig, damit der Brief noch auf die Post kommt. ‹...›

53. *Rahel Levin Varnhagen an Karl August Varnhagen in Paris. Frankfurt am Main, den 22. September 1815.*[149]

‹...› Gestern Abend erhielt ich Deinen Brief, mein zarter, liebevoller August, mit Paulinens Findung. ‹...› Frage Paulinen, ob sie sich noch des Morgens im Bette, wenn sie alles überlegt, «applaudirt»? Ob sie noch meine Goldtaube ist, ob sie noch schwant? Philosophirt, laut philosophirt, das weiß ich, hat sie seit mir nicht. Sage ihr, ich freute mich, ich lachte mich todt, wenn sie dem bullköpfigen Pöbel sich als eine Büßende darstellte. Sie kennt Frau von Krüdener; ich weiß es.[150] Sie soll mir sehr genau über Gentz schreiben. ‹...› Frage sie, ob sie viel Wein trinkt, wie mir Triti (Wiesel) erzählt habe: ich glaube nicht, daß sie dergleichen nöthig habe, daß sie eine Gewohnheit, ein Muß habe. ‹...›

54. *Rahel Levin Varnhagen an Karl August Varnhagen in Paris. Frankfurt am Main, den 22. September 1815.*[151]

Frankfurt a.M., Freitag Mittag halb 3 Uhr, den 22. September 1815.

Was soll ich Dir sagen, mein August! Zu Gott, dem unverständlichen, zu dem das noch lebende Herz flüchtet, wend' ich Aug' und Seele. Herz, Gedanken, Leben, Verstehen, Wünschen, alles steht still. Ich habe Deinen Brief und Paulinens Zettel an Gentz. Du hast sie gesehen, gehört, Du weißt wie ich (die auch nur Reelles und Wahres liebt und begreift, und gequält wird von allem anderen) sie ansehen, sie lieben muß. Was ich sagen könnte, sagst Du! Ein unendliches Geld, eine Prinzessenschaft gehörte dazu, sie zu behalten; mit uns zu behalten. Auch mir rückt sie eine große, reiche Vergangenheit wieder in die Seele. Und ach! was ist seit Anno 6 vorgegangen! Eigentlich, mein August, mein großer Trost! schreib' ich Dir, weil Du mir sagst, sie reise bald wieder, – damit ihr ja alles, was ich Dir gestern, an sie und an Dich schrieb, sicher nachgeschickt wird. Laß sie den großen Trost haben, zu wissen, daß sie wahrhaftig leibt und lebt in einer anderen Seele, daß sie begriffen ist, und aufgenommen in einem Herzen, welches vielleicht sterben, aber sich nicht ändern kann. Sie hat Gefühl für Liebe, für das bekräftigende verstandene Dasein in einem Anderen, und ist roh und ausgelassen, weil sie die Schmerzen der Zartheit nicht dulden kann, wie ich: wie es bei mir bis zum Fehler ist.

Sie soll wissen, was ich an Dir für ein neues Glück, welch namenloses unverhofftes ich fand. Sie soll so viel von uns wissen als möglich. Weil sie weiß, wenn sie weiß. Aber sprechen kann ich heute nicht mehr. Wenn ich von Paulinens Unglück höre, und daß sie doch nicht unglücklich ist, so ist das, als ob ich von mir selbst höre. Und doch noch ärger. Weil sie eine so erobrende, kriegrische, leichtsinnige (leichtlebende vielmehr) Natur ist, und – nichts!!!!! hilft hier. (Können wir sie denn nicht einem Reichen, noch zu seinem einzigen Glück, aufladen?) Und weil sie und ich mich erschüttern können, wie kein Mensch. Denn, tiefere, wahrere, heiter klarere, fand ich keine. Ja! Unsere Naturen stehen – Gott! welcher Frevel! – über dem Schicksal, außer seinem Gebiet; wir gehören der großen, dunklen, hellen, Leben und immer Leben wirkenden Natur! – Schick ihr auch diese Zeilen. ‹...›

55. *Karl August Varnhagen an Rahel Levin Varnhagen in Frankfurt am Main. Paris, den 25. September 1815.*[152]

‹. . .› Gestern wollt' ich Jettchen[153] sehen, fand sie aber nicht, und brachte darauf den Abend bei Paulinen zu, die Gentz'en erwartete, der nicht kam. Wir haben unsäglich geplaudert, sehr angenehm, ich mußte ihr erzählen, wie ich mit Dir bekannt geworden, und wie sich das fortgesetzt hatte bis zur Heirath; wir sprachen mit fröhlichster Innigkeit von Dir, Geliebteste! ich sagte ihr, daß Du mein ganzes Glück seist, sie lobte Dich immer durch Erzählungen. Sie erzählte mir von allen Leuten, lebhaft, scharf und behaglich; von Gentz zum Todtlachen, was der ihr alles vertraut, und wie er sich hat, sich entschuldigt, zu verstehen giebt etc., er möchte sich die Frucht aneignen, die er doch nicht genießen kann; sagt, er sei ein rasender Libertin gewesen, jetzt «ein arger Schwächling». Das Wort, sagt Pauline, kam geradezu heraus. Doch das alles muß sie Dir selbst erzählen. Sie gefällt mir sehr, aber ich muß sie doch bedauern, ihr Flug ist oft zu niedrig, ihre Sitten verdorbener als ihre Sittlichkeit, das ist sehr Schade! Auch mit Gentz ist ihr Spiel doch geringer geworden, als es sich zuerst anließ. Mit ihr beständig umzugehen, würde Dich nicht mehr so wie ehemals erfreuen können. ‹. . .›

56. *Rahel Levin Varnhagen an Karl August Varnhagen in Paris. Frankfurt am Main, den 25. September 1815.*[154]

‹. . .› So eben hab' ich Paulinens Brief[155] noch Einmal gelesen. Der ist Millionen werth. Diese Götterworte, diese Ansicht, diese Wahrheit, diese Orthographie. Besonders die Stelle, wo sie sagt, sie weiß «plusieures langues!»[156]

Und über Gentz. Namenlos! Grau! Wie ein großes Musikstück unerwartet großartig manchmal endet. Grau. Grüße sie millionenmal, diesen Lebensliebling! Die frischt mich auf. Fühlst Du's? Einen wollte die Natur aus uns machen, und zwei mußte sie machen; drum handelt sie für mich, und ich bin ihr des Anderen wegen lieb, wozu sie kein Geschick hat, wie ich zu jenem nicht den Muth, und nicht das Glück. ‹...› Verwahre ja Paulinens Brief; ein Meisterstück. ‹...›

57. *Karl August Varnhagen an Rahel Levin Varnhagen in Frankfurt am Main. Paris, den 27. September 1815.*[157]

‹...› Als ich endlich Paulinen sprach, hatte sie mir bloß ihre Freude über Gentz zu sagen, der alle ihre Ausgaben bestreitet, und sie sogar verschwenderischer machen möchte, in Kaufen, Wagen, Speisen, Wohnung, Bedienung etc., ihr zu 50 Friedrichsd'or schenkt; mehrere hundert Louisd'or scheinen ihm ein Bettel zu sein, er sagt ihr unter anderen, er habe hier noch Geld von Baiern zu erheben, und ist ganz berauscht von seinem Reichthum und seinem Ansehen, das er Paulinen mit aller eitelsten Hingebung auseinandersetzt, wäre er ein Kaiser, so hätte er, sagt er, seinesgleichen, so aber stehe niemand, wie er! Dabei ist er so weit, weit entfernt von Paulinen mehr zu verlangen, als den Schein, daß sie ihm angehöre, er entfernt ängstlich jede Beziehung, die auf Wirkliches führen könnte, klagt über Gicht im Arm, die ihm allen Muth zur Freude raube, ißt bei Tische nicht, um sich über Magenkrampf beklagen zu können, und bedauert wohl gar, daß Pauline so leer ausgehen müsse, gleichsam als müßte sie das Gegentheil eifrig wünschen! Du kannst Dir denken, welch lächerliche Szenen sie mir zu erzählen hat! – ‹...›

58. *Karl August Varnhagen an Rahel Levin Varnhagen in Frankfurt am Main. Paris, den 1. Oktober 1815.*[158]

‹...› Deine großartigen Worte über Dich und Paulinen, daß ihr, Eure Naturen, über dem Schicksal und außer seinem Gebiete steht, treffen meinen innersten Gedankenkreis! Ich habe Einsicht über Dich und sie, hätte ich sie nicht, so schlügen Deine Worte sie wie Funken heraus! Wohl hast Du Recht, immer Recht gehabt, über Paulinen! Ich erkenne es ganz, und erkenne auch, wie Du es fühlen mußt, wo mein eigenes Gefühl, wie hier doch geschieht, nicht ganz ausreicht; denn wenn die Natur Eins aus Euch machen wollte, und zwei machte, jedem Anderes zutheilend, so gehörte ich doch dem Ganzen nur mit demjenigen an, mit dem ich dem einen Theile davon, Dir angehöre! Ich würdige Paulinen sehr, gewiß mit großer Freiheit der Seele, aber ich muß doch lächeln, sie neben Dir zu denken! Liebe, liebe Rahel, einzig bist Du, mir einzig, auch nur von fern an Gleichstehendes zu denken, wäre mir thörichte Verirrung! Ich habe Pauline gestern Abend gesehen, sie machte mir auf, obwohl sie schon zu Bette war, denn ich hatte mir die Lust gegönnt, die letzte Vorstellung im Odeon, meine Lieblingsmusik, das allerliebste matrimonio segreto[159], bestens aufführen zu sehen von munteren Italienern, und hatte mich verspätet. Sie erzählte mir den fernern Verlauf mit Gentz, der noch grade wie am ersten Tage zu ihr steht, ganz richtig, wie Du es gesagt, nur daß die Verzagtheit und das traurige Bewußtsein der eigenen Beschaffenheit alle Versuchung zu Gelüsten in ihm weit zurückschreckt! Nun weiß und ahndet er keine Silbe, daß ich der Vertraute bin, nicht bloß Paulinens aber, sondern auch Jettchens, der er sehr zugethan ist, weil sie ihn unverändert findet, und der er wieder über Paulinen sein Herz ausschüttet, ja diese ihr sogar zuführen will. Auch in dieser Beziehung, wie er sich über Paulinen gegen Jettchen ausläßt, erscheint er ganz erbärmlich, ein elender Prahler, untergegangen in vornehmem Wuste, und bei besserem Erkennen dieses Erkennen verläugnend, strafwürdig und verächtlich! Du hast Recht gegen ihn, liebe Rahel, aber auch ich habe eines gegen ihn, unabhängig von dem Deinen, als Preuße, was sag' ich als Preuße? – als Deutscher, und als ich selbst! Es kömmt heim von Dir und mir! Lasse nur erst Paulinen das Ihrige gethan haben, und fortgereist sein! – Ich bringe ihr heute die Briefe. Ihr Brief an Dich hatte bloß einen Umschlag ohne Ueberschrift, ich schrieb diese aus Pedanterie darauf! Ich danke Dir für den herrlichen Brief von ihr! also unaussprechlich liebenswürdig findet sie mich?[160] Rahel, Rahel, laß Dir das gesagt, laß Dir Paulinen hierin Autorität sein: ich bin froh darüber, als ob es mich noch mehr sicher stellte mit Dir! Nennst Du das nicht einen Hahnrei, der sich der Liebe noch durch andere als ihre eigenen Mittel versichern will? Ich bin's, ein Hahnrei! man kann nicht sicher genug gehen in der Welt! Aber im Ernst, liebe, einzige Rahel! es wäre eine Kalamität für mich gewesen, wenn ich Paulinens Briefe hätte lesen müssen, «Liebste Ralle, wie haben sie solchen Menschen heirathen können!» Meine liebe, liebe, gute Rahel! mein Herzenskind! Das Billet von Paulinen[161], das ich noch beigelegt hatte, war das erste an Gentz, wodurch er ihre Anwesenheit erfuhr, und das er mir, der ich sie ja bei ihm erfragen wollte, zuschickte, also ein ganz im Ernst geschriebenes, ehe ich sie noch gesehen hatte. ‹...›

59. *Karl August Varnhagen an Rahel Levin Varnhagen in Frankfurt am Main. Paris, den 1. Oktober 1815.*[162]

‹...› Die Sache mit Gentz ist, wie ich Dir heute schon schrieb, in einer Art von lauem Fortgang, der große Schwung im Anfang wird wohl erst nur am Ende wiederkehren, Paulinen ist es doch kein bloßer Spaß, die freie Unbefangenheit ihres Geistes ist durch die Befangenheit ihrer Lage gehemmt, und ich kann mir nicht helfen, es giebt darin Einiges, was auch mir die reine Freude mißfällig verdirbt; das versetzt mich denn in wahre Trauer! Uebrigens ist es entzückend, wie natürlich sie die Wahrheit hält, sie läßt dieselbe keinen Augenblick verloren gehen, und wäre sie auch hart und roh! Du sagst sehr schön, sie sei ausgelassen, weil sie die Schmerzen der Zartheit nicht ertragen könne! Ich habe ihr völliges Vertrauen, sie sagt mir alles, was sie diesmal gewiß nicht bei jedem thäte; ihre Erzählungen über Gentz genügen bis jetzt, Zeuge war ich noch nicht bei den komischen Auftritten, die Veranstaltung dazu ist schwierig, und auch lenkt er ängstlich immer bei Zeiten ein, um es nie auf ein Aeußerstes ankommen zu lassen, wo erst eigentlich das Zusehen seinen Preis erhielte! – Der Brief Paulinens an Dich, ist wirklich herrlich, es sind erhabene Züge darin; daß sie nie krank gewesen z.B., und daher auch immer so voll Empfindungen sei. Ihre Empfehlung ihrer selbst ist prächtig, eigentlich eine wahre Kindesunschuld, sie denkt sie kann es, was sie von sich sagt, plusieures langues! casa amica![163] und sie ist ordentlich böse davon affizirt, daß ihr Gentz, der sie empfehlen sollte, sagt, es ginge höchstens für einen einzelnen Herrn, aber durchaus nicht für eine Dame, und sie könne ja gar nicht schreiben noch sprechen, in keiner Sprache! Und hat sie etwa Unrecht, wenn sie das feindlich aufnimmt, wie wenn einem die entschiedensten Talente weggeläugnet werden? Denn was ist im Grunde alle Gentzische und alle Schönschreiberei und Schönrednerei gegen diese weichen, tiefen Natursprüche, die noch im Adernblute schwimmen, aber nicht aus der Tinte aufgefischt werden? der kleine, graue Atzelträger sollte sich die Augen aus dem Kopfe schämen! – Atzel heißt Perücke; Tettenborn spottete immer über Gentz'ens Atzel; – grau nannt' ihn Pauline, weil seine Haut grau geworden, er war schon betreten, und glaubte doch, sie meinte nur die Haare, und freute sich der Hinterlist mit der Atzel, als sie aber sagte, «nein, liebe Seele, ich meine den Teint, die Haut», da wurde er ganz unlustig, und blieb verstimmt, und warf ihr ihre Unart vor. Noch muß ich Dir noch sagen, daß ihr Modestanstellen, wovon sie spricht,[164] wohl nur eine gutmüthige Einbildung ist, wenigstens das Modeste noch nicht zur rechten Uebung werden gekonnt, ich habe eben nichts davon gespürt, sie glaubt es aber wahrscheinlich, und ihr fällt nicht mehr auf, daß ihre Sitte schlechter ist, als ihre Sittlichkeit, umgekehrt wie bei Anderen (Lügen=) Leuten! ‹...›

60. Rahel Levin Varnhagen an Karl August Varnhagen in Paris. Frankfurt am Main, den 3. Oktober 1815.[165]

‹...› Pauline macht von jeher, als wenn sie einem was Wichtiges zu sagen hätte, und dann ist's nichts, als daß sie sich ausschütten will; und amüsirt einen. Millionen Grüße an den Schwan! das ist sie, – ‹...›

61. *Karl August Varnhagen an Rahel Levin Varnhagen in Frankfurt am Main. Paris, den 9. Oktober 1815.*[166]

‹. . .› Paulinen habe ich seit ein paar Tagen nicht gesehen; als ich sie zuletzt sah, war es spät Abends, und sie schon zu Bette; sie gefiel mir ganz und gar nicht, und mußte dies auch zu ihrer Befremdung, da sie sehr auf's Gefallen ausging, erfahren. Sie bleibt aber doch der Schwan, wie Du sie glücklich benannt hast! Und ich gönne Dir von Herzen, daß sie nach Frankfurt käme, welches sie bestimmt will, ohne jedoch schon Näheres festsetzen zu können. ‹. . .›

62. *Karl August Varnhagen an Rahel Levin Varnhagen in Frankfurt am Main. Paris, den 11. Oktober 1815.*[167]

‹. . .› So unverhohlen wie sie mit mir spricht, giebt es gar nichts mehr: ihre letzteren Anlockungen, weit entfernt sie verlegen zu machen, sind ihr wie jedes andere, ein gleichgültiger Stoff, sie erzählt mir ganz unbefangen, daß Gentz verhohlen auf mich eifersüchtele und ihr argwöhnische Vorwürfe mache, sie ihm aber antworte, sie habe wohl gewollt, aber ich nicht! Ihre Lebendigkeit und Art läßt sich gar nicht beschreiben, jede Darstellung muß daran verzweifeln; sie ist eine Frau in unserer Zeit, wie in der antiken die Männer waren, wer darf denen Gemeinheit Schuld geben? und doch hatten sie das, und Pauline hat es, was wir gemein nennen, weil es für uns es wäre. ‹. . .›

63. *Karl August Varnhagen an Rahel Levin Varnhagen in Frankfurt am Main. Paris, den 13. Oktober 1815.*[168]

‹. . .› Sie schlug mir gestern vor, sie zur Mendelssohn zu bringen, die sie schon auf der Straße gesprochen hatte; ich war's zufrieden, und wir fuhren hin, und blieben den ganzen Abend da. Pauline war wie immer, Jettchen aber bei seinwollender Freundlichkeit unausstehlich haltungslos, wirr, grob und dumm, eine auf lauter unsichere Vorstellungen mit ängstlicher Niedlichkeit herumflatternde Seele, die von solcher Naturnähe erdrückt wird, und sich nicht entschließen kann, das einzige Mittel, welches schwächeren Naturen, um größere zu ertragen, übrig bleibt, die unbedingte Anerkennung, zu ergreifen. Die Voraussetzung, daß Pauline ein verlorenes Kind, liederlich und unsittlich sei, diese stand bei allem als abgemachte Sache im Hintergrund, und drängte sich bisweilen widerlich vor, man wußte nicht recht, ob als Tadel, oder auch zugleich als Aufzeigung, daß man auch für solche Dinge einigen freieren Sinn habe, kurz, mir ungeheuer zuwider, keine einzig klare, tiefe wahre Aeußerung des eigensten Wesens; Pauline merkte es nach ihrer Weise auch recht gut, ließ sich aber nicht dadurch stören, sondern war nur desto gesprächiger und prahlender mit ihren Erlangungen, Genüssen und Begegnissen. ‹. . .›

64. *Rahel Levin Varnhagen an Karl August Varnhagen in Paris. Frankfurt am Main, den 14. Oktober 1815.*[169]

‹. . .› Was Du mir von Paulinen schriebst, wußte ich vorher. Sie würde «Ralle'ns» Mann kosten wollen. Wie Eispunsch. Ich kenne sie in allem. Sie bleibt der Schwan, und Du der Hahn – im Korbe! ‹. . .›

Ich erklärte Marwitz'en einmal sehr erschöpfend, warum Pauline keiner Frau einen Mann zu lassen leiden kann. Sie fühlt nur ihre Persönlichkeit, und keines Anderen: um dies zu thun, muß man gleich zart sein, und sich für den Augenblick vernichten: dazu ist sie zu sehr Natur= und gar nicht zärtlender Mensch. Auch wurde eine Nichtigkeit, das ist jede Eitelkeit, von ihrer Mutter in ihr erzeugt, eh sie sich besann, und lange von ihr für Klugheit und Triumph gehalten. Ich kenne dies alles. Aber ihr Großes und für mich einzig Wahres, bei manchem Lügen, schwant bei mir obenauf. Champagner=Punsch kosten, sagte hier nicht alles. ‹...›

65. *Karl August Varnhagen an Rahel Levin Varnhagen in Frankfurt am Main. Paris, den 18. Oktober 1815.*[170]

‹...› Pauline sagte heute, das Herz würde nicht mit einem alt, oder vielmehr sie sagte, es ist etwas, das nicht mit uns alt wird. Gestern hättest Du sie sollen über Liebesglut schwanen hören; sie sprach von dem Abend, von welchem ich Dir geschrieben habe, wo sie mir so sehr mißfiel, und sprach sehr klug! «Keuscher Joseph!» hatte sie am anderen Tage einen Zettel an mich anfangen wollen, dachte aber ich hätte es ganz vergessen vielleicht; es sei übrigens nur der Augenblick gewesen, und die gänzliche Abwesenheit aller früheren Gedankenrichtung dieser Art haben den Augenblick etwas heftig gemacht, der völlig vorbeigewesen wäre am anderen Tag, und auf andere Weise doch ebenfalls vorbeigewesen wäre; sie habe aber, als ich fort war, etwas geweint! – Sie findet mich übrigens auch jetzt noch, ohne solchen Augenblick, ziemlich hübsch und liebenswürdig, und ich gestehe Dir, es ist mir lieb, daß Du einen Freund hast, der Anderen so erscheinen kann. Dies ist nun einmal die Grundbeziehung meines ganzen Seins, die meine Redlichkeit und meine Eitelkeit gleicherweise an sich gezogen, ich will gelobt sein, um Deinetwillen, einzige, geliebte Rahel! aber auch sein will ich alles um Deinetwillen! ‹...›

66. *Karl August Varnhagen an Rahel Levin Varnhagen in Frankfurt am Main. Paris, den 22. Oktober 1815.*[171]

‹...› Ich will nun sehen, daß ich heute noch den Kanzler[172] spreche, und hoffe mit dem Ende der Woche abzureisen, Paulinen neben mir im Wagen! Bei jenem Mittagessen hatte Humboldt[173] doch ihren Namen gehört, und so sprachen wir lange von ihr, Jordan begierig sie kennen zu lernen, Humboldt sie freimüthig anerkennend, nicht ein bischen verläugnend, was ich ihm hoch anrechnete, sagte, sie sei mit seiner Frau sehr befreundet, bei der habe er sie immer gesehen, sie habe die liebenswürdigste Lebhaftigkeit, und würde ohne Wiesel's bösen Einfluß niemals zu dem freieren Lebenswandel, den man ihr nachher vorgeworfen, gekommen sein, er sprach im Ganzen von ihr durchaus wie von einer Dame, ganz ordentlich, so daß ich großes Vergnügen hatte. ‹...› Mit dem Eispunsche ist es nichts! er bleibt ungekostet. ‹...›

67. *Karl August Varnhagen an Rahel Levin Varnhagen in Frankfurt am Main. Paris, den 25. Oktober 1815.*[174]

‹...› Gestern gab uns Nostitz das Mittagessen im rocher de Cancale[175]; sehr gut und sehr angenehm, wir blieben bis halb 11 Uhr Abends beisammen; Pauline war munter, vortrefflich angezogen, und schien sehr zu gefallen. Heute Abend bin ich mit ihr, Stägemann und Pfuel im Théâtre des variétés, um die anglaises pour rire zu sehen, wo Brunet und Pothier Engländerinnen vorstellen.[176] – Jordan hatte ich vorgestern von des Kanzlers Tisch auf sein Begehren zu Paulinen gebracht, wo er über eine Stunde sich von alten Berliner Dingen angenehm unterhielt. Meine Art von Paulinen zu sprechen und mit ihr umzugehen thut ihrem Rufe wahrlich gut, meine Art setzt das Honnette[177] so unbedingt und sicher voraus, daß dadurch gradezu imponirt wird, wo alle Apologie nur beschwichtigte! – Heute will Pauline mit Gentz Endrücksprache wegen der Reise nehmen; ich hoffe sie macht mir keine falschen Sprünge, und verzögert mir die Reise nicht; ich bin entschlossen, ehe ich mehrere Tage noch über Sonnabend hinaus wartete, lieber allein zu reisen. Sie will aber so gern zu Dir, daß ich denke, sie wendet alles an, um zu rechter Zeit in Ordnung zu sein. ‹...›

68. *Wilhelm von Humboldt an Caroline von Humboldt in Berlin. Paris, den 1. November 1815.*[178]

‹...› Pauline Wiesel, stell Dir vor, war hier und ist von hier nach Frankfurt gegangen, wo sie einige Zeit bleiben will. Ich ging nicht zu ihr, da ich sie wenig kenne. Aber die Mendelssohn sagte mir, sie wäre bei mir gewesen. Also ging ich zwei Tage vor ihrer Abreise auch hin. Ich fand sie nicht, aber sie schrieb mir, daß sie den Abend zu mir kommen wolle. Das schien mir etwas bedenklich, ich zog also vor, zu ihr zu gehen. Sie ist im Gesicht sehr alt und häßlich geworden. Aber der Körper mag noch recht hübsch sein. Im Wesen ist wie sonst. Sie spricht noch ganz berlinisch, wirklich zur Verwunderung. Man hätte den schönsten Dialekt nicht sorgfältiger in seiner Reinheit erhalten können. Mir sagte sie sehr naiv, sie hätte mich schlechterdings sprechen müssen, um mir zu danken, weil sie wüßte, daß Du und ich immer bei ihrer Familie und sonst gut von ihr geredet hätten. «Das», sagte sie, «gibt mir einen Druck in der Gesellschaft». Sie hat wirklich bei allem, freilich noch viel höher gestiegenen Philinenartigen[179] Wesen, eine große Offenherzigkeit und Gutmütigkeit. Ihr Hauptumgang hier war Gentz. ‹...›

69. *Caroline von Humboldt an Wilhelm von Humboldt in Paris. Berlin, den 13. November 1815.*[180]

‹...› Also Pauline Wiesel ist auch noch allant[181]! Die Arme! Für dergleichen Schicksal hat man immer ein tiefes Mitleiden. ‹...›

70. Karl von Nostitz an Rahel Levin Varnhagen in Karlsruhe. Paris, im März 1816.[182]

Pauline, sagen Sie mir, hat Ihnen alles erzählt;[183] das gefällt mir von ihr, es ist ein Beleg zu ihrem Leben. Diese Frau ist durch ihre starke körperliche und geistige Constitution der antiken Freimüthigkeit verfallen. Ihr Geist bewegt sich leicht in allen Schwingungen, und ihr Blut säumt nicht, die Verschiedenheit der Geschlechter anzudeuten. Diese Pauline ist eine wahrhafte Erscheinung der weiblichen Urgestalt, und ist in der Welt so gewaltig verzerrt worden wegen dem Widerspruche mit der Convenienz, den zuweilen Verhältnisse, öfter aber noch ihr guter Muth hervorgerufen hat. Das Antike ihrer Natur spricht sich in dieser Pauline vorzüglich durch die wahrhaft gutmüthige Ironie aus, mit der sie das äussere und innere Leben behandelt oder vielmehr das fremde und eigne. ‹...›

71. Rahel Levin Varnhagen an Karl August Varnhagen in Mannheim. Frankfurt am Main, den 28. September 1816.[184]

‹...› »So ist die Politik! und so geht die Welt!« sagte Pauline einmal zu Gentz, bei dem ersten so blies sie leise hin, bei dem zweiten beschrieb sie mit den Armen große Kreise. ‹...›

72. Dorothea Schlegel an Rahel Levin Varnhagen in Karlsruhe. Frankfurt am Main, den 10. bis 12. April 1817.[185]

‹...› Nur zu gern ging ich gleich, wenn Sie wollten, mit Ihnen nach Murten[186], und überall hin; ich bin mit niemanden lieber als mit Ihnen, und auch Pauline würde ich für mein Leben gern einmal wieder sehen; Philine[187] als solide Hausfrau und Mutter ist pikant, auch muß ich immer lieben, was ich einmal geliebt habe. ‹...›

73. *Karl von Nostitz. Selbstbiographie. Anfang 1818.*[188]

‹...› Die Mutter derselben ‹der Kinder Louis Ferdinands›, eine Demoiselle Fromm, war ein schlankgezogenes und wohlerzogenes Mädchen, jedoch ohne Anflug von Seele; darum mußte sie auch im letzten Jahr einer Frau Wiesel nachstehen, an welche sich der Prinz, zum Aergerniß der Welt, sehr anschloß, da sie, obwohl von gutem Hause und in anständiger Weltverbindung, in einem schlimmen Rufe stand.

Was ein heißes Blut von ihr erheischte, das gewährte sie freilich nicht immer nach sorgfältiger Wahl, gehörte aber darum nicht minder zu den geistreichsten Erscheinungen der damaligen Welt. Es war in ihr die freiste Ungebundenheit und eine muntere Keckheit gegen Alles, was sie umgab, und was sie gleich unter den drolligsten Beleuchtungen ihres regen Geistes darstellte. Es gehörte die gleiche geistige Ungebundenheit des Prinzen dazu, um sich im Trotz gegen die Welt dem Hange zu dieser Frau ganz hinzugeben. Durch die Sinne einander unterthan, standen sie dem Geiste nach frei einander gegenüber. ‹...›

74. *Friedrich Gentz an Rahel Levin Varnhagen in Karlsruhe. Frankfurt am Main, den 3. Dezember 1818.*[189]

‹...› Pauline habe ich ein Rendevous in Heidelberg[190] vorgeschlagen. Ich zweifle nicht, daß sie es annimmt. Sagen Sie ihr, was ich vergaß zu schreiben, sie möchte in Heidelberg sogleich tüchtig einheizen laßen, und für möglichst gutes Essen sorgen. ‹...›

75. *Rahel Levin Varnhagen an Karl Gustav von Brinckmann in Stockholm.*
Karlsruhe, den 2. Februar 1819.[191]

‹...› Pauline die bey der Streckeisen in Basel wo auch die Mutter ist lebt war den 9v: und Dezemb: bey mir: und sah auch Gentz. Er freute sich er liebt sie etwas d'amour. Merz kommt sie wieder. Wir reden immer von Ihnen. ‹...›

76. *Karl Gustav von Brinckmann an Rahel Levin Varnhagen in Karlsruhe.*
Stockholm, den 10. März 1819.[192]

‹...› Pauline! war also bei Ihnen, und ist es vielleicht in diesem Augenblick! Aber wie! müssen Sie diese Zauberin von mir grüßen. ‹...›

77. *Rahel Levin Varnhagen an Konrad Engelbert Oelsner in Paris.*
Karlsruhe, den 28. März 1819.[193]

Karlsruhe, den 28. März 1819.
Lieber Oelsner! Die originalste Person nächst mir wird Ihnen diesen Brief geben. Leicht und lustig von Natur, aber, alles erfahren, und den Herbst ein lange krank gewesenes fünfzehnjähriges Mädchen verloren, will sie Seele und Leib in Paris erholen, findet nur dort Erholung. Ich aber finde sie zu allein dort und empfehle sie daher Ihnen. Der Mensch kann nicht wissen, was ihm begegnet. Sie heißt Pauline Cesar, hat ihren Familiennamen nach ihrer Scheidung von ihrem Mann (Wiesel) wieder angenommen. Wohnte den einen Theil dieses Winters bei mir, den andern in Basel bei ihrer Schwester Madame Streckeisen. Jetzt läßt sie sich nicht länger halten; sie liebt nur Paris, wie wir Alle. Ist aber frei, wie wir nicht.

Wenn Sie sich nicht nur oberflächlich kennen, werden Sie sie sehr gut finden. Ich liebe sie sehr. Sie hat keinen Anspruch auf Societät. Nur auf Theater, Luft, Promenade. Adieu. Leben Sie wohl.

Ihre wie immer
Fr. Varnhagen.

78. Henriette Mendelssohn an Lea Mendelssohn-Bartholdy in Berlin. Viry, den 26. Mai 1819.[194]

‹...› Was denken Sie von Pauline Cesar, so nennt sich die Wiesel jetzt, die vor einem Monat seelenallein mit einem Curier von Carlsruh, wo sie mehrere Monate bei Varnhagens gelebt, nach Paris kömmt, sich auch wieder ganz allein in einem Entresol, Boulevard des Italiens, einmietet und mir schreibt, sie wünsche mich besuchen zu dürfen, wenn ich allein wäre. Ich zeigte ihr einen Sonntag-Vormittag an,[195] sie kam auch wirklich und blieb mehrere Stunden, in welchen sie mir unter vielen Tränen den Tod ihres Kindes, eines Mädchen von 15 Jahren, mit welcher sie zuletzt während 3 Jahre ganz allein in einer Schweizer Hütte bei Monet gelebt hatte, und die dort in ihren Armen gestorben. Ich versichere Sie, es war rührend und wirklich poetisch, sie über dieses Kind und ihren Tod zu hören. Wie ihre Stimmung beim Frühstück sich erheiterte, frug ich sie: Sagen Sie mir aufrichtig, liebe Pauline, haben Sie in der Schweiz keinen amant[196] gehabt? – Ach nein, liebe Mendeline, das Land ist nicht dazu geeignet. – Man kann nichts erschöpfenderes von der Schweiz sagen und es gewiß nicht komischer anbringen. Ich habe es Abraham erzählt, den es herzlich lachen machte. Übrigens war ich hart genug, Paulinen zu schreiben, ich könnte sie nicht wiedersehn. Ihr ganzes Leben, Trachten, und Sinnen paßt nicht mehr zu dem meinen und ist mir störend, ohne daß meine Gesellschaft ihr angenehm oder nützlich sein könnte. Dazu kömmt, daß Fanny[197] heranwächst, deutsch versteht, und sich ein solches Deutsch und eine solche Deutsche nicht zu erklären wüßte. Ich wollte, ich hätte das halb gerührte, halb empfindliche Billet verwahrt, das sie mir antwortete, – ich würde es Ihnen schicken. – Wie ich nach Paris gehe, werde ich mich aber dennoch erkundigen lassen, in der Stille wenigstens, was aus ihr wird; ich fürchte eigentlich für sie; sie versicherte mich, daß die Menschen ihr zuwider wären, daß sie Tage lang allein in St. Cloud[198] oder in der umliegenden Gegend zubringe und Blumen ihr einziger Genuß jetzt seien. Vielleicht war das bloß eine Erdichtung, um mich zu beruhigen, da ich sie nicht immer so sylphenhaft gesehn, aber auf jeden Fall schien sie mir gereizt, halb unglücklich, halb leichtsinnig und in einem mir wenigstens so verworren erscheinenden Gemütszustand, daß ich besorgt um sie bin. Für ihren Unterhalt ist gesorgt, wie sie mir sagt, und sie erwartet Gentz, der sie im July irgendwo treffen will, um mit ihr nach Italien zu reisen. ‹...›

79. *Emanuel Passavant an Emma Streckeisen in Basel. Paris, den 10. November 1824.*[199]

‹...› J'ai enfin vu Madame Wiesel: Elle m'a reçu hier matin entre 10 et 11 heures: Je l'ai trouvée fort bien dans un joli logement, très proprement meublée, et satisfaite de son genre de vie; ce qu'elle m'a presque chargé de mander à la famille. Vous comprenez que le chapitre de ses questions et de mes réponses a duré longtems: Je lui ai fait un récit circonstancié de l'accident de Madame César[200], et je l'ai rendue bien contente en lui participant les dernières bonnes nouvelles que vous m'en avez données. Votre maman, ou grand-maman, m'avait chargé de lui rembourser quelques complettes; mais elle n'a rien voulu recevoir, ne s'agissant, m'a-t-elle dit, que d'une trentaine de francs, qui se trouverent avec la prochaine remise qu'un sera dans le cas de lui faire. Elle vous envoye mille compliments. Distribuier-les. s.v.p., à qui ils reviennent, et soyez tranquille sur le sort d'une tante chérie. Elle a un bon lit, quelques amis, des diners en ville, des places au spectacles, et pourvu qu'on lui écrive de tems en tems, ses voeux sont comblés.[201] ‹...›

80. Emanuel Passavant an Emma Streckeisen in Basel. Paris, den 21. November 1824.[202]

‹. . .› J'ai revû avant-hier Madame Wiesel, qui m'a fait demander de l'argent. La lettre de votre maman sur laquelle sa réclamation se fonde, n'est pas une autorisation positive pour moi; mais on ne me blâmera pas, je pense, de lui faire le payement en question sans en attendre l'odre formel. J'ai trouvé chez elle une de ses amis, une des Dames chez qui elle dîne et avec qu'elle va au Spectacle! Madame Falckner l'y a se montrée aussi, car elle m'a parlé d'Elle; je ne sais pas son nom; mais la figure et le ton sont très bien.[203] ‹. . .›

81. Aus Rahel Levin Varnhagens Tagebuch. Berlin, den 1. Dezember 1825.[204]

Pauline. Es giebt nichts Dümeres, als daß geschehene Dinge nicht zu ändern sind! Nicht wahr?

Rah: Ja; aber damit meint man, wir sollen die folgen bedenken, als wären sie schon eingetroffen; und wenn wir diese Kraft eben nicht haben, so bestrafen uns die folgen: sonst nichts!

Paul: das klingt so! Aber der Moment der stärker ist als unsre Vorstellung von Folgen, ist auch kein Hund, in dem Moment hat man auch vollgültige Gründe gehabt.

Rah: Nicht vollgültig genug; alle Menschen sollen wie Einer gefaßt werden. So wollen wirs verstehn.

Paul: um wozu ist denn Alles Eins nach dem Andern und nicht gleich zusammen? Das kann man nicht verstehn.

Rah: Nein, verstehn kann man's nicht. wenigstens nicht immer.

Paul: und davon kommen die Dumheiten und das Unglük? und davon sprechen wir; tra, la, la, la!

Alles gelogen; ich hab' das nur so geschrieben; so könnte man sprechen.

Donnerstag den 1t Dez: 1825

82. Rahel Levin Varnhagen an Henriette Solmar in Paris. Berlin, den 10. Februar 1828.[205]

‹…› Erkundige Dich nach Pauline Cesar, so heißt die Wiesel jetzt, sieh sie en cachette[206] meinetwegen und grüße sie! ‹…›

83. Minna von Zielinski an Rahel Levin Varnhagen in Berlin. Frankfurt an der Oder, den 28. Juli 1830.[207]

‹…› Sie wißen ich hätte über Pauline hier sogar gegen Mutter[208] geschwiegen, obgleich die ganz verliebt in sie ist; da aber gleich alle Leute damit auf mich losstürmten[209], besonders ihre Jugendfreundinnen Wolffs, so habe ich dann mit unumwundener Liebe von der englischen Person gesprochen, und habe es ohne Widerspruch, blos im sanften Behaupten der Eigenthümlichkeit dieses Wesens ohne Maaßstab und Leisten – endlich dahin gebracht, daß jeder die Prüderie fahren läßt und ordentlich überströmt in der Erinnerung dieser seltenen Erscheinung. ‹…›

84. Karl August Varnhagens Aufzeichnungen über Pauline Wiesel. Mai 1833.[210]

Wie tief und heftig eingenommen von Pauline Wiesel der Sinn und das Gemüth Rahels waren, hat sie selbst oft genug lebhaft ausgedrückt. Sie hatte eine leidenschaftliche Vorliebe für jene, gegründet auf wahre und einzige Eigenschaften derselben, so wie auch [Rahels] auf ihre beste eignen, die mit jenen zusammenstimmten. Pauline hatte ein großes Naturgefühl, das immer neu und frisch hervorströmte; sie hatte einen unbestechlichen Wahrheitssinn, der schlechterdings keinem Wahn, keinem Vorurtheil huldigte, sondern sich an die klarste Wirklichkeit hielt, keine Süßigkeit und keine Härte des Vorhandenen leugnen oder ignoriren konnte; mit jeder sogenannten Bildung entbehrte sie auch jeden Nachtrab und Gräuel derselben, und Verbildung und Ziererei. In der Jugend war dies mit hinreißendem Liebreiz und der anmuthigsten Persönlichkeit verbunden. Dieser Einsicht in Paulinens Wesen und diesen Eindrücken von ihr blieb Rahel zeitlebens treu, auch dann noch, als diese Eindrücke nicht mehr in gleicher Art gegeben wurden, sondern mit dem Schwinden der Jugend manches Harte und Unschöne in Paulinen zugenommen hatte. Ihrer Natur mußte man vieles verzeihen, und man that es gerne, Rahel aus tiefster Überzeugung. Die [...][211] Eigenschaften, von denen sie selbst erfüllt war, innere Wahrheit, Rechtschaffenheit und Geistesinnigkeit, setzte sie ohnehin bei der Freundin ungeschwächt voraus, und rechnete auf deren Herz und Sinn wie auf einen Felsen.

Ich hatte Paulinen erst sehr spät kennen lernen; jenen Eindruck anmuthiger Jugend hatte ich nie von ihr empfangen können; auch den Nachschimmer davon vermocht' ich schwer zu entdecken. Dennoch erkannt' ich die erwähnten seltnen Eigenschaften völlig in ihr an. Leider aber fand diese nicht mit einem Element von schlechter Angewöhnung umgeben, das [...] dieselbe zu Zeiten ganz überdeckte. Ich unterdrückte mein widriges Gefühl, und um Rahel zu erfreuen, ging ich freundschaftlich mit Paulinen um, führte sie von Paris zu ihr nach Frankfurt, [...] hatte sie in Karlsruhe als Gast im Hause, wohnte später in Baden mit Rahel bei ihr, nahm sie ein Berlin wieder als erwünschten Gast auf. Ich sprach mit Rahel über die Eigenschaften Paulinens ganz frei [aufrichtig], auch Rahel sah und besprach alles richtig, allein sie verzieh das Äußerliche gern dem innern Wesen, in dessen Schätzung sie nie wankte, und meinen persönlichen Widerwillen verbarg ich jedesmal, so gut und unscheinbar, daß Rahel ihn nie gemerkt hat.

Mit Jubel empfing Rahel im Sommer 1832. den Besuch Paulinens. Sie wünschte sich Glück, daß dies endlich geschehen könne, die Freundin bei ihr in Berlin wohne, beide frei, durch nichts gehemmt, durch nichts getrieben, dem eignen Sinne überlassen. Leider sollte Rahel auch dies letzte Glück noch einbüßen! Pauline entwickelte sich fürchterlich in dieser letzten Zeit. Ihre Langeweile, durch Rahels öfteres Kranksein und die Stille unsres Hauses vermehrt, ihre Mißstellung gegen die Welt, in der sie nicht schön, jung, reich, geehrt und geachtet genug sein konnte, sondern in den meisten Stücken das Gegentheil empfinden mußte, machten sich Luft in Bitterkeit, in dem bösesten Spiel ihrer widrigsten Eigenschaften. Sie klatschte und verhetzte alles im Hause durcheinander; mit und wider alle Bekannten, Dienstboten, Fremde. Sie machte die gröbsten und unanständigsten Lügen. Sie beging tausend kleine Unarten und Listen, die einen gemeinen Kreis von Gewöhnung verriethen. Sie machte mir – mit Jammer und Leid fühlte ich es, – eine Zeit lang Rahel ganz abwendig, stimmte sie kalt und schroff, und kam denn heimlich zu mir, um sich gegen mich über Rahel auszulassen, gegen sie ihre Bemerkungen und Ränke anzubringen! Die empörendsten Lügen verbreiteten sich außer dem Hause, einiges davon merkte ich, bei weitem doch nicht alles. Verfeindungen und Zwiste fingen schon an. Was sollte ich beginnen? Rahel war krank, oft gefährlich, meist sehr reizbar, für mein Vertrauen nicht sehr empfänglich. Sollte ich da zu ihr hintreten, ihre sagen, wie die vermeinte Freundin sie verriethe, hinterrücks zu mir uns zu andern Leuten spräche, alles verhetzte und verderbe, unser edles reines Dasein störe und untergrabe? Unmöglich! Ich faßte mich in Geduld, Rahels Genesung und Paulinens Abreise still zu erwarten.

Allein Rahel entdeckte die Sachen selbst, und mehr, als ich wußte! Pauline hatte ihr wahrhaft niederträchtige Lügen [in den Kopf gesetzt] eingeflüstert, die unerwartet an den Tag kamen. Madame Liman und Fräulein Crayen, Dore selbst, und am Ende auch ich, gelangten dazu, uns mit Rahel zu erklären; das Lügengewebe, die Gemeinheit des Benehmens und die Verderbtheit der Sinnesart kamen unwidersprechlich an den Tag. Rahel war noch nicht ganz genesen; und hatte den ungeheuern Schmerz, das namenlose Leid, die zärtlichste Liebe auslöschen, die unerschütterlichste Freundschaft einreißen zu müssen;[212] gemein, schlecht, unwahr, auch sogar lieblos, fand sie diejenige, auf die sie im Leben am meisten gerechnet hatte! Nur mit Widerwillen sah sie die entzauberte Häßlichkeit noch an, mit kalter Gleichgültigkeit sah sie ihre Abreise, nicht einmal die letzte Stunde konnte ihr noch Zärtlichkeit ablocken. Rahel war froh, daß Pauline weg war, und wollte gar nicht mehr von ihr reden.

Diese schreckliche Erfahrung sollte ihr noch am Ende des

Lebens werden! Arme, arme Rahel! Grausam und lieblos hatte Pauline ihr sogar gesagt, sie glaube nicht, daß Rahel noch ein paar Jahre leben werde!

Unsere Innigkeit war bald hergestellt. Aber ich behielt viele Nachwirkungen jener Zeit zu verwinden, die ich ewig beklagen werde! Ich mußte Paulinen, von der immer mehr Häßlichkeiten und Lügen an den Tag kamen, zuletzt fast noch vertheidigen, und durfte behaupten, ich hätte sie immer mit diesen Fehlern gesehen, deren Ausbildung jetzt nur größer sei, und die mit gefährlicherem und edlerem Stoffe gespielt hätten; ihr selbst aber könne man deßhalb keine größere Schlechtigkeit beimessen. Sie müsse etwas treiben, bearbeiten; Langeweile, Unruhe, Neid und Selbstsucht, trieben sie wie ein Kind, das sich unterhalten, das genießen wolle, wie und was es auch sei. Rahel sah es vollkommen ein.

Schrecklich aber, daß das geliebte, redliche, treue Herz, dieser reine, klare Wahrheitssinn, diese fromme Menschenliebe noch an der letzten Schwelle des Lebens durch ein solches Aufgebenmüssen einer lebenslänglichen Jugendfreundin, eines leidenschaftlichen Überzeugtseins und seines beglückenden Wohlgefallens geprüft werden mußte! –

Berlin, Mai 1833.

85. Karl August Varnhagen, Tageblätter. Eintrag vom 11. Juni 1849.[213]

Ich erfuhr zu meiner Überraschung, daß Pauline Wiesel – geborene Cesar, später verheirathete Vincent – in St.Germain-en-Laye schon vorigen Herbst – im September 1848 – gestorben sei. Sie hat ein Alter von siebzig Jahren erreicht. Mich hat die Nachricht sehr erschüttert. Was verknüpft sich nicht alles mit diesem Namen! Rahel's Vorliebe für diese Philine war mir ganz gegenwärtig. Prinz Louis Ferdinand, Graf Hugo Hatzfeld, Alexander von Humboldt etc. Nach Humboldt und mir hatte sie noch in ihrem letzten Briefe[214] gefragt. –

86. Karl August Varnhagens Aufzeichnungen über Pauline Wiesel. Berlin, den 11. Juni 1849.[215]

‹. . .› Sie hatte zuletzt an ihre Schwester die Geheimräthin Mayer nach Berlin geschrieben, und diese um acht Jahr ältere Schwester sehr liebreich belobt, wie gut und brav sie immer gewesen, wie tugendhaft, und wie ruhig sie ihr Alter dahinlebe. Was sie selber betreffe, so habe sie allerlei Kränklichkeit zu leiden, sei aber im Ganzen noch wohl, und auch zufrieden; mit dem Leben sei es eigentlich vorbei, und sie denke oft an den Tod, aber ohne alle Furcht, denn sie habe sich nichts vorzuwerfen. Dies meinte sie gewiß aufrichtig und ernst, denn ihre Ausgelassenheiten waren ihr kaum zuzurechnen, sie waren die Folge des Beispiels und der Umstände, eines leichtsinnigen Naturells, das von allen Seiten gereizt und gesteigert wurde, und hatten nur ihr allein geschadet. Was sie in dieser Richtung gesündigt, konnte ihr nicht schwer zu tragen sein. Sonst war sie immer gutmüthig, menschenfreundlich, wohlthätig, und von einer tiefen, muthigen Wahrhaftigkeit, die in äußern Angaben zwar oft log und täuschte, aber in sittlichen innern Fragen unbestechlich redlich blieb. Tausend Sünden der großen Welt, Neid, Habgier, Heuchelei, Ehrsucht, Ränke und Niederträchtigkeiten blieben ihr fremd. Nur gegen Nebenbuhlerinnen, in Verhältnissen zu Männern, konnte sie Neid und allerlei Tücken hegen, weibliche Schwächen, die sich doch nie lange fortsetzten. Ihr Sinn für die freie Natur war immer frisch und stark, sie konnte nicht leben ohne «Grünes». Von tausend Ziereien, auch von vielen ernsten Anliegen der Menschen, hatte sie keinen Begriff. Sie war und blieb wie Kinder und Volk. – Ihre Schwester antwortete nicht gleich, schickte ihr aber nach einiger Zeit eine kleine Summe Geld. Es kam keine Antwort. So verging geraume Zeit. Endlich kam unerwartet aus Basel die Nachricht, Pauline sei schon am ‹. . .›[216] September bei Paris gestorben. Heute[217] kam Victoire von Crayen zu Frln Solmar, und theilte die Kunde mit. – Pauline hatte noch ein Testament[218] gemacht, ihr noch gerettetes Vermögen ihren Stieftöchtern[219] zugewiesen, die Bildnisse des Prinzen Louis Ferdinand und des Grafen Hugo von Hatzfeldt einer Nichte[220] in Basel, ihrer Bonne eine Rente von hundert Franken vermacht. – ‹. . .›

87. Karl August Varnhagens Aufzeichnungen über Pauline Wiesel. Berlin, den 7. Januar 1854.[221]

‹...› Zu Lea Mendelsohn=Bartholdy, einer frühen Jugendbekannten, die sie in Berlin 1832 wiedersah, sagte sie als diese ängstlich wurde, Pauline möchte in Gegenwart der Mendelssohn'schen Töchter sich in zu freien Reden ergehen, ganz gelassen: «Liebe, sein Sie nur ohne Sorgen, wenn die Mädchens da sind, sag' ich nichts.» –
Der Ruf der schönen Pauline hatte schon sehr gelitten, und sie sich deßhalb von ihren Verwandten zurückgezogen, da begegnete ihr unerwartet auf dem Opernplatz ihre Kousine Victoire von Crayen, die sie sehr liebte, und mit der sie sich freute wieder einmal recht plaudern zu können. Aber diese war befangen und verlegen, und die kluge, nachsichtige Pauline sagte gleich: «O ich weiß, du bist auch so ein armes Mädchen, das vor allem heirathen will, und da denkst du, wenn man dich mit mir sieht, kriegst du keinen Mann! Komm, du armes Wurm, hier hinter die katholische Kirche, da können wir ein bischen auf und ab gehen, ohne daß uns ein Mensch sieht!» Wie hoch steht hier die etwas freie Frau über dem sogenannten ehrbaren Mädchen! – Victoire von Crayen erzählte uns den Zug selbst, am 7. Jan. 1854.

88. Wilhelm von Chezy, Erinnerungen aus meinem Leben. Zweites Buch: Helle und dunkle Zeitgenossen (1864).[222]

Dieser Vincent war ein vierschrötiger Eidgenoß, pfiffig und begriffstützig zugleich wie ein alemannischer Urbauer, und ein Erzspieler. Er hatte ein reiches Weib geheirathet, die – einst eine berühmte Schönheit – im Juni ihrer Reize einen preußischen Prinzen August in Paris[223] zum Gönner gehabt hatte. Eine geborne Berlinerin, gehörte sie zu Helmina von Chezys Jugendbekanntschaften[224], und die Dichterin erzählte von ihr folgenden Zug.

Eines Tages besuchte die schöne Pauline (oder wie sie sonst getauft war) die Galerie im Louvre. Ihre Tracht mahnte ungebührlich stark an die Antike. Ein Bewunderer nahm sich eine

Freiheit heraus, zu welcher die selbst für jene Zeit noch auffallende Gewandung ihn ermuthigt haben mochte. Kaltblütig streckte Pauline den Arm aus und deutete auf die im Saal angebrachte Inschrift, wo in großen Buchstaben zu lesen stand: «Citoyen, regardez, mais n'y touchez pas.»[225]

Die alte Berlinerin hielt ihren riesigen Gatten ziemlich kurz und verwendete ihn «um seiner Gesundheit willen und zur Abwehr der Langeweile» als Kaliban zum Holzspalten, Wassertragen, Bodenputzen und andern häuslichen Verrichtungen. Geld bekam er sehr wenig in die Hand, doch half er sich durch das beliebte «Pumpen», was eine der Ursachen gewesen sein soll, weßhalb das Ehepaar später nach Frankreich in ein kleines Nest zog.

Anhang

Zu dieser Ausgabe

In den «Briefwechseln» wurden alle Briefe nach der Handschrift gedruckt bzw. anhand der Handschrift revidiert, falls sie bereits gedruckt waren. Ließ sich keine Handschrift auffinden, wurde der Erstdruck zugrunde gelegt, der textgetreu wiedergegeben wurde. Den «Spiegelbildern» liegen bei bereits gedruckten Briefe die Erstdrucke zugrunde, die nur bei eklatanten Streichungen nach den Handschriften revidiert wurden.

Bei der Transkription der Handschriften wurden folgende Richtlinien zugrunde gelegt:

Die Transkriptionen sind textgetreu. Groß/ Klein-, Zusammen/ Getrenntschreibung entsprechen der Handschrift; war nicht eindeutig zu entscheiden, ob es sich um einen Klein- oder Großbuchstaben handelt (bei B, D, H, G, F), wurden Substantive, substantivierte Wörter und Satzanfänge groß geschrieben. Veraltete Schreibungen (ÿ, eü, aü) wurden graphisch normalisiert; das gilt auch für Großbuchstaben, die in der Handschrift nicht mit Umlautzeichen versehen wurden (Ueberlegungen bzw. Aüßerung wurden zu Überlegungen bzw. Äußerung). Konsonantenverdoppelung durch Balken wurde stillschweigend aufgelöst und ebenso Ligaturen für «daß», «und» oder Flexionssilben. Hochgestellte Ligaturen sowie Abkürzungen im Text wurden textgetreu wiedergegeben.

Fehlende Satzzeichen, auch am Zeilenende, wurden nicht ergänzt. Alle Klammern im Text bzw. in der Druckvorlage wurden als runde Klammern wiedergegeben; besondere Zeichen, die im Druckbild der Zeit nicht vorkommen (wie ein zusätzlicher Doppelpunkt zur Klammer), wurden weggelassen und ebenso gestrichene Buchstaben bzw. einzeln stehende gestrichene Zeichen. Alle anderen Streichungen wurden durch eckige Klammern [ ] gekennzeichnet. Falls nichts anderes vermerkt ist, stammt die Streichung vom jeweiligen Schreiber.

«Fehler» im Text wie Dittographien etc. wurden durchweg nicht korrigiert. Unterstreichungen wurden wie im Original wiedergegeben, wobei einfache und doppelte Unterstreichung im Druck als solche erscheinen. Alle weiteren wurden als doppelte Unterstreichung dargestellt; die Anzahl der Unterstreichungen wird im Apparat angegeben. Einfügungen am Rand mit Verweiszeichen wurden stillschweigend an der entsprechenden Stelle in den Text integriert, Texte auf dem Rand oder Umschlag sowie Postscripta wurden am Ende des Brieftextes abgedruckt. Besondere Schreiborte wie eingelegte Zettel oder der Umschlag wurden nur dann vermerkt, wenn dies zum Textverständnis nötig ist.

Unsichere Lesungen bzw. unleserliche Stellen wurden durch spitze Klammern ‹ › markiert und ebenso alle von uns zur Ergänzung eingesetzten Wörter. Im fünften Kapitel bezeichnen diese Klammern auch alle von uns vorgenommenen Streichungen.

Unsicher- oder nicht-datierte Briefe wurden am Ende des fraglichen Zeitraums eingeordnet; erstreckte sich die Abfassung eines Briefes über mehrere Tage, so wurde er dem letzten Datum entsprechend eingeordnet.

Fremdsprachliche Wörter, Sätze und Passagen wurden bis auf allgemein bekannte Wörter, wie adieu etc. absatzweise übersetzt. Die entsprechenden Anmerkungen wurden mit einem Sternchen * gekennzeichnet.

Kursive bedeutet, daß ein Brief oder Passagen eines Briefes diktiert wurden; im zweiten Kapitel haben wir darüberhinaus alle Briefe an dritte Personen kursiv dargestellt, die wir zur Erläuterung eingefügt wurden.

Siglen und Abkürzungen

1. Siglen

ARH Archiv Ramsteiner Hof, Basel.

ATL Archiv Trolle Ljungby, Schweden.

Atzenbeck Pauline Wiesel. Die Geliebte des Prinzen Louis Ferdinand von Preußen. Ein Charakterbild aus der Zeit der Romantiker in zeitgenössischen Dokumenten, Leipzig o.J. (1925).

B. Karl Gustav Brinckmann.

Haude- und Spenersche Zeitung Berlinische Nachrichten von Staats- und gelehrten Sachen, Berlin 1740–1872.

Biographische Portraits Nebst Briefen von Koreff, Clemens Brentano, Frau von Fouqué, Henri Campan und Scholz, hrsg. von Ludmilla Assing, Leipzig 1871.

Briefe Briefe von Chamisso, Gneisenau, Haugwitz, W. v. Humboldt, Prinz Louis Ferdinand, Rahel, Rückert, L.Tieck u.a. Nebst Briefen, Anmerkungen und Notizen von Varnhagen, 2 Bde., hrsg. von Ludmilla Assing, Leipzig 1867.

Briefwechsel Rahel Levin Varnhagen, Briefwechsel mit Pauline Wiesel, hrsg. von Barbara Hahn unter Mitarbeit von Birgit Bosold, München 1997.

Büchner Briefe des Prinzen Louis Ferdinand an Pauline Wiesel. Nebst Briefen von A. von Humboldt, Rahel, Varnhagen, Gentz und Marie von Méris, hrsg. von Alexander Büchner, Leipzig 1865.

BV Bibliothek Varnhagen. Bestand der Varnhagenschen Bibliothek in der Staatsbibliothek zu Berlin, Signaturengruppe «Bibl. Varn.»

DV Druckvorlage für die Dritte Auflage des Buch des Andenkens. Sammlung Varnhagen, Kästen 207–209.

Freundin Briefe an eine Freundin. Rahel Varnhagen an Rebecca Friedländer, hrsg. von Deborah Hertz, Köln 1988.

Galerie Galerie von Bildnissen aus Rahel's Umgang und Briefwechsel, hrsg. von K. A. Varnhagen, 2 Bde., Leipzig 1836.

Gentz, Tagebücher Aus dem Nachlass Varnhagen's von Enses. Tagebücher von Friedrich Gentz, 4 Bde., Leipzig 1873–74.

Gilbert Bankiers, Künstler und Gelehrte. Unveröffentlichte Briefe der Familie Mendelssohn aus dem 19. Jahrhundert, hrsg. und eingeleitet von Felix Gilbert, Tübingen 1975.

GSA Goethe-Schiller-Archiv, Weimar.

GW Rahel-Bibliothek. Rahel Varnhagen. Gesammelte Werke, 10 Bde., hrsg. von Konrad Feilchenfeldt, Uwe Schweikert und Rahel E. Steiner, München 1983.

Hahn Barbara Hahn, «Antworten Sie mir!» Rahel Levin Varnhagens Briefwechsel, Frankfurt a.M./Basel 1990.

Indüstrie-Addressbuch Allgemeines Indüstrie-Addressbuch von Berlin, Berlin 1807.

Leitzmann I Briefwechsel zwischen Karoline von Humboldt, Rahel und Varnhagen, hrsg. von Albert Leitzmann, Weimar 1896.

Leitzmann II Wilhelm von Humboldts Briefe an Karl Gustav von Brinckmann, hrsg. und erläutert von Albert Leitzmann, Leipzig 1939.

NA Friedrich Schiller, Werke. Nationalausgabe. Begründet von Julius Petersen, fortgesetzt von Liselotte Blumenthal. Hrsg. Norbert Oellers und Siegfried Seidel, Bde. 1ff, Weimar 1943ff.

Oelsner Briefwechsel zwischen Varnhagen von Ense und Oelsner nebst Briefen von Rahel, 3 Bde, hrsg. von Ludmilla Assing, Stuttgart 1865.

Poseck Ernst Poseck, Louis Ferdinand, Prinz von Preussen. Eine Biographie, Berlin 1938.

Schlegel, KA Schlegel, Friedrich, *Kritische Ausgabe,* hrsg. von Ernst Behler unter Mitwirkung anderer Fachgelehrter. Paderborn/München/Wien 1961ff.

Schlesier Friedrich Gentz, Schriften von Friedrich von Gentz. Ein Denkmal. Hrsg. von Gustav Schlesier, 5 Bde., Mannheim 1838–40.

SV Sammlung Varnhagen, Biblioteka Jagiellonska, Krakau.

Sydow Wilhelm und Caroline von Humboldt in ihren Briefen, 7 Bde., hrsg. von Anna von Sydow, Berlin 1910–1916.

Vossische Zeitung Königlich privilegierte Berlinische Zeitung von Staats- und gelehrten Sachen, Berlin 1785–1906.

V. Karl August Varnhagen von Ense.

VW Karl August Varnhagen von Ense, Werke, hrsg. von Konrad Feilchenfeldt, 5 Bde., Frankfurt a.M. 1989–94.

WA Johann Wolfgang von Goethe. Werke, Weimarer Ausgabe. Hrsg. im Auftrage der Großherzogin Sophie von Sachsen, Abt. I–IV, 133 Bde., Weimar 1887–1919.

Wahl Hans Wahl, Prinz Louis Ferdinand von Preußen. Ein Bild seines Lebens in Briefen, Tagebuchblättern und zeitgenössischen Zeugnissen, Weimar 1917.

Wittichen Briefe von und an Friedrich von Gentz. Auf Veranlassung und mit Unterstützung der Wedekind-Stiftung zu Göttingen hrsg. von Friedrich Carl Wittichen, Bd. II, Briefe an und von Carl Gustav von Brinckmann und Adam Müller, München/Berlin 1910.

Zedlitz Neustes Conversations-Handbuch für Berlin und Potsdam zum täglichen Gebrauch der Einheimischen und Fremden aller Stände, hrsg. durch einen Verein von Freunden der Ortskunde unter dem Vorstande d. L. Frhr. von Zedlitz., Berlin 1834, Nachdruck: Berlin 1979.

2. Abkürzungen

d:g:	dergleichen
d:h:	das heißt
d:i:	das ist
etc:	et cetera; und so weiter
F:, Fr:	Frau
fr:	Franc
franz:	französisch
Gr:	Graf oder Gräfin
Gr:herzog	Großherzog
H:, Hr.	Herr
L., Louid:	Louisdor
M., M^{d}, Mad, Mam	Madame
Mlle, Mad^{elle}	Mademoiselle
M^{r}	Monsieur
NB	Nota bene
n^{o}	Nummer
pr:	preußisch
Rth, Rtl	Reichsthaler
u.	und
u.s.f.	und so fort
u.s.w.	und so weiter
V., Varn:, Varnh:	Varnhagen
v:	von
z:B:	zum Beispiel

Anmerkungen

* Ein Sternchen vor der Anmerkungsziffer kennzeichnet Anmerkungen, in denen fremdsprachliche Passagen des Textes übersetzt werden.

Pauline Wiesel und Karl Gustav von Brinckmann

1 *Überlieferung:* SV 38. *Datierung:* In den 1790er Jahren verfaßte Karl Gustav von Brinckmann zahllose Gedichte auf Freunde, Freundinnen und Bekannte. Aus seinem Brief an Rahel Levin Varnhagen vom 22. 7. 1793 läßt sich schließen, daß die hier abgedruckte Serie in rascher Folge Mitte Juli 1793 in Berlin entstand; vgl. S. 169. In SV 38 sind fünf dieser Gedichte Brinckmanns in einer zweiten, meist verbesserten Fassung überliefert, die wir im folgenden, sofern nicht anders vermerkt, abdrucken.

*2 *Stances ... mon secret:* Stanzen. Ich habe Pauline gesehen, und auf ihren Spuren / wandern, um unsere Herzen zu erheben/ die mutwillige Liebe / die zarten Grazien,/ und all die verführerischen Freuden. // Ich habe Pauline gesehen / und ohne mich zu ergeben / wollte ich den Blick ihrer schönen Augen auf mich ziehen / aber ein Blick, eher lebendig als zärtlich / zähmte meinen anmaßenden Mut. // Ich habe das Lachen gesehen, die mutwilligen Spiele, / die ihren schönen Stolz erheitern; / und mit verliebten Seufzern / habe ich teuer für meine Eitelkeit bezahlt. // Ach! Aus ihrem bezaubernden Mund / habe ich die süße Rede gekostet / die sich über die Klugheit lustig macht – / und ich habe um meine Ruhe gezittert. // Ihre Zauberei fürchtend / habe ich oft ich wenig besonnen geredet / doch über ihre Tollheit scherzend, / bewahre ich närrisch mein Geheimnis.

3 *Überlieferung:* ATL; Konvolut Henriette Cesar (Meyer). Das Gedicht ist in der Handschrift Henriette Meyers, der Schwester Pauline Wiesels, überliefert. Möglicherweise schrieb Pauline Wiesel das Gedicht mit ihr zusammen.

4 *Hatzfeld:* Zu Pauline Wiesels Beziehungen zu Hugo Graf Hatzfeld vgl. das Nachwort; S. 311ff.

5 *Parithée:* In einer mit * markierten Anmerkung notiert die Schreiberin am Fuß der Seite: «*Parithée* ou Aglaia, l'une de graces, fille de Venus», Parithea oder Aglaia, eine der Grazien, Tochter der Venus.

*6 *à Monsieur ... liturgie: an Herrn von Brinckmann.* / Als Erwiderung der hübschen Verse, die er an Fräulein Pauline und den Grafen Hatzfeld gerichtet hat. *Von einer unbekannten Dame.* Ich habe Eure Verse gelesen, sie sind bezaubernd: / Der mächtige Gott, der sie Euch eingibt, / Hat Euch alle Talente verliehen, / Uns zu gefallen, zu rühren, zu verführen, / Durch den Zauber Eurer Klänge. / O zählte ich nur fünfzehn Jahre, / Und wär ich die schöne Schäferin, / Die Ihr auf so galante Art besingt, / So gäbe ich vielleicht dem Gefühl nach, / Dessen Geheimnis Ihr / Unter dem Schleier der Verspieltheit verbergt, / Mit der leichtesten Anmut. / Denn sei es Laune oder Temperament, / Ich rühme mich nicht, gestreng zu sein; / Und ergebe mich ohne Umschweife jenem Geliebten, / Der seine Leiden mir auszudrücken weiß / In der Sprache, die Homer lehrte; / Und die Ihr so vollkommen beherrscht, / daß Ihr bald darin Voltaire gleichkommt. // Und außerdem, hat nicht Allain Chartier, der weniger liebenswürdig als Ihr, / Einen Kuß von einer edlen Prinzessin erhalten? / Diese Ehre machte niemanden eifersüchtig; / Sie war kein Zeichen von Zärtlichkeit. / Die Ehre, nach der Euch verlangt, wäre süßer noch; / Denn obgleich Weib, muß ich es gestehen / Und glaube, daß noch ganz andere den Verstand verlören... / Wenn die Parithea, die Ihr erwählt habt, / Ihrer verführerischen Trunkenheit gewährte, / Was nur einer je erhalten wird, / Der zärtliche, treue, freundliche und sanfte Gemahl, / Den ihre bezaubernde Mutter / Ihr zu Füßen duldet, / Unter den Auspizien Ihres jüngeren Bruders; / Der liebenswürdige Graf weiß es wie Ihr: / So scheint es mir, ohne sozusagen Euer Mißfallen erregen zu wollen, / Daß Ihr etwas leichtfertig umgeht / Mit diesem wahren Soldaten des lebendigen Gottes, / Diesem treuen Diener Mariens, / Der nur höchst kanonisch handelt, / Wenn mystisch er sich begeistert, / Für Claire, Agnes und Julie; / Wenn ergeben er einer jeden... / kleine Artigkeiten psalmodiert, / ganz nach der Ordnung der Liturgie.

7 *Überlieferung:* ATL; Konvolut Pauline Wiesel. Bezeichnet als «n° 3.» Zweite Fassung in SV 38, ebenfalls mit der Nr. 3. «Pauline Cesar nachher Wiesel» – V. Hier ist ein weiteres Dankgedicht Brinckmanns an eine «Dame anonyme» überliefert; möglicherweise ist dies der Dank an Henriette Meyer.

*8 *A Mle P ... orgueilleux: An Fräulein Pauline* / nachdem ich ‹von einer unbekannten Dame› eine Antwort auf meine an sie und an den Grafen H. gerichteten Verse erhalten habe. / Ich habe sie wohl erhalten, mein Fräulein! / die schöne Antwort auf meine Verse / von einer *Dame*, einer vermeintlichen jedenfalls, / die meinen Schicksalsschlag lindern will. / Ohne Zweifel ist sie sehr schön, / diese Epistel, deren Sanftheit, / Gewandtheit und deren verführerischer Tonfall / leicht einen *Schöngeist* bestechen könnten, nicht jedoch ein *Herz*, / dem in der zärtlichen Anbetung / Eurer Reize nur Unglück bleibt. // Vergeblich hält Phöbus, seine Lyra spielend, / mir schmeichelnde Reden, / der Verstand gibt seine Herrschaft auf, / sobald das Herz zittert und seufzt / um ein noch verführerischeres Glück. // Vergeblich diktiert mir die bezaubernde Thalia, / um tausend andere eifersüchtig zu machen, / als Antwort auf meine Elegie / die süßesten Verse, / denn fühllos gegenüber ihrer Zauberkraft, / fällt *meine* Muse *Euch* zu Füßen, / nur die Göttin anbetend, / die durch ihren zauberhaften Mund, / *ohne ein Wort zu sagen*, besser antworten wird / als alle Sänger des Parnasse, / angeführt von Phoebus selbst, auf die Wünsche, / die aus Zartgefühl fürchten / sich zu anmaßend zu zeigen.

9 *Überlieferung:* ATL; Konvolut Pauline Wiesel. Bezeichnet als «n° 6.» Zweite Fassung in SV 38, hier als Nummer 4.

*10 *A Mlle P ... ma vie: An Fräulein Pauline, nach Erhalt eines Kusses von ihr.* / Von Euren lieblichen Reizen hat mein Mund endlich / die bezaubernde Blüte gepflückt, / schöne Pauline! und mein brennendes Verlangen / hat in diesem glücklichen Moment / das süße Gift der Zärtlichkeit ausgekostet. // Aber Sie überlassen mir Unscheinbarem zu großzügig / ein Gut, wie geschaffen, das Verlangen der *Unsterblichen* / zu wecken! und aus *Bescheidenheit* / bin ich bereit, Ihnen ein Geschenk *zurückzugeben*, / das den Ruhm meines Lebens bedeutet.

11 *Überlieferung:* ATL; Konvolut Hatzfeld. Beilage zu einem Gedicht: «A M^r le Comte de Hazfeld, Grand-Chanoine de Mayence. Avec des vers pour Pauline.» Zweite Fassung in SV 38, hier als Nummer 5.

*12 *La Rose ... mon Coeur: Die Rose, die Pauline mir zum Geschenk machte.* / Laßt uns die Frühlingsrose besingen, / die, um Deinen Busen zu schmücken, / einst die Königin von Kythera / in ihrem Garten erblühen ließ. // Von Amor ist sie geopfert, / noch so jung, auf diesem Altar, / dem die Mädchen von Kythera / ihren unsterblichen Weihrauch darbringen. // Ich habe diese schüchterne Rose / ihren Kopf über Lilien beugen sehen, / die im Scherze der hinterlistige Amor / mit seinem Liebestrank gefüllt hatte. // Ach! einem Heiligtum zu nah, / das sich nur Göttern öffnen dürfte, / habe ich gesehen – – doch ein strenger Amor / strafte das Verbrechen meiner Augen. // Du bist es, die er als Priesterin erwählt hat, / der Gott, der zu unseren Tränen lächelt, / und ihm Deine Zärtlicheit zu beweisen, / opferst Du ihm unsere

Herzen. // Er ist es, dessen Verwandlung / mich noch in diesem Augenblicke täuscht, / und der sich in der Rose verbirgt, / die *Pauline* mir geschenkt hat. // Schon zittere ich und seufze, / schon hat der liebenswerte Verführer, / mein Martyrium dort festzuhalten, / sich von der Rose in mein Herz geschlichen.

*13 *Überlieferung:* ATL; Konvolut Pauline Wiesel. Bezeichnet als «n° 7.»

14 *les Oeuvres de Boufflers:* Wahrscheinlich schickte Brinckmann folgende Ausgabe an Pauline Wiesel: Stanislaus Boufflers, *OEuvres*, London 1786.

*15 *A M[le] Pauline ... Boufflers: An Fräulein Pauline, zusammen mit den Werken von Boufflers.* / Verse schmieden Euch zu Ehren / kostet nichts, schöne Pauline! / da doch jede Muse hinspielt, / der Grazien Schwester schmeicheln will. / Verse schmieden Euerer *würdig*, / das, glaubt mir, ist unmöglich Ding, / denn das *Herz* wird zu empfindsam, / der *Verstand* vergißt sich zu Euren Füßen. // Denn unzufrieden mit *meinen* Versen, / kommt Apoll, meine Lyra zu zerbrechen, / doch befiehlt er mir, Euch / seinen werten Boufflers vorzustellen.

16 *Überlieferung:* Alle folgenden Briefe aus ATL; Konvolut Pauline Wiesel. *Datierung:* «11. *Decbr.* 1803» – B.

17 *Genz:* Zu Pauline Wiesels Beziehungen zu Friedrich Gentz vgl. den Briefwechsel, S. 132–155, sowie das Nachwort.

18 *waß Sie von mich Schreibe:* Die Briefe Brinckmanns an Friedrich Gentz sind nicht überliefert; Gentz bedankte sich am 28.12.1803 für den hier erwähnten sowie drei weitere Briefe Brinckmanns vom 13., 17. und 20. Dezember; vgl. S. 175. Aus diesen Antwortbriefen läßt sich schließen, daß Brinckmann Gentz am 10.12.1803 von seiner Liebe zu Pauline Wiesel berichtet und diesen Brief wiederum Pauline Wiesel vorgelesen hatte, vgl. *Wittichen* II, S. 178.

19 *Datierung:* «17. *Decbr.* 1803» – B.

20 *Bauer:* Varnhagen schreibt über Henriette Bauer: «Sie gehörte dem vertrauten Gesellschaftskreise des Prinzen Louis Ferdinand an, und war an den Vorgängen und Verwicklungen, die hier stattfanden, mehr oder minder betheiligt. Verwandt und befreundet mit Mlle Henriette Fromm, war sie früher auch mit dieser in den glänzenden Gesellschaften des Onkels derselben, des Kaufmanns Berger in der Spandauerstraße (Ecke der Königsstraße, bei dem Landschaftshause). Sie war auch Erzieherin gewesen, und nahm sich der Kinder des Prinzen in dieser Eigenschaft an. Klug, talentvoll, angenehm, hatte sie doch nur ein trübes Los. Sie starb in bedrängten Umständen an der Wassersucht etwa 1819.» SV 26.

Von Henriette Bauer sind vier Briefe an Rahel Levin Varnhagen aus den Jahren 1810 bis 1814 erhalten; Pauline Wiesels Bemerkung läßt sich aus dieser Korrespondenz nicht erläutern. Rahel Levin Varnhagen war Henriette Bauer, die als Erzieherin arbeitete, öfter bei der Stellensuche behilflich.

21 *von Genz Sein brif:* In Gentz' Brief an Brinckmann vom 28.12.1803 ist von einem nicht überlieferten Brief an Pauline Wiesel vom 14.12. die Rede, der hier wohl gemeint ist; vgl. S. 176.

22 *der Arme Mensch da drausen:* Wahrscheinlich der Bote, der auf Antwort wartete.

23 *Ach wenn ... Genz Schreibe:* Nicht überliefert; vgl. Gentz' Antwort auf diesen Brief vom 28.12.1803; S. 175.

24 *Datierung:* «Den 20. *Decembr.* 1803» – B.

25 *ihr brif:* Wahrscheinlich ist Brinckmanns Brief an Friedrich Gentz vom 20.12. gemeint, vgl. Anm. 18.

26 *daß Mädhin von Orleans ... Gesprochen hatte:* In Schillers *Jungfrau von Orleans* (1801), 1. Aufzug, 10. Auftritt, sagt Johanna zu Karl VII: «Es waren drei Gebete, die du tatst». NA 9, S. 205.

27 *ich kann ... Paris Schreiben:* Wahrscheinlich an Peter Roux, vgl. Nr. 54, wo von weiteren Briefen an ihn die Rede ist, sowie den Brief von Roux an Brinckmann vom 10.5.1804, in dem ebenfalls von Pauline Wiesels Briefen an Roux die Rede ist; vgl. ATL.

28 *Datierung:* «Den 22 Decembr *1803*» – B. *Adresse:* «Monsieur de Brinckman». *Poststempel* ‹von einem anderen Brief›: «Rep. Fra. Gironde».

29 *Buisson:* Ein Berliner Lokal, das auch in Gentz' *Tagebüchern* erwähnt wird; vgl. Bd. I, S. 18.

30 *Datierung:* «30. *Decembr* 1803.» – B.

31 *Vetter:* Mit Friedrich August Vetter war Pauline Wiesel im Sommer 1801 zusammen in Paris gewesen, wovon sie Rahel Levin in ihrem ersten überlieferten Brief an diese berichtet. Als Vetter 1816 heiratete, erinnert sich Pauline Wiesel in einem Brief an Rahel vom 6.5.1816 an eine Begebenheit mit Vetter, die wahrscheinlich um 1804 stattfand: «Er proponirte mich mal Seine frau zu werden; und Stelte mich mit endzückken vor wenn ich ihm denn caffe vor bete Einschänkken würde Er mit ein Sigaro. und Ein klein kind nehben ihm – *wie finden Sie daß? –*»; *Briefwechsel*, S. 152. Varnhagen schildert ihn folgendermaßen: «Er war ein Mensch von ausgezeichneter, seltner Eigenthümlichkeit. Lebhaft, humoristisch, elegant, freisinnig, durch Welterfahrung gerieben, sinnlich angeregt und stark, Lüstling und Genußmensch wie Wenige, behauptete er doch stets die größte Natürlichkeit, Unschuld des Geistes, könnte man sagen, hielt alle Pedanterie fern, alle Philisterei. Er hielt auf

Reinlichkeit und Anzug im höchsten Grade; verstand sich auf Schneiderei, hatte eine wahre Leidenschaft dafür, sprach über Kleidung mit Kennerschaft und Geist. Den Frauen gefährlich. Die Tochter des Justizministers von Kircheisen, Julie, war viele Jahre in ihn verliebt, heirathete ihn endlich. Hausfreund der Robert's, vertrauter Genosse Wiesel's , Schack's, des Prinzen Louis Ferdinand, zum Sterben verliebt in Pauline Wiesel. – Rahel spricht öfters von ihm. Er war ihr sehr merkwürdig.» «Sinn für Musik, für Kleidung – Schneiderbelehrung! Liebte Jean Paul, haßte Goethen.» SV 271. Vgl. auch VW I, S. 524.

32 *war bei ... Unsehliche brife:* Pauline Wiesel lebte seit ca. Ende 1801 getrennt von Wilhelm Wiesel; der Briefwechsel des Paares ist nicht überliefert.

33 *Ich habe ... Sie ihn denn brif:* Brinckmann schickte Pauline Wiesels Brief wahrscheinlich am 31.12.1803 an Gentz, wie sich aus Gentz' Antwort vom 14. 1. 1804 ergibt; vgl. *Wittichen* II, S. 182.

34 *Datierung:* «Den 31. *Decembr* 1803» – B.

35 *Akademie:* Das sogenannte Akademie-Gebäude im oberen Geschoß des königlichen Marstalls Unter den Linden war Sitz der «Königlich Preussischen Akademie der Künste und der mechanischen Wissenschaften» sowie der «Preussischen Akademie der Wissenschaften». Seit 1798 wurden dort alle zwei Jahre Kunstausstellungen veranstaltet.

36 [...]: Ein Wort gestrichen.

37 *Datierung:* «Den 7. *Januar* 1804» – B.

38 *daß ist mir nicht lieb:* In der Handschrift umrahmt.

39 *die Princessen:* Die Prinzessin Marie Anna von Hessen-Homburg, die gerade in Berlin angekommen war, um Prinz Wilhelm von Preußen zu heiraten.

40 *Er der Prinz ... den Abend:* Prinz Louis Ferdinand von Preußen, den Pauline Wiesel gerade kennengelernt hatte; wohin die beiden an diesem Abend gingen, um die Prinzessin Maria Anna von Hessen-Homburg zu sehen, wurde nicht ermittelt.

41 *Datierung:* «Den *12. Januar* 1804» – B.

42 *‹bei der›:* Loch im Papier; hier und bei der nächsten Einfügung, Ergänzung von B.

43 *‹zurück›:* Loch im Papier; sinngemäß ergänzt.

44 *Datierung:* «Den 14. Januar 1804.» – B.

*45 *carpe:* Karpfen.

46 *Datierung:* «14. *Januar* 1804.» – B.

47 *[...]:* Ein Wort gestrichen.

48 *Genz Sein erwachen ... Cristel:* Christel Eigensatz war 1802 in Berlin die Geliebte von Friedrich Gentz gewesen. Als sie 1804 eine Gastspielreise nach Wien plante, wohin sie im Sommer dann tatsächlich reiste, hatte sie sich offenbar an Gentz gewandt; vgl. Gentz, *Tagebücher* I, S. 34.

49 *den brif von Genz:* Wohl der Brief vom 28.12.1803, vgl. S. 175–178.

50 *Datierung:* «17. *Januar* 1804.» – B.

51 *Jeten:* Henriette Fromme, die morganatische Gattin Louis Ferdinands. Über Pauline Wiesels kompliziertes Verhältnis zu ihr vgl. das nächste Kapitel.

52 *Concert im Comedien Heute:* Die *Vossische Zeitung* kündigt an: «Conzert und Melopoesie im Konzertsaal des Schauspielhauses Dienstag den 17. Januar 1804.» Auf dem Programm standen: «*Simphonie* von Haydn. *Aria* von Alessandri, gesungen von Mad. Marchetti. *Sonate,* komponirt und gespielt von Herrn Kapellmeister Himmel, akkompagnirt von Hrn. Duport und Herrn Konzertmeister Haack. *Rondo* von Tarchi, gesungen von Mad. Marchetti.» Über die «Melopoesie» heißt es: «Das Gedicht wird von Mad. Unzelmann deklamirt. Die Musik komponirt und geblasen von Hrn. Brun. Akkompagnirt von Herrn Kapellmeister Himmel und Herrn Konzertmeister Haack.»

53 *Datierung:* «21. *Januar* 1804.» – B.

54 *Datierung:* «*Den* 27. *Januar 1804.*» – B.

55 *brif ... Paris:* Vgl. Gentz' Brief vom 14. 1. 1804, S. 182f. An wen Pauline Wiesel diesen Brief in Paris schicken wollte, wurde nicht ermittelt.

56 *Datierung:* «29. *Januar* 1804.» – B.

57 *die Irdische:* Königin Luise von Preußen.

58 *daß Mädhin von Orleans:* Friedrich Schillers *Johanna von Orleans* war 1801 erschienen; vgl. NA 9.

59 *meine Gedichte ... nicht:* Friedrich Schillers *Don Carlos Infant von Spanien* erschien zuerst unter dem Titel *Dom Karlos Infant von Spanien von Friedrich Schiller,* Leipzig 1787; eine zweite, überarbeitete Fassung in: *Theater von Schiller. Die Huldigung der Künste,* Tübingen: J.G. Cotta 1805. Schillers Gedichte erschienen in *Gedichte von Friedrich Schiller,* Erster Theil, Leipzig 1800, Zweyter Theil, Leipzig 1803. Die erste Werkausgabe Schillers waren *Friedrich Schillers Sämmtliche Werke,* 12 Bde., Berlin/Tübingen/Mannheim/Wien 1802–1804.

60 *Datierung:* «1. *Februar* 1804.» – B.

61 *Thiergarten:* «Der mit diesem Namen bezeichnete Lustgarten

beginnt vor dem Brandenburger und Potsdamer Thore. ‹...› Im Anfange des 18. Jahrhunderts ließ König Friedrich I. im Thiergarten verschiedene Alleen anlegen, und so wurde dieser kleine Wald nach und nach der angenehmste Spaziergang um Berlin. ‹...› Friedrich der Einzige trug vorzüglich viel zu seiner Verzierung bei, so wie er in der Gegenwart durch die mannigfachen Verbesserungen und Verschönerungen nichts zu wünschen übrig läßt und der besuchteste Vergnügungs=Ort der Berliner ist. ‹...› Der Thiergarten erstreckt sich bis nach Charlottenburg hin zwischen dem Wege nach Potsdam und der Spree ‹...›. Eine Menge Land= und Caffeehäuser liegen längs des Randes des Thiergartens hin». *Zedlitz*, S. 762.

62 *Rabe schickt ... brif:* Im ATL sind keine Briefe August von Rabes überliefert.

63 *Datierung:* «1. Febr. *1804.* no 2.» – B.

64 *in die Comedié:* Auf dem Programm des «Königlichen Nationaltheaters» stand: «Der Hausverkauf. Hierauf: Je toller je besser.» *Vossische Zeitung* vom 31. 1. 1804.

65 *Engströmt:* Die Gattin von Lars Graf Engeström, der bis 1803 schwedischer Gesandter in Berlin war.

66 *Datierung:* «3. *Februar* 1804.» – B.

67 *daß Sie kranck sind:* Vgl. dazu S. 179.

68 *‹...›:* Der Name konnte nicht entziffert werden.

69 *Gautteri:* Peter von Gualtieri.

70 *Datierung:* «4. *Februar* 1804.» – B.

71 *Mehr Unglük ... vorziehen:* Im vierten Auftritt des fünften Aufzugs von Friedrich Schillers *Wallensteins Tod* (1800) zerbricht beim Auskleiden Wallensteins goldene Kette, die ihm der Kaiser geschenkt hatte: «Die sollte/ Ein Talisman mir sein, so lang ich sie/ An meinem Halse glaubig würde tragen,/ Das flüchtge Glück, des erste Gunst sie war,/ Mir auf zeitlebens binden – Nun es sei!» NA 8, S. 337. Kurz darauf wird Wallenstein ermordet.

72 *Datierung:* «5. *Februar* 1804.» – B.

73 [...]*:* Zwei Wörter gestrichen.

74 [...]*:* Ein Wort gestrichen.

75 *Der die Verwirrung ... Schicksall fließen:* Pauline Wiesel zitiert eine Passage aus dem fünften Akt von Schillers *Johanna von Orleans* (1801), vgl. NA 9, S. 298.

76 *die Cray:* Henriette von Crayen, die Schwester von Paulines Mutter Elisabeth Cesar. Varnhagen schildert sie als die «schönste und geistreichste Frau»: «Sie hatte noch alle jugendliche Lebhaftigkeit des Geistes, und das tätige Gedächtnis, welche ihrer Erzählungs-

gabe und ihrem Witz unerschöpfliche Stoffe und Bezüge lieh; jeder leiseste Anstoß erregte ihren satyrischen und pikanten Humor, der seine Wirkung nie verfehlte, und ebenso beliebt als gefürchtet war.» DW II, S. 209f.

77 *Datierung:* «6. *Februar* 1804.» – B.
78 *3 Ander Zettel ... worden:* Nicht ermittelt.

79 *Datierung:* «8. *Februar* 1804.» – B.

80 *Datierung:* «11. *Februar* 1804.» – B.
81 *wo die zitronen blühen:* Vgl. Goethes Gedicht «Mignon», das mit der Zeile beginnt: «Kennst du das Land, wo die Citronnen blühn»; WA I/1, S. 161.

82 *Datierung:* «12. *Februar* 1804.» – B.
83 *Onckel:* Nicht ermittelt.

84 *Datierung:* «14. *Februar* 1804.» – B.
85 *ihr:* hier.

86 *Datierung:* «15. *Februar 1804.*» – B.
87 *Redoute:* «ein Maskenball, gewöhnlich mit Spiel und andern Vergnügungen verbunden. In der Regel werden Redouten nur in der Fastnachtszeit gegeben, besonders an den Orten, wo das Carneval gefeiert wird.» *Allgemeine deutsche Real=Enzyklopädie für die gebildeten Stände*, Leipzig 1827.
88 *man gab ... gespild:* Benefiz oder Benefizvorstellungen waren bis zum Ende des 19. Jahrhunderts übliche Aufführungen, deren Gewinn nach Abzug der festen Kosten einem Darsteller allein zugute kam, z.B. beim Weggang in ein anderes Engagement, beim Eintritt in den Ruhestand oder auch, wie im Fall des Ensembles des Berliner Nationaltheaters, als vertraglich festgeschriebener Bestandteil des jährlichen Gehalts. In der *Vossischen Zeitung* wird mehrfach auf diese Veranstaltung hingewiesen; auf dem Spielplan stand: «*Macbeth*, ein Trauerspiel in 5 Akten nach Shakespeare von Bürger. Die Musik zu den Hexenscenen ist von Kapellmeister Reichardt.» Gemeint ist die Bearbeitung von Gottfried August Bürger, *Macbeth*, Göttingen 1783. Am 16.2.1804 heißt es in einer Rezension u.a.: «Noch nie ist ein altes Weib als Hexe verbrannt worden, welches nur halb so scheuslich von Anblick gewesen wäre, als die Hexen dieser Darstellung; aber Furcht, Entsetzen haben sie deshalb nicht erregt. Wirklich bemühten sie sich, recht komisch zu seyn ‹...›. Man sah und hörte, lachend oder mit dem widrigen Eindruck kämpfend, nur alte Weiber: die furchtbaren, geistigen Wesen wurden nur in der musikalischen Begleitung der Hexenscenen verspürt, und schienen sich nicht auf das Theater herunterlassen zu

wollen. Nur die Stimme der Meisterin griff bisweilen mit schauerlicher Bedeutung in die Musik ein. ‹...› Mad. Fleck als Lady Macbeth brachte durch ihren Anblick, ihr Spiel, auf die irrige Vermutung, daß ihr Gemahl von ihrer Anmuth, der Macht der Liebe zum Verbrechen hingerissen werden müsse. ‹...› Aber in ihrer letzten Scene, wo von Weiblichkeit und irgend ein Verhältnis kein Gedanke mehr seyn kann, war die Künstlerin das höchste, was man sagen kann, dieses Dichters würdig, ein phantastisches Gebilde und fürchterlich wahr, wahnsinnig träumend und in ihrem Wahnsinn das Wesentliche der schauerlichen Fabel wiederholend. Sie erregte Entsetzen, und war dem künstlerischen Gefühl angenehm; der Rohste und der Gebildetste wurden von ihr ergriffen.»

89 *Datierung:* «den *21. Februar* 1804.» – B.

90 *Datierung:* «22. *Februar* 1804.» – B.

91 *auf der Redoute:* Diese Redoute wird in der *Vossischen Zeitung* mehrfach angekündigt, u.a. heißt es am 21. 2. 1804: «Es wird hierdurch bekannt gemacht, daß *heute*, Dienstag, als den 21sten dieses, noch eine Redoute im Königl. Opernhaus statt haben wird. Da auch bemerkt worden, daß bei den vorigen Redouten sich sehr schlecht gekleidete, vorzüglich Bauern=Masken eingeschlichen, so werden solche, in so fern sie schlecht gekleidet sind, gewarnt, sich des Zutritts für die Zukunft zu enthalten.»

92 *denn 12 März:* Für diesen Tag war wieder eine Redoute geplant; vgl. Nr. 38.

93 *die Hecksen in Mackbet:* Vgl. die dritte Szene des ersten Aktes in Shakespeares Tragödie *Macbeth* (1606).

94 *kleiner Pfrospher:* Prospero, eine Figur aus Shakespeares *Der Sturm* (1611); er ist ein Mann, dem die Macht mißfiel, für den «his library was dukedom large enough».

95 *Datierung:* «25. *Februar* 1804.» – B. *Adresse:* «Monsieur de *Brinckman*».

96 *volgendes billet:* Nicht ermittelt.

97 *Datierung:* «Den 27. *Febr.* 1804.» – B.

98 *nach den Theater:* Am 23. 2. 1804 meldet die *Vossische Zeitung:* «Mit Sr. Majestät des Königs allergnädigster Bewilligung wird Montag den 27sten Februar zum Benefiz für Madame Unzelmann zum erstenmale gegeben: Julius Cäsar, Trauerspiel in 5 Akten, von Shakespeare, übersetzt von Herrn Professor Schlegel. Hierauf zum erstenmale: Der Perükkenstock, dramatische Bagatelle in 1 Akt.» Dieses Stück von Caesar Max Hagel wurde 1821 in der Sammlung *Dramatische Bagatellen* in Aarau veröffentlicht.

99 *Datierung:* «Den 29. *Februar* 1804.» – B. *Adresse:* «Monsieur de Brinckmann».

100 *Datierung:* «1. *März* 1804.» – B.

101 *Datierung:* «4. *März* 1804.» – B.

102 *Herr Müller:* Adam Müller hielt sich im März/April 1804 in Berlin auf, wie aus seinem Brief an Karl Gustav von Brinckmann vom 10.4.1804 hervorgeht; vgl. *Adam Müllers Lebenszeugnisse,* hrsg. von Jakob Baxa, München/Paderborn/Wien 1966, Bd. 1, S. 130.

103 *Datierung:* «Den 5. März 1804» – B. *Adresse:* «Monsieur de *Brinckman*».

104 [...]: Siegelloch mit einem gestrichenen Wort.

105 *Datierung:* «den *12*. *März* 1804» – B.

106 [...]: Ein Wort gestrichen.

107 *ihre Md de Stall:* Germaine de Stael hielt sich vom 8.3. bis zum 19.4.1804 in Berlin auf. Brinckmann hatte sie bei seinem Aufenthalt in Paris 1798 kennengelernt und einen Briefwechsel mit ihr begonnen; vgl. Madame de Stael, *Correspondance General,* Paris 1978ff. Hier finden sich insgesamt 24 Briefe und Billets von ihr an Karl Gustav von Brinckmann gedruckt, zehn davon aus dem Jahr 1798 und sechzehn aus dem Jahr 1804.

108 *nach die Redoute:* Am 12.3.1804 fand im Königlichen Nationaltheater anläßlich des Geburtstages der Königin Luise von Preußen am 10.3. ein großer Maskenball statt. Über dieses Ereignis berichtet die *Vossische Zeitung* am 15.3. ausführlich: «Am 12ten dieses Monats sah Berlin ein Fest, das sowohl in Ansehung der Veranlassung, der Unternehmer und der Größe und Schönheit der Idee, als der Pracht des Geschmacks und der Liberalität in der Ausführung, ausgezeichnet und einzig zu nennen ist ‹...›. *Theilnehmer* waren diejenigen (etwa) 1800 Herren und Damen aller gebildeteten Stände, ohne Unterschied des Ranges, welche von den Gebern des Festes durch besondre ‹...› Eintrittskarten dazu berechtigt und eingeladen waren. *Ball en masque* war der anspruchslose Titel dieses Festes der Eleganz und des Geschmacks, aber bezeichnend für seinen poetischen Charakter; da durch idealische, oder auch nur fremdartige Kleidung ein jeder über das gewöhnliche Leben erhoben, und durch das mehr oder weniger phantastische Aussehen, in welchem jeder Stand, jedes Alter und Geschlecht auftrat, nur der allgemeine Zweck, sich außerhalb der gewohnten Kreise, der freien Region des Vergnügens, der Laune, des Witzes und des Genusses zu bewegen, ausgesprochen war. Daß bei einem solchen *Ballo* nicht an gemeinen Tanz zu denken ist, versteht sich von selbst. Das ganze Leben ist hier ein Tanz; doch fehlte es auch nicht an Satisfaktion im

besonderen Sinne. Alle Gegenwärtigen ‹...› theilten sich nehmlich in Handelnde und Zuschauende. Jenen hatten sich in größeren und kleineren Gesellschaften zu mythischen oder historischen, mimischen oder charakteristischen *Darstellungen* (denn der gewöhnliche Name *Quadrille* ist für den Gegenstand unpassend) vereinigt, die sowohl in Ansehung der Erfindung, als der Pracht, Schönheit und Kunst der Ausführung ein höchst reizendes Schauspiel gaben. ‹...› im Einzelnen waren so viel Eleganz und Charakter der Anzüge und Costümirung als in den gesellschaftlichen Darstellungen selbst. Da waren Männer und Frauen aus allen Ständen, Altern und Nationen, Türken und geistliche Herren, Nonnen und Bauern, Deutsche Ritter und Hirtenmädchen, Sibyllen und fromme Herrenhuterinnen, die Erscheinung eines Zauberers mit nur zwei Parzen ‹...›. Die meisten aber hatten sich durch die eingeführte einfache Ballkleidung der Mäntel und Dominos (bei dem nur die schwarze Farbe, so wie die Art der Vermummung, die unter dem Namen der Fledermaus bekannt ist, verboten war) in bloß theilnehmende Zuschauer constituirt. Doch gab diese, in den Abstufungen der rothen, grünen, blauen, grauen, gelben Farbe schillernde Menge, neben den geschmackvollen und reichen Anzügen der Damen einen erfreulichen Anblick.»

109 *Datierung:* «Den *13. März* 1804» – B.
110 *Herr von Hugo:* Hugo von Hatzfeld.

111 *Datierung:* «Den *26. März* 1804» – B.
112 *die dume Stall ... interresiren:* Auch Louis Ferdinand von Preußen war in die gesellschaftlichen Aktivitäten involviert, die zu Ehren von Germaine de Stael in Berlin stattfanden. Sein von Brinckmann auf den 3.4.1804 datiertes Billet zeigt dies: «Le prince Louis prie Mr de Brinckmann de recevoir ses excuses, de ce qu'il ne peut profiter de son invitation pour ce soir, il ne fallait pas moins, certes, qu'une rage de dents très violente pour lui faire sacrifier le plaisir de jouir de la societe de Md la Baronne de Stael, et de celle des personnes interessantes qu'il a reuni ches lui; Mais le meaux physiques rendent très moussade, et la crainte de ne pouvoir contribuer en rien à L'interet ni au Plaisir de la Societé, l'a determiné en dernier ressort. Mr de Brinckmann voudrai bien offrir les regrets *du nommé* Louis de Prusse à Md la Baronne de Stael, il la prie de vouloir bien lui permettre de venir la voir demain dans la matinée.» ATL.
*113 *point du tout:* nichts dergleichen.
114 *les jours de feté:* Die alljährliche Festsaison der Hofgesellschaft in der Karnevalszeit, deren Höhepunkte Uraufführungen von Opern und Maskenbälle waren.
*115 *les jours de feté sont passez:* Die Festsaison ist vorüber.

116 *Datierung:* «*27. März 1804.*» – B.
117 *Les Passion ... Frau von Stall:* Germaine de Staels *De l'influence des passions sur le bonheur des individues et des nations*, Lausanne 1796.

118 *Datierung:* «19. *April* 1804.» – B.
119 *die Stall ... ihr Soupé abgesagt:* Am 18.4. hatte Germaine de Stael die Nachricht bekommen, daß ihr Vater schwer krank sei. Gleich am nächsten Tage reiste sie ab; in Weimar wurde ihr mitgeteilt, daß ihr Vater bereits am 9.4. gestorben war.

120 *Datierung:* «den *26. April* 1804.» – B.
*121 *impossibilité:* Unmöglichkeit.
122 *auf 3 Schüssel:* zu einem Abendessen mit drei verschiedenen Gerichten.
*123 *événement:* Ereignis.
124 *denken Sie ... Hesferd:* Helmina von Hastfer, spätere von Chezy, lebte seit Juli 1801 in Paris, wo sie Pauline Wiesel wahrscheinlich kennengelernt hatte; im Sommer 1803 war sie in das Haus gezogen, in dem auch Dorothea und Friedrich Schlegel wohnten. Über diese Zeit berichtet sie ausführlich in *Unvergessenes*, Bd. I, S. 242ff.; Pauline Wiesel wird jedoch nicht erwähnt. Die Korrespondenz der beiden Frauen ist bis auf einen Brief Pauline Wiesels vom Sommer 1841 nicht überliefert; SV 277.

125 *Datierung:* «Den 2. *Mai* 1804.» – B.

126 *Datierung:* «den *3. Mai* 1804.» – B.
127 *ein Concert:* Die *Vossische Zeitung* meldet am 3.5.1804 unter der Rubrik «Konzertanzeigen»: «Das bereits verschiedentlich und ausführlich angezeigte Konzert des Violoncellisten Bernhard Romberg wird heute Donnerstags, als den 3ten Mai, bestimmt gegeben werden.»

128 *Datierung:* «Den *5. Mai* 1804.» – B.

129 *Datierung:* «*7. Mai 1804.*» – B.
130 *Gemeinschaftlicher Prinz:* Louis Ferdinand von Preußen.

131 *Datierung:* «14. *Mai 1804.*» – B.
132 *Herr von Hugo:* Hugo von Hatzfeld.

133 *Datierung:* «Den 16. *Mai* 1804.» – B.
134 [...]: Vier Wörter gestrichen.

135 *Datierung:* «Den *20. Mai* 1804.» – B.
136 *Belvue:* Das Schloß Bellevue im Berliner Tiergarten befand sich im Besitz des Prinzen Ferdinand von Preußen. «Ein geschmackvoller Gartentempel oder Salon, welcher sein Licht durch eine vielfarbige Glaskuppel erhält, schöne Treib= und Gewächs=, namentlich

Ananas=Häuser, die sich besonders in der neuern Zeit durch einen großen Reichthum an exotischen Pflanzen, mit großer Sorgfalt gepflegt und mit Geschmack und Umsicht aufgestellt, ausgezeichnet, und sehr großem Mannichfaltigkeit an Blumen und duftenden Gesträuchen, und mehrere Umzäunungen, in denen Edel= und Dammhirsch unterhalten werden, sind andere Eigenthümlichkeiten dieses den Bewohnern der Residenz sehr lieb gewordenen Gartens.» Vgl. *Zedlitz*, S. 59f.

*137 *ambarra:* embarras; Verlegenheit, Verwirrung.

138 *Datierung:* «Den 25. *Mai* 1804.» – B.

139 *der Prinz ... Abgereißt:* Am 26. 5. 1804 meldet die *Vossische Zeitung*, daß Louis Ferdinand von Preußen am 25.5. nach Magdeburg abgereist sei.

140 *Datierung:* «26. Mai 1804.» – B.

141 *Friedrichfelde:* «*Friedrichsfelde* (einst Rosenfelde); 3/4 Meilen östlich von Berlin im Niederbarnimschen Kreise, an der Frankfurther Chaussee, mit 90 Feuerstellen und 900 Einwohnern. Das schöne Schloß, zunächst ein Königl. Lustschloß gehörte nach wechselnden Besitzern Ferdinand von Preußen. ‹...› Das Schloß wurde 1719 angelegt und 1762 erweitert und verschönert.» Vgl. *Zedlitz*, S. 775. Das Schloß hatte im Laufe der Zeit wechselnde Besitzer, 1804 befand es sich im Besitz der Herzöge von Holstein-Beck.

142 *Datierung:* «29. *Mai* 1804.» – B.

143 *ich habe ... Geschrieben:* Diese Korrespondenz ist nicht überliefert. Pauline Wiesel hatte Peter Roux, der als Sekretär an der Preußischen Gesandtschaft in Paris arbeitete, 1801 dort näher kennengelernt. Von einem Ausflug mit beiden nach St. Cloud berichtet Rahel Levin Varnhagen in einem Brief an Georg Wilhelm Bokelmann vom 29. 4. 1801; vgl. GW VIII/1, S. 136.

*144 *conduite:* Verhalten, Betragen.

145 *Textträger:* Das Billet wurde diktiert. *Datierung:* «31. *Mai* 1804.» – B.

146 *Datierung:* «14. *Juni* 1804.» – B.

147 *die Frau:* Die Botin, die das Billet überbrachte.

148 *Textträger:* «Pouer Madame Wiesel née Cesar» in unbekannter Schrift. *Datierung:* «18. *Juni 1804.*» – B.

149 *von der Reise:* Wie aus den folgenden Briefen hervorgeht, kehrte Pauline Wiesel erst im November wieder nach Berlin zurück.

150 *Datierung:* «Juni 1804» – B.

151 *nach Francfort:* Aus den folgenden Briefen läßt sich vermuten, daß Pauline Wiesel erst im Herbst nach Frankfurt am Main reiste.

152 *das Schicksall ... mit mir:* Da aus dem entsprechenden Zeitraum keine weiteren Briefe von oder an Pauline Wiesel erhalten sind, läßt sich nicht entschlüsseln, was geschehen war. Auch in Brinckmanns Brief an Luise von Voß vom 7.6.1804 ist von keinerlei dramatischen Ereignissen die Rede; vgl. S. 191.

*153 *avetzirte ich:* wandte ich an.

*154 *trouble und confusion:* Störung und Verwirrung.

155 *infärde:* Möglicherweise: ungefähr.

*156 *moyens:* Mittel.

157 *ein brif ... von Roux:* Vom 15. und 16. 6. 1804 aus Paris; vgl. S. 191f.

158 *oder Genz:* Gentz hatte nach längerer Unterbrechung am 17. 6. 1804 wieder an Brinckmann geschrieben; vgl. *Wittichen* II, S. 194–199. Gentz fragt nur kurz: «Was macht Pauline?» (S. 198), sonst ist von ihr nicht die Rede.

159 *an Hatzfeldt ... achaffenburg:* Hugo Graf Hatzfeld, der Gesandter von Kurmainz in Berlin war, hielt sich am Sitz des Mainzer Kurfürsten in Aschaffenburg auf, wohin die Regierung des Erzstiftes Mainz nach der Eroberung von Mainz durch die Franzosen 1798 gezogen war. 1803 wurde für Karl Theodor von Dalberg, den letzten Mainzer Kurfürsten, das Fürstentum Aschaffenburg geschaffen.

160 *Datierung:* «*1804.*» – B.

161 *Windbeuhtel:* Vgl. dazu die Billets von Hatzfeld an Brinckmann; S. 196.

162 *Chaufontaine:* Chaudfontaine, ca. 5 km von Liège entfernt, an der Vester gelegen. Neben Spa der bedeutendste belgische Badeort.

163 [...]: Ein Wort gestrichen.

164 [...]: Ein Wort gestrichen.

165 *Neudorf:* Nicht ermittelt.

166 *Schack:* Pauline Wiesel hatte Otto von Schack möglicherweise während ihres Aufenthalts in Paris 1801 näher kennengelernt. Schack war später mit ihrer Cousine Victoire von Crayen eng liiert und Vater von deren Sohn Otto.

167 *von einen Franzosen:* Nicht ermittelt.

168 *Datierung:* «Chaufontaine, *6. Augt.* 1804.» – B.

169 *die fénoméne ... orhiho:* Zu Rahel Levin Varnhagens Liebesbeziehung zu Raphael d'Urquijo vgl. deren Briefwechsel sowie Rahels Aufzeichnungen in GW VIII/1, S. 194–226.

170 *von der Mendelson ... Schrieb:* Vgl. deren Brief vom 15. 6. 1804, S. 193f., den Brinckmann in seinem Brief an Pauline Wiesel offenbar paraphrasiert hatte.

*171 *annuit:* Langeweile.

172 *finden ... an ihr:* Christel Eigensatz hielt sich zu einem Gastspiel

in Wien auf. Die *Allgemeine Musikalische Zeitung* vom 8.8.1804 berichtet von ihrem Auftritt in einer Operette, wofür sie «allgemeinen Beyfall» erhielt. Am 25.9.1804 erscheint eine ausführliche Kritik über ihren Auftritt in Grétrys Oper *Blaubart* (*Raoul barbe bleue*, in Paris 1789 uraufgeführt), worin sie die Marie sang: «Leider gleicht der Gesang dieser so talentvollen Schauspielerin ihrem Spiele nicht. Zwar ist ihre Stimme ziemlich rein, voll, und nicht ohne Umfang; aber die Kunst hat bis jetzt noch gar zu wenig an ihr gethan. Sie singt unrichtig, ohne Sicherheit, und besonders ohne Kunst, welche nicht sowohl Verzierungen, als die passendste Bezeichnung der darzustellenden Empfindungen, deren richtigsten, geschmackvollsten Vortrag der Melodie und des Charakteristischen verlangt, und die freylich nur das Resultat einer vollkommen musikalischen Ausbildung ist, welche Dem. Eigensatz noch im hohen Grade mangelt. Möchte sie durch geschickte Meister und eifriges Selbstbemühen diesem Gebrechen abzuhelfen suchen, so könnte sich bey ihr die im Deutschen noch immer seltene Vereinigung der Schauspielkunst mit dem Gesange in einem hohen Grade finden.»

173 *Gr Metternich:* Eleonore Gräfin Metternich lebte von 1803 bis 1805 in Berlin, da Clemens Graf Metternich in dieser Zeit österreichischer Gesandter in Berlin war.

174 *Döncktin:* Nicht ermittelt.

*175 *Malgré moi:* wider meinen Willen.

176 *ist ihr Prinz ... Verreist:* Prinz Louis Ferdinand von Preußen hielt sich wahrscheinlich noch in Berlin auf, wo am 20.8. seine Tochter Blanche geboren wurde, deren Mutter Henriette Fromme war.

177 *wegen der großen Kaiserin:* Die französische Kaiserin Josephine war im Juli zu einer Badekur nach Aachen gefahren, wo sie sich bis zum 11.9. aufhielt; zu diesem Aufenthalt vgl. Napoleon, *Liebesbriefe an Josephine*, hrsg. von Jean Tulard, Wien/Hamburg 1985, S. 130–135; Ernest John Knapton, *Empress Josephine*, Cambridge/Mass. und London 1964, S. 214–217.

*178 *confidence:* vertrauliche Mitteilung.

179 *Datierung:* «*1804, Dinstag*» – B. *Adresse:* «A Monsieur Monsieur de Brinckman Chargeé d'Affaire du Roi de Sueden à la Cour de Berlin In der Friedrich Strasse im Goeschensch Haus a Berlin».

180 *Henriette:* Henriette Mendelssohn.

181 *seine Neuhe Pauline:* Vgl. S. 192.

182 *Sie ist lange ... in Paris wahr:* Wer die Maitresse von Nicolaus Fürst Esterházy von Galántha war, wurde nicht ermittelt.

183 *einen sehr guten ... brif:* Nicht überliefert.

*184 *fäbel:* Schwäche.

185 *ob er sich ... er nicht:* Brinckmann hatte offenbar aus Gentz' Brief vom 17. 6. 1804 zitiert, wo es heißt: «Wenn Sie *mich* fragen sollten: Was macht Christel? so würde ich Ihnen antworten: es geht ihr *gut,* aber nicht glänzend. Ich sehe sie, aber mit Maßen, höchstens einmal in der Woche. Ich habe sie ein paarmal mit ihrer Mutter abholen lassen, um bei mir in Hitzingen Tee zu trinken, oder zu soupieren; das ganze Verhältnis ist aber alteriert; keine Spur mehr von Leidenschaft, nichts als offne und treuherzige Freundschaft.» *Wittichen* II, S. 198.

186 *Schiller:* Wahrscheinlich sind die beiden Bände gemeint, von denen bereits in Nr. 19 die Rede ist.

*187 *contreer:* widrig.

188 *Büsonchen:* Das Lokal Buisson.

189 *Datierung:* «1804.» – B.

190 *Louisdor:* In Deutschland wurden damals alle nichtpreußischen Goldmünzen so bezeichnet. Zuerst wurde diese Münze in Frankreich unter Ludwig XIII geprägt; sie enthielt ca. 7,648 g Goldlegierung.

191 [...]: Ein Wort gestrichen.

192 *genz ein groß Haus in Wien macht:* Wie Gentz am 17. 6. 1804 an Brinckmann schrieb, bewohnte er in diesem Sommer «ein wahrhaft reizendes Landhaus, ungefähr eine halbe Stunde von der Stadt, mit allen Bequemlichkeiten des Lebens versehen, in der herrlichsten Lage». *Wittichen* II, S. 198.

*193 *enrévenge:* dagegen.

194 *Hören sie ... arenstein:* In Brinckmanns Nachlaß sind insgesamt 37 Briefe Henriette Arnsteins, spätere Pereira, überliefert. Aus dem Jahr 1804 ist allerdings nur ein Brief überliefert, den Brinckmann auf den Januar datierte; vgl. ATL.

195 *geht genz zu ihr:* Im zitierten Brief von Gentz heißt es weiter: «Ihr Abgott, Jette Arnstein, ist auch wieder hier; sie soll aber bis zur Unkenntlichkeit verändert sein. Ich sehe sie nicht, denn mein Bruch mit dem Hause ist unheilbar.» *Wittichen* II, S. 198f.; vgl. auch S. 177.

196 *Wissen Sie ... geworden:* Caroline von Humboldt traf am 15. 6. 1804 von Erfurt kommend in Paris in Begleitung ihrer Kinder Karoline, die «Line» genannt wurde, und Theodor sowie des Arztes Heinrich von Kohlrausch ein. Am 2.7. wurde dort Louise von Humboldt geboren, die hier als «Römerin» bezeichnet wird, weil sie dem Gerücht nach eine Tochter des römischen Kardinal Consalvi war.

197 *die gräffin Schlaberdorf ... mit ihr:* Von diesem gemeinsamen Aufenthalt berichtet Caroline von Humboldt in Briefen an Wilhelm von Humboldt; vgl. *Sydow,* Bd. II, S. 213 und 243.

198 [...]: Ein Wort gestrichen.
*199 *cachire:* verstecken, verheimlichen.
200 [...]: Ein Wort gestrichen.

201 *Datierung:* «22. *Augs. 1804.*» – B.
202 *diesen brif:* Gemeint sind Briefe nach St. Petersburg; vgl. Nr. 65.

203 *Datierung:* «empf. d. 11. Sept. *1804.*» – B.
204 ‹...›: Lücke im Text für das fehlende, aber nicht eingesetzte Datum.

205 *Datierung:* «1804». – B.

206 *Textträger:* «Dresden» – B.

207 *Datierung:* «empfangen den 16. Octbr 1804.» – B.
208 *ich erwahrte ihm alle tage:* Prinz Louis Ferdinand kam aus Wien zurück, wo er sich im September aufgehalten hatte.

209 *Datierung:* «empf. *den* 27. *Octbr 1804.*» – B.
210 [...]: Ein Wort gestrichen.

211 *Datierung:* «8. Novbr *1804*» – B.

212 *Datierung:* «Den 9. Novbr *1804*» – B.
213 *ich bin bis 12 Uhr geblieben:* Wahrscheinlich bei Rahel Levin Varnhagen.
214 *warmbier:* Aufgekochtes Bier mit Zutaten wie Eier, Milch, Brot und Gewürzen.

215 *Datierung:* «Den 15. Novbr *1804*» – B.
*216 *deságrements:* Unannehmlichkeiten.

217 *Datierung:* «22. Novbr *1804*» – B. *Adresse:* «Pour Monsieur de Brinckman».

218 *Datierung:* «28. Novbr *1804*» – B. *Adresse:* «Pour Monsieur de Brinckman».
219 *ihr Bruder und seine Frau:* Herr und Frau von Rohr.
220 *in der Comedie:* Im Königlichen Nationaltheater wurde an diesem Abend gespielt: «Die Entdeckung. Die Mahler. Der Opernschneider.» *Vossische Zeitung* vom 27.11.1804.

221 *Datierung:* «[1804]» – unbekannte Hand.
*222 *recomendire:* empfehle.

223 *Datierung:* «25. *März 1805*» – B.

224 *Datierung:* «1805» – B.
225 [...]: Ein Wort gestrichen.
226 [...]: Vier Wörter gestrichen.

227 *die Unzelman ihren meinten:* Im ATL sind 28 Briefe Friederike Unzelmanns überliefert, keiner jedoch vom Juni 1805. Möglicherweise hatte Brinckmann einen ihrer Briefe an Pauline Wiesel geschickt, weshalb er in ATL nicht überliefert ist.

228 *Schrickke:* Ein Gut bei Magdeburg, das Louis Ferdinand von Preußen 1803 gekauft hatte.

229 *Datierung:* «*23. Januar 1806*» – B. *Adresse:* «Monsieur de Brinckman». Brinckmann hatte sich von Juni bis Dezember 1805 nicht in Berlin aufgehalten; er war gerade zurückgekehrt.

*230 *proponiren:* vorschlagen.

*231 *grandeurs de la Société:* Herrlichkeiten der Gesellschaft.

232 *Datierung:* «März 1806.» – B.

233 *Datierung:* «empfangen in Gothenberg den *8. Juni 1810.*» – B.

234 *von Rousseux Insel:* Vgl. Jean Jacques Rousseau, *Les Confessions*, in: *Ouevres complètes*, Paris 1959, Bd. 1, S. 636ff., wo er im XII. Buch seinen Aufenthalt auf der Insel St. Pierre im Bieler See beschreibt.

235 *und höre ... in Bassel ist:* Der am 19.5.1809 entthronte König Gustav Adolf von Schweden hatte Schweden im Dezember 1809 verlassen und war über Deutschland in die Schweiz gereist, wo er sich unter dem Namen eines Grafen von Gottorp niederließ. Die Briefe Charlotte Streckeisens an Pauline Wiesel sind nicht überliefert.

236 *Heimlich ... todt:* Pauline zitiert wortgetreu die letzte Strophe von Goethes Gedicht *An Mignon*, «Über Tal und Fluß» (1798), WA I/1, S. 92.

237 *Neuveville:* Am Bieler See gelegen.

238 *Ein sehr guter Docter ... hat:* Dieser Arzt wird auch im Briefwechsel mit Rahel Levin Varnhagen häufig erwähnt; sein Name war von Morlat.

239 *daß ich ... Geschieden bin:* Der genaue Zeitpunkt der Scheidung ist nicht bekannt; wahrscheinlich wurde sie noch vor Pauline Wiesel Abreise aus Berlin im Sommer 1808 vollzogen; vgl. *Briefwechsel*, S. 55.

240 *Won Menschen kömt Kein Glük:* Vgl. Rahel Levin Varnhagens Tagebucheintrag vom Herbst 1801: «Von Menschen kommt kein Glück. Da erwartet man es nur.» GW I, S. 248. Das Motiv taucht auch im Briefwechsel der beiden Frauen häufig auf.

241 *mit Einer Russiche ... Mann:* Nicht ermittelt.

242 *der Dockter Gall:* Pauline Wiesel hatte Gall wahrscheinlich anläßlich seiner Vorlesungen in Berlin kennengelernt und in Paris wiedergetroffen. Am 9.1.1810 schreibt sie an Rahel Levin Varnhagen:

«Gall ist hir in Paris und ich Versicher Ihnen er ist nicht *dum* über des Menschen Leben»; *Briefwechsel*, S. 73.

243 *die Ralle ... jarkeine hat:* Vgl. Pauline Wiesels Brief an Rahel Levin Varnhagen vom 24. und 26. 2. 1809, wo es heißt: «Waß hilft Aber Al mein Schreiben, wenn ich Ihnen nicht nahe bin so fähld es Ihnen an courage, Sie *überlegen* und Vergessen daß es keine Zukunf gieb»; *Briefwechsel*, S. 54.

244 *von Genz ... 3 Jahr:* Vgl. Gentz' Brief vom 16. 3. 1807, S. 134f.

245 *Schreib sie ... Schweiz:* Vgl. Anm. 107. Germaine de Stael lebte 1810 in Coppet am Genfer See.

Pauline Wiesel und Louis Ferdinand von Preußen

1 *Druck: Büchner*, S. 55. *Datierung:* Wie aus Pauline Wiesels Billets an Brinckmann vom 15. und 22. 2. 1804 hervorgeht, hatten an den jeweils vorhergegangenen Tagen Redouten stattgefunden, die sie beide nicht besuchte; vgl. S. 28.

2 *Redoute:* Vgl. S. 253, Anm. 87.

3 *Überlieferung:* SV 144. *Druck: Briefe* I, S. 270f. *Datierung:* Der nicht näher nachweisbare Onkel Pauline Wiesels, von dem im Text die Rede ist, hielt sich ab Mitte Februar 1804 in Berlin auf; vgl. Pauline Wiesels Billet Nr. 23 an Brinckmann vom 12. 2. 1804, S. 27.

4 *[...]:* Ein Wort gestrichen.

5 ‹...›: Ein Wort unleserlich.

*6 *Ecoute ... ou plutot:* Hör' zu, meine geliebte Freundin, ich wünschte so sehr, Dich heute abend zu sehen, dreimal habe ich zu Dir geschickt, (man sagte mir), Du seist bei Deinem Onkel. Aber ich beschwöre Dich, erlaube mir, daß ich Dich morgen um halb zwölf bei der Crayen sehe, um alles für morgen Abend zu verabreden. – Liebe Pauline, wie konntest Du glauben, daß ein Wesen, das seit vier Jahren schmerzlich darunter leidet, daß es die Morgenröte der Aufklärung, der Philosophie erlöschen sah, das mit allen denkenden und fühlenden Wesen über die Menschheit weint, das unter einer grausamen Untätigkeit leidet, das keinerlei Anstrengungen macht, ‹...?›, daß ein solches Wesen, sage ich, mit einer armen Quadrille beschäftigt sein kann. *O Sancta Simplicitas oder besser: O du armes ...*

7 *Berlinisches Colonistisches, Cesar Leveauxsch:* Pauline Wiesels Familie mütterlicherseits gehörte zur hugenottischen Kolonie Berlins; ihre Mutter kam aus der sehr angesehenen Familie Leveaux.

8 ‹...›: Ein Wort unleserlich.

9 *Mais ecoute ... ‹ça je vie?›:* Aber höre (geh morgen nicht so früh aus und schreibe mir, ob ich gegen elf Uhr bei der Crayen sein kann.

Tausend Küsse, liebe Pauline, warum kann ich sie Dir nicht geben, Dein hübsches Bett teilen und (für Dich leben). Liebe mich und sprechen wir diesen ‹...?›. Ich bete Dich an, dafür lebe ich.

10 *Druck: Büchner*, S. 61. «(Der Anfang dieses Briefes fehlt.)» – Büchner.

11 *Henriette:* Henriette Fromme erhielt in der Anfangszeit seiner Beziehung zu Pauline Wiesel das folgende Schreiben des Prinzen: «Ma charmante amie ma lettre arrivera bien matin tu dormiras encore petite paresseuse – Les jolis yeux ne seront point ouverts encore – peut-être un rève heureux t'occupera de ton ami – ah puisse-t-il l'avoir peint à ton imagination tel qu'il est plein d'amour et de tendresse pour toi, et qu'au reveil de mon Henriette son coeur soit rempli de sensations douces. C'est au bien heureux Jeamnot que j'ai du le plaisir de te voir encore, car il m'avait dit que tu n'étais point encore retourné et j'esperais te rencontrer te voir à la fenêtre de la (...). Douce et tendre Minna je t'adore rien ne peut te prendre mon amour – aussi je trouve un bonheur si grand dans le semtiment que j'éprouve que pour rien dans le monde je le troublerais. – Ecoute – entend des deux jolies oreilles et vois si ton ami n'est pas aussi consciencieux que le serait une novice au convent. J'avais rencontré sous les arbres Gualtieri et le Sarmate (...) invitation de venir casser la croûte avec eux dans (...). J'accepte – J'arrive et les trouve etablis dans un petit sallon mais point seul – Je n'entre pas – on me dit qu'on a joint le souper a celui de Md Wiesel – Je trouve un biais adroit – obligeant même pour refuser le souper et je pars pour bellevue sans parler à Md. – Bonheur inexprimable! de sacrifier quelquechose a ce qu'on aime. Que je plains ceux qui ne le connaissent pas, qui ne jouissent pas plus de l'idée de prouver leur amour que de tout ce que l'amour propre a de seduisant. Maintenant je te jure que si jamais tu m'accuse de coquetterie je n'aurais aucun menagement pour toi – j n'aurais égard a rien et je ferais *hem hem* pour te punir si (...) humain. Causons donc amour comme je l'aime, il m'est doux, très doux de te dire que je suis plus délicat plus sevère envers moi en ton absence, que même je le serais près de toi. Ecoute J'ai appris par Gualtieri que ta soeur avait été au spectacle aujourdhui – toute bien seule dans la grande loge en vain a-t-elle joué de la prunelle (...) sa figure maigre et décharnée elle n'a pu remplir le grand vide qu'elle a laissé dans la loge – Fais moi dire a (...) si l'on accepte ma proposition pour demain. Je me couche, adieu petite amie – je pense a toi, je t'aime a la folie.» *Büchner*, S. 78–80. «Meine reizende Freundin, mein Brief wird in aller Frühe ankommen, und Du, kleine Faulenzerin, wirst noch schla-

fen. Die hübschen Augen werden noch nicht offen sein, vielleicht wird Dich ein glücklicher Traum mit Deinem Freund beschäftigen. Ach, möge er ihn doch Deiner Einbildungskraft so dargestellt haben, wie er ist, so voller Liebe und Zärtlichkeit für Dich, daß Dein Herz beim Erwachen von süßen Gefühlen erfüllt ist. Dem glücklichen Jeanmot verdanke ich das Vergnügen, Dich noch gesehen zu haben, denn er hatte mir gesagt, Du seist noch nicht zurückgekehrt, und ich hoffte, Dir zu begegnen, Dich am Fenster der (...) zu sehen. Süße und zärtliche Minna, ich bete Dich an, nichts kann Dir meine Liebe rauben, auch vermittelt mir das Gefühl, das ich empfinde, ein so großes Glück, daß ich es um nichts in der Welt gefährden würde. – Höre, höre gut zu mit beiden hübschen Ohren, ob Dein Freund nicht so gewissenhaft wie eine Novize im Konvent gewesen ist. Unter den Bäumen hatte ich Gualtieri und den Sarmate getroffen (...) Einladung, mit ihnen einen Bissen in (...). Ich nehme die Einladung an, ich komme hin und finde sie in einem kleinen Saal, aber nicht allein. Ich gehe nicht hinein, man sagt mir, daß man zusammen mit M^{d}. Wiesel speist. Ich finde einen geschickten Vorwand, der mich sogar zwingt, das Souper auszuschlagen, und ich breche nach Bellevue auf, ohne mit M^{d} gesprochen zu haben. Unaussprechliches Glücksgefühl!, dem, was man liebt, etwas aufzuopfern. Wie ich die beweine, die es nicht kennen, für die die Vorstellung, ihre Liebe unter Beweis zu stellen, nicht ein größerer Genuß ist, als all das, was die Selbstliebe an Verführerischem hat. Jetzt schwöre ich Dir, wenn Du mich noch einmal der Koketterie anklagst, werde ich nicht die geringste Rücksicht auf Dich nehmen, ich werde vor nichts Respekt haben und *hm hm* machen um dich so (...) menschlich zu strafen. Plaudern wir also von Liebe, wie ich es gerne habe, es ist mir süß, sehr süß, Dir zu sagen, daß ich in Deiner Abwesenheit noch rücksichtsvoller, strenger gegen mich bin, als ich es in Deiner Gegenwart wäre. Höre, ich habe von Gualtieri erfahren, daß Deine Schwester heute in der Vorstellung war, ganz allein in der großen Loge, umsonst hat sie Äugelchen gemacht, ihre magere und fleischlose Gestalt hat nicht die große Leere ausfüllen können, die sie in der Loge gelassen hat. Laß mir durch (...) sagen, ob man meinen Vorschlag für morgen angenommen hat. Ich gehe schlafen, adieu, kleine Freundin, ich denke an Dich, ich liebe Dich bis zum Wahnsinn.»

12 *Überlieferung:* Gekürzte Abschrift von V. in SV 144. *Druck: Büchner,* S. 60. *Datierung:* Louis Ferdinand von Preußen war in die Vorbereitungen zum großen Maskenball (Redoute) im Schauspielhaus am 12.3.1804 einbezogen, der zu Ehren des Geburtstags der

Königin Luise veranstaltet wurde; vgl. S. 255f., Anm. 108. Obwohl in der fraglichen Zeit mehrere Redouten stattfanden, geht der Datierungsvorschlag dieses wie der folgenden Briefe aus inhaltlichen Gründen davon aus, daß sie sich auf diese Redoute beziehen.

13 *Quadrille:* Vgl. S. 256, Anm. 108.

*14 *Mon Dieu, que c'est bête:* Mein Gott, wie dumm.

15 *diese Fête:* Vgl. S. 255f., Anm. 108.

16 *Druck: Büchner,* S. 56. «(Der Anfang dieses Briefes fehlt.)» – Büchner. *Datierung:* In einem auf den 11. 3. 1804 zu datierenden Brief an Rahel Levin Varnhagen ist ebenfalls von einem starken Schnupfen die Rede.

17 *Überlieferung:* HS und Abschrift von V. in SV 144. *Druck: Briefe* I, S. 266f.

18 *Überlieferung:* Abschrift von V. in SV 144. *Druck: Briefe* I, S. 267. *Datierung:* Vgl. Pauline Wiesels Billett an Brinckmann vom 12. 3. 1804, S. 31.

19 *Brief ... schrieb:* Brief Nr. 5, S. 67.

20 *dein Plan ... Redoute:* Vgl. die Billetts an Brinckmann vom 12. und 13. 3. 1804, S. 31f.

21 *Druck: Büchner,* S. 54. *Adresse:* «A Madame Wiesel (Siegel ohne Namenszug)»; vgl. *Büchner,* S. 54.

22 *Cabinetsrath beym:* Carl Friedrich von Beyme.

23 *Tante:* Henriette von Crayen.

24 *Überlieferung:* Abschrift von V. in SV 144. *Druck: Briefe* I, S. 269. *Datierung:* Karl Gustav von Brinckmann schrieb lediglich im Frühjahr 1804 Liebesbriefe an Pauline Wiesel, Friedrich August Vetter verreiste im Frühsommer desselben Jahres, weshalb der Brief auf 1804 zu datieren ist.

25 *Druck: Büchner,* S. 69–70. *Datierung:* Büchner vermerkt: «(Wahrscheinlich aus dem Jahre 1805. Man vergleiche den oben mitgetheilten Brief an Rahel aus Schricke, 1805.)». Der Brief läßt auf einen stadtbekannten Skandal schließen, der Pauline Wiesel zwang, sich aus Berlin zu entfernen. Aus dem Briefwechsel mit Brinckmann kann man schließen, daß es zweimal zu einem solchen Skandal kam: im Sommer 1804 (vgl. die Briefe an Brinckmann vom 18. und 24.6. und vom 6.8.1804, S. 39–42, 44f.) und im Sommer 1805 (vgl. den Brief an Brinckmann aus Schricke vom 8.6.1805, S. 57ff. Die Anspielung auf Schricke als einem Pauline bereits vertrauten Ort macht es wahrscheinlicher, daß der Brief vor oder nach Louis Ferdinands Italienreise vom August und September 1805 geschrieben wurde.

26 *Schricke oder Wettin:* Güter Louis Ferdinands in der Nähe Magdeburgs, die er am 27.4.1803 (Schricke), bzw. am 1.6.1803 (Wettin) gekauft hatte.

27 *Überlieferung:* SV 144. *Druck: Galerie* I, S. 296–297. *Datierung:* «Schricke, 1805» – V.
Zu den zeitgeschichtlichen Hintergründen, die dieser Briefwechsel berührt: Ab Herbst 1805 wird es Preußen immer schwerer, seine Stellung als unabhängige Macht zwischen Napoleon und der dritten europäischen Koalition (England-Schweden-Rußland-Österreich) zu halten. Als Frankreich mit dem Durchmarsch durch das Ansbacher Gebiet die preußische Neutralität verletzt, erhalten die Truppen am 6. Oktober 1805 den Befehl, sich an der österreichischen Grenze zusammenzuziehen. Louis Ferdinand befindet sich infolgedessen ab etwa dem 9. Oktober bei seinem Regiment in Magdeburg. Am 3. November ist der Prinz beim Abschluß eines feierlichen preußisch-russischen Vertrags in Potsdam zugegen und wird Zar Alexander vorgestellt. Nach Napoleons Sieg über Russen und Österreicher bei Austerlitz am 2. Dezember macht Louis Ferdinand sein Testament und geht am 4. Dezember zur Armee bei Erfurt. Als er am 18. Dezember in Zwickau, in der Nähe der böhmischen Grenze, Quartier bezieht, glaubt er noch an eine unmittelbar bevorstehende preußische Offensive in Richtung Prag, aber inzwischen hat der ängstlich auf Neutralität bedachte preußische Außenminister Graf Haugwitz am 15. Dezember in Schönbrunn mit Napoleon einen äußerst ungünstigen Vertrag geschlossen, der Preußen für Gebietsabtretungen an Frankreich und Bayern mit Hannover entschädigen sollte. Ende Januar 1806 ergeht daraufhin der Demobilisierungsbefehl. Die Versuche Preußens, die Schönbrunner Vertragsbedingungen zu verbessern, enden in einem noch nachteiligeren Vertrag, den Haugwitz am 15. Februar 1806 in Paris unterzeichnet. Dieser zwingt Preußen zur Besetzung Hannovers und zur Schließung der norddeutschen Häfen, verfeindet es dadurch mit England und Schweden. Als in der Nacht vom 5. zum 6. August 1806 in Berlin auch noch die Nachricht eintrifft, Napoleon habe England eigenmächtig die Rückgabe Hannovers angeboten, befielt der König drei Tage später die Mobilmachung und stellt Napoleon am 26. September ein Ultimatum, das dieser mit dem Einmarsch in Sachsen, d.h. mit Krieg beantwortet. Louis Ferdinand fällt am 10. Oktober bei Saalfeld im ersten Vorhutgefecht der Schlachten bei Jena und Auerstedt am 14. Oktober, in denen Napoleon die preußische Armee endgültig vernichtet.

28 *in diesen sonderbaren Verhältniß:* das Dreiecksverhältnis zwischen

Louis Ferdinand, Henriette Fromme und Pauline Wiesel. Die beiden Frauen waren seit längerem befreundet.

*29 *Explication:* Aussprache.

30 *Überlieferung:* SV 144. *Druck: Wahl,* S. 211–212. *Datierung:* Der Brief steht in engem Zusammenhang mit Nr. 12 und 13; letzterer läßt sich auf den 4.11.1805 datieren, weshalb dieser Brief kurz zuvor entstanden sein muß.

31 *fastidieuser:* lästiger.

32 *homme a bonne fortune:* Liebling der Frauen.

33 *[...]:* Zwei Wörter gestrichen.

34 *Überlieferung:* Abschrift von V. in SV 144. *Druck: Briefe* I, S. 118. *Datierung:* Vgl. Anm. 30.

35 *deines Briefes wegen:* Nicht überliefert.

*36 *bonnes fortunes:* Gunst der Frauen.

37 *Die Liebe ... sie:* Der Satz ist in Varnhagens Abschrift am Rand hinzugefügt.

38 *Überlieferung:* SV 144. *Druck: Wahl,* S. 215–216. *Datierung:* Am 3.11.1805 wurde in Potsdam in Anwesenheit von Zar Alexander ein Vertrag zwischen Preußen und Rußland geschlossen. Am Tag zuvor war Louis Ferdinand in Potsdam dem Zar auf dessen Wunsch vorgestellt worden. Vgl. Anm. 27.

39 *daß ... enden:* Auf welche Weise Louis Ferdinand hoffte, «diese Verhältniße» binnen 48 Stunden klären zu können, konnte nicht ermittelt werden.

40 *die Plettenberg:* «Gräfin Plettenberg» – V.

41 *die Azcerenza:* «Herzogin Accerenza» – V.

42 *Überlieferung:* SV 144. *Druck: Poseck,* S. 231–232; gekürzt und übersetzt. *Textträger:* «*Pauline Wiesel* an Prinz Louis Ferdinand.» – V. *Datierung:* Louis Ferdinand datiert die Erbanweisung für Pauline Wiesel: «Berlin den 4^t December»; sein Testament wird dem König am selben Tag zugestellt. Der Prinz kann also nicht vor dem 4.12.1805, möglicherweise frühmorgens, abgereist sein. Am 6.12. trifft er in Erfurt ein und erhält dort am 10.12. diesen Brief.

*43 *Vous m'avez ... de tout:* Sie haben mich auf die schändlichste Weise getäuscht, aber es berührt mich nicht. Mit all meinem Scharfsinn hätte ich Sie nicht fähig dazu gehalten. Ich bin um zwei Uhr mit der besten Gesinnung gegen Henriette in ihr Haus zurückgekommen. Sie war genau so ‹entgegenkommend?›, wie ich es mir schon vorgestellt hatte. Sie haben sie ins Palais holen lassen, sie hatte keineswegs die Absicht zu kommen, im Gegenteil, sie hatte nicht die geringste Lust dazu, weil sie schon seit einer Stunde geschlafen hatte. Aber Sie haben Ihren Wagen mit Dussek und Kleist zurückgeschickt und sie bitten lassen, sofort zu kommen, um Sie noch im Palais zu sehen. Ich bin auch ganz zufrieden darüber, in einer halben Stunde wird die Levi es wissen, ich bin gespannt, was sie sagen wird, nachdem sie Sie sicher zwanzigmal hintereinander hat versichern hören, Sie wüßten nicht, wie Henriette auf diese Idee gekommen sei. Ich kenne sie besser und habe sofort gesagt, das gleicht Henriette nicht im geringsten, *auf keine Weise.* Das ist mein einziger Triumph in dieser Sache, ich täusche mich nicht in Henriette und ich habe *tausend Mal gesagt, daß ihr das nicht ähnlich sieht.* Aber nachdem ich Sie zwei Stunden lang gesehen hatte und Sie mich mit Zärtlichkeiten überschütteten und mir bei allem, was Ihnen teuer ist, schworen und sogar sagten, daß es Ihnen gar nicht lieb gewesen sei, habe ich es am Ende *geglaubt.* Aber ich bin froh, Sie am letzten Abend wieder auf solche Weise gesehen und gehört zu haben. Die Levin wird noch erstaunter sein als ich, wenn Sie nicht die Geistesgegenwart hatten, es ihr noch gestern abend vor Ihrer Abreise zu sagen; das wäre wenigstens schlau gewesen, Sie hätten Ihre Rolle sehr gut gespielt, wenn Sie so klug gewesen wären, daran zu denken. Was mich betrifft, so ist es mir völlig gleichgültig. Tun Sie nun, was Ihnen gut scheint, schreiben Sie mir oder nicht, spielen Sie den Guten oder Bösen, tun Sie, was Sie wollen. Ich habe meine Entscheidung getroffen, ich bin absolut ruhig und getröstet. *Adieu.* Denken Sie nicht mehr an mich, ich verachte Sie absolut, Sie haben keinerlei Recht mehr auf mich, nicht einmal das der Freundschaft, denn Sie haben mich mißbraucht, Sie haben es an Vertrauen und an allem fehlen lassen.

44 *Überlieferung:* Der erste Teil des Briefes (den 11ten...ein wort des) in SV 144; der letzte (dresden schickst...tausend küße louis.) in ARH. Dazwischen fehlen eine oder mehrere Seiten. *Druck: Wahl,* S. 263–268.

45 *deinen Brieff:* Pauline Wiesels Brief aus Schricke, der nicht erhalten ist, wird auch in Louis Ferdinands Brief an Rahel Levin Varnhagen vom 11.12.1805 erwähnt; vgl. S. 82.

46 *Schwester:* Luise Friederike Fürstin von Radziwill.

47 *Meier:* Leibjäger Louis Ferdinands.

48 *meine Kinder:* Anton Albert Heinrich Ludwig, gen. Louis, Loulou oder Lolo, geb. 18.3.1803, und Blanche, gen. Cocotte, geb. 22.8.1804. Beide erhielten nach Louis Ferdinands Tod den Namen von Wildenbruch.

49 *im Testamente ... deine:* Das Testament ist nicht überliefert; lediglich eine für Pauline Wiesel gedachte Beilage hat sich in SV 144 erhalten, weil diese das Blatt am 3.3.1841 mit der Bitte an Varn-

hagen schickte, ihr bei der Realisierung des Erbes zu helfen; vgl. *Briefwechsel,* S. 472. Der Text lautet: «Vorzeiger dieses sollen nach meinem Tode von dem Gelde was mein Nachfolger in der Domprobstey meine Erben zahlen muß 5000 rth schreibe fünftausend reichs Thaler gegeben werden – ohne sich mit weitere Untersuchungen abzugeben, so wie es der Articel sub littera *m* in meinem Testament bestimt/ Louis PrvPreussen/ Berlin den 4^t December». Auf einem aufgeklebten Zettel notiert Varnhagen: «*Prinz Louis Ferdinand.* Dieses Blatt, Berlin den 4. Dezember datirt, ohne Zweifel vom Jahr 1805, ist für Pauline Wiesel geschrieben, die es mir in den 40r Jahren schickte, in der Meinung noch irgend einen Vortheil davon zu ziehen. Der gute Prinz selber hatte geglaubt, ein solches Blatt könne gültig sein und Erfolg haben! – ». SV 144.

*50 *Embarassirte:* in Verlegenheit setzte.

51 *[mit vieleicht mit ...?]:* Das letzte gestrichene Wort unleserlich.

52 *[...]:* Drei Wörter gestrichen.

53 *[...]:* Ein Wort gestrichen.

54 *[...]:* Mehrere Wörter gestrichen.

55 *[...]:* Ein Wort gestrichen.

56 *‹werd›en:* Tintenfleck; sinngemäß ergänzt.

57 *Morgen Marschier ... marschiren:* Wegen der veränderten politischen Lage kam dieser Marsch nicht zustande. Vgl. Anm. 27.

58 ‹...›: Ein Wort durch Tintenfleck unleserlich.

59 ‹...›: Ein Wort unleserlich.

60 ‹...› Hier fehlen eine oder mehrere Seiten.

*61 *Estaffette:* Reitender Eilbote.

62 *Prince de hohenlohe:* Fürst Friedrich Ludwig von Hohenlohe hatte den Oberbefehl über den rechten Flügel des preußischen Heeres in Sachsen. Louis Ferdinand führte unter seiner Fahne die Avantgarde.

63 *Überlieferung:* SV 144. *Druck: Galerie* I, S. 298–300; erweitert in: *Briefe* I, S. 277–281.

64 *Einlage von Paulinen:* Vgl. Brief 15, S. 77.

*65 *Sottise:* Dummheit, Grobheit.

66 ‹...›: Ein Wort unleserlich.

67 *Blumenstein:* Goethe traf ihn am 3.10.1806 zusammen mit Louis Ferdinand in Jena; WA I/35, S. 272. Über Blumenstein heißt es hier: «letzterer jung, Halbfranzos, freundlich und zutraulich.»

*68 *Casirten ideen:* überholte Ideen.

69 *[...]:* Ein Wort gestrichen.

70 *Druck: Wahl,* S. 268f. *Datierung: Wahl* datiert «[Gera (?), 16. Dezember 1805.]». Da die Begegnung mit Goethe vom Vorabend in Jena stattfand, ist der Brief sicher noch dort verfaßt worden.

71 *Goethen wirklich kennengelernt:* Goethe erwähnt die Begegnung weder in seinen Tagebüchern noch in den Ergänzungen zum Tagebuch; vgl. WA III/3, S. 112 und WA I/35, S. 244f.

*72 *deboutonnierte:* öffnete, erschloß.

73 *Überlieferung:* SV 144. *Druck: Wahl,* S. 280f. *Adresse:* «Pour La Chere Pauline».

74 *ein Mahler ... hatt:* Das Porträt konnte nicht nachgewiesen werden.

75 *für dich zu sorgen:* Vgl. Anm. 49.

76 *[...]:* Ein Wort gestrichen.

77 ‹...›: Siegelloch; ein oder zwei Wörter unleserlich.

78 ‹...›: Siegelloch; sinngemäß ergänzt.

79 *Überlieferung:* Abschrift von V in SV 144. *Druck: Büchner,* S. 71–74. *Datierung:* «1805» – V.

80 *zu theilen ... Lager:* Nicht ermitteltes Zitat.

*81 *tribulirst:* quälst.

*82 *Etourderie:* Unbesonnenheit.

83 *Überlieferung:* SV 144. *Druck: Poseck,* S. 244–245; gekürzt und übersetzt. *Textträger:* «*Henriette Fromm* an Prinz Louis Ferdinand. Mutter des Hrn von Wildenbruch und der Frau von Röder.» – V. *Datierung:* In dem in Frage kommenden Zeitraum war nur der 21. Januar 1806 ein Dienstag.

84 *[...]:* Mehrere Wörter gestrichen.

*85 *Vous n'avez pas ... je pretends:* Sie haben mir Ihr Versprechen nicht gehalten und mich nicht wie eine Freundin behandelt. Ich erhebe auch keinen Anspruch darauf. Ich verzichte von nun an auf alle Ihre Gefühle. Ich war verrückt und komme mir jetzt selbst lächerlich vor, daß ich bisher so blind gewesen bin. Es war mir süß und lieb, mich von Ihnen täuschen zu lassen. Nun sehe ich klar. Ihren Sinnen bedeute ich nichts und sehr wenig Ihrem Herzen. – Warum also sollen wir uns gegenseitig lästig fallen. Du wirst glücklicher sein, wenn du ein Wesen nicht mehr siehst, das Dir ihr Unglück zum Vorwurf macht. Und ich kann noch glücklich werden und fern von Dir meine Jugend genießen. Louis, seien Sie hochherzig und opfern Sie mich nicht.
Setzen Sie mich in die Lage, von Ihnen entfernt angenehm zu leben. Das ist nicht zu viel verlangt, und ich bin sicher, daß Du meine Bitte erfüllen wirst. Das hat nichts mit meiner Mutterliebe zu tun. Ich würde es für eine Torheit halten, wenn ich mich für meine Kinder opfern wollte. Sie sind ebenso die Deinen, Du wirst sie glücklich machen. Wenn nicht, so kann ich nichts für ihr Glück tun und würde vielleicht eines Tages unter ihren Vorwürfen zu leiden haben. – Dies ist mein fester Wille: wenn Du nicht einverstanden bist, werde ich diese Kinder Deiner Schwester anver-

trauen. Ich gehe ins Elend und sehe Dich niemals wieder, mag daraus werden, was will. Der erniedrigendste Zustand kann mich nicht so demütigen wie der Gedanke, in einem illegitimen Zustand mit jemandem leben zu können, dessen Zuneigung ich nicht besitze. Zürnen Sie deshalb Pauline nicht. Sie hat es nicht verdient. Verzeihen Sie mir, daß ich Ihre Pläne durchkreuzt habe, ich wollte es nicht. Ich habe Pauline gebeten abzureisen, aber – sei es aus Furcht vor dem Skandal, den ich hätte machen können, sei es aus Zartgefühl mir gegenüber – sie hat es nicht gewollt. Jedenfalls wird das nur eine Verzögerung sein, denn mein Schicksal muß *auf alle Fälle* innerhalb acht Tagen entschieden sein. Bei allem, was mir auf der Welt heilig ist, schwöre ich, daß ich Dich nicht wiedersehen werde. Denn die Vorstellung, weiter mit Dir zu leben, ist mir die schrecklichste von allen. Nicht daß ich Dich verabscheute, nein, Louis, das ist nicht möglich. Aber ich liebe, und – was schlimmer ist – ich achte Dich nicht mehr. – Sei glücklich – mache Dir niemals Vorwürfe wegen Deines Verhaltens gegen mich. Du hast mir viel Kummer gemacht, aber ich war auch sehr glücklich, und wenn Du mir eine angenehme Lage sicherstellst, dann ist das alles, was ich verlange.

86 *Überlieferung:* SV 144. *Druck: Poseck,* S. 246–247; gekürzt.
*87 *die Düppe:* von frz. *être la dupe,* als Dumme dastehen.
*88 *éclat:* Skandal.
*89 *zuterieren:* verbergen, leugnen.
*90 *Ultrirt:* aufgebracht.

91 *Überlieferung:* SV 144. *Druck: Briefe* I, S. 276f. *Datierung:* Vgl. die beiden voraufgehenden Briefe.
92 *diese beiden brieffe:* Die beiden voraufgehenden.
93 *zwey offne briefe:* Vgl. den folgenden Brief Nr. 20 an Pauline Wiesel. Der Brief an Henriette Fromme ist nicht überliefert.

94 *Überlieferung:* SV 144. *Druck: Wahl,* S. 273–278. *Datierung:* Louis Ferdinand bezieht sich hier auf Pauline Wiesels Brief Nr. 19 vom 21. 1. 1806, S. 92ff.
95 *Deinen . . . Brieff:* Vgl. Anm. 94.
96 *des . . . Brieffes:* Nicht überliefert.
97 *[. . .]:* Ein Wort gestrichen.
98 *drey Jahre:* Die Jahre von Pauline Wiesels Ehe mit Wilhelm Wiesel.
99 *so . . . ja:* Vgl. Brief Nr. 18, S. 87–90. Das dort per Estafette angekündigte Schreiben ist nicht überliefert.
*100 *cantonniren:* Quartier beziehen.
101 *Politischen . . . gestatten:* Vgl. Anm. 27.
*102 *preveniren:* benachrichtigen.

103 *[. . .]:* Ein Wort gestrichen.
*104 *Cantonnirungen:* Quartiere.
105 *‹August?›:* In Berlin konnte kein Geschäft dieses Namens ermittelt werden.
106 *meine geliebtes. Weib:* verbessert aus: *meine geliebte.*
107 *büste:* Louis Ferdinand von Preußens Büste von Karl Wichmann; Abb. 4. Die Büste wurde im Hohenzollernmuseum aufbewahrt und ist seit Kriegsende verschollen.
108 *von Wiesel geschieden bist:* Vgl. S. 263, Anm. 239.
*109 *menagement:* Einrichtung.
*110 *abandon:* Hingabe, Unbefangenheit.
*111 *inquiettiren:* beunruhigen.
*112 *emanationen:* Düften.
113 *Dein Bruder:* Carl Cesar.
114 *von deine dumme Rußen:* Wer außer Paul von Schuwaloff gemeint sein könnte, ließ sich nicht ermitteln.
115 *in dem brieff vom 24:* Nicht überliefert.
116 *Trenne … nicht:* Zur Eifersucht Louis Ferdinands auf Wilhelm Wiesel vgl. Pauline Wiesels Brief an Brinckmann vom 14. 8. 1804 (Nr. 62), S. 46.

117 *Überlieferung:* SV 144. *Druck: Wahl,* S. 341 f. *Textträger:* Papier (leichtes Doppelblatt in breitem Quart), Wasserzeichen und Siegel wie Brief Nr. 26, der aus inhaltlichen Gründen auf Schricke zu datieren ist. Zwei leere Seiten, auf der einen die *Adresse:* «Pour *Pauline*». *Datierung:* Vgl. Anm. 119.

118 *Überlieferung:* HS und Abschrift von V. in SV 144. *Druck: Briefe* I, S. 265 f. *Adresse:* «Pour Mon chere Angelique adorée Pauline –».

119 *Überlieferung:* SV 144; der Anfang fehlt. *Druck:* Das Fragment mit dem Briefanfang bei *Büchner,* S. 66–68; der vollständige Brief bei *Wahl,* S. 298–302. *Datierung:* Aus inhaltlichen Gründen muß der Brief vor dem 6.3. entstanden sein; der 20. 2. 1806 war ein Donnerstag.
*120 *agitirt:* aufgeregt, unruhig.
121 *Ohrdorf:* Ergänzt nach *Wahl,* S. 299.
122 *endlich deinen Brieff:* Nicht überliefert.
*123 *confidencen:* Vertraulichkeiten.
124 *Mittelbar doch das:* Hier bricht Büchners Abdruck ab und die Handschrift wurde eingefügt.
*125 *bagatellen humeurs und capricen:* Lappalien, Launen und Grillen.
*126 *Complaisante:* Helfershelferin.
127 *sowohl dich und Ihr:* verbessert aus: *sowohl Ihr, und dich.*
*128 *etourderien:* Dummheiten.

129 *Ein großer Mann ... gesagt:* Nicht ermitteltes Zitat.
*130 *tournure:* gute Umgangsformen.
*131 *maltractirte:* mißhandelte.

132 *Überlieferung:* SV 144. *Druck: Wahl,* S. 314f. *Textträger:* «Prinz Louis Ferdinand an Pauline Wiesel.» – V. *Datierung:* In der in Frage kommenden Zeit war Louis Ferdinand zweimal in Berlin: das erste Mal incognito vom 13. bis 17.3. und mit Urlaub ab dem 19.4. Es muß sich um den ersten Termin handeln, da der in diesem Brief erwähnte Plan, von Vetter ein Haus in Tempelhof mieten zu lassen, im April fallengelassen wurde zugunsten eines Hauses in Moabit, das Nostitz beschafft hatte; vgl. S. 119.
133 *Roman von Rousseau: La nouvelle Héloise* (1761), der 1766 auf deutsch unter dem Titel *Die neue Héloise, oder Briefe zweier Liebenden* erschienen war.
134 *Werthe‹r›s Lotte oder Julie:* Die beiden weiblichen Hauptfiguren von Goethes *Werther* (1774) und Rousseaus *La nouvelle Héloise.*
135 *das Haus in Teplow:* Einen Ort dieses Namens gibt es in Berlins Umgebung nicht. Wahrscheinlich ist Templow bzw. Tempelhof gemeint, damals ein anderthalb Meilen südlich von Berlin gelegenes ansehnliches Dorf mit Rittersitz; vgl. *Zedlitz,* S. 793.
*136 *a notre aise:* behaglich.

137 *Überlieferung:* SV 144.
138 *deinen kleinen Brieff:* Nicht überliefert.
139 *mit schwerer ... zurück kauffen:* Vgl. S. 273, Anm. 98.
140 *Nostiz:* Johann Karl Graf von Nostitz war seit Ende 1805 Adjutant Louis Ferdinands.
141 *den kleinen Kerl:* Louis Ferdinands Sohn Ludwig von Wildenbruch.
142 *[...]:* Ein Wort gestrichen.

143 *Überlieferung:* HS und Abschrift einer Passage von V. in SV 144. *Druck: Briefe* I, S. 268; gekürzt. *Datierung:* Louis Ferdinand kündigt seinen heimlichen Ritt «übermorgen» für «den 13 um 11 Uhr» an.
144 *deine Brieffe vom 7. und 8:* Nicht überliefert.
*145 *Montirt:* aufgeregt.
146 *die Liebe ... ruhe ist:* Die Schlußverse von Goethes Gedicht «Rastlose Liebe» lauten: «Glück ohne Ruh,/ Liebe, bist du!» WA I/1, S. 84.
*147 *Sobrietät:* Nüchternheit, Mäßigkeit.
148 *Rogetz:* Das Erbgut Rogätz der Familie Alvensleben.
149 *Alvensleben:* Johann Friedrich Carl von Alvensleben diente wie Louis Ferdinand unter Fürst Hohenlohe. Er war 1805 Premierelieutenant und Generaladjutant des Generalmajors von Hirschfeld.
*150 *relais:* Umspannstationen zum Pferdewechseln.

*151 *invisible:* unsichtbar.
*152 *depensen:* Kosten.
*153 *Sejour:* Aufenthalt.
*154 *surprise:* Überraschung.

155 *Überlieferung:* SV 144. *Druck: Wahl,* S. 310–314. *Textträger:* «Prinz Louis Ferdinand von Preußen an Pauline Wiesel. Schricke, 25. 1805.» – V. *Datierung:* Der Brief entstand nach Louis Ferdinands heimlichem Besuch in Berlin vom 13. bis 17. 3. 1806. Vgl. Anm. 143.
156 *das Geheimniß ... in Berlin:* Vgl. die vorige Anmerkung.
*157 *perquisitionen:* Nachforschungen.
*158 *Captiviren:* erregen.
159 *in 10 frostigen Zeilen:* Nicht überliefert.
*160 *ingenereuse Ihrer Conduite:* das Kleinliche ihres Verhaltens.
161 *bestimtes kann ... Antwort:* Am 19. 3. 1806 hatte sich Louis Ferdinand mit der Bitte um Anweisungen für die ihm unterstellten Regimenter direkt an den König gewandt.
*162 *deteriorirt:* verdirbt.
*163 *perpetuellen:* fortwährenden.
164 *Von Gentz ... ein brief:* Nicht überliefert.
*165 *tractiren:* verhandeln.
*166 *recherchiren:* aufsuchen.
167 *Egloffsteinsche Geschichte:* Karl Graf von Egloffstein war in dieser Zeit der Liebhaber Rebecca Friedländers. Aus einem Brief Rahel Levin Varnhagens an diese vom 5. 1. 1806 läßt sich schließen, daß Pauline Wiesel zumindest Beobachterin der konfliktreichen Beziehung der beiden war: «Gestern lies ich ihn ‹Egloffstein› durch gleichgültige Umstände die der Mund aber nicht die Feder erzählen soll geleitet, durch Mam Wis: bitten nämlich wenn Sie kämen. Auch das erwog ich daß ich Sie so ein verfluchten Abend nie allein sehe: und doch nicht in niedlicher Gesellschaft.» *Freundin,* S. 91, nach der Handschrift in SV 62 revidiert.
*168 *faufilirest:* mischst.
169 *[...]:* Ein Wort gestrichen.
170 *für dich etwas zu componiren:* Vgl. Anm. 173.
171 *Das ... kürze:* Vgl. Brief Nr. 23, S. 106.

172 *Überlieferung:* HS eines Zwischenstücks und des Briefschlusses sowie Teilabschrift von V. in SV 144; *Druck:* Der Anfang und ein weiterer Teil bei *Büchner,* S. 57–59. *Datierung:* Louis Ferdinand tritt den hier erwähnten offiziellen Urlaub des Königs am 19. April an.
173 *das kleine Rondo:* Das Manuskript dieses Rondos wird in der Staatsbibliothek Preußischer Kulturbesitz, Berlin, aufbewahrt: Prinz

Louis Ferdinand von Preußen, Rondo B 4141 Piano Forte op. 9, 12 Bl. mit 20 beschriebenen Seiten; *Sign:* Mus.ms.autogr.Louis Ferdinand 1, Sign: 9 n 80.

174 *besser werden!:* Hier endet der Druck nach Büchner und das Fragment aus SV 144 wurde eingefügt.

175 *[...]:* Mehrere Wörter gestrichen.

176 *Grunthal:* Von Grünthal war Kammerdirektor bei Prinz Heinrich von Preußen gewesen und half Louis Ferdinand seit 1801 bei seinen geschäftlichen Angelegenheiten.

177 *Dedun:* Nicht ermittelt.

178 *etwas à quatre main:* Nicht nachgewiesen.

179 *meiner Handlungen seyn:* Hier endet die Einfügung aus SV 144.

180 *Brücher:* Die Brüche, feuchte Wiesengründe.

181 *Dorville – sein haus:* Ein Landhaus «am Moabiter Spreeufer, das er ‹Louis Ferdinand› von dem ehemaligen Hofmarschall der Gemahlin Friedrichs des Großen, Louis von Dorville, für einige Wochen gemietet hatte»; *Poseck,* S. 252.

182 *arrangiren lassen.:* Hier endet Büchners Abdruck und beginnt das Schlußfragment aus SV 144.

183 ‹...›: Ein verwischtes Wort unleserlich.

184 *[...]:* Ein Wort gestrichen.

185 *Überlieferung:* Gekürzte Abschrift von V. in SV 144; das fehlende Stück (*Ich sehe dich ... nichts von Maske*) ergänzt nach Büchner. *Druck: Büchner,* S. 62–65. *Datierung:* Vgl. Anm. 173.

*186 *Roué's:* Wüstlinge.

187 *Dein lieber, liebender Brief:* Nicht überliefert.

188 *aus:* Büchner liest hier «in's». Korrektur nach *Wahl,* S. 321.

*189 *revenuen:* Einkünfte.

*190 *Aßiette:* Bestimmung.

191 *Druck: Büchner,* S. 53. *Textträger:* «(Großes rothes Wappensiegel mit der Krone darüber.)» – Büchner.

*192 *tracirt:* aufgesetzt, niedergeschrieben.

193 *Überlieferung:* Abschrift von V. in SV 144. *Druck: Briefe* I, S. 271–275.

*194 *affektueusen:* liebevoll, zärtlich.

195 *den schändlichen Haugwitz:* Kabinettsminister Christian von Haugwitz bestimmte seit 1792 mit kurzer Unterbrechung die Außenpolitik Preußens. Seine schwankende und subalterne Haltung gegenüber Napoleon, insbesondere die demütigenden Verträge von Schönbrunn (15.12.1805) und Paris (15. 2. 1806), hatte eine Opposition gegen seine Neutralitätspolitik hervorgerufen, zu deren führenden Köpfen Louis Ferdinand gehörte. Vgl. auch Anm. 27.

196 *von der isolirten Lage von Preußen:* Vgl. Anm. 27. Als Preußen am

1.4.1806 Hannover «in Verwahrung» genommen hatte, das ihm im Schönbrunner Vertrag vom 15.12.1805 als Entschädigung für seine Gebietsabtretungen an Frankreich und Bayern zugestanden worden war, machte es sich damit England zum Feind und geriet in eine immer drückendere Isolierung.

197 *beiliegende Antwort ... Quast:* Nicht überliefert. Wahrscheinlich kurze Zeit später warb Quast um Henriette Fromme. Auch der Brief, den Louis Ferdinand bei dieser Gelegenheit an Quast schrieb, ist nicht erhalten, allerdings der Begleitbrief an Rahel Levin Varnhagen: «Liebe kleine besorgen sie doch die Einlage an H v Quast – ich hatte von Ihm einen brieff bekommen, aus welchem ich gesehn daß solche Menge Misverständniße noch obwalteten; Was ich für henriette gethan, ist blos sie frei und unabhängig zu wißen, für Ihrem Wohl und zu Ihrem besten zu handeln – Kann, will, H v Quast sie Glücklich machen so werde ich mich deßen freuen, glaubt sie es nicht mit Ihm seyn zu können, so wird sie Ruhe – Glück durch Ihre Kinder finden und in einer angenehmen unabhanhigen Lage, schutz und zarter Freundschaft genießen. Ich habe daher den H v Q gesagt in seinem Verhältniß mit henriette so zu handeln wie es seinem Herzen und seiner Liebe entspricht ganze Ohne rucksicht auf mich. Was ich Gelitten seit die Zeit daß ich hier binn – gefoltert von Liebe, schmerz, ungewißheit, erbittert – – Kann ich Ihnen nicht beschreiben; Nur wundert es mich daß mein Korper allen diesem wiedersteht – da ich weder Eße, noch schlaffe und ich stets jenen beängstigenden Krampf empfinde den, der tiefste, zereißensde schmerz erzeugt, mit keinen sprechen kann, von Paulinen nichts weis – Henriette ist wohl – die kleinen auch – Loulou – tröstet mich sehr – den 2t muß ich nach Berlin – an Vetter schrieb ich 2mal habe aber noch keine Antwort. Leben sie wohl – – und Glücklicher als ich – Louis». SV 144. *Druck: Briefe* I, S. 275f.

198 *Werkmeister:* Das *Allgemeine Indüstrie-Addressbuch* von 1807 verzeichnet: «Werckmeister, Jägerstr. 33. Instrumente aller Art.»

199 *Steibelt:* Nicht ermittelt.

200 *Pfuhle:* Möglicherweise Charlotte von Pfuel.

201 *mein Portrait:* Nicht ermittelt.

202 *In der Komödie ... Königlichen Loge:* Am Montag, den 11.8.1806 wurde im Königlichen Nationaltheater die Operette *Hieronymus Knicker* (Weimar, 1793) von Chr. A. Vulpius gegeben; vgl. die *Haude- und Spenersche Zeitung* vom 14.8.1806.

203 *Berthou:* Möglicherweise der Restaurateur Burtheaux in der Behrenstr. 48, «zur Sommerzeit im Thiergarten»; *Indüstriekalender* 1808, S. 262.

204 *Mad.Löwe:* Nicht ermittelt.

205 *Johannes Müller:* Johannes von Müller war Mitverfasser der Denkschrift an Friedrich Wilhelm III. vom August 1806.

206 *Humboldt:* Alexander von Humboldt.

207 *Die Königin ... den 12.ten:* Am 12. August 1806 wurde anläßlich des 26. Geburtstags des Erbprinzen Georg von Mecklenburg-Strelitz ein Fest im Schloß Charlottenburg gefeiert: «Die Schloßterasse schmückten Orangenbäume in Kübeln, es wurde in Kostümen italienischer Bauern und Bäuerinnen der Albaner Berge getanzt.» Königin Luise von Preußen, *Briefe und Aufzeichnungen 1786–1810.* Mit einer Einleitung von Hartmut Boockmann hrsg. von Malve Gräfin Rothkirch, München 1985, S. 250.

208 *Unsere Lage ... prekair:* Vgl. Anm. 27.

209 *Überlieferung:* Abschrift von V. in SV 144. *Druck: Briefe* I, S. 261–264. *Datierung:* Wenn der Brief am 13.9., der auf einen Freitag fiel, geschrieben und per Estafette befördert wurde, blieb Zeit genug, daß Pauline Wiesel «Montag Abend», den 16.9., in Dresden sein konnte.

210 *mein erster Brief ... den deinigen:* Nicht überliefert.

211 *Deine letzte Reise hierher:* Ende Januar 1806 hatte Pauline Wiesel Louis Ferdinand in Leipzig besucht und war dann nach Schricke vorgefahren. In Leipzig war auch Gentz Gast des Prinzen.

212 *mich:* Dreimal unterstrichen.

213 *Montag ... hier:* Vgl. Anm. 209.

214 *Stadt Berlin:* In einem zeitgenössischen Stadtführer heißt es: «Es gibt deren ‹Gasthöfe› viele in allen Stadttheilen und für alle Klassen von Reisenden. Wir bemerken folgende, mit gehöriger Bequemlichkeit für Reisende eingerichtete, Anstalten: ‹...› Auf dem Neumarkte: *Zur Stadt Berlin* mit sehr gut eingerichteten herrschaftlichen Zimmern. Mittags (1 Uhr) gute Wirthstafel. Abends portionsweise.» W. A. Lindau, *Neues Gemählde von Dresden in Hinsicht auf Geschichte, Oertlichkeit, Kultur, Kunst und Gewerbe, Dresden 1824,* S. 146.

215 *Döblen:* Die Kreisstadt Döbeln liegt in der Nähe von Dresden auf der Strecke nach Leipzig.

216 *Graßi:* Josef Grassi, *Prinz Louis Ferdinand von Preußen,* Gemälde im Besitz von Prinz Louis Ferdinand von Preußen; vgl. Abb. 5.

217 *Überlieferung:* SV 144. *Druck: Briefe* I, S. 281 f. *Textträger:* «[Pauline Wiesel an Prinz Louis.]» – V. «12» – Numerierung von fremder Hand.

218 *dein Versprechen mit denn Bilde:* Das Portrait von Josef Grassi; vgl. Anm. 216.

219 *nim Eine Stadt nim Kossen:* Die Stelle ist schwer lesbar. Wahls Lek-

türe: «eine, eine Stunde nur küssen», der auch Atzenbeck folgt, ist mit Sicherheit zu verwerfen.

220 *Überlieferung:* Abschrift von V. in SV 144. *Druck: Büchner,* S. 75–77.
221 *deine Thränen:* Zum Besuch Pauline Wiesels bei Louis Ferdinand in Dresden vgl. Brief Nr. 31, S. 125–128.
*222 *Succeß:* Erfolg.
223 *deinen Bekannten aus Paris:* Wer außer Peter Roux gemeint sein könnte, wurde nicht ermittelt.
224 *Bis ... aneinander:* Gemeint sind die feindlichen Heere.

Pauline Wiesel und Friedrich Gentz

1 *Druck: Schlesier* I, S. 249–250. *Datierung:* «Ohne Datum, aber gewiß aus dem Jahre 1806.» – Schlesier. Gentz kam Ende Juni in Töplitz an und reiste im Juli nach Dresden weiter; vgl. Gentz, *Tagebücher* I, S. 47.
2 *Einlage:* Gentz schickte einige seiner Arbeiten; aus seinem Tagebuch geht hervor, daß er an verschiedenen Texten arbeitete, darunter an einem «unvollendeten Werk über das europäische Gleichgewicht». Ebd., S. 46.
3 *Ihren Freund:* Prinz Louis Ferdinand von Preußen.
4 *die Kleine:* Rahel Levin Varnhagen.
5 *Christel ... Venedig:* Christel Eigensatz war um 1804 nach Italien gezogen, wo sie einen Gastwirt namens Pedrillo aus Venedig heiratete.

6 *Überlieferung:* SV 66. *Textträger:* «Gentz an Pauline Wiesel. Prag, den 16. März 1807.» – V. *Druck: Schlesier* I, S. 250–252.
7 *Seitdem wir ... zu Dreßden saßen:* Gentz' Tagebuch verzeichnet nicht, wo er sich zwischen dem 26. und 30. 9. 1806 aufhielt; von einem Treffen mit Pauline Wiesel ist im entsprechenden Zeitraum nicht die Rede; vgl. Gentz, *Tagebücher* I, S. 48.
8 *welche Wellen ... geschlagen worden:* Die große Bedeutung, die der Tod Louis Ferdinands von Preußen am 10.10.1806 für Gentz hatte, wird aus seinem Text *Beitrag zur geheimen Geschichte des Anfangs des Kriegs von 1806* deutlich: Bereits am 11.10. abends sei er in Weimar davon in Kenntnis gesetzt worden: «‹Wissen Sie es schon, was sich ereignet hat? Wir haben eine Schlacht verloren, und Prinz Louis ist gefallen.› Darauf war ich nicht gefaßt; es überstieg alle meine Berechnungen. Ein solches Unglück wäre schon an und für sich groß genug gewesen; allein in diesem Augenblicke sah ich es, von den düstersten Vorbedeutungen überwältigt, als den Vorläufer noch anderen Mißgeschickes an.» «Das melancholische Ende die-

ses Prinzen erregte, so wunderbar es auch war, im Allgemeinen nur wenig Interesse. Unter denen, welche ihn hätten am meisten bedauern sollen, waren Einige, deren persönliche Berechnungen dergleichen Gefühle erstickten, während Andre wieder durch die unvorsichtige Gewagtheit seines Benehmens zu sehr afficirt waren, um an den Tribut zu denken, welchen sie so vielen seltnen Eigenschaften und so heldemüthiger Hingebung schuldig waren. Ja, Einige erfrechten sich sogar unanständiger, grausamer Worte gegen den ruhmreich Gefallnen. Kurz Alle beschäftigte die Gefahr ihrer eignen individuellen Stellung so sehr, daß sie nicht Zeit zu ruhiger Ueberlegung finden konnten, und so schwand das grausame, traurige Unglück (denn ein solches war es in weit größerem Maße, als sie anfangs geglaubt) wie ein untergeordneteres Ereigniß vorüber. Der König war nebst der Königin am tieffsten darüber betrübt, und wollte Keinen sehen.» *Schlesier* II, S. 310–314.

9 *erfuhr ich ... Curland:* Gentz verkehrte im Winter 1806/07 vor allem im Hause der Gräfin Pauline Acerenza; vgl. Anm. 17. Von deren Schwestern ist in seinem Tagebuch nicht die Rede.

10 *meinen edlen Freund und Gönner Schack:* Otto von Schack hatte Gentz in die «angenehmsten Kreise der höheren Gesellschaft» Berlins eingeführt. Varnhagen nennt ihn «einen der glänzendsten und tüchtigsten Kavaliere der damaligen Zeit, Rittmeister im Regiment Gensdarmen, der den Mangel an Schulbildung durch natürlichen Verstand, Klugheit, Witz und Gewandtheit reichlich ersetzte, und recht wohl wußte, wen er in seinem Schützling empfahl und förderte.» *Galerie* II, S. 163.

11 *ich sah ihn ... in Erfurt:* Nach Gentz' Aufzeichnungen hielt er sich vom 2. bis 7.10. in Erfurt auf, von wo er über Weimar nach Dresden reiste. «Hier erfuhr ich am 17. beim Eintritt in die Stadt, die bis dahin nur verworren geahndete Neuigkeit von der Schlacht bei Jena.» Gentz, *Tagebücher* I, S. 48 f. Von Schack ist im Tagebuch hier nicht die Rede.

12 *Humboldt:* Alexander von Humboldt.

13 *Johannes M ... zu viel:* Gentz hatte Johannes Müller die Freundschaft gekündigt, nachdem dieser sich nach Preußens Niederlage sofort auf die Seite der Franzosen geschlagen hatte. Am 27. 2. 1807 hatte Gentz einen letzten Brief an Müller geschrieben, in dem es heißt: «Daß Sie aber alles, was Ihnen theuer sein sollte, *verrathen*, sich öffentlich *davon lossagen* könnten – diesen Grad von Verwegenheit in der Untreue hätte ich nicht in Ihnen gesucht.» *Schlesier* IV, S. 269.

14 *Wiesel:* «Wiesel» – V.

15 *die Levy:* «Rahel» – V.

16 *Jette:* «Fromm» – V.

17 *ich habe … Winter gehabt:* Am 12.11. war Gentz in Prag eingetroffen «und ließ mich dort in einem elenden Quartier nieder. Ich war so arm, daß eine Anleihe von 400 Papiergulden, die mir ein gewisser Remboldt, Dietrichstein's Sekretair, machte, großen Werth für mich hatte.‹…› Gleichwohl war ich fast durchgehends in der herrlichsten Stimmung, trieb mich den ganzen Tag in den besten Gesellschaften umher, und zugleich erwachte in mir *die letzte Leidenschaft*, die mich an ein Weib gefesselt hat. Die Herzogin von *Acerenza*, geborne Prinzessin von Kurland, war der Gegenstand. Diese Leidenschaft entstand bald nach meiner Ankunft in Prag, da ich fast alle Abende bei der Prinzessin, die dem angenehmsten Hause der Stadt angehörte, zubrachte. Im Monat Dezember stieg sie zu einem solchen Grade von Wildheit, wovon mein Journal die merkwürdigsten Züge in Feuerschrift aufbewahrt hatte.» Gentz, *Tagebücher* I, S. 50f.

18 *Überlieferung:* SV 66. *Textträger:* «Gentz an Pauline Wiesel. Teplitz, den 15. Oktober 1810.» – V. *Druck: Schlesier* I, S. 253–254.

19 *Ihnen wirksame Hülfe zu leisten:* Pauline Wiesel hatte im Frühsommer den Plan nach Töplitz zu reisen und dort Rahel Levin Varnhagen zu treffen. Wahrscheinlich hatte sie Gentz um finanzielle Unterstüzung für diesen Plan gebeten, der sich dann zerschlug.

20 *Schuw.:* «(Schuwaloff)» – V.

21 *daß Schuw … für Sie thäte:* Vgl. dazu das Nachwort, S. 316.

22 *Druck: Büchner*, S. 93–97.

23 *H.:* Graf Hugo von Hatzfeld.

24 *Ihren Brief vom 20.v.M.:* Über diesen verlorenen Brief schrieb Pauline Wiesel an Rahel Levin am 3.4.1811: «Ich habe Hugo Hatz. geschrieben er solte zu Ihnen gehen ich hoffe er hat es gethan, Ein brif lag in denn Seinigen an Genz offen, Wenn sie denn doch könnten Lesen er er Abging – Ich finde ihm gut, Sie werden die wahrhafte geschichte meines Lebens darin finden.» *Briefwechsel*, S. 97.

25 *Sch.:* Schuwaloff.

*26 *sans vous affliger:* ohne Sie betrüben zu wollen.

27 *eine der wenigen Personen:* An wen sich Gentz um «fremde Hülfe» wandte, konnte nicht ermittelt werden.

28 *nach Paris … sehen:* In Paris wohnte Schuwaloffs ältere Schwester, die Prinzessin Praskownia Galitzin; seine Mutter, Katharina von Schuwaloff, hielt sich dort zu Besuch auf.

29 *vorzeigbares Postscriptum:* Nicht überliefert. Wahrscheinlich war es für Pauline Wiesels Familie gedacht.

*30 *qui frise la folie:* der dem Wahnsinn nahe ist.

31 *die ältere Schwester:* Mit der Prinzessin Galitzin hatte Gentz 1803 in Wien verkehrt; vgl. Gentz, *Tagebücher* I, S. 26.

32 *D.:* Alexandrine von Dietrichstein.

33 *ich habe mich ... entzweit:* Dieses Zerwürfnis wird in Gentz' Tagebuch nur beiläufig erwähnt, worum es dabei ging, bleibt deshalb unklar; vgl. Gentz, *Tagebücher* I, S. 26.

34 *Überlieferung:* SV 66.

35 *dreißtigkeit ... zu Stören:* Gentz war maßgeblich an den Verhandlungen zur Neuordnung Europas nach Napoleons Niederlage beteiligt und daher sehr beschäftigt.

36 *ich möchte ... finden:* Am 18.9.1815 schrieb Pauline Wiesel an Rahel Levin Varnhagen über den Zweck ihrer Reise nach Paris: «Ich bin hier angekomen wegen Schouvaloff und der unaustehliche Kerl ist 5 Tage früher nach Petersbourg Abgereißt».

37 *August Bronwick:* Pauline Wiesel wohnte bei einer Freundin, Helene Dorgeval, die die Geliebte des Grafen August von Brunßwik war.

38 *Druck: Büchner,* S. 99. *Adresse:* «A Madame. Madame Pauline Wiesel. Rue Lepelletier No. 6 Entresol».

39 *Sch.:* Paul von Schuwaloff.

40 *Ich werde ... Ihnen kommen:* Vgl. Gentz, *Tagebücher* I, S. 410, wo es in der Eintragung vom 18.9. heißt: «Enfin chez Pauline Wiesel.»

41 *Überlieferung:* SV 66. *Textträger:* An der unteren Hälfte des Billets wurde links ein Stück und ebenso der untere Rand abgeschnitten. Das Billet wurde offensichtlich als Briefumschlag genutzt; auf der Adressenseite findet sich ein Siegel. *Datierung:* «Paris, 20. September 1815.» – V. *Adresse:* «A Madame. Madame Wiesel.»

42 ‹...›: Hier und bei den nächsten Auslassungen ist das Blatt eingerissen; es fehlen jeweils zwei bis drei Wörter.

43 *demain:* Für den 21.9. verzeichnet das Tagebuch keinen Besuch bei Pauline Wiesel.

*44 *Je suis ... revoir:* Ich bin so von Arbeit, Beratungen und Verpflichtungen erdrückt, daß ich für heute nicht Wort halten kann. Aber ... morgen zwischen zwei ... etwas, was ... ich werde ... bei Ihnen sein. Liebe Pauline, ... Sie glauben ... gehen ... ich bin sehr ... Sie wiederzusehen.

45 *Textträger:* «Die obere Hälfte der hintern Seite dieses Billets, worauf wahrscheinlich die Adresse, ist abgerissen.» – Büchner. *Druck: Büchner,* S. 101.

46 *lege ich ... mit mir:* In Gentz' Tagebuch heißt es an diesem Tag: «A 5 heures chez Pauline, dîné avec elle au Rocher de Cancale,

puis au Palais-Royal, et exercé toutes sortes de libertinages. Rentré à 10 heures.» Gentz, *Tagebücher* I, S. 412.

47 *Druck: Büchner,* S. 103. *Datierung:* Nach dem vorigen Brief. *Adresse:* «A Madame. Madame Wiesel. Rue Lepelletier 11.» – Büchner.

*48 *Ne sortez pas ... délicieuce:* Gehen Sie nicht aus, liebe Pauline, bevor ich bei Ihnen gewesen bin. Ich komme wahrscheinlich vor dem Mittag, vielleicht schon um 10 Uhr, vielleicht um halb zehn. Sie haben mir gestern einen köstlichen Abend geschenkt.

49 *Druck: Büchner,* S. 106. *Datierung:* Am 2.10. besuchte der Arzt Franz Joseph Gall, von dem im Text die Rede ist, Gentz zum ersten Mal; das Billet ist also vorher entstanden. Vgl. Gentz, *Tagebücher* I, S. 415.

50 *Goll:* Ein Entzifferungsfehler Büchners; gemeint ist Gall.

51 *Druck: Büchner,* S. 107. *Datierung:* Vgl. Nr. 11.

52 *komme also ... zu Ihnen:* Am 2.10. schreibt Gentz: «A 8 1/2 chez Pauline, et resté jusqu'à 11 heures.» Gentz, *Tagebücher* I, S. 416.

53 *Druck: Büchner,* S. 108 f.

54 *mäßigsten:* Möglicherweise ein Entzifferungsfehler Büchners; sinngemäß muß es «müßigste» heißen.

55 *Ich war in ... zu können:* «Puis rentré et couché à 9 heures, et pas mal dormi.» Gentz, *Tagebücher* I, S. 416; Eintrag vom 4.10.

56 *Ich komme ... Ihre Thür:* Das Tagebuch verzeichnet am 5.10. kein Treffen mit Pauline Wiesel; ebd. S. 416 f.

57 *Druck: Büchner,* S. 110.

58 *Die Mendelssohn ... St. Honoré:* Henriette Mendelssohn lebte seit 1801 als Erzieherin in Paris; 1812 hatte sie eine Stelle bei der Familie Sébastiani angetreten, deren Tochter Fanny sie erzog.

59 *Druck: Büchner,* S. 111. *Datierung:* Vgl. Gentz' Tagebuch, wo es am 8.10. heißt: «Conférence à midi. ‹...› et fait un charmant dîner ‹...› chez la princesse de Vaudemont.» Gentz, *Tagebücher* I, S. 417.

60 *Morgen aber...mich selbst:* «A midi chez Pauline.» Ebd., Eintrag vom 9.10.

61 *Druck: Büchner,* S. 104. *Datierung:* «Dîné avec Pauline au Cadran bleu; après-dîner allé avec elle au boulevard, au jardin Turc, au jardin des princes, à une belle boutique etc.» Gentz, *Tagebücher* I, S. 418; Eintrag vom 10.10.

62 ‹...›: «Der Rest ist abgerissen.» – Büchner.

63 *Druck: Büchner,* S. 100. *Datierung:* Gentz traf den Herzog von Orléans, von dem im Text die Rede ist, am Abend des 18.10; vgl. Gentz, *Tagebücher* I, S. 420.

64 *Jemanden ... nach England abgereiset:* Wie aus Gentz' Tagebuch hervorgeht, sprach er dort den Herzog von Orléans: «Passé deux heures au Palais-Royal avec Mr. le duc d'Orléans, qui part demain pour l'Angleterre.» Ebd.

65 *Druck: Büchner,* S. 102.

66 ‹...›: «Der Rest ist abgerissen.» – Büchner.

67 *Druck: Büchner,* S. 105.

68 *Überlieferung:* HS und Abschrift von Varnhagen in SV 66; *Textträger:* «Gentz an Pauline.» – V. *Datierung:* «1815.» – V.

69 *Ihren Aufenthalt in Frankfurt:* Pauline Wiesel war zusammen mit Karl August Varnhagen nach Frankfurt gereist, um dort Rahel Levin Varnhagen zu besuchen, die sie seit 1808 nicht mehr gesehen hatte.

70 *Gern ... ich mich:* Pauline Wiesel versuchte zwar, Gentz doch noch in Straßburg zu treffen, erwartete ihn dort jedoch umsonst. Sie traf bereits am 28.11.1815 in Straßburg ein und reiste kurz darauf nach Basel weiter, wo sie am 1.12. ankam. Gentz dagegen verließ Paris erst am 30.11. und kam am 5.12. in Straßburg an; vgl. Pauline Wiesels Brief an Rahel Levin Varnhagen vom 28.11.1815, *Briefwechsel,* S. 128ff., sowie Gentz, *Tagebücher* I, S. 433ff.

71 *das Mißverständniß mit Ralle:* Während ihres gemeinsamen Aufenthalts in Prag 1813/14 war es zu Konflikten zwischen Rahel und Gentz gekommen.

72 *R's Brief, und Ihre Commentare:* Nicht überliefert. Rahel Levin Varnhagen hatte offenbar auf Gentz' Brief vom 26.10.1815 geantwortet, den dieser Pauline Wiesel nach Frankfurt mitgeben hatte, worin es heißt: «Das Verhältniß, worin ich mich, höchst unerwartet, gegen Sie versetzt finde, ist eines der schmerzhaftesten, in welchen ich mich je befand; die Äußerungen die ich darüber in ihrem Brief lesen mußte ‹...›, haben mir meinen, durch überhäufte Geschäfte und körperliche Leiden, schon überflüßig verbitterten Aufenthalt in Paris, vollends ganz vergiftet. Mehr mag ich darüber nicht sagen.» *Schlesier* II, S. 183.

73 *Ich habe Allex ... verleugnet:* Alexander von Humboldt war – wie Rahel Levin Varnhagen am 16.10.1815 an Karl August Varnhagen schreibt – eine zeitlang in Lafond sehr verliebt: «Alexander Humboldt *rasend* in ihn *verliebt, liebt.* Mit Weinen und Allem.» SV 260. In der Druckfassung wurde die Passage abgeschwächt; es heißt dort lediglich, daß Humboldt «rasend von ihm eingenommen» sei; vgl. GW VI/1, S. 86.

74 *Druck: Büchner,* S. 120–124. *Datierung:* Büchner entziffert Gentz' Datierung als 1826; aus inhaltlichen Gründen muß der Brief aber 1816 entstanden sein.

75 *Fiume:* das heutige Rijeka.
*76 *cadeau:* Geschenk.
*77 *entrevue:* Zusammenkunft.
78 *Carl ... versagen konnte:* In Gentz' Tagebuch wird Carl Leidens Projekt nicht näher erläutert; es heißt dort unter dem Datum des 3.6.1816 lediglich: «Désargrément avec Charles amené par un sot projet de voyage à Teplitz.» Gentz, *Tagebücher* II, S. 33.
79 *das Buch ... Mirabeau:* Nicht ermittelt. Möglicherweise war Pauline Wiesel durch Rahel Levin Varnhagens Mirabeau-Lektüren angeregt worden, sich nun ihrerseits diesem Autor zuzuwenden; vgl. Rahels Brief vom 2.12.1815, *Briefwechsel*, S. 131f.
80 *Wie das Buch ... erklären:* Claude Crébillon hatte mit seinem 1742 erschienenen Roman *Le sopha*, der einen Skandal auslöste, großen Erfolg. Jean Baptiste de Grécourt war als Verfasser galant-burlesker Gedichte bekannt; 1795 war eine Gesamtausgabe seiner Werke erschienen.

81 *Überlieferung:* ARH, Fascikel L 21.
82 *Gasteiner Bades:* «Gastein oder Wildbad Gastein, einer der berühmtesten Badeorte Deutschlands.» Die Quellwasser «wirken gelind reizend, belebend und stärkend, dabei besänftigend, beruhigend und auflösend.» *Real-Encyklopädie*, S. 740f.
83 *in Aige ... nicht hat:* «Depuis longtemps rien n'a fait sur moi une impression, comme ce jardin *unique*»; Gentz, *Tagebücher* II, S. 51; Eintrag vom 4.8. Das Schloß Aige mit seinem berühmten Park war seit 1804 im Besitz des Fürsten Ernst von Schwarzenberg.

84 *Überlieferung:* ARH, Fascikel L 21.
85 *beyliegenden ... Karten:* Nicht überliefert.
86 *die Beschäftigung ... zu können:* Nachdem Pauline Wiesel Rahel Levin Varnhagen von diesen Unternehmungen des gemeinsamen Freundes berichtete, antwortete diese am 12.2.1817: «Es ist mir lieb daß sich Gentz gut und glüklich fühlt; mit der Botanik des Gartens Wegen, ist eine Art Narrheit: dergleichen kommt vom Geldhaben; und Sinnenmangel, Mangel an Interesse was man sehen und höhren kann. dann denken Sie ein Garten ist hübsch mit Botanik. beydes ist hübsch!» *Briefwechsel*, S. 180.
87 *wirst:* wird.

88 *Druck: Büchner*, S. 114.
89 *beyliegendes Papier:* Pauline Wiesels Brief an Rahel Levin Varnhagen vom 1.4.1818 legt die Vermutung nahe, daß Gentz eine Geldanweisung geschickt hatte, denn dort heißt es: «genz Schickkte mich Eine Kleinichkeit zum Weinachten»; *Briefwechsel*, S. 211.
*90 *de tout mon coeur:* von ganzem Herzen.

91 *Druck: Büchner*, S. 112.

92 *in meiner Nachbarschaft:* Pauline Wiesel hielt sich seit dem 8. oder 9.11. bei Varnhagens in Karlsruhe auf, während Gentz vom Kongreß in Aachen zurück nach Wien reiste und in Frankfurt kurz Station machte. Vom 1.10. bis 14.11.1818 hatten die Großmächte in Aachen über Frankreichs Zukunft sowie über Gebietsstreitigkeiten zwischen kleineren deutschen Staaten beraten; vgl. VW III, S. 291 f.

93 *k. M.:* kommenden Monats.

94 *Druck: Büchner*, S. 113. *Datierung:* Büchner entziffert den «31. Dezember», was möglicherweise ein Lesefehler ist; aus inhaltlichen Gründen ist der Brief auf den 1.12. zu datieren. *Adresse:* «A Madame. Madame Wiesel».

95 *das vornehmste ... Carlsberg:* «Das Gasthaus zum Karlsberg am Mittelthor. Es hat auf der vordern sowohl als auf der hintern Seite die schönste Aussicht in das Gebirge. Zuvor standen auf dem Platze zwei Häußer ‹...›. Der jetzige Besitzer hat die zwei Häußer nach und nach zusammen gekauft, und mit großen Kosten, aber recht schön, sie miteinander verbunden.» Friedrich Peter Wundt, *Geschichte und Beschreibung der Stadt Heidelberg*, Mannheim 1805, S. 107.

96 *Zerstören ... Freude nicht:* Wie aus Gentz' Tagebuch hervorgeht, traf Gentz am 7.12. um 4 Uhr nachmittags in Heidelberg ein: «Ausgezeichneter Gasthof. *Pauline Wiesel* aus Karlsruhe. Den Abend mit ihr zugebracht.» Am 8.12. heißt es: «Um 8 Uhr mit *Pauline* auf den Schloßberg. – Bei Frühlingswetter! – Die Wunder dieser herrlichen Ruine, und die reizende Natur genossen. Um 10 über Bruchsal nach Karlsruhe.» Gentz, *Tagebücher* II, S. 290. Vgl. auch S. 225.

97 *Druck: Büchner*, S. 115. *Adresse:* «A Madame. Madame Cesar. Erzherzog Karl Nr. 15» – Büchner.

98 *Ihre Ankunft in Wien:* Wie Pauline Wiesel in Briefen an Rahel Levin Varnhagen ausführlich erörtert, war sie mit ihrer Freundin Hélène Dorgeval nach Wien gereist, die eine komplizierte Erbschaftsangelegenheit zu regeln hatte; *Briefwechsel*, S. 358 ff.

99 *von Geschäften fast erdrückt:* Gentz schrieb gerade ein «Memoire für den Fürsten ‹Metternich›» über Rußland, das er erst am 25.12. beendete; vgl. Gentz, *Tagebücher* IV, S. 127 f.

100 *heute um 2 Uhr:* «Dann Mad. *Cesar* (meine alte Freundin Pauline), die von Paris in einer Geschäftsreise hieher gekommen, und sich meiner guten Aufnahme nicht wenig freute.» Ebd., S. 129.

101 *Druck: Büchner*, S. 116.

102 *Druck: Büchner*, S. 98. *Adresse:* «Madame. Madame Cesar.» – Büchner.

103 *une petite commission:* Wie aus Nr. 30 hervorgeht, hatte Gentz Pauline Wiesel um die Zusendung von Pflanzen aus Paris gebeten.

*104 *Si vous … pour Paris:* Falls Sie nicht abgereist sind, liebe Freundin, und den heutigen Tag noch hier verbringen, möchte ich Sie bitten, zwischen neun und zehn Uhr *auf einen Moment* zu mir zu kommen; ich möchte Ihnen eine kleine Besorgung für Paris auftragen.

105 *Druck: Büchner,* S. 117.

106 *Ihre letzte Bitte:* Leider wird diese Bitte in Pauline Wiesels ausführlichem Bericht von der Wiener Reise, den sie an Rahel Levin Varnhagen schickte, nicht erwähnt; vgl. *Briefwechsel,* S. 358ff. Wahrscheinlich bat sie um Geld.

*107 *Conseiller … Apostolique:* gegenwärtig Hofrat seiner apostolischen Majestät des Kaisers und Königs.

108 *Druck: Büchner,* S. 118–119. *Adresse:* «A Madame. Madame Cesar. (Ohne Poststempel.) Rue d'(…) Chaussee d'Antin no. 8. à Paris.» – Büchner. Pauline Wiesel wohnte in der rue d'Artois.

109 *l'ex. Min.:* Gaspard Rouillé d'Orfeuil, mit dem Pauline Wiesel seit Ende 1819 zusammenlebte; er war «employé au ministère de l'Interieur en l'an x, il devient sous-préfet de Nogent-le-Rotrou le 8 fructidor an xi. Auditeur au Conseil d'Etat, il est appelé à la préfecture de l'Eure-et-Loir le 13 janvier 1814. Maintenu à la Restauration, il est remplacé le 17 mai 1815. Il reprendra sa carrière de préfet sous le Monarchie de Juillet.» *Dictionnaire Napoleon,* sur la direction de Jean Tulard, Paris 1989, S. 1480.

*110 *Ce n'est … l'ex. Min.:* Erst gestern, liebe Pauline, habe ich Ihre Kiste mit den Pflanzen erhalten. Ich war nicht ganz ohne Sorge deshalb, da Sie mir die Sendung schon vor längerer Zeit angekündigt hatten, ohne den Spediteur zu nennen. Auch jetzt kenne ich ihn noch nicht; aber ich habe die Kiste. Ich bin Ihnen sehr dankbar für die Sorgfalt und die geschickte und feinfühlige Art, mit der Sie die Pflanzen verpackt haben, sodaß sie tatsächlich gesund und wohlbehalten angekommen sind. Sie werden Paris nicht verlassen, ohne es mir mitgeteilt zu haben. Wenn ich Ihnen in irgend etwas nützlich sein kann, bitte ich Sie, es mir zu sagen. Sie kennen die zärtliche und aufrichtige Freundschaft, mit der ich ewig bleibe Ihr sehr ergebener Gentz. A propos! Ich habe zu fragen vergessen, ob man Ihnen weiterhin unter Ihrem Familiennamen oder unter dem des ex. Min. schreiben soll.

Pauline Wiesel und Alexander von Humboldt

1 *Überlieferung:* ARH, Fascikel L 21. *Adresse:* «A Pauline Wiesel neben dem Casino.»

2 *Fanfan's Brief:* Nicht überliefert.

3 *Fanfan's Brief ... für Sie:* Jean Joseph Lafond de Caix, der Fanfan genannt wurde, war von ca. Ende 1806 bis zu seiner Rückkehr nach Frankreich im Herbst 1807 Pauline Wiesels Geliebter.

4 *bei der Frau:* Rosalie Lafond de Caix.

5 *seine Lage:* Es war noch nicht entschieden, wohin Lafond nach seinem Aufenthalt in Berlin beordert werden sollte.

6 *Ich gehe dem Prinzen voran:* Prinz Wilhelm von Preußen reiste nach Paris, um Napoleon zu bitten, die Bedingungen des Friedensvertrags von Tilsit zu mildern.

7 *Sie haben ... Roux:* Pauline Wiesel war während ihrer Pariser Aufenthalte 1800/1801 bzw. 1803 eng mit Peter Roux liiert; vgl. S. 63.

8 *Druck: Büchner,* S. 83 f.

9 *C.:* Lafond de Caix.

10 *Großherzog:* Möglicherweise ein Lesefehler; keiner der deutschen Großherzöge war damals in Paris.

11 *in Portugal bleibt:* Portugal war Ende 1807 von den Franzosen besetzt worden. Einem Brief Pauline Wiesels an Rahel Levin Varnhagen nach zu schließen, kehrte Lafond am 18.10.1808 nach Paris zurück; vgl. *Briefwechsel,* S. 39.

12 *Überlieferung:* SV 90. *Datierung:* «Paris 1809? [500 Franken]» – V. *Adresse:* «à Madame Madame Pauline Wiesel née Cesar Boulevard Italien n. 9. mit fünfhundert Fr. die der Bediente zurüknimmt, wenn Sie nicht zu Hause sind.»

13 *P.:* «Pauline» – V.

*14 *au travail:* in Arbeit.

Pauline Wiesel und Moritz Robert

1 *Überlieferung:* SV 277.

2 *denn geliebten Hambourger:* Moritz Robert lebte damals in Hamburg, machte jedoch Ende April/Anfang Mai 1808 auf einer Reise nach Leipzig kurz in Berlin Station.

3 *Jette:* Wahrscheinlich ist Henriette Mayer gemeint.

Pauline Wiesel und Henri de Campan

1 *Überlieferung:* SV 41.

2 *me montre ... et de bruit:* Den Hintergrund dieses Zerwürfnisses schildert Pauline Wiesel Rahel Levin Varnhagen, der sie am 20.4.1809 schreibt: «Campan hat Eine Nacht hir bei mich geschlaffen Mit *mir* Ralle! – – Waß soll ich Ihnen daß anders vorstellen Es ist doch ganz Gleich»; und am 1.8.: Campan «ist ganz gut mit mir, der dumme Hammel Er ist bloß ambarassirt mit mir, weill er mit mir geschlaffen hat»; *Briefwechsel*, S. 60 und S. 67. Henri Campan deutet den Konflikt auch in seinem Brief an Rahel Levin Varnhagen vom 18.7.1809 an; vgl. S. 204f.

3 ‹pas›: Hier und bei der nächsten Einfügung Siegelloch; sinngemäß ergänzt.

Karl von Nostitz und Pauline Wiesel

1 *Druck: Aus Karl von Nostitz Leben und Briefwechsel. Auch ein Lebensbild aus den Befreiungskriegen*, Dresden und Leipzig 1848, S. 202–204.

2 *aus Frankfurt:* Pauline Wiesel war mit Karl August Varnhagen Anfang November aus Paris nach Frankfurt gereist, Ende des Monats allerdings bereits wieder in die Schweiz aufgebrochen.

3 *beikommende Erklärung:* Nicht überliefert. Möglicherweise hatte Pauline Wiesel Nostitz um Hilfe in einer Geldangelegenheit gebeten, die sie in einem Brief an Rahel Levin Varnhagen vom 5.10.1815 angedeutet hatte: «Also Ralle ich will mit List, und Etwaß Lüge mit *Verwikkelte* Geschitte versuchen 50 Louisdor zu bekommen ‹...› die hören Mächte in Hohen Himmel müssen jetz ganz andere geschitten verzeihen – Als die ich machen will Also Pauline frisch gewaht ist halb gewohnen –«; *Briefwechsel*, S. 124. Am 12.12.1815 berichtete Pauline Wiesel ebenfalls Rahel Levin Varnhagen, «daß Geld ist da von Nostiz»; *Briefwechsel*, S. 137. Vgl. dazu auch Nostitz' Brief an Rahel Levin Varnhagen vom März 1816, wo ebenfalls auf diese Geschichte angespielt wird; S. 224.

4 *den Russen:* Nostitz war in russische Dienste getreten und siedelte nach Rußland über.

*5 *bonne fortune:* Glück.

6 *Flor=Syrenen:* Auf welche singenden Wesen Nostitz hier genau anspielt, ließ sich nicht ermitteln.

*7 *qu'il ... de dignité:* daß er nicht genug Würde habe.

1 *Überlieferung:* SV 277. *Adresse:* «a Monsieur Monsieur Le Comte Hugo Hatzfeldt. a *Berlin*». Dieser Brief lag einem Schreiben an Rahel Levin Varnhagen vom gleichen Tag bei; vgl. *Briefwechsel*, S. 335f. Erst am 21.6.1822 antwortete Rahel und schrieb, daß sie den Brief nicht abgegeben habe, weshalb er in der Sammlung Varnhagen überliefert ist; ebd., S. 338.

2 *Lecop:* Der Geheimrat Lecoq.

3 *Rale ... ce hété:* Dies geplante Treffen kam nicht zustande.

4 ‹...›: Siegelloch; der Rest des Wortes und möglicherweise ein weiteres fehlen.

*5 *Mon cher ami ... moindre chose:* Mein lieber Freund, was nützen alle schönen Phrasen, die ich Ihnen schreiben könnte, wenn Ihr sehr gutes und großmütiges Herz für mich verschlossen ist. Haben Sie durch den Geheimrat Lecoq nicht eine kleine Bittschrift von mir erhalten? Sie haben mich keiner Antwort gewürdigt. Das entspricht weder Ihrem früheren Versprechen noch Ihrer Güte, denn Sie haben mir selten etwas abgeschlagen. Rahel möchte mich diesen Sommer treffen; das ist der eine und einzige Wunsch, der mir geblieben ist. Meine Mittel erlauben es mir nicht, ihn zu erfüllen. Sie wissen, daß ich nicht wie eine Prinzessin reise, mir genügt ein einfacher Platz in einem Kabriolett. Meine gute Gesundheit und mein vorzüglicher Magen würden mir das erlauben, wenn Sie mir diesen Dienst erweisen, den einzigen und letzten, um den ich Sie bitte. Rahel will mir auf halben Weg entgegenkommen, wir wollen zwei Monate beisammenbleiben; urteilen Sie selbst, welches Glück das für mich wäre. Ihnen hätte ich dieses erste und letzte Glück zu verdanken, denn ich verlange nichts mehr in der Welt. Mit wenig Geld könnten Sie mich sehr glücklich machen. Ich kann nur Sie darum bitten, lieber Freund, seien Sie nicht gleichgültig gegen meine Bitte, es ist die letzte, das verspreche ich Ihnen. Stellen Sie sich unsere Wiedersehensfreude nach drei Jahren Trennung vor. Ich kann nichts mehr für Sie tun, die Zeit ist vorbei, ich kann nur wehmütigen Erinnerungen nachhängen. Warum waren Sie zu gut zu mir, Sie haben mich verwöhnt. Ich würde Gelübde für Ihre Gesundheit ablegen, ich würde gerne die meine mit Ihnen teilen, wenn das möglich wäre, denn das ist das einzige Gut, das mir bleibt. Leben Sie wohl, lieber Freund, seien Sie noch einmal gut zu mir, und erfüllen Sie mir den Wunsch nach einem Glück früherer Zeiten. Hier ist meine Adresse. ... Ich würde mich auch mit der kleinsten Kleinigkeit begnügen.

Spiegelbilder
Über Pauline Wiesel

1 *Überlieferung:* ATL; Konvolut Rahel Levin.

2 *Überlieferung:* ATL; Konvolut Rahel Levin.

3 *Beifolgende ... Aktenstücken:* Vgl. die Gedichte Brinckmanns, die dieser Pauline Wiesel widmete; S. 11–16.

4 *H.:* Hugo Graf Hatzfeld.

5 *Mr d'Arget:* «Ein Verwandter der Darget, die bei Friedrich dem großen war.» Anmerkung von V. in der Abschrift des Briefes in SV 38.

*6 *Cousine ... en question:* Vetter der in Frage kommenden Schönen.

*7 *reklinirt:* sinngemäß: zurückgewiesen.

8 *Glauben Sie ... könnte:* Brinckmann verkehrte regelmäßig im Hause Levin.

9 *Überlieferung:* ATL; Konvolut Rahel Levin.
Dies ist der erste überlieferte Brief, in dem Rahel Levin Varnhagen von Pauline Wiesel spricht.

10 *Zezar:* Wahrscheinlich ist Pauline Wiesels Vater Charles Cesar gemeint.

11 *l'ombre:* L'hombre, ein Kartenspiel.

12 *Druck:* GW VIII/1, S. 107f.

13 *Überlieferung:* ATL; Konvolut Rahel Levin.

*14 *rouer:* Wüstling.

15 *Druck:* GW VIII/1, S. 116.

16 *Druck: Galerie* I, S. 67–72.

*17 *dupe:* ein Betrogener. Hier also: daß er vom Schicksal zum Narren gehalten wird.

18 *seinem Anerbieten ... gemacht:* Wie aus Karl von Finckensteins Brief an Rahel Levin vom 23.10.1799 hervorgeht, hatte Wilhelm Wiesel in einer nicht überlieferten Beilage zu diesem Brief Rahel auch persönlich eingeladen, bei ihrem geplanten Besuch in Wien bei ihnen zu wohnen; vgl. GW VIII, S. 108. Rahel Levin reiste nicht nach Wien.

19 *Cesar's:* In Wien hielten sich Elisabeth Cesar und Henriette Mayer auf.

20 *Überlieferung:* ATL; Konvolut Henriette Mendelssohn.

21 *den einzigen ... finden war:* Wiesels waren inzwischen nach Paris weitergereist.

22 *Druck: Leitzmann* I, S. 28. Rahel Levin Varnhagen hatte sich von Juli 1800 bis Ende April 1801 in Paris aufgehalten, wo sie Pauline Wiesel wiedergetroffen hatte.

23 *PfirschenPodex:* Ein Po so weich und samten wie ein Pfirsich.

24 *Druck: Galerie* I, S. 75.

25 *intim mit Roux:* Von einem Ausflug mit Wiesels und Roux nach St. Cloud hatte Rahel Levin Varnhagen in einem Brief an Georg Wilhelm Bokelmann vom 29. 4. 1801 berichtet; vgl. GW VIII/1, S. 136. Vgl. auch die unten abgedruckten Briefe von Peter Roux an Carl Gustav von Brinckmann.

*26 *avouez ... peu forte:* Gestehen Sie mir zu, daß dieser Entzug ziemlich hart ist.

27 *Überlieferung:* SV 66. Ungedruckte Passage aus dem Brief in *Galerie* II, S. 204.

28 *vier Tage in Brüssel:* Gentz hatte sich vom 30./31.12.1802 bis zum 4.1.1803 in Brüssel aufgehalten; vgl. Gentz, *Tagebuch* I, S. 22f., wo von Pauline Wiesel allerdings nicht die Rede ist.

29 ‹...›: Sechs Zeilen von Varnhagen getilgt.

30 *Überlieferung:* GSA, Sign.: 05/12.

*31 *cidevant:* ehemals, früher.

32 [...]: Ein Wort gestrichen.

*33 *Faible:* Schwäche.

34 ‹...›: Ein Wort nicht entziffert.

35 *das Mädchen von Orleans:* Vgl. Pauline Wiesels Briefe an Brinckmann vom 29. 1. 1804 und vom 5.2.1804, wo sie ebenfalls auf Schillers *Johanna von Orleans* anspielt; S. 22 und 25.

36 *Druck: Wittichen* II, S. 178–180. Von diesem Brief ist in Pauline Wiesels Schreiben an Brinckmann vom 11.12.1803 die Rede; vgl. S. 16.

*37 *Brouillerie:* Zerwürfnis.

38 *den Streit über Rongé:* Nicht nachgewiesen.

*39 *que je ... les platitudes:* daß ich weder flache Schiffe noch Flachheiten liebe.

*40 *disgraziiert:* in Ungnade gefallen.

41 *Fr. v. Stael zu sehen:* Zu Germaine de Staels Aufenthalt in Berlin vgl. S. 255, Anm. 107.

42 *Überlieferung:* GSA, Sign.: 05/13.

*43 *tournure d'esprit:* Art zu denken.

44 [...]: Ein Wort gestrichen.

45 *Druck: Briefe von Karl Gustav v. Brinckmann an Friedrich Schleiermacher*, hrsg. von Heinrich Meisner und Erich Schmidt, Mitteilungen aus dem Literaturarchiv 6, Berlin 1912, S. 55–59.

*46 *Chargé d'affaires:* Geschäftsträger.
47 *Ich reiste ... Frankreich:* Brinckmann war 1797 von Berlin nach Paris versetzt worden.
48 *Gentz ... zusammentraf:* Vgl. Gentz' Brief an Rahel Levin Varnhagen vom Winter 1803; S. 173.
49 *Gentz ... schrieb:* Nicht überliefert.
50 *jene Worte ... Ersten male!:* Vgl. den ersten Dialog Dom Karlos' mit der Prinzessin Eboli: «(Unglaublich! Wie? Ein solches Mädchen hatte/ Madrid, und ich – und ich erfahr' es heute/ zum erstenmal?)». Friedrich Schiller, *Dom Karlos* (1787), II. Akt, 8. Auftritt; NA 6, S. 108.
*51 *L'amour ... les oreilles:* Er verliebt sich immer nur durch die Ohren.
52 *Aspasien:* Nach Aspasia, der gelehrten Frau der griechischen Antike.
53 *die Grundlinien:* Friedrich Schleiermacher, *Grundlinien der bisherigen Sittenlehre,* Berlin 1803.
54 *Ihr Charakterbild ... finden:* Vgl. Brinckmanns Gedichte auf Pauline Wiesel; S. 11–16.

55 *Druck: Wittichen* II, S. 182–184.
56 *einen Brief an Pauline:* Die gesamte Korrespondenz Pauline Wiesels mit Friedrich Gentz vor 1806 ist nicht überliefert; vgl. den Briefwechsel der beiden in diesem Band.

57 *Überlieferung:* ATL; Konvolut Hugo von Hatzfeld. *Datierung:* «18. Januar 1804» -B.
*58 *Pauline, que ... du Soir:* Pauline, die ich eben gesehen habe, und die keinen Bedienten zum Schicken hatte, bittet mich, lieber Kollege, Ihnen auszurichten, daß sie den heutigen Abend bey der guten Ompteda verbringen werde und entzückt wäre, auch Sie dort zu sehen. Ihr ergebener Hatzfeldt. Dienstag, den 18. Januar, fünf Uhr abends.

59 *Druck: Wittichen* II, S. 185f.

60 *Überlieferung:* GSA, Sign.: 05/13.
*61 *Intrigue:* Liebschaft.

62 *Druck: Wittichen* II, S. 186f.

63 *Druck: Leitzmann* II, S. 160f.
*64 *chaussirt:* trägt solche Schuhe.
*65 *tournure:* Benehmen.

66 *Druck:* GW I, 260f.
67 *ihre Geschichte erzehlt:* Wahrscheinlich die Geschichte ihres Verhältnisses mit Paul von Schuwaloff sowie der Geburt der Tochter Pauline von Schuwaloff.

68 *Druck: Wittichen* II, S. 189f.

69 *Druck: Wittichen* II, S. 191f.

70 *die unselige neue Verbindung:* Mit Prinz Louis Ferdinand von Preußen.

71 *Druck: Aus Schleiermachers Leben. In Briefen,* hrsg. von Wilhelm Dilthey, Bd. 4, Berlin 1863, S. 95ff.

72 *Fr. Schlegels ... Berlin:* Friedrich Schlegel hatte sich zuletzt 1801 kurz in Berlin aufgehalten.

73 *Überlieferung:* GSA, Sign: 05/13.

74 *die kleine Wiesel ... Pyrmont:* Wie aus Pauline Wiesels Briefen an Brinckmann hervorgeht, reiste sie im Sommer 1804 über Magdeburg nach Aachen und Chaumont; von einem Aufenthalt in Pyrmont ist nicht die Rede.

75 *Überlieferung:* ATL; Konvolut Peter Roux.

76 *une lettre:* Der Briefwechsel von Peter Roux und Pauline Wiesel ist nicht überliefert.

77 *Gedini:* Der Schriftsteller Fernand' Antonio Ghedini.

78 *adunque ... cotante:* In Ghedinis *Rime,* Bologna 1769, nicht nachweisbares Zitat.

79 *de ressembler ... maitre:* Nicht ermittelt.

80 *votre amie:* Henriette Mendelssohn.

*81 *j'ai remis ... femme éminemment:* Ich habe die beiden Briefe, die Sie mir durch Herrn Koch geschickt haben, ihren Adressaten zukommen lassen. In dem Begleitbillett vom 15. Februar sagen Sie mir, daß ich wahrscheinlich schon einen langen Brief erhalten hätte, den sie mir schreiben wollten zu einem Thema, das uns beide gleichermaßen interessiert. Mein sehr lieber und sehr fauler Freund, auf diesen so langen Brief warte ich heute, nach vier Monaten, immer noch. Drei- oder viermal habe ich Nachrichten von Pauline erhalten und gerade heute erneuert ein Brief, den sie mir geschrieben hat, mein Bedauern, nicht im Besitz des versprochenen Briefs zu sein. Darf ich noch auf ihn warten oder muß ich darauf verzichten? Sie müssen ihn mir schicken, ich bitte Sie darum. Pauline schreibt mir, daß sie Sie oft sieht, sie scheint Sie sehr zu lieben. Was macht sie, was sagt sie? Es wäre mir unendlich angenehm, alles, die bedeutendsten und unbedeutendsten Einzelheiten, zu erfahren. Jedes Mal, wenn ich an sie denke, verdreht mir diese kleine Närrin den Kopf, und ich denke oft an sie, sehr oft, denn ich habe eine zweite Pauline gefunden, die mich unaufhörlich an sie erinnert und die zu lieben ich insofern umso berechtigter bin, als Pauline selbst in sie verliebt war. Bitten Sie sie um Nachrichten von ihrer kleinen Mutter, sie wird Ihnen ein besseres Portrait von ihr machen können als ich, und Sie werden bedauern, diesen kleinen Engel nicht zu kennen. Den 16. war ich dabei, Ihnen dieses Schreiben zu schicken, als ich durch Herrn von Talleyrand Ihren Brief vom 31. Mai erhielt. Sofort bin ich zu Mlle Mendelssohn gegangen, um ihr Ihr Paket zu bringen. Wiesel hat umgehend Paulines Brief erhalten. Ist sie böse auf mich? Sie hat Unrecht, ich schwöre es; die Nachlässigkeit, der sie mich anklagt, besteht nur in ihrer Einbildung. Für einen Brief, den sie mir schreibt, erhält sie drei oder vier von mir. Fragen Sie sie, wenn sie das vergessen hat, sie wird mir recht geben. Ich sie vergessen, das ist unmöglich! Aber sie muß nun einmal mit mir schimpfen, das braucht sie für ihre Gesundheit, und es ist aus alter Gewohnheit, daß ich mich immer damit abfinden werde. Sie ist also böse auf mich. Geben Sie ihr dieses Briefchen, und wenn sie dann immer noch schmollt, so übersetzen Sie ihr diesen schönen Vers von Ghedini: «adunque nell'anime celeste ire cotante», also in solch himmlischem Busen solcher Zorn. Ich liebe ihn noch immer, diesen kleinen Dämon, und wenn ich sie je wiedersehe, befürchte ich, wie der Herr Bischof von Secz sagt, dem flüchtigen Sklaven zu gleichen, den das Schicksal seinem Herrn begegnen ließ.... Das Portrait Paulines ist treu. Aber wer wird die Ähnlichkeit anerkennen? Sie und ich und zwei oder drei andere Menschen. Ihre Freundin, die sich dabei auf die Autorität des Herrn von Humboldt beruft, behauptet, daß es schwer sein dürfte, eine französische Pauline zu finden. Ich weiß nicht, was sie damit sagen will. Ich persönlich bin davon überzeugt, daß man nur unter französischen Frauen eine Pauline finden kann, wenngleich diese Art von Individualität in der Tat so selten ist, wie wir es uns vorstellen. Wenn man mir die Aufgabe gestellt hätte, ich hätte sie nicht so geschickt lösen können wie Sie. Ich hätte mich vielleicht darauf beschränkt, zu sagen, daß sie unwiderstehlich ist, weil sie in herausragender Weise das ist, was alle Frauen sein sollten, weil sie in höchster Weise Frau ist.

82 *Überlieferung:* ATL; Konvolut Henriette Mendelssohn.

83 *«sehe jeder wie ers treibe»:* Vgl. Goethes Gedicht «Beherzigung»: «Eines schickt sich nicht für alle!/ Sehe jeder wie er's treibe,/ Sehe jeder wo er bleibe,/ Und wer steht, daß er nicht falle!» WA I/1, S. 65.

84 [...]: Ein Wort gestrichen.

85 *ich habe gelebt und geliebet:* Vgl. Friedrich Schiller, *Die Piccolomini,* III. Akt, 7. Aufzug, Theklas Lied: «Ich habe genossen das irdische Glück,/ Ich habe gelebt und geliebet.» NA 8, S. 130.

86 [...]: Etwas mehr als eine Zeile von Henriette Mendelssohn gestrichen.

87 *Druck: Wittichen* II, S. 201.
88 *die Abreise:* Pauline Wiesel war im Juni zu einer längeren Reise aufgebrochen; vgl. S. 40ff.
89 *Druck: Wittichen* II, S. 223.
90 *Überlieferung:* ATL; Konvolut Rahel Levin.
91 *une lettre de Pauline:* Nicht überliefert.
*92 *Voilà, cher ... maison:* Hier, lieber Brinckmann, ein Brief von Pauline, den ich gestern Abend erhalten habe. Sie fragt nach der Adresse von Gentz: bitte schicken Sie sie mir, da ich heute eine Gelegenheit habe, sie ihr zuzusenden, und ich selbst wüßte sie auch gerne! Sind Sie tot oder abgereist oder besuchen Sie sozusagen nur ein Haus?
93 *Überlieferung:* ATL. *Datierung:* «‹1804›» – B.
94 *Windbeutel:* Wie aus Pauline Wiesels Briefen an Brinckmann hervorgeht, hatte dieser sie Windbeutel genannt; vgl. die Briefe vom 10.7. und 26.10.1804, S. 42 und 53.
*95 *Je n'ai point ... octobre:* Heute habe ich noch nicht vom *Windbeutel* sprechen hören, mein lieber Freund, und ich bezweifle, daß er vor Ende des Monats bei uns erscheinen wird. In der Zwischenzeit bewahre ich Ihr grausames Billett auf und werde es seiner Bestimmung übergeben, sobald die Dame, die Liebesgöttin eintrifft. Ihr ergebener Hatzfeldt. Dienstag. 30. Oktober.
96 *Überlieferung:* ATL; Konvolut Hugo von Hatzfeld. *Datierung:* «3. Novbr. 1804.» – B.
*97 *Je vous annonce ... a Midi:* Ich zeige Ihnen an, lieber Freund, daß die Wiesel vor einer Stunde angekommen ist, daß sie bei ihrer Schwester Meyer an Land gegangen ist, wo sie zu Mittag speist. Falls ich es schaffe, meine Post zu erledigen, bevor ich zu Metternich gehe, schaue ich dort einen Moment vorbei und bringe ihr Ihr Billett. Ganz der Ihre, Hatzfeldt. Samstag 12 Uhr.
98 *Überlieferung:* SV 38.
*99 *auf die Cour:* zu einem Empfang bei Hofe.
*100 *conduite:* Verhalten, Benehmen.
101 *Wie soll ... Zeug esse:* In ihrem Billet vom selben Tag hatte Rahel Levin Varnhagen geschrieben: «*Essen* Sie denn gut? Gutes nämlich.» DV I.
102 *unser Buch:* Karl Gustav von Brinckmann, *Philosophische Ansichten*, Berlin 1806; BV 626 mit Rahel Levin Varnhagens Signe und vielen Anstreichungen sowie Kommentaren. Vgl. auch deren Brief an Regine Frohberg vom 18.1.1806, wo sie schreibt, sie habe in diesem Buch «zu einen gewißen behuf Striche gemacht u. daran geschrieben». *Freundin*, S. 98. Eine Stelle wird gar auf Pauline hin

gelesen, wenn Brinckmann schreibt: «wenn etwa das mütterliche Huhn, ihm selbst unbewusst, einen *Schwan* ausbrütet». Am Rand steht «P.?» in Bleistift und von V. mit Tinte nachgezogen. Unten auf der Seite: «Pauline Wiesel, der ‹Schwan›.» – V. Vgl. S. 218.

103 *Überlieferung:* ATL; Konvolut Rahel Levin. *Druck:* GW I, S. 263f.; gekürzt. *Datierung:* «den 10. Februar 1805.» – B.

104 *Begebenheit mit ... valencia:* Nicht ermittelt.

*105 *retraite:* Zurückgezogenheit.

106 *Überlieferung:* SV 38. *Druck: Briefe* I, S. 256; gekürzt. *Textträger:* «Hr von Brinckmann an Rahel. (Über Paulinen)» – V. *Adresse:* «Der Demoiselle Levin.»

107 P.*:* «Pauline» – V.

108 *Die T ... C. V.:* «Tilly, Dedel, Casa=Valencia» – V.

109 *Campes Kinderbibliothek:* Die *Kleine Kinderbibliothek* von Joachim Heinrich Campe, die von 1779 bis 1784 in zwölf Bänden in Hamburg erschien.

*110 *radotage:* Geschwätz.

111 *Überlieferung:* ATL; Konvolut Rahel Levin.

112 *Druck:* GW I, S. 268.

113 *P.:* Pauline; in der DV von V. ergänzt.

114 *Überlieferung:* SV 38.

115 *Überlieferung:* ATL; Konvolut Rahel Levin. *Druck:* GW I, S. 330–335; stark gekürzt.

116 *Druck: Wittichen* II, S. 209.

117 *die Cynthia ... Korinna:* Cynthia ist der Beiname der Göttin Diana, Korinna der Name einer griechischen Dichterin. Mit Lesbia ist möglicherweise Sappho gemeint.

118 *Druck:* GW I, S. 344.

119 *Druck: Biographische Portraits,* S. 226.

*120 *Pauline est ... merv‹e›ille:* Pauline ist hier, meine liebe Freundin, und ihr Anblick und ihr Deutsch, ihre Tollheiten, ihre Art, sich auf meinem Sofa zusammenzurollen erwecken immerfort den Wunsch in mir, Sie zu sehen. ‹...› Pauline ist immer furchtbar komisch; sie ist mit Dufraisse zu mir zum Frühstück gekommen, und dabei ißt sie soviel, daß es Ihnen für vier Tage reichen würde. Ihre Figur hat sich dabei nicht verändert, und die Pariser Moden stehen ihr wunderbar.

121 *Druck: Briefe* I, S. 289f.

122 *Druck: Biographische Portraits,* S. 239.

123 *je l'ai ... bien vite:* Vgl. dazu den Brief Campans an Pauline Wiesel von Ende April 1809; S. 162 und S. 290, Anm. 2.

124 *l'homme de La Fontaine:* Vgl. Fable XVII: «L'homme entre deux âges, et ses deux Maîtresses», in: *Oeuvres de J. de la Fontaine*, hrsg. von Henri Regnier, Paris 1883, Bd. 1, S. 109–111. «Deux Veuves sur son coeur eurent le plus de part:/ L'une encor verte, et l'autre un peu bien mûre/ Mais qui réparoit par son art/ Ce qu'avoit détruit la nature./ Ces deux Veuves, en badinant,/ En riant, en lui faisant fête,/ L'alloient quelquefois testonnant,/ C'est-à-dire ajustant sa tête./ La Vielle, à tous moments, de sa part emportoit/ Un peu du poil noir qui restoit,/ Afin que son amant en fût plus à sa guise. La Jeune saccogeoit les poils blancs à son tour. Toutes deux firent tant, que notre tête grise/ Demeura sans cheveux, et se douta du tour.» S. 110.

*125 *J'ai revu ... La Fontaine:* Vor meiner Abreise habe ich Pauline wiedergesehen, wir sind gute Freunde. Ich trage niemandem die Dummheiten nach, die ich mache. Lachen Sie nicht darüber, denn ich kenne genug Leute, die dem böse sind, gegen den sie sich einmal verfehlt haben. Das ist sogar ganz einleuchtend, denn sie setzen voraus, daß wir ihnen gegenüber genau so ungehalten sind, wie sie es an unserer Stelle wären. Es steht fest, daß ich sie schändlich und vor allem sehr schnell verlassen habe, aber ich war zu unglücklich, man zog mich von zwei Seiten an den Haaren, ich war wie der Mann von La Fontaine.

126 *Druck:* GW I, S. 515.

127 *Paulinens letzten Brief:* Pauline Wiesel hatte am 15.5.1811 geschrieben: «Louis seine brife lese ich fleißig ich nehme welche mit, auf Einsame Promenaden – o Gott Wie unglüklich wahr der auch, Wo mag er Sein, Wo uns Sehen oder hören Liebe Ralle waß ist der Mensch? Wie wenig, Wie unbedeuten in der Weld, und wie vieler Empfindung fähig – in daß kurze Leben, O Wahrum stirb man nicht mit die Liebe -». *Briefwechsel*, S. 104.

128 *Druck:* GW I, S. 538.

129 *Druck:* GW I, S. 556–559.

130 *die Briefe ... konservirt habe:* Zu diesem Geschenk kam es nicht. Briefe, Billets und Tücher Louis Ferdinands befinden sich in SV 144 und 203. Die Chronistenrolle, die Fouqué hier zugedacht wird, übernahm später Varnhagen, wie aus dessen Aufzeichnungen in SV 144 hervorgeht.

*131 *Kontestation:* Streit.

*132 *urgenten:* dringenden.

133 *Ein Jahr ... werth:* Vgl. Louis Ferdinands Brief an Pauline Wiesel vom 16.12.1805; S. 85.

134 *Druck:* GW IV/2, S. 249.
135 *wenn er ... Pauline fragte:* Rahel Levin Varnhagen hatte am 1.2.1812 gefragt: «Warum sprachst Du ihm von *Pauline*? Warum trägst Du mein Inneres zur Schau?» Ebd., S. 237.

136 *Druck: Schlesier* I, S. 267.

137 *Druck:* GW VI/1, S. 1f.
138 *beifolgende Antwort:* Gentz' Billet vom 16. 9. 1815; S. 139.
139 *zwei Engländerinnen:* Nicht ermittelt.

140 *Druck:* GW VI/1, S. 8–10. *Briefe* I, S. 247–249.
141 *Zettel:* Vgl. Pauline Wiesels Billet vom 15. September 1815; S. 140.
142 *Brief vom 12ten:* Vgl. Rahel Levin Varnhagens Brief vom 12. 9. 1815, GW V/2, S. 332–336.
143 *Mutter:* Elisabeth Cesar lebte damals bei ihrer Tochter Charlotte Streckeisen in Basel, also nicht weit von Pauline Wiesels damaligem Wohnsitz in Murten entfernt. Aus dem Briefwechsel mit Rahel Levin Varnhagen geht hervor, daß Pauline Wiesel von ihrer Mutter finanziell unterstützt wurde.
144 *Französin:* Pauline Wiesel wohnte bei ihrer Freundin Hélène Dorgeval.
145 *sie erinnerte ... Grunewald her:* Pauline Wiesel hatte Karl August Varnhagen im Sommer 1808 in Berlin kennengelernt. Wie aus Rahel Levin Varnhagens Billets an diesen hervorgeht, hatten sie öfter Ausflüge zusammen unternommen; vgl. z.B. am 28. 7. 1808, wo sie schreibt: «Diesen Morgen schreibt mir Pauline sie sey von 5 Uhr an frey: und ob ich mich erinnre daß dem Mädchen ihr Geburtstag sey –, ihr Kind sey aber wieder krank; ich möchte also in jedem Fall zu ihr kommen; und später könnten wir doch wohl ausfahren; entweder nach Scharl: oder wo ich sonst hin wollte. Ich habe ihr geschrieben ich würde kommen». GW IV/1, S. 21f. In der Korrespondenz der beiden Frauen ist von Varnhagen allerdings erst ab 1815 die Rede.
146 *einen Brief für Dich:* Vgl. Pauline Wiesels Brief vom 18. 9. 1815, worin es heißt: «Liebe Ralle, Ich weiß daß sie glüklich sind, daß sie mich noch Lieben, daß sie noch oft von mich sprechen, an mich denken, kurz daß sie noch Ralle sind, im höstens Sinne des Worts»; *Briefwechsel,* S. 120.
*147 *amour propre:* Stolz.
148 *sein Bruder:* Louis Ferdinand von Preußen.

149 *Druck:* GW VI/1, S. 18f. Dieser Brief antwortet auf Varnhagens Brief vom 16.9.1815.

150 *Sie kennt ... es:* Was Pauline Wiesel von den Bekehrungsversuchen der Juliane von Krüdener hielt, geht aus ihrem Brief an Rahel Levin Varnhagen vom 12.8.1816 hervor, wo es heißt: «denken Sie daß meine Mutter bei der Frau von gradner ‹Krüdener› im Badenschen wahr Eine ganzes Tag daß sie ihr mehrere malle hat auf der Stirn geküßt und ihr gesagt – Sie möchte machen wie *Sie* die Weld Verlassen und mehr an got glauben»; *Briefwechsel,* S. 164.

151 *Druck:* GW VI/1, S. 22f. Dieser Brief antwortet auf Varnhagens Brief vom 18.9.1815.

152 *Druck:* GW VI/1, S. 26f.; *Briefe* I, S. 249.

153 *Jettchen:* Hier und in den folgenden Briefen ist Henriette Mendelssohn gemeint.

154 *Druck:* GW VI/1, S. 31.

155 *Paulinens Brief:* Vgl. Anm. 144.

*156 *plusieures langues!:* mehrere Sprachen. Im zitierten Brief (Anm. 144) hatte Pauline Wiesel geschrieben: «Erstlich Liebe Ralle je me conduit trés dèsament, Sachant parlés plusiers Lange *Cara amica* épuis étant d'une famille honétte connut, sous des bons raport»; *Briefwechsel,* S. 121.

157 *Druck:* GW VI/1, S. 38f.

158 *Druck:* GW VI/1, S. 46f.

159 *im Odeon ... matrimonio segreto:* Domenico Cimarosas 1792 uraufgeführte Oper *Il matrimonio secreto*; von dieser Aufführung berichtet Varnhagen auch in VW II, S. 736.

160 *herrlichen Brief ... mich:* Am 18.9.1815 hatte Pauline Wiesel an Rahel Levin Varnhagen geschrieben: «ich habe daß Vergnügen gehabt ihre Liebenswürdigen Mann kennen zu lernen, denn so finde ich ihm! unausprechlich Liebenswürdig Ralle sie *haben recht gehabt,* So will ich mich auch noch gern verheirahten Ihr Lebens May blüht wieder, und wie Schön!» *Briefwechsel,* S. 120. Diesen Brief hatte Rahel an ihren Mann in Paris geschickt.

161 *Billet von Paulinen:* Pauline Wiesels Brief an Friedrich Gentz vom 15.9.1815; vgl. S. 140.

162 *Druck:* GW VI/1, S. 51f.

163 *Der Brief Paulinens ... casa amica:* Vgl. Anm. 156.

164 *Modestanstellen ... spricht:* «Wissen sie keine Stelle als *Geselschafterin* bei Einer reichen Frau, ich weiß mich sehr Artig zu Stellen

Modest Still und amüsant wenn es die Laune der Madam gefäld»; *Briefwechsel*, S. 121.

165 *Druck:* GW VI/1, S. 55.

166 *Druck:* GW VI/1, S. 68.

167 *Druck:* GW VI/1, S. 74.

168 *Druck:* GW VI/1, S. 77f.

169 *Druck:* GW VI/1, S. 80–82.

170 *Druck:* GW VI/1, S. 92.

171 *Druck:* GW VI/1, S. 99–101.
172 *Kanzler:* Karl August von Hardenberg.
173 *Humboldt:* Wilhelm von Humboldt.

174 *Druck:* GW VI/1, S. 104f.
175 *rocher de Cancale:* Ein berühmtes Pariser Restaurant.
176 *Théâtre des varietés ... vorstellen:* Dieselbe Begebenheit schildert Varnhagen in VW II, S. 772, allerdings ohne zu erwähnen, daß auch Pauline Wiesel mit von der Partie war.
*177 *Honnette:* Ehrliche, Schickliche.

178 *Druck: Sydow* V, S. 111.
179 *Philinenartigen:* Nach der Figur in Goethes *Wilhelm Meisters Lehrjahren* (1795/96).

180 *Druck: Sydow* V, S. 122.
*181 *allant:* umherlaufend.

182 *Druck: Denkschriften und Briefe zur Charakteristik der Welt und Litteratur*, hrsg. von Wilhelm Dorow, Bd. IV, Berlin 1839, S. 95f.
183 *Pauline ... erzählt:* Möglicherweise ist Pauline Wiesels Geldgeschichte in Paris gemeint; vgl. S. 292, Anm. 3.

184 *Druck:* GW IV/1, S. 169.

185 *Druck: Schlegel*, KA XXIX, S. 318.
186 *Murten:* In Murten in der Schweiz lebte Pauline Wiesel seit Ende 1815 mit ihrer kranken Tochter Pauline. Die Reise kam nicht zustande.
187 *Philine:* Vgl. Anm. 179.

188 *Druck: Aus Karls von Nostitz' Leben und Briefwechsel. Auch ein Lebensbild aus den Befreiungskriegen*, Dresden/Leipzig 1848, S. 83f. *Datierung:* Das *Vorwort* wurde von Nostitz folgendermaßen unterzeichnet: «Geschrieben zu Chateau Portien, im Anfang 1818.» S. 5.

189 *Überlieferung:* SV 66.
190 *Pauline ... Heidelberg:* Friedrich Gentz war auf der Rückreise vom Aachener Kongreß nach Wien und wollte unterwegs bei Varnhagens in Karlsruhe Station machen. Auf dem Weg dorthin wollte er Pauline Wiesel treffen, die ihm von Karlsruhe, wo sie sich bei Varnhagens aufhielt, entgegenreisen sollte. Vgl. S. 153.

191 *Überlieferung:* ATL.

192 *Überlieferung:* SV 38.

193 *Druck: Oelsner* I, S. 249f.

194 *Druck: Gilbert,* S. 41f.
195 *Ich zeigte ... an:* Dieses Einladungsbillet Henriette Mendelssohns ist überliefert, weil Pauline Wiesel es zusammen mit ihrem Brief vom 24.4.1819 an Rahel Levin Varnhagen schickte: «Sind Sie wieder da, liebe Pauline, das freut mich recht sehr! Wenn Sie mich *allein* sehn wollen, so bitte ich Sie morgen mit mir zu frühstücken, wird Ihnen aber die Stunde nicht zu unbekuem sein, Sie sind wohl noch in den Federn gegen 11 Uhr. Wie Sie wollen erwarte ich Sie morgen bis 2 Uhr, und freue mich recht sehr dazu die amüsante Pauline Cesar wieder zu sehen. Ihre M.» SV 277. In ihrem Brief berichtet Pauline Wiesel ausführlich von dem Besuch bei Henriette Mendelssohn; vgl. *Briefwechsel,* S. 278f.
*196 *amant:* Liebhaber.
197 *Fanny:* Henriette Mendelssohn war zu dieser Zeit Erzieherin von Fanny Sebastiani.
198 *St. Cloud:* Von ihrer Vorliebe für den Park des Schlosses von Saint-Cloud, westlich von Paris gelegen, schreibt Pauline Wiesel auch in ihrem Brief an Rahel Levin Varnhagen vom 24.4.1816: «ich bin viel in SaintClou ‹...› *wie Schön der Parck ist!* ‹...› ich gehe 2 bis 3 Stunden Alle Tage Allein spazieren und rede mit Ihnen von Alles Lache vor Vergnügen.» *Briefwechsel,* S. 280.

199 *Überlieferung:* Privatarchiv der Familie Passavant, Staatsarchiv Basel-Stadt, Sign: PA 636 C 8.b.
200 *l'accident de Madame César:* Was Pauline Wiesels Mutter zugestoßen war, die in Basel bei ihrer Tochter Charlotte Streckeisen wohnte, war nicht zu ermitteln.
*201 *J'ai enfin ... sont comblés:* Schließlich habe ich Madame Wiesel gesehen. Sie hat mich gestern Morgen zwischen 10 und 11 Uhr empfangen: Es geht ihr sehr gut in einer hübschen, sehr gut möblierten Wohnung und sie scheint sehr zufrieden mit ihrer Lebensart. Sie hat mir sozusagen den Auftrag gegeben, dies der Familie zu melden. Sie können sich denken, daß das Kapitel ihrer

Fragen und meiner Antworten kein Ende fand. Ich habe ihr ausführlich von dem Unfall der Madame César berichtet und habe sie sehr erfreut mit den neuesten guten Nachrichten, die Sie mir darüber geschickt haben. Ihre Mutter, oder Großmutter, hatte mich beauftragt, ihr die Auslagen für einige Kleidungsstücke zu erstatten; aber sie hat nichts annehmen wollen, da es sich, wie sie sagt, nur um einige dreißig Franc handle, die man der nächsten Überweisung, die man ihr eventuell zu machen hätte, hinzufügen könnte. Sie sendet Ihnen tausend Grüße. Verteilen Sie sie bitte an die, denen sie zustehen, und seien Sie beruhigt über das Schicksal einer so liebenswürdigen Tante. Sie hat ein gutes Bett, einige Freunde, Einladungen zum Essen in der Stadt, Theaterplätze, und vorausgesetzt, daß man ihr hin und wieder schreibt, keine anderen Wünsche.

202 *Überlieferung:* Privatarchiv der Familie Passavant, Staatsarchiv Basel-Stadt, Sign: PA 636 C 8.b.

*203 *J'ai revû ... très bien:* Vorgestern habe ich Madame Wiesel wiedergesehen, die mich hatte um Geld bitten lassen. Der Brief Ihrer Mutter, auf den sich ihre Forderung gründet, enthält in meinen Augen keine ausdrückliche Ermächtigung dazu; aber ich denke, man wird mir keinen Vorwurf machen, wenn ich die erbetene Zahlung leiste, ohne den formellen Auftrag dazu abzuwarten. Ich habe eine ihrer Freundinnen bei ihr angetroffen, eine der Damen, bei denen sie ißt und mit denen sie ins Theater geht! Madame Falckner hat sich auch dort blicken lassen, denn sie hat mir von ihr gesprochen; ich weiß ihren Namen nicht, aber die Erscheinung und der Ton sind sehr anständig.

204 *Überlieferung:* SV 204. *Druck: Hahn*, S. 123.

205 *Überlieferung:* DV III.

*206 *en cachette:* heimlich.

207 *Überlieferung:* SV 245.

208 *Mutter:* Minna von Zielinskis Mutter, eine Frau Wagner.

209 *damit ... losstürmten:* Minna von Zielinski war im Sommer 1829 zusammen mit Varnhagens zu Pauline Wiesel nach Baden gereist und hatte diese dort kennengelernt.

210 *Druck: Briefwechsel*, S. 489ff. Diese, ebenso wie die folgenden Aufzeichnungen fanden sich in SV 277 und waren möglicherweise Teil von Varnhagens Vorarbeiten für eine spätere Veröffentlichung des Briefwechsels seiner Frau mit Pauline Wiesel; vgl. *Briefwechsel*, wo auch Varnhagens Korrespondenz mit Pauline Wiesel abgedruckt ist; S. 457–488.

211 [...]: Hier und bei den nächsten Auslassungen jeweils ein Wort gestrichen.

212 *Rahel ... müssen:* Im Briefwechsel der beiden Frauen, der auch nach diesem Besuch weitergeführt wurde, sind keinerlei Spuren eines Zerwürfnisses aufzufinden; vgl. *Briefwechsel,* S. 452–455.

213 *Überlieferung:* Karl August Varnhagen, Tageblätter 5.1849–1851, Eintrag vom 11.6.1849. SV 254. Wir danken Nikolaus Gatter, der uns diese Passage mitteilte.

214 *letzten Briefe:* An ihre Schwester Henriette Mayer in Berlin; vgl. S. 234. An Varnhagen hatte sie zuletzt im Dezember 1847 geschrieben; vgl. *Briefwechsel,* S. 485f.

215 *Druck: Briefwechsel,* S. 494f.

216 ‹...› Leerstelle im Text für das fehlende Datum.

217 *Heute:* «11. Juni 1849» – V. Zusatz am Rand.

218 *Testament:* Pauline Wiesels Testamente wurden in *Briefwechsel,* S. 496, veröffentlicht.

219 *Stieftöchtern:* Victorine Charma und Adele Techtermann.

220 *einer Nichte:* Emma Streckeisen.

221 *Druck: Briefwechsel,* S. 494f.

222 *Druck:* Wilhelm von Chezy, *Erinnerungen aus meinem Leben. Zweites Buch: Helle und dunkle Zeitgenossen,* Schaffhausen 1864, S. 117.

223 *Prinzen August ... in Paris:* Wahrscheinlich verwechselt Chezy hier Prinz Louis Ferdinand von Preußen mit dessen Bruder August.

224 *Helmina von Chezys ... Jugendbekanntschaften:* Vgl. S. 257, Anm. 124.

*225 *Citoyen ... pas:* Betrachten Sie, Bürger, aber berühren Sie nichts.

«Ein Tag wird kommen, der mich reiniget»
Pauline Wiesels Liebesgeschichten
Nachwort von Barbara Hahn

Pauline Wiesels Liebesgeschichten – nach der Lektüre dieses Buches könnte das wie ein uneinlösbares Versprechen wirken. Wir kennen keine Geschichten der Liebe, die Pauline Wiesel geschrieben hätte, und auch ihre Erlebnisse sind oft so bruchstückhaft überliefert, daß sie sich kaum zu Geschichten fügen. Beide Teile des Wortes könnte man also mit Fragezeichen versehen: Was bedeutet hier Liebe und von welchen Geschichten ist die Rede?

Beginnen wir mit der Liebe. Nicht im Bild der Liebenden, sondern in dem der Geliebten wurde Pauline Wiesel überliefert. Ganz, wie es sich gehört. Einer lange wirkenden Konvention zufolge haben Frauen in der Liebe den passiven Part zu spielen. Pauline Wiesel konnte daher nur als Inbegriff der schönen und sinnlichen Frau, als Geliebte großer Männer gezeichnet werden. Im Untertitel des ersten Buches, das ihr 1925 gewidmet wurde, ist dieses Überlieferungsraster präzise festgeschrieben: *Pauline Wiesel. Die Geliebte des Prinzen Louis Ferdinand von Preußen.*

Doch verglichen mit früheren Bildern Pauline Wiesels fiel Carl Atzenbecks Skizze noch recht positiv aus. Er stilisierte sie zum «Prototyp des romantischen Frauencharakters», der zwischen «dem Idealbegriff eines Weibes und der Grenze der niedersten Wesen ihres Geschlechts» changiert. In diesem Hin und Her wird alles gebannt, was an Pauline Wiesels überliefertem Leben nicht aufgeht: «Gelästert und gefeiert, in den Staub getreten und wieder gekrönt, irrlichtet sie auf und ab zwischem dem Glanz und Dunkel, zwischen Thron und Gasse».[1]

In Romanen des 19. Jahrhunderts dagegen war Pauline Wiesel nicht nur hinter Louis Ferdinand von Preußen – einer bekannten historischen Figur[2] – verschwunden. Vielmehr wurden all die Irritationen, die sie auslöste, weil sie das bürgerliche Ideal der

Frau nachhaltig in Frage stellte, ihr und nicht diesem einengenden Frauenbild zugeschrieben. In diesen Texten erscheint sie daher als femme fatale, weil bei ihr die Liebe zu einem Mann nicht der erste und notwendige Schritt zur Eheschließung war. Ihre Art zu lieben schien vielmehr Ehen zu zerstören, der Institution Ehe geradezu konträr zu sein. Im Unterschied zu anderen Figuren wird sie in den Romanen nicht als jemand eingeführt, der für sich selbst sprechen darf: Man spricht *über* sie. Für diesen Umgang setzte Fanny Lewald den Ton. In ihrem Roman *Prinz Louis Ferdinand. Ein Zeitbild* von 1849 ist von Pauline Wiesel zum ersten Mal an jenem fiktiven Tag die Rede, an dem sie sich mit Wilhelm Wiesel, ihrem ersten Ehemann, verlobte. Friedrich Gentz werden folgende Worte in den Mund gelegt: «Pauline, das reizendste Geschöpf, das die Erde trägt, voll Geist, voll Herz und Phantasie, umschwärmt, begehrt von aller Welt, behauptet plötzlich, Wiesel zu lieben, der gar nicht an eine Heirat mit ihr dachte».[3]

Bei dieser Liebe geht es nicht mit rechten Dingen zu; daß diese Ehe scheitert, ist da nur folgerichtig. Auch Pauline Wiesels Liebesgeschichte mit Louis Ferdinand steht unter keinem glücklichen Stern, denn dieser bekommt erst einen Brief von ihr an Rahel Levin Varnhagen in die Hände, bevor er sie persönlich kennenlernt: «Oh!», so sagt er nach der Lektüre des Briefs, «einem solchen Weibe den Glauben an Liebe wiederzugeben, das muß ein großes Glück sein».[4] Es kann kein Glück sein, wie wir bald erfahren. Denn Pauline Wiesel kann zwar ihre Schönheit ins Feld führen, die wir ganz aus der Perspektive des Prinzen geschildert bekommen, doch ihre inneren Qualitäten können mit diesen Äußerlichkeiten nicht Schritt halten: «Der Prinz hatte erwartet, sie schön zu finden, aber diese strahlende Erscheinung übertraf seine Vorstellungen. Groß, schlank und doch voll gebaut, zeigte ihr Körper jenes wellenförmige Verschmelzen der einzelnen Glieder zu dem Gesamteindruck makelloser Formenschöne, wie man sie an griechischen Statuen der Zeit bewundert. Nach der französischen Sitte jener Tage trug sie ein antikes Kostüm, das, obschon im Norden ebenso unangemessen als den Begriffen deutscher Sitte entgegen, ihrer Schönheit sehr zustatten kam.»[5] In vielen dramatischen Szenen wird gezeigt, daß Pauline Wiesel dem Ideal der großen Liebe, wie es der Prinz im Buch repräsentiert, nicht gewachsen war:[6] «Wärest Du ein Engel gewesen, wärst Du das Ideal gewesen, das ich in Dir geliebt, es war zu spät.»[7] Und so verschwindet Pauline Wiesel aus Fanny Lewalds Roman genau so, wie sie eingeführt worden war. Andere sprechen über sie, sie selbst bleibt stumm: «Pauline ‹...› ist nichts durch sich selbst als schön und heiter, alles andere vom Manne empfangend, der sie liebt, angebetet wie ein Spiegelbild, sein anderes Ich. Ihr letzter Liebhaber wird über sie entscheiden. Was dieser sein wird, wird sie bleiben.»[8]

In Theodor Fontanes *Schach von Wuthenow* von 1882 sehen wir Pauline Wiesel ausschließlich in der Rede des Prinzen Louis Ferdinand gespiegelt, denn sie selbst tritt im Buch nicht auf. In einer Debatte über das Schöne und das Häßliche, die der Prinz mit seinen Freunden führt, will dieser seine Position mit einem Hinweis auf Pauline untermauern: «‹Das paradoxe ‹le laid c'est le beau› hat seine vollkommene Berechtigung, und es heißt nichts anderes, als daß sich hinter dem anscheinend Häßlichen eine höhere Form der Schönheit verbirgt. Wäre meine Pauline hier, wie sie's leider *nicht* ist, sie würde mir zustimmen, offen und nachdrücklich, ohne durch persönliche Schicksale kaptiviert zu sein.› Der Prinz schwieg. Es war ersichtlich, daß er auf einen allseitigen Ausdruck des Bedauerns wartete, Frau Pauline, die gelegentlich die Honneurs des Hauses machte, heute *nicht* anwesend zu sehen.» Doch niemand bricht das allgemeine Schweigen. Auch auf seinen Vorschlag, sich bald im Salon seiner «Freundin Pauline» wieder zu treffen, erfolgt «peinliche Stille»[9], deren Ursache Fontane nicht erläutert. Am Ende des 19. Jahrhundert weiß der gebildete Leser offenbar, was er von Pauline Wiesel zu halten hat.

Im 20. Jahrhundert treffen wir Pauline Wiesel in einem ganz unwahrscheinlichen Kontext wieder. Als Elisabeth Gundolf 1944 im englischen Exil einen Vortrag über «Meine Begegnungen mit Rainer Maria Rilke und Stefan George» hielt, taucht plötzlich ihr Name auf. Elisabeth Gundolf berichtet von einem Gespräch mit Rainer Maria Rilke, der meinte, daß «nur Frauen befähigt seien, wahrhaft zu lieben». Männer hingegen, weit weniger zur Liebe geeignet, hätten deren Liebe oft genug verschmäht. «Mein Gegenargument war, es käme ebenso oft vor, dass die Liebe des

Mannes bedingungslos sei, und von der betreffenden Frau achtlos hingenommen oder weggeworfen werde. Um ihn zu widerlegen, kramte ich meine sämtlichen Kenntnisse aus, zum Beispiel die Liebe des Prinzen Louis Ferdinand zu Pauline Wiesel».[10]

Pauline Wiesels Liebesgeschichten – das bedeutete bislang, daß die historische Figur in ein enges Überlieferungsraster gepreßt wurde. Das Bild war vorwiegend negativ: eine femme fatale, die Ehen zerstörte und die Liebe großer Männer nicht zu würdigen wußte. Eine Frau, die ihre Gunst wahllos verschenkte oder auch verkaufte.

Dieses Buch ermöglicht andere Lektüren. Doch abgesehen vom ersten Kapitel, das Pauline Wiesels Briefe an den schwedischen Diplomaten Karl Gustav von Brinckmann präsentiert, ist ihre Stimme nur schwach zu vernehmen. Denn erhalten haben sich abgesehen von diesen Briefen nur ein Billet an Friedrich Gentz sowie wenige Briefe an Prinz Louis Ferdinand von Preußen und dazu ein Briefchen an Moritz Robert, den Bruder von Rahel Levin Varnhagen. Karl Gustav Brinckmann, dessen Liebe Pauline Wiesel nicht erwiderte, war eine große Ausnahme. Er bewahrte in seinem großen Archiv auch die Stimme dieser Freundin auf, mit der er eine Zeitlang eng verbunden war. All die anderen Männer haben Pauline Wiesels Briefe schlecht oder überhaupt nicht überliefert, während sie, die doch ihr ganzes Leben unterwegs war, erstaunlich viel aufhob. Zumindest von einigen ihrer Freunde und Liebhaber sind Briefe überliefert: von Friedrich Gentz, Prinz Louis Ferdinand von Preußen, Alexander von Humboldt und Karl von Nostitz. Keinerlei schriftliche Spuren dagegen von den Briefen ihrer beiden Ehemänner Wilhelm Wiesel und Jules Michel Vincent; nichts von Hugo Graf Hatzfeld und dem Grafen Schuwaloff, mit denen sie noch lange Jahre nach dem Ende der Liebesaffären in Kontakt stand. Außer einem Brief Henri de Campans finden sich keine Spuren ihrer Liebschaften mit Italienern und Franzosen. Pauline Wiesels Liebesgeschichten sind Bruchstücke der Überlieferung.

Vor dem Hintergrund eines anderen Briefwechsels, dem mit ihrer besten Freundin Rahel Levin Varnhagen, ordnen sich diese Bruchstücke zu Mustern. Denn diese Korrespondenz eröffnete für Pauline Wiesel einen Reflexionsraum für schöne und schwierige, beglückende und enttäuschende Begegnungen mit Männern. Im Blick auf diese Briefe lassen sich einige Züge ihrer Liebesgeschichten rekonstruieren.[11] Gleichzeitig aber rücken diese – ganz im Widerspruch zum überlieferten Bild Pauline Wiesels – an den Rand. So wichtig die Liebe war, sie bestimmte immer nur kurze Abschnitte des Lebens. Nicht die Liebe, sondern die Freundschaft verlieh Pauline Wiesels Leben Kontinuität. Keine Beziehung zu einem Mann prägte sie so nachhaltig und tief wie die Freundschaft zu Rahel Levin Varnhagen. Geliebte kamen und gingen, die Freundschaft blieb. Lieben existierten nur im Plural, sie ereigneten sich in einer Serie von Begegnungen und Trennungen, die Freundschaft dagegen war einzigartig und singulär.

Mit dieser Figur ist eine Umkehrung der Liebescodierung um 1800 gegeben.[12] Denn hier galt die unauflösbare Zweisamkeit als Grundkonstellation der Geschlechter. Liebe war damit ausschließend und sollte zwei Menschen in der Ehe ein Leben lang verbinden. Die Freundschaft dagegen war nicht auf diese Ausschließlichkeit verwiesen und daher erweiterbar. Pauline Wiesel etablierte genau das Umgekehrte: Für sie gab es Zweisamkeit auf Dauer nur in der Freundschaft, den Lieben war dagegen immer nur eine kurze Zeit beschieden. Liebesbeziehungen folgten aufeinander in einer endlosen Reihe von Begegnungen.

Liebesgeschichten

Pauline Wiesels erster Liebhaber war der kurmainzische Gesandte in Berlin, Hugo Graf Hatzfeld, den sie wahrscheinlich im Frühjahr 1793, kurz vor ihrem fünfzehnten Geburtstag kennenlernte; Hatzfeld war damals achtunddreißig.[13] Wie wir aus Billets Karl Gustav von Brinckmanns an Rahel Levin Varnhagen schließen können, verkehrte Hatzfeld im Elternhaus von Pauline Wiesel.[14] Pauline Wiesel wuchs in einer ungewöhnlichen Familie auf. Ihre Mutter Elisabeth Cesar stammte aus einer bekannten Berliner Hugenottenfamilie namens Le Veaux, ihr Vater Carl Philipp Cesar dagegen war ein ebenfalls in Berlin geborener Katholik. Viele Jahre fungierte er als Direktor der

Königlichen Bank in Berlin; der Wohnsitz der Familie war das Haus Unter den Linden 34. Das Paar hatte außergewöhnlich viele Kinder, die zwischen 1763 und 1784 geboren wurden: sieben Töchter, von denen drei im Kindesalter starben, und neun Söhne, von denen fünf im Kindesalter starben. Pauline Wiesel, am 5. Mai 1778 geboren, war die jüngste überlebende Tochter.

Wie lange ihre Affäre mit Hatzfeld dauerte und wer sie beendete, wissen wir nicht. Aus einer Aufzeichnung Varnhagens läßt sich entnehmen, daß Hatzfeld, der als katholischer Domherr im Zölibat leben mußte, vergebliche Schritte unternommen hatte, um die Säkularisierung zu erlangen und seine junge Geliebte heiraten zu können.[15] Auch nach der Trennung blieb Pauline Wiesel mit ihm in Verbindung; noch Jahre danach bat sie ihn um Geld. Einige Male traf sie ihn wieder, so zum Beispiel 1813 während eines längeren Aufenthaltes in Rom: Hatzfeld «liebte mich noch in Rome, Er weinte oft! Er wahr So gar noch Eifersüchtich Er gab mich noch viel Geld – der arme Unglükliche! Er wahr Auch niemals Starck genug laut auszurufen ich liebe Pauline und So hat er Sein ganzes Schönes leben durg mit immer gram und Zerknirsten Herzen Verlebt ohne genuß; niemand lohnt ihm dafür ich Selbst nicht – Es ist trauhrich –».[16]

Das Unglück dieser Liebesgeschichte sieht Pauline Wiesel im Rückblick in Hatzfelds Mutlosigkeit, in seiner Unfähigkeit, Entscheidungen zu treffen und sich zu seiner Liebe zu bekennen.[17] Deswegen schien er sein Leben lang in Pauline Wiesels Schuld zu stehen, die er aus ihrer Sicht nur durch Geld abtragen konnte. Als sie sich 1822 noch einmal mit der Bitte um Unterstützung an ihn wandte,[18] schrieb sie im Begleitbrief an Rahel Levin Varnhagen, «der hat Auch an mich gedrängeld ohne nutzen Als Seine Lust und liebe zu befriedigen».[19] Sie bat ihn daher auch nicht um Geld für ein Wiedersehen mit ihm, vielmehr sollte Hatzfeld einen gemeinsamen Kuraufenthalt der Freundinnen in Böhmen ermöglichen.

Wie bei vielen späteren Beziehungen spricht Pauline Wiesel zwar von Hatzfelds Liebe zu ihr, doch die Reflexivität der Liebe, die in der Liebescodierung um 1800 so wichtig war, fehlt in ihren Überlegungen.[20] Nie sagt sie, daß sie ihn geliebt habe. Ihre eigene Position erscheint als neutral, ja beobachtend: «On revient toujours Sur ces prêmiers amours», schrieb sie im Herbst 1825 an Rahel Levin über Hatzfeld, «Wie Lange ist es her daß der mich Liebte und doch Erriner ich mich die Zeit Als wenn es gestern währe, Alle Seine Minen Seine Worte Seine Eiffersucht – Alle diese Dinge Ein wenig mehr und mein Schicksall währe anders geworden – ich muste grade auf denn Einzigen Menschen fallen der mich am reinsten Liebte und Verstand – waß hilft Alles denken träumen Vorwürffe – Le Sort La Voulue».[21]

Hatzfelds «reine Liebe» für seine junge Geliebte scheint mit einem unaufhebbaren Mangel behaftet gewesen zu sein. Etwas fehlte. Noch bei seinem Tod. Als Pauline Wiesel nach Hatzfelds Tod bei Rahel Levin Varnhagen anfragte, ob dieser ihr möglicherweise etwas Geld vererbt habe, fällt Rahel ein sehr negatives abschließendes Urteil über ihn: «Hatzfeld war längst todt ehe er starb. der Ihnen etwas hinterlaßen?! der lebte ja ohne Ueberzeugung. Er war Zeitlebens von Katolizism befangen; betäubte ihn aber mit einem von ihm schlechtgehaltenen Leben: welches mit dem alterwerden abtroknete, und abfiel wie andre Blätter: da bekam er gräßliche Angst vor Strafe; jedesmal, daß er litt und an sterben denken mußte; und so hatt er denn auch seine ganze Familie enterbt und alles der Kirche, und ihr angehöhrigen Anstalten vermacht. ‹...› Aber er war nie gütig, herzlich, theilnehmend, hülfreich, généröse; immer dumm-sarcastisch, vertrokneter Gesellschaftsknecht – ‹...› der Verführer: die coquette! Gott hab' ihn seelig: er hat's nöthig; und ist nun ein Anderer: von dem Vorigen wollen wir aber nicht mehr [sprich] sprechen. Er zog sich sehr gut an: Zeitslebens.»[22] Nach diesem Brief verschwindet der Graf tatsächlich aus der Korrespondenz der beiden Frauen.

An ihrem einundzwanzigsten Geburtstag heiratete Pauline Wiesel offenbar kurzentschlossen Wilhelm Wiesel, den sie später den «Urheber Aller meiner Leiden»[23] nannte. Welche Erwartungen sie an diese Ehe knüpfte, läßt sich nur indirekt erschließen. Sie sollte nicht so aussehen, wie ihr Jugendfreund Friedrich August Vetter, der damals am Beginn seiner Karriere als Verwaltungsbeamter in Berlin stand, sie ausgemalt hatte. Als Vetter 1816 heiratete, erinnert sich Pauline Wiesel daran, wie er ihr die Ehe in einer fast biedermeierlichen Szenerie entworfen hatte: «Er proponirte mich mal Seine frau zu werden; und Stelte mich mit endzückken vor wenn ich ihm denn caffe vor bete Einschänkken würde Er mit ein Sigaro. und Ein klein kind nehben ihm – wie finden Sie daß? –»[24]

Die Wieselsche Ehe spielte nicht im häuslichen Idyll; das Paar war fast immer auf Reisen. Ungefähr drei Jahre verbrachten Wilhelm und Pauline Wiesel zusammen, und meistens waren sie nicht allein unterwegs, sondern wurden von Freunden begleitet.[25] Im April 1800 wurde in Wien eine Tochter geboren, die wenige Tage nach der Geburt starb. Im Frühjahr 1801 reisten sie nach Paris, wo Pauline Wiesel PETER ROUX kennenlernte, der bei der preußischen Gesandtschaft in Paris beschäftigt war. «Obgleich ich ihm Liebte so sollte es nicht So Scheinen», schreibt sie nachträglich über ihr Verhältnis zu ihm.[26] Auf einer der folgenden Reisen trennte sich Wiesel von seiner Frau;[27] möglicherweise kehrte Pauline Wiesel deshalb 1802 für kurze Zeit nach Berlin zurück. Nach der Trennung von Wiesel setzten sich die Auseinandersetzungen fort, wobei der Streitpunkt immer das Geld war. Wilhelm Wiesel ging nie einer Berufstätigkeit nach, sondern lebte offenbar von seinem Erbe.[28] Wie Pauline Wiesel öfter schrieb, eignete er sich noch bei der Scheidung im Frühjahr 1808 Geld an, das ihr und nicht ihm zustand.[29] Den Herbst und Winter 1808 verbrachten beide zufällig in Paris; danach sahen sie sich – soweit wir wissen – nicht mehr wieder.

Die Vermutung liegt nahe, daß Pauline Wiesel in der Ehe mit Wilhelm Wiesel versucht hatte, zumindest einmal dem bürgerlichen Ideal der Liebesehe zu entsprechen – mit verheerenden Resultaten: «Gott Gott waß habe ich um denn gelitten», so schreibt sie im Rückblick auf die Ehe mit Wilhelm Wiesel, «mein ganzes Leben ist die tragédie mit Seiner Liebe Al meine Leiden kömt von ihm – Einzig und Allein –».[30] Eine Ehe auf Mißverständnissen gegründet. Während Wilhelm Wiesel sie offenbar als ironische Durchkreuzung des romantischen Eheideals mit seinen unübersehbaren kleinbürgerlichen Zügen betrachtete, hatte Pauline Wiesel diese Ehe ernster genommen. Noch zwei Jahre nach der Trennung sprach sie von «meine Liebe zu ‹Wiesel› ja ich kann sagen meine Abgöttische Liebe mein verliebt sein in ihm, ich halte ihm in Alles für denn ersten Menschen selbst noch für schön».[31]

Diese Liebe war wohl nur kurze Zeit erwidert worden; Prinz Louis Ferdinand schreibt von dem «Augenblick wo die Liebe von Wiesel aufhörte».[32] Auch war Wiesels Liebe offenbar von anderer Art als die seiner damaligen Frau. Dies läßt sich aus einem großen Brief Rahel Levin Varnhagens an Pauline Wiesel vom Frühjahr 1811 schließen, in dem sie darüber reflektiert, warum sie beide nie den Mann fanden, mit dem sie das Leben hätten teilen können: «Hätten Sie ein Herz in Wiesel's Busen gefunden, Sie hätten nimmer ein anderes gesucht. Dieser aber raisonirte in seinem Mangel, und seinem unglücklichen Ueberfluß von Worten, Ihren zu spät ausgebildeten und zu furchtsamen Geist, weit in die Irre. Ihr beßeres Bewußtseyn lebte immer nebenher.»[33] Im Rückgriff auf ein literarisches Vorbild, das ihrem überlieferten Bild völlig widerspricht, antwortet Pauline Wiesel: «Ja sie kennen mich recht Ralle Ein hausliches Weib währe ich geworden wie [Dorote] Dorothé von Göthe ‹...› wenn ich Anders gefürht währe worden».[34] Doch gerade dieser Bezug nimmt dem Geschehen jeden individuellen Zug. Pauline Wiesel bezieht sich so auf Goethes Epos *Hermann und Dorothea,* daß das Zitat anstelle einer Geschichte steht. Hätte sie ihre «eigene» Geschichte entworfen, dann wären Erwartung und Enttäuschung, Leiden und Freuden endgültig der Vergangenheit überstellt worden. In eine erzählte Ordnung gebracht, hätten die Erinnerungen einen Platz gefunden, der das Einzigartige und Nichtmitteilbare jeder Erfahrung auslöscht.

Pauline Wiesels Affäre mit dem russischen Grafen Paul von Schuwaloff liegt weitgehend im Dunkeln. Wir wissen nur, daß sie sich um 1800 zum ersten Mal in Wien begegneten,[35] nicht aber, wann und wo sie sich wiedertrafen. Da die gemeinsame Tochter Pauline von Schuwaloff erst im Februar 1803 in Paris geboren wurde, müssen sie in Kontakt geblieben sein. Welcher Art das Verhältnis war, auch darüber kann man nur spekulieren. In einem Brief an Rahel Levin Varnhagen aus dem Jahr 1818 schreibt Pauline Wiesel von «Pöllens Vater Seine Liebe zu mir».[36] Andere Äußerungen über den Grafen fallen weit negativer aus: «Er der Verführer nahm mich auf mein bestes zu der Zeit, ich will Heute Sein bestes Geld Geld da rätte ihm kein Kaiser vor. –»,[37] schrieb sie 1815 aus Paris, wo sie ihn vergeblich zu treffen gehofft hatte. Nach dem Abbruch der Liebesbeziehung scheint sich der Kontakt weitgehend darauf beschränkt zu haben, finanzielle und manchmal auch medizinische Hilfe für die Tochter Pauline zu organisieren, die im Sommer 1818 nach langer Krankheit starb. Auch nach deren Tod bekam Pauline Wiesel noch viele Jahre regelmäßig Geld aus der Schatulle des Grafen.

Wahrscheinlich lernte Pauline Wiesel Friedrich Gentz[38] während ihres kurzen Aufenthalts 1802 in Berlin kennen. In einer Serie von Briefen, die Gentz Ende 1803, Anfang 1804 an Brinckmann schrieb, blickt er bereits auf eine Geschichte mit Pauline Wiesel zurück. Im Briefwechsel mit Rahel Levin Varnhagen, die ebenfalls eng mit Gentz befreundet war, wird die Beziehung zu ihm allerdings erst ab 1815 intensiv diskutiert. Nun war Gentz nicht mehr einer der vielen jungen Künstler und Intellektuellen, die sich im Hause Levin trafen, um dort über alles mögliche zu debattieren. Als Vertreter Österreichs repräsentierte er bei den Pariser Friedensverhandlungen die Macht in Europa, die den Prozeß der Restauration kontrollierte. Er war nun einer der einflußreichsten Politiker Europas und – ungeheuer reich. Dieser nicht ererbte, sondern selbst erarbeitete Reichtum zeigte, daß Gentz sich auf die Seite geschlagen hatte, bei der die Macht lag. Beide Frauen stellten an den «großen Gentz», wie ihn Pauline Wiesel in ihren Briefen an Rahel Levin nennt, die Frage, wie er von dieser Machtposition aus mit seinen Jugendfreundinnen umging. Und sie wollten wissen, in welchen Zusammenhang Macht und Erotik dabei traten. «Genz wahr Heute früh bei mir, mit Liebe Freundschaft Hingebung und grau alt falsch mit flateusen[39] Worte auf der Zunge Aber mit Politich im gehirn, kurz unbegreiflich unausprechlich»,[40] schrieb Pauline Wiesel am 18. September 1815, nachdem sie den Freund nach langen Jahren der Trennung wiedergesehen hatte.

Diese «Politich im gehirn» wird in der Folge genau analysiert. Gab es Verhaltensweisen, gab es Bereiche, in denen sie nicht wirkte? Das Urteil fiel negativ aus: Gentz' Politik habe ihn bestechlich gemacht und blind gegenüber den wahren Dingen: «Gentz. – trägt seine Veränderung auf sich; an sich. Glauben Sie nicht, daß er irgend etwas in Ihnen siht: keine Pauline! Er will von Ihnen – neue Subsidien, Hülfstruppen zur Lust; welche er in Erfindungen zu finden glaubt, während sie in den Empfindungen einer feinen richtigen organisation allein gefunden [ist] wird, wenn diese bis in den tiefsten Herzensfasern, und Bestandtheilen ihr richtiges Spiel hat», schrieb Rahel Levin Varnhagen.[41] Gentz «wollte mich Schön bereden wir, Ralle und Pauline kennten Einander nicht, die Stelle aber mit die hülfs Truppen zur Lust fand er sehr witzig und Lachte unerhört und sagte daß ist nicht dum ausgedacht», – so Pauline Wiesels Antwort.[42]

Zur Beschreibung dieses Verhältnisses wäre ein Liebesdiskurs völlig fehl am Platze. Hier wurde das alte Spiel um Macht und Erotik in Szene gesetzt, das sich in Geld manifestierte. Pauline Wiesels Part war dabei sicher nicht der unterlegene. Sie wurde großzügig entlohnt, der Tausch glückte. Und so spielte sie mit Gentz «Eine comedié die nur mündlich zu Sahen ist, denn schriftlich währe es zu undglaublich».[43] Sie gaben das Stück im Herbst 1815 ungefähr zwei Monate lang, mit einer kleinen Reprise 1818, als sie sich kurz in Heidelberg und bei Varnhagens in Karlsruhe wiedertrafen. Auch in den Jahren dazwischen wandte sich Pauline Wiesel wiederholt an den mächtigen Mann und bat ihn um Geld. Und manchmal bekam sie es auch.

Welchen Regeln das Spiel folgte, zeigen die Freundinnen in einem kleinen Schachzug, den sie gemeinsam ausheckten. Gentz, so schrieb Rahel Levin Varnhagen im Frühjahr 1817, «hat das Geld welches uns fehlt; er wirfft damit: laß' er ein wenig davon nach Ihnen werffen ‹...›. Richten Sie's klug nach der Kenntniß seiner, und Ihres Verhältnißes ein; und berichten Sie mir was Sie beschloßen, gethan, und bewirkt haben.»[44] Sie habe den Plan sogleich befolgt, antwortet Pauline Wiesel[45] und berichtet in den folgenden Briefen von kleinen Geldsendungen des einflußreichen Freundes. Ein weiteres Wiedersehen mit Gentz im Winter 1826 in Wien, wohin Pauline Wiesel mit einer Freundin gereist war, verlief freundschaftlich. Die Affäre wird nicht fortgesetzt. Sie fände Gentz doch sehr verändert, schreibt Pauline Wiesel an die

Freundin in Berlin, «nerven Schwach änstlich Souvênt des petites idees».[46] Mit dieser Diagnose hat Gentz das verloren, was ihn für die Freundinnen, trotz seiner politischen Kehrtwendungen, so interessant gemacht hatte. Er hatte sich verändert und seinen Jugendidealen abgeschworen; seine Macht war nicht mehr faszinierend: «wie tief=richtig schreiben Sie in wenig Worten ihn – sozusagen – ab. Nur wir sind ganz geblieben wie wir waren. Grünes, Kinder, Liebe, Musik, Wetter, alle wahre Realitäten lieben wir empfinden wir noch weil wir nur ewig das wollten, und nie den Schein und Vorstellen,»[47] antwortet Rahel Levin der inzwischen nach Paris zurückgekehrten Freundin. Mit diesem Urteil verliert Gentz seinen Platz in der Korrespondenz der Freundinnen; Pauline Wiesel brach den Kontakt mit ihm nach diesem Wiedersehen ab.

Daß Pauline Wiesel ihre Beziehung zu dem schwedischen Diplomaten Karl Gustav von Brinckmann nicht als Liebesgeschichte ansah, läßt sich daran ablesen, daß sie keinen seiner Briefe aufbewahrte. Überliefert ist nur ihre Stimme; seine Episteln, die wegen ihrer Länge berüchtigt waren, sind alle verloren. Eine einseitige Liebe also, die sich aber auch nicht in eine Freundschaft wandelte, die über Trennungen hinweg aufrechterhalten werden konnte. Warum der Kontakt 1806, noch vor der Niederlage Preußens und Louis Ferdinands Tod im Oktober abbrach, wissen wir nicht. Aus den letzten überlieferten Briefen Pauline Wiesels vor dem Bruch ergibt sich kein Anhaltspunkt, und auch ihr Versuch, den Kontakt nach längerer Unterbrechung 1810 wieder anzuknüpfen, war offenbar erfolglos.

Als Rahel Levin 1819 sich nach langer Zeit wieder an Brinckmann wandte und ihm in ihrem Brief von Pauline Wiesel berichtete, läßt er sie zwar grüßen,[48] doch auch dieser Gruß führt nicht dazu, daß Brinckmann wieder an die frühere Freundin schrieb. Möglicherweise war dem Bruch von 1806 ein Konflikt voraufgegangen, der sich nicht mehr rekonstruieren läßt. Brinckmann bleibt für die Nachwelt daher in der unglücklichen Position des abgewiesenen Liebhabers, eingekeilt zwischen erfolgreicheren Bewerbern, eine Vertrauensperson für eine kurze Zeit.

Die Liebesgeschichte von Pauline Wiesel mit Prinz Louis Ferdinand von Preussen unterscheidet sich grundlegend von allen anderen: Von keiner können wir so ausgiebig lesen – in den Briefen der Liebenden selbst und ebenso in denen von Freunden und Bekannten. Die Daten der Liebesgeschichte brauchen daher nicht noch einmal wiedergegeben werden. Umso interessanter sind die Durchkreuzungen unterschiedlicher Liebesdiskurse, die diese Briefe prägen. Da so wenige Briefe von Pauline Wiesel überliefert sind, muß sich unsere Lektüre weitgehend auf die von Louis Ferdinand beschränken. Verglichen mit anderen zeitgenössischen Liebesbriefen ist deren offen sexuelle Sprache auffallend. Der romantische Liebesdiskurs wurde hier auf eine Weise suspendiert, daß sich ein unlösbares Problem ergab. Hier konnte es nicht darum gehen, Liebe, Sexualität und Ehe unter einen Hut zu bringen. Eine Heirat stand nicht nur deshalb nicht zur Debatte, weil Pauline Wiesel noch verheiratet war. Ein Prinz und eine Bürgerliche hätten sich am Anfang des 19. Jahrhunderts nur «linker Hand» verbinden können. Die Frage war vielmehr, wie das Verhältnis von Liebe und Sexualität zu codieren war. Beide Liebenden hatten vor ihrer Begegnung schon intensive Liebesgeschichten mit anderen erlebt; beide wußten also um die Zeitlichkeit der Liebe. Jeder Schwur ausschließlicher und ewiger Liebe, der Rekurs auf «hohe, heilige Begriffe von der Liebe»[49] mußte daher tendenziell unglaubwürdig wirken. Auch war die Geschichte ihrer Liebe einem «falschen» Rhythmus gefolgt. Am Anfang stand nicht eine Zeit der Verliebtheit und der Liebe, der dann eine sexuelle Beziehung folgte. Eher umgekehrt – so könnte man vermuten. Sehr schnell eine sexuelle Beziehung, die sich nicht so einfach mit einem Liebesdiskurs verbinden ließ. Als ob die Liebe aus der Sexualität gefolgt wäre. Damit haben sich eher die Menschen des 20. Jahrhunderts herumzuschlagen, für die die meisten Restriktionen für Paarbeziehungen gefallen sind. Für solche Geschichten taugen überlieferte narrative Muster schlecht. *Wie* soll man sie erzählen? *Was* soll man erzählen?

Offenbar sah sich auch Pauline Wiesel mit diesem Problem konfrontiert. Sie hat nicht nur die schriftlichen Zeugnisse dieser Liebe aufbewahrt, sondern las sie nachträglich auch immer wieder. Bei diesen Lektüren griff sie auf literarische Muster zurück, doch eine erzählbare Geschichte ergab sich daraus nicht: «Seid 2 Tage lese ich Louis Brife durch, daß Wetter ist horrible Mein hümeur eben so Trauhrich; Gott die Brife von Louis sind würcklich Liebend, Gott wie hat der gelieb, wie Göthe sagt, die Wahre Lieb' ist die, die immer und imer sich gleich bleibt/ wenn man ihr Alles gewährt, wenn man ihr Alles Versagt.»[50]

Diese «liebenden Briefe» bekommen durch das Zitat aus Goethes Gedicht *Vier Jahreszeiten* von 1797 eine unüberhörbare Ambivalenz zugeschrieben. Denn Pauline Wiesel zitiert gerade nicht Goethes Sicht der erfüllten Liebe – «Kennst Du die herrliche Wirkung der endlich befriedigten Liebe?/ Körper verbindet sie schön, wenn sie die Geister befreit»[51] –, vielmehr wählt sie die Zeilen aus, die das Gewähren und Versagen in den Vordergrund rücken. Ihr Part in der Geschichte bleibt damit aus der Lektüre ausgespart. Goethe, der «meiner Seelen nicht mehr erfahrung Als Ich»[52] hat, wie sie in demselben Brief schreibt, beleuchtet nur Louis Ferdinands Liebe. Auch in einem späteren Brief, wo sie noch einmal von Brieflektüren «auf Einsame Promenaden» berichtet, ist lediglich von Louis Ferdinands Liebe die Rede: «Louis ist Wirklich mit der größten Liebe im Herzen gestorben Vieleicht hätte es nicht mehr Lange gedauhret – glüklich währe er nie geworden nie Es fählte ihm an ruhe Keine ruhe wahr er fähig – – –».[53]

Pauline Wiesel liest die Briefe, als ob sie nicht an sie selbst, sondern an ein abstraktes Publikum, an die literarische Öffentlichkeit gerichtet wären. Und ebenso wie sie ihre Erfahrungen mit Wilhelm Wiesel nicht in eine erzählbare Geschichte überführte, so bleibt auch die Liebesgeschichte mit Prinz Louis Ferdinand ohne Interpretation. Damit schlägt Pauline Wiesel das zweifelhafte Privileg der Überlebenden aus, vergangene Ereignisse aus ihrer Sicht der Dinge in Geschichte umzuschreiben – die Toten können ja keinen Einspruch mehr erheben. Indem sie nichts erzählt, läßt Pauline Wiesel einen weiten Raum für Lektüren offen.

Wie sich ebenfalls aus dem Briefwechsel mit Rahel Levin Varnhagen rekonstruieren läßt, war Pauline Wiesel nach dem Tod von Louis Ferdinand bis zu ihrem Weggang aus Berlin im August 1808 mit verschiedenen Offizieren der französischen Besatzungsarmee in Berlin liiert. Seit ungefähr Anfang 1807 lebte sie mit JEAN JOSEPH LAFOND DE CAIX zusammen, der im Herbst desselben Jahres nach Frankreich zurückbeordert wurde. Dort traf sie ihn im Oktober 1808 wieder und war wahrscheinlich noch einmal zwei Monate mit ihm liiert, bis Mitte Dezember seine Gattin eintraf, worauf er Pauline Wiesel an seinen Bruder abtrat: «Sein Bruder ist Allerliebst und lieb mich sehr – ich ihm auch etwaß – Und daß ist mir Angenehm denn sondst währe es mich noch mehr zuwieder».[54] Mit diesem Bruder hatte sie auch in den folgenden Monaten eine «Liebschaft»: «Aber ich mache mich nichts draus sie zur Verliehren».[55] Im Frühjahr verschwindet 1809 dieser Bruder dann aus der Korrespondenz der Freundinnen und damit wohl auch aus Pauline Wiesels Leben. Jean Joseph Lafond dagegen taucht immer wieder auf. Im Herbst 1815 schreibt Pauline Wiesel aus Paris, daß sie ihn «bei Tag und bei Nacht» bei sich habe, «Eben so gut so Liebend und so angenehm», und daß er ihr sogar versichert habe, daß er sie immer noch liebe.[56] Auch in folgenden Jahren sahen sie sich öfter wieder: «Er gefiel mich noch»,[57] heißt es zum Beispiel in einem Brief vom Sommer 1822.

Dieses langanhaltende Gefallen könnte einen Grund darin gehabt haben, daß Pauline Wiesel und Jean Joseph Lafond sich immer wieder in einer Konstellation wiederfanden, die kein Paar, sondern mehrere Menschen umfaßte. Nicht nur Gattin und Bruder intervenierten, sondern – von Anfang an – ein Mann, der nicht etwa Pauline Wiesel, sondern Lafond begehrte: ALEXANDER VON HUMBOLDT.[58] Alexander von Humboldt sei »rasend in ihn verliebt» gewesen, «mit Weinen und Allem», schreibt Rahel Levin Varnhagen im Rückblick.[59] Die Beziehung zwischen Humboldt und Pauline Wiesel war daher fast immer durch Lafond vermittelt. Als Pauline Wiesel Rahel Levin Varnhagen 1815 von der wiederaufgenommenen Liebschaft mit Lafond erzählte, fügte sie hinzu: «Humbold Le sait».[60] Nach diesem Wiedersehen wird Rahel die veränderte Beziehung zu Lafond sowie dessen zu Humboldt deutlich, aber verschlüsselt mitgeteilt: «Ralle ich finde Fanfan doch verändert, So gut So Natürlich ist er nicht mehr keine so Unbefangenheiten ist er nicht mehr fähig, auch wissen Sie etwaß, daß Ihnen wunder wird, H.....d[61] ist nicht mehr So Vertift in ihm, Es vergehen 8–10 Tage ohne daß sie sich Sehen Er selbst sagte es Mich, Er auch find die Veränderung, daß waß mich an ihm feßelte wie an Ein Gott, hat er etwaß Verlohren Er weiß Alles, Als hätte 50 Jahr mit geleb, und Wunder sich nicht daß ist daß Schlimme, auch ist es ihm kein äckkel Mehr.»[62]

Nachdem Lafond im Herbst 1807 von Berlin nach Spanien und Portugal beordert worden war, lesen wir in Pauline Wiesels Briefen an Rahel Levin Varnhagen von Rogin, über den nichts Näheres in Erfahrung zu bringen war. Er verließ Berlin im Januar 1808; sein Nachfolger war Blanc, mit dem Pauline Wiesel in den ersten Monaten des Jahres 1808 nach Paris reisen wollte; der Plan wurde dann wieder aufgegeben. Im Frühjahr 1808 lernte sie Joinville kennen, mit dem zusammen sie im August 1808 Deutschland verließ, um sich für die nächsten Jahre in Frankreich niederzulassen. In den Briefen an Rahel ist öfter von heftigen Eifersuchtsszenen die Rede, was möglicherweise ein Grund dafür war, daß Pauline Wiesel mit Joinville zwar ebenfalls viele Jahre in Kontakt blieb, die Liebschaft aber nicht weiter fortsetzte. 1815 schließlich schreibt Pauline lediglich von Geld, das sie von ihm bekommen habe.[63] 1827 verschwindet Joinville schließlich aus dem Briefwechsel der Freundinnen, nachdem er ein achtzehnjähriges Mädchen geheiratet hatte, das Pauline Wiesel als «schön und graziös, jungfräulich und unschuldig, aber strohdumm» charakterisierte.[64]

Auch Henri de Campan hatten die beiden Korrespondentinnen Anfang 1807 im besetzten Berlin kennengelernt. In einem undatierten Billet vom Frühjahr oder Sommer 1807 an Rahel Levin Varnhagen läßt Pauline Wiesel den gemeinsamen Freund «zärtlich» grüßen und ihm sagen, «que je l'aime malgré moi et malgré Lui.»[65] Rahel Levin Varnhagen war so eng mit ihm befreundet, daß sie seine Hilfe in Anspruch nehmen wollte, um 1809 nach Paris zu Pauline Wiesel zu reisen und dort mit ihr zu leben. Nach längerer Freundschaft hatten Pauline Wiesel und Henri de Campan eine kurze Affäre, die zu einer nachhaltigen Verstimmung führte, wie Campans einzig überlieferter Brief an Pauline Wiesel zeigt.[66] Der Grund lag in seiner «Politich», wie Pauline Wiesel es nennt. Damit bezeichnete sie Verhaltensweisen, die sich an den Blicken und Urteilen der Welt, statt an eigenen Kriterien orientieren. Daß jemand der «Politich» folge, ist die schärfste Kritik, die sie an einem Menschen üben kann: «Ich Schwöhre Ihnen Also, daß Campan So verändern ist, So Politich geworden ist, daß er kein Schrit thun der ihm im gerinsten comprometiren können».[67] Als sie Campan 1819 wiedertraf und dieser nun verarmt ein schwieriges Leben führte, war es offenbar ganz einfach, wieder an der alten Freundschaft anzuknüpfen. Bis zu Campans Sterben – «er Schickte 3 mal nach mir»[68] – blieben sie eng verbunden.

Als Pauline Wiesel im Herbst 1811 nach Italien aufbrach, wo sie sich in den nächsten Jahren aufhielt, begann ein Leben, das nicht mehr an Rahel Levin Varnhagen in Berlin zu vermitteln war. Sie reiste nun mit reichen Männern, die die Freundin nicht kannte, deren Namen sie daher in Briefen auch nicht mitteilte. Keinen konnten wir identifizieren; wir wissen nur, was sich den Briefen an Rahel Levin Varnhagen entnehmen läßt. Einer wird in einem Brief aus Bern vom Frühjahr 1812 folgendermaßen vorgestellt: «Ein ganz allerliebster begleiter klug, Angenehm, Jung, Alles waß mann wünschen kann, ich liebte ihm wircklich und er mich mehr Als es glaublich ist, denn er hat Rome und Seinen platz und Seine Hoffnungen Ver‹lassen›, um mich hirrer zu begleiten, Er auch mit zimlich viel geld».[69]

Der nächste Begleiter war offenbar weniger angenehm, denn über ihn schreibt Pauline Wiesel, daß er «dum ganz dum» sei. «Also ziemlich unerträglich [Stolz] Aber gutmühtig und So verlieb daß er sich fürchtet daß mindeste zu thun waß mich könnte misfallen; aber Sie Wissen Ralle ich kann nicht mehr ohne sprechen ich muß so mit jemand sprechen der So denk wie ich So wie sie».[70]

Einmal muß sie bei diesem riskanten Vagabundenleben sozial und finanziell abgestürzt sein. Die folgende Szene, an die sie in einem Brief von 1816 erinnert, spielt mit großer Wahrscheinlichkeit während einem ihrer italienischen Winter: «wer solche Stufen gestiegen ist und So wieder runter bis bei Diebe und Mörder zu wohnen denn ganzes Winter auf gestollene betten Ein purkliche kranckken Schuster nehben mich der mich denn pimel Pot Alle nachte reichte und mit mir caffe vors bette tranck – [be] auf çerdit – und durch seinen çredit – der hat Alles Erlebt. der weiß Alles.»[71]

Als Pauline Wiesel 1815 nach Paris reiste, war ihr der Anschluß an die große Welt wieder gelungen. Sie nahm die Liebesbeziehungen mit Gentz und Lafond wieder auf und versuchte, Karl August Varnhagen zu verführen, der inzwischen Rahel Levin geheiratet hatte.[72] Sie sah Alexander von Humboldt und KARL VON NOSTITZ wieder, den sie als Adjutant von Louis Ferdinand kennengelernt hatte. Doch finanziell war ihr Leben offenbar nach wie vor ein Drahtseilakt. Welchen Coup sie mit Nostitz plante und durchführte, wissen wir nicht. Aus dessen Briefen können wir nur schließen, daß er gelang.[73] Ob es einen Preis dafür gab – auch das läßt sich aus den wenigen überlieferten Quellen nicht rekonstruieren.

Wie wenig Pauline Wiesel sich nach repräsentativen Orientierungsmustern richtete, zeigt vor allem ihre Beziehung zu GASPARD ROUILLÉ D'ORFEUIL, den sie Ende 1819/Anfang 1820 kennenlernte. Sein Name fällt im Briefwechsel mit Rahel Levin Varnhagen kein einziges Mal, obwohl sie mehrere Jahre mit ihm zusammenlebte. Es ist nur die Rede davon, daß er aus einer großen Familie stamme und Präfekt unter Napoleon gewesen sei. Erst über Ortsangaben in Briefen aus der entsprechenden Zeit ließ sich seine Identität ermitteln. Mit ihm lebte Pauline Wiesel monatelang in einem Landhaus südlich von Paris – ganz abgeschieden von der Welt, wie sie an Rahel Levin Varnhagen nach Berlin berichtete.

In ihrem Brief vom 22. November 1822 wird der Baron folgendermaßen eingeführt: «Auch habe ich wieder Einen freund. Schreiben kann ich nichts davon denn sie können es nicht glauben es geht in romantische über. nur So viel, groß, Schön Einen gang ein Lafon götter zähne 44 Jahr alt. Perfet de Charter und jetz in Paris, Alle tage que veut tu chere pauline, on diner a quelle Spectacle, Veut tu promener enfin dit ce qui te plait chere Minette, man muß es sähin um es zu Glauben, mit Trännen vor Liebe und Eifersucht. mit Geld und geschänke – Séparér de Sa femme, dépuis ma connaisance enfin unglaublich, ich gehe zuweillen mit ihm 4 Tage auf die campagne Sie werden mich glauben liebe Ralle ich halte es für Eine Krankheit –.»[74]

Pauline Wiesels Codierung von Liebe hat sich inzwischen geändert: Zum ersten Mal wird sie als Krankheit bezeichnet. Noch eineinhalb Jahre später unterscheidet sie ihre Zuneigung zu Rouillé genau von der Liebe, die er für sie empfindet. Während ihr «Sein gang Seine Schöne figur Seine Art mich zu lieben» gefällt, während sie selbst sich reflexiv einführt, werden Rouillé d'Orfeuils Gefühle für sie ganz anders beschrieben: «Er lieb mich sehr, ohne recht zu wissen Waß er an mich lieb denn er find mich häßlich und Alt. Er liebte bis jetz nur des femme Elegante und ich bin es in keiner Art». Diese unerklärliche Liebe scheint den Baron in eine Schreibwut gebracht haben, denn «ich habe Vileicht 600 brife von ihm, Ein Einziger würde Ihnen beweissen daß er mich lieb». Warum aber wird dieser Beweis der lesenden Rahel Levin übertragen, während Pauline Wiesel dieser Liebe eher antwortend begegnet? Es hätte nur einen eindeutigen Liebesbeweis Pauline Wiesels gegeben, und den hat sie ausgeschlagen. Der Baron hatte ihr den Schritt von seiner unerklärlichen Liebe zur Heirat vorgeschlagen – «Er würde mich heirahtet wenn ich wolte».[75] Ihre Antwort war negativ.

Als sie im September 1824 nach mehr als zweijähriger Unterbrechung wieder an Rahel schrieb, war von diesem Geliebten nicht mehr die Rede; kommentarlos verschwand er aus dem Briefwechsel.

Mit einer Heirat endet erst die nächste Geschichte, die Pauline Wiesel im Briefwechsel auch als solche erzählt. Die Ambivalenz einer solchen Liebesgeschichte, die den Mustern eines Romans folgt, wird im ersten überlieferten Brief, in dem von dem neuen Ehemann die Rede ist, gleich mit vorgeführt. Zu Beginn inszenierte Pauline Wiesel die Vorgeschichte dieser Heirat mit JULES MICHEL VINCENT als kleine Komödie. Von Liebe ist hier nicht die Rede; der Entschluß zu heiraten wird vielmehr über die Idee einer gemeinsamen Lebensweise eingeführt. Dabei wird die Grundidee einer romantischen Ehe, die doch auf gegenseitigem Verstehen basieren soll, von Anfang an verworfen. Pauline Wiesel scheint ihn zu heiraten, weil er sie nicht versteht: «mein Mann weiß nichts von Ihnen nichts von Mir – Jamais il ne vous comprendra, mais Cella ne me fait rien» – so beginnt der Brief. Warum Vincent ihr gefällt, wird ähnlich begründet wie bei Rouillé d'Orfeuil: «Ein Bauer, Eine art von Lafond», und weiter: «Er hat Eine Art gesicht wie Lafond nicht So Jung denn er ist 46 Jahr aber sein mund seine zänne gesund und Starck wie Ein Türck – Lieb mich daß ich es Ihnen nicht Schreiben kann car vous ne pouriez pas Le croire Cella et riduculle und ich habe öfters kleine Senen mit ihm, il est Jaloux come si Javoit 20 ans, Er raucht nicht er Schnupft nicht taback und hat nicht die mindeste odeurs, braun von Haut il est de La frontire de Litalie – il parle male le Français et L'allemand na pas de tournure en parlant geht aber auf die Strasse wie Lafond So grade So ärsthaft».

Jules Vincent hat nicht nur ähnliche Ähnlichkeiten aufzuweisen wie sein Vorgänger; mit diesem verbindet ihn auch, daß er nicht weiß, warum er Pauline Wiesel liebt: «quand je lui dit comment ‹il› maime, Il me répond je ne sais pas pourquoi, mais je mennuit a mourir quand je ne suis pas prés de toi.»[76] Umgekehrt weiß Pauline Wiesel sehr genau zu beschreiben, wer ihr Ehemann ist. Sie kann ihn analysieren und beurteilen, was sie recht schonungslos tut: «Religion Réputasion und Courage auf die 3 Chapiter ist Er nicht dum da denk er recht Vernünftig drüber – auf Alles andere dum c'est a dire quil ne connait rien rien pire comme un Schul bube – il n'aime pas du tout La Société par ce quil ny comprend rien». Daß er die «Réputasion» nicht schätzt, scheint ihn mit Pauline Wiesel zu verbinden. Daß er nichts weiß, richtet dagegen eine Barriere auf, die im Brief deutlich skizziert wird. Allerdings erst nach einem Aufschub. Denn die Szene der Begegnung selbst wird bühnenreif inszeniert. Ihre Komik liegt darin, daß Jules Vincent die ihm unbekannte Pauline Wiesel zu seiner bevorstehenden Hochzeit mit einer anderen Frau einlädt: «ich habe ihn denn Monat May in dieses Jahr zum Ersten mal gesähn Er würde zu mir geschickt ‹. . .› von die Mutter der Demoiselle die er Solte in 3 Monat heirahten – Ein Liebenswürdiges Madchin 22 Jahr Alt – mais une Fransaise qui ne comprend pas un mot d'allemand, – So kam er Einen Sontag um 2 Uhr zu mir nie hatten wir uns gesähin – ich machte ihm mein compliment zur Seiner nahe Heiraht und Als er mich Sagte Wahrum Madame machen Sie nicht Auch So, je Lui dit pour Bien des motif qui ne Sont pas à réunir, Je Veut un homme de mon age de ma Santé qui aime La Campangne par desus tout qui ‹a› des Enfants 3 ou 4 de L'age de 6 a 10, qui quitte Le monde AbSollument pour vivre avec moi et Les Enfants qui rénonse a toute plaçe et rang pour vivre en Paysan darauf sagt er ganz gelassen – Et si moi je pendais mon uniform et mes croix a un Cloud que je vous présente 3 Enfants de 7 a 11. deux fille que je vous menee dans une Campangne pour ne Jamais ‹vous quitter› darauf Lachte ich – Er ging nach Paris denn Selbigen Sontag, kam nicht auf denn bal Schrieb die Demoiselle Eine großes brif, wo wie er sagte quil voyee Clairement maintenant quil ne pourais plus faire son bonhêur – ny Le Sien, quil valloit mieux quil se Sépare Encore a tout,[77] So ging es Liebe Rale er kamm zu mir und ich endschloß mich».

Wie wenig diese Heirat einem Happy End ähnelt, wird aus dem Schluß des Briefes deutlich. Pauline Wiesel erzählt, daß sie zusammen ein Haus in Baden-Baden – nicht gerade ein ländliches Idyll, denn Baden-Baden war zum Modebad geworden – gekauft hätten. Doch dann träumt sie sich in eine Szene, in der kein Platz für den neuen Ehemann, sondern nur für die Berliner Freundin ist: «wir werden in der rosen Laube auf meine kleine wiesse Sitzen die 2 Madchin vor uns, und noch Einmal in diesen Leben Ein wahren genuß haben Sie und ich, und die Weld würd vor unseren Augen Verschwinden – die reine Wahrheit und Klarheit würd uns umgeben und wir werden wie die geister aus Eine bessere Weld Einen Augenblik ullusion haben – Liebe Liebe Rale wahrum ist mir nichts geblieben nichts Als Pauline und Sie – Alles Andre ist Traum Falscheit So Trübe daß ich nicht recht weiß war es oder wars es nicht ich Ließ mich Alles abstreiten – nur Pauline und sie nicht So ist es, So bleib es, bis mein Lezter Hauch in die freihe Lüfte würd fliessen».[78]

Nichts ist geblieben außer der Freundin und der toten Tochter. Der Ehemann samt dessen Töchtern sind in dieser melancholischen Szenerie bereits verschwunden. Die Ehe, die doch gerade die Dauer einer Beziehung garantieren soll, ist damit von Anfang an zur Vergangenheit geworden.

In den folgenden Jahren lebte Pauline Wiesel vorwiegend in Baden-Baden; der Ehemann war manchmal anwesend, dann wieder monatelang in Paris oder auf Gütern im Elsaß oder der Schweiz. Das Zusammenleben blieb damit Episode, das Alleinsein dagegen prägte die nächsten Jahre. Nach längerer Trennung ist Pauline Wiesel Ende der 30er Jahre ohne ihren Ehemann nach Frankreich zurückgekehrt, wo sie bis zu ihrem Tod 1848 allein – so weit wir wissen – lebte.

Die Freundschaft – eine Ehe?

Den Plan einer Lebensgemeinschaft entwarf Pauline Wiesel nur mit einem einzigen Menschen. Nicht mit einem Mann, sondern mit ihrer besten Freundin Rahel Levin Varnhagen. «Ja Geliebte Ralle», so schreibt sie im April 1811, «wir sind für Einander geschaffen nichts in der Weld ist uns Fremd, Wir Lieben uns und müssen getrennt Leben». Und nur diese Liebe übersetzte sie in den Traum vom gemeinsamen Leben: «Einmal beisammen tränt uns nur der Tod, denn meine avanture haben Ein Ende Nur mit Ihnen will ich die lezte haben die mein Ende Sein Soll.»[79]

In einem anderen Brief wird diese gemeinsame Leben gar mit einem «Bund» in Verbindung gebracht, der Züge einer Ehe trägt: «wir können Einen Ewigen bund machen, Wahrum sollten wir nicht zusamen Leben, Wer in der Weld, sollte es denn? Wahrum Leb man, um Liebe und Freudschaft, alles Andere ist Gewohnheiten und Eitelkeit und Zuweilen Zwang zu essistiren».[80]

Doch diesem «Ewigen Bund» zweier Frauen fehlt nicht nur die soziale Legitimität. Darüber würde sich Pauline Wiesel hinweggesetzt haben. Einmal blitzt in ihren Überlegungen der Gedanke auf, daß ein anderer Faktor ihrem Zusammenleben Dauer verliehen haben würde: «Gott Gott wahrum hat uns die Natur nicht für zusamen leben erzeugt Sie ein Junge denn konnten sie mich nicht endrännen ich hild sie gewiß fürs Leben».[81] Eine interessante Formulierung. Denn Rahel Levin Varnhagen wird als Junge, und nicht als Mann, Pauline Wiesel nicht als Frau bezeichnet. Pauline Wiesel vermeidet mit dieser Terminologie die Konnotation von Mann und Frau um 1800. So wie diese beiden Begriffe damals codiert waren, hätten sie ihnen keinen Platz für das Leben gelassen, das sie führen wollten. In den Briefen der Freundinnen signalisieren die Wörter «Frau» und «Mann» eine Kritik dieser immer schon gegebenen Bedeutung: «ach wie wahr wie sehr wahr Sagte Sie mal ohne es recht zu wissen, Eine Haus Frau eine Mutter hätte ich werden Sollen dazu wahr ich gebohren, Aber nicht zu Eine coquette, ich wahr weich mein Herz liebend und die Weld die Menschen drückten mich Ein jeder machte Seine Frau aus mich wie er sie liebte und verlangte. ich ließ mich machen ohne die Kraft zu haben mich selbst zu Stellen und zu Handel; in meiner Wiege Schon wurde ich Verdorben, daß wenige Gute waß ich habe, konnten Sie mich nicht nehmen damit bin ich gebohren».[82]

Ein Konjunktiv mit irrealen Bezügen. Eine solche Hausfrau hätten sie beide nicht werden können. In ihrer beider Leben waren die Lieben plural und gingen durchaus nicht im Ideal der bürgerlichen Ehe auf. Liebe und Ehe waren Etappen im Leben; sie bildeten nicht die entscheidenden Koordinaten der Biographie. Beides hatte eine temporäre Konnotation. Oder wie Rahel Levin Varnhagen schreibt: «Liebe hab' ich überstanden, Heurath auch.»[83]

Auch wenn sich die Lebensmuster der beiden Korrespondentinnen sehr stark voneinander unterschieden,[84] vom geruhsamen Leben einer Hausfrau und Mutter waren sie gleich weit enfernt. Wie sie es auch drehten und wendeten – dem Ideal der Frau um 1800 konnten sie nicht entsprechen.

So zusammengewürfelt und zufällig die vorliegende Briefsammlung zu Pauline Wiesels Liebesgeschichten auch wirken mag, ohne eine gezielte Überlieferungspolitik Pauline Wiesels wäre sie nie zustande gekommen. Frauen mit einer Lebensgeschichte oder einem Ruf wie sie bewahren ihre schriftliche Hinterlassenschaft normalerweise nicht auf. Daß doch recht viel die Zeiten überdauerte, bedarf daher einer Erklärung.

Pauline Wiesels Testamente, die ich in Versailles fand,[85] geben keine Auskunft darüber, was nach ihrem Tod mit den schriftlichen Hinterlassenschaften geschehen sollte. Wir wissen nur, daß zumindest ein Teil davon an ihre ältere Stieftochter Victoire Charma ging, deren Mann Antoine Charma Philosophieprofessor in Caen war. Dieser wiederum war ein Kollege Alexander Büchners[86], eines Bruders von Georg Büchner, dem 1862 «der deutsche Lehrstuhl an dem kaiserlichen Lyceum zu Caen übertragen» worden war.[87] Erst Büchner erkannte wohl, welchen kulturhistorischen Wert die Blätter aus Pauline Wiesels Nachlaß besaßen.[88] Es fanden sich Briefe von Prinz Louis Ferdinand von Preußen, Friedrich Gentz, Alexander von Humboldt, beiden Varnhagens und Marie de Meris und dazu noch Aufzeichnungen Pauline Wiesels. Diese Texte stellte Büchner vollständig, wie er ausdrücklich bemerkt, in einem schmalen Band zusammen, der 1865 erschien.

Was danach mit den Manuskripten geschah, ließ sich nur teilweise rekonstruieren. Lediglich von den Briefen Prinz Louis Ferdinands von Preußen an Pauline Wiesel fand sich eine Spur: 1868 versuchte Alexander Büchner, sie dem damaligen «Brandenburgisch-Preußischen Hausarchiv» in Berlin zu verkaufen.[89] Die Transaktion kam offenbar nicht zustande, denn ein Herr Liepmannssohn bot die Briefe im Mai 1900 ein zweites Mal zum Kauf an, wie aus einem Vermerk in derselben Akte hervorgeht. Offenbar wurde man sich handelseinig;[90] doch statt der Briefe findet sich heute im Geheimen Staatsarchiv lediglich folgende Notiz: «Flucht 1939 Kiste Nr. 1». Diese Kiste wurde nach dem Krieg nicht wiederaufgefunden und muß daher als verloren gelten. Was das Konvolut enthielt, wissen wir nicht genau, weil die

Briefe von Büchner und Liepmannsohn an das Archiv ebenfalls nicht überliefert sind. Die Dienstrepositur des Archivs, in der Ankäufe und Zugänge verzeichnet wurden, ist während des letzten Krieges verbrannt.

Daß sich an zwei weiteren Orten Briefe derselben Schreiber wie in Büchners Publikation an Pauline Wiesel fanden, kann wohl nicht als Zufall gedeutet werden: Im Familienarchiv der Nachkommen von Pauline Wiesels Schwester Charlotte Streckeisen in Basel entdeckte ich einige an sie gerichtete Briefe. Wahrscheinlich hat Pauline Wiesel diese Schriftstücke selbst noch aus ihrer Handschriftensammlung herausgenommen und an die Familie ihrer Schwester gegeben. Das läßt sich daraus schließen, daß auf zwei Blättern ihre Handschrift zu entziffern ist: «La Lettre de Mr de Varenhagen pour Lui Envoyer Mes lettres»,[91] heißt es einmal, «Prinz Louis» ein andermal. Möglicherweise geschah dies aus Anlaß einer Reise nach Basel, von der Pauline Wiesel Varnhagen im Winter 1847 berichtet.[92] Jedenfalls fanden sich im Ramsteiner Hof in Basel, der noch heute im Besitz von Nachkommen der Familie Streckeisen ist, zwei Briefe Varnhagens, zwei von Friedrich Gentz, einer Alexander von Humboldts sowie das Fragment eines Briefes Louis Ferdinands von Preußen. Alle diese Briefe waren bislang unbekannt.

Neben diesen beiden Überlieferungsorten gibt es noch einen dritten, an dem sich weit mehr Texte der genannten Schreiber finden als an den beiden erstgenannten: die Sammlung Varnhagen. Auch hier sind Briefe von und an Friedrich Gentz, Prinz Louis Ferdinand von Preußen und Alexander von Humboldt zu finden. Wahrscheinlich wurden die entsprechenden Briefe den Varnhagens bereits im Winter 1818 übergeben, wie sich aus Pauline Wiesels Brief vom 2. Januar 1819 schließen läßt. Denn dort heißt es: «Habt ihr Schon ihr Lieben Leuhte meine brife durg sturmt. Es ist doch wahrhaftig wenn man es recht bedenk Eine große courage von Mich in Alle meine tifstet geheimniß So Eindrängel zu lassen. toute mes affaires Les plus Serrieuse les plus flateuse les Plus Scrupuleuse, mais aussie je connait mon Monde!»[93]

Zumindest einige dieser Affären lassen sich identifizieren: Pauline Wiesel übergab den Varnhagens einen Teil der Briefe

Louis Ferdinands von Preußen,[94] dazu vier Briefe von Friedrich Gentz[95], den einzig überlieferten Brief von Campan und möglicherweise auch einen von Alexander von Humboldt.[96] Ob noch weitere Dokumente den Besitzer wechselten, die Aufschluß über «meine tifstet geheimniß» enthielten, wissen wir nicht. Mehr ist in der Sammlung Varnhagen nicht überliefert.

Erst nach Rahel Levin Varnhagens Tod entschloß sich Varnhagen, für seine biographische Skizze über den Prinzen Louis Ferdinand von Preußen einige der Briefe zu benutzen, die Pauline Wiesel ihm viele Jahre zuvor übergeben hatte. Im entsprechenden Text in der *Galerie von Bildnissen aus Rahel's Umgang und Briefwechsel,* die 1836 erschien, fällt zwar Paulines Name – ohne Nachname –, doch konnte Varnhagen sich nicht entscheiden, auch nur einen der Briefe Louis Ferdinands an sie zu publizieren: «Eine Reihe andrer geretteter Briefe dürfte nicht mittheilbar sein»[97] – so seine lakonische Bemerkung. Erst nachdem Büchners Briefausgabe erschienen war, publizierte Varnhagens Nachlaßverwalterin Ludmilla Assing Auszüge aus diesen Briefen.[98] Zu einer vollständigen und ungekürzten Dokumentation der Texte, die Pauline Wiesel den Varnhagens übergeben hatte, konnte auch sie sich nicht entscheiden. Aus guten Gründen. Ein solches Buch hätte in den 1860er Jahren die Zensur nicht passiert.

Ähnlich wie die Varnhagens war auch der schwedische Diplomat Karl Gustav von Brinckmann, der von 1792 bis 1797 und von 1801 bis 1806 in der preußischen Hauptstadt lebte, ein passionierter Handschriftensammler. In seinem Nachlaß fanden sich zahllose Briefe und Billets all derer, die in der Berliner Geselligkeit damals eine Rolle spielten.[99] Nicht nur die Briefe Pauline Wiesels an ihn, sondern auch viele Briefe und Billets, die in den «Spiegelbildern» dokumentiert werden, stammen aus seiner Sammlung.

Daß Pauline Wiesels Briefe an ihn dort die Zeiten überdauerten, ist zwar nicht ihrer eigenen Überlieferungsarbeit zuzuschreiben. Doch ihren Intentionen widerspricht es sicher nicht, daß man sie jetzt lesen kann. Mit der Nachwelt hatte sie durchaus gerechnet. Oder, wie sie Johanna von Orleans aus Schillers Drama zitierend an Brinckmann schrieb: «Ein Tag wird kommen, der mich reiniget.» Auch wenn es heute keine «Thränen» sind, die «meinen Schicksall fließen»,[100] wie Johanna weiter sagt, auch wenn uns die Briefe wohl eher erheitern – ungerührt lassen sie uns nicht.

1 Vgl. *Atzenbeck,* S. 11f. Als Quelle für seinen Essay dienten Atzenbeck *Briefe* und *Büchner* sowie Fanny Lewalds Roman *Prinz Louis Ferdinand.* Ein Zeitbild, Breslau 1849.

2 Zu genaueren biographischen Informationen vgl. Eckart Kleßmann, *Prinz Louis Ferdinand von Preußen 1772–1806,* München 1972; Burkhard Nadolny, *Louis Ferdinand. Das Leben eines preußischen Prinzen,* München/Zürich 1993.

3 Fanny Lewald, *Prinz Louis Ferdinand. Ein Zeitbild,* neu herausgegeben und mit einem Nachwort versehen von Bertha Badt-Strauß, Berlin o.J. ‹1929›, S. 25.

4 Ebd., S. 143.

5 Ebd., S. 237f.

6 Vgl. beispielsweise ebd., S. 321f., wo sie als «schwache Natur« geschildert wird.

7 Ebd., S. 391.

8 Ebd., S. 397f.

9 Theodor Fontane, *Schach von Wuthenow,* hrsg. von Pierre-Paul Sagave, Berlin 1966, S. 44–47.

10 Elisabeth Gundolf, Meine Begegnungen mit Rainer Maria Rilke und Stefan George, in: dies., *Stefan George. Zwei Vorträge,* mit einem Vorwort von Lothar Helbing, Amsterdam 1965, S. 36.

11 Auf die kommentierte Ausgabe dieses Briefwechsels, *Rahel Levin Varnhagen, Briefwechsel mit Pauline Wiesel,* hrsg. von Barbara Hahn unter Mitarbeit von Birgit Bosold, München 1997, stützen sich die folgenden biographischen Ausführungen zu Pauline Wiesel sowie ihrer Freunde und Geliebten.

12 Niklas Luhmann, *Liebe als Passion. Zur Codierung von Intimität,* Frankfurt/Main 1982, vor allem S. 163ff.; Paul Kluckhohn, *Die Auffassung der Liebe in der Literatur des 18. Jahrhunderts und in der deutschen Romantik,* Halle an der Saale 1922.

13 Vgl. Brinckmanns Brief an Rahel Levin Varnhagen vom 11.4.1793; S. 169.

14 Vgl. S. 169f.

15 Varnhagen schreibt: «Hugo Hatzfeldt, Aussichten, Erstgeburt; Pauline, Säkularisiren, Hindernisse.« *Briefwechsel,* S. 492.

16 Brief vom 8.1.1813; *Briefwechsel,* S. 116.

17 Vgl. den Brief vom 5.5.1826, wo es heißt: «il ma fait beâucoup de

mall par amour, par faiblesse, par menque de courage« (er hat mir viel Schlechtes angetan, aus Liebe, aus Schwäche und mangelndem Mut); *Briefwechsel*, S. 362.

18 Vgl. S. 165f.

19 Brief vom 24. 2. 1822; *Briefwechsel*, S. 336.

20 Oder wie Niklas Luhmann es formuliert: «der Grund der Liebe liegt nicht in den *Qualitäten* des anderen, sondern in seiner *Liebe*«; Luhmann, *Liebe als Passion* (Anm. 12), S. 135f.

21 *Briefwechsel*, S. 336. «Man kommt immer zu seinen ersten Lieben zurück...Das Schicksal wollte es so.«

22 Brief vom 22. 2. 1831; *Briefwechsel*, S. 429f.

23 Brief vom 5. 5. 1826; *Briefwechsel*, S. 362.

24 Brief vom 6. 5. 1816; *Briefwechsel*, S. 152.

25 Im Sommer 1801 schreibt sie aus Paris an Rahel Levin Varnhagen, daß außer ihrem Ehemann noch Vetter, Schack und Roux mit ihr zusammen seien: «wie finden Sie daß 4 Manner wenn Sie doch nur anjezt hir währen Jubel auf Jubel«; *Briefwechsel*, S. 9.

26 Brief vom 7. 5. 1810; S. 64.

27 Vgl. den Brief vom 8. 1. 1813; *Briefwechsel*, S. 115, wo es heißt: «vor 10 Jhare als mich Wiesel verließ«.

28 Vgl. Nina Hess, *Der Schwan. Das Leben der Pauline Wiesel 1778–1848*, Berlin 1994, S. 20.

29 Vgl. S. 61.

30 Brief vom 17. 4. 1811; *Briefwechsel*, S. 98.

31 Vgl. S. 46.

32 Brief vom 29. 1. 1806; S. 95.

33 Brief vom 11. und 16. 3. 1811; *Briefwechsel*, S. 91–94.

34 Brief vom 3. 4. 1811; *Briefwechsel*, S. 96.

35 Das läßt sich Pauline Wiesels Brief vom 3. 2. 1826 entnehmen, worin sie aufzählt, mit wem sie damals in Wien zusammen war: «Wiesel ma mêre ma Soeûr Jette Schouwaloff Lindner die Mendelson finckenStein«; *Briefwechsel*, S. 359.

36 Brief vom 1. 6. 1818; *Briefwechsel*, S. 280.

37 18. 9. 1815; *Briefwechsel*, S. 120.

38 Für weitere biographische Informationen vgl. Golo Mann, *Friedrich von Gentz. Geschichte eines europäischen Staatsmannes*, Frankfurt/ Main/Berlin/Wien 1972.

*39 *flateusen:* schmeichelhaften.

40 Brief vom 18. 9. 1815; *Briefwechsel*, S. 120.

41 Brief vom 22. 9. 1815; *Briefwechsel*, S. 122.

42 Brief vom 5. 10. 1815; *Briefwechsel*, S. 124.

43 Brief vom 22. 9. 1815; *Briefwechsel*, S. 122.

44 Brief vom 4. 6. 1817; *Briefwechsel*, S. 196.

45 Brief vom 28. 7. 1817; *Briefwechsel*, S. 197.

46 Brief vom 3. 2. 1826; *Briefwechsel,* S. 358.
47 Brief vom 8. 6. 1826; *Briefwechsel,* S. 364.
48 Vgl. S. 226.
49 S. 73.
50 Brief vom 14.12.1808; *Briefwechsel,* S. 42.
51 Johann Wolfgang Goethe, *Vier Jahreszeiten* (1797), WA I/1, S. 343–360, hier S. 349.
52 Brief vom 14. 12. 1808; *Briefwechsel,* S. 43.
53 Brief vom 15. 5. 1811; *Briefwechsel,* S. 104.
54 Brief vom 14. 12. 1808; *Briefwechsel,* S. 41.
55 Brief vom 16. 1. 1809; *Briefwechsel,* S. 50.
56 Brief vom 11. 10. 1815; *Briefwechsel,* S. 126.
57 Brief vom 10. 7. 1822; *Briefwechsel,* S. 339.
58 Zu Alexander von Humboldt ist umfangreiche biographische Literatur vorhanden; Adolf Meyer-Abich, *Alexander von Humboldt in Selbstzeugnissen und Bilddokumenten,* Reinbek 1967; Douglas Botting, *Alexander von Humboldt,* München [4]1989.
59 Brief an Karl August Varnhagen vom 16.10.1815; SV 260. In der Druckfassung wurde die Passage abgeschwächt; es heißt dort lediglich, daß Humboldt «rasend von ihm eingenommen« gewesen sei; vgl. GW VI/1, S. 86.
60 Brief vom 11.10.1815; *Briefwechsel,* S. 126.
61 *H...d:* Alexander von Humboldt. Karl August Varnhagen schrieb mit Bleistift über die Pünktchen: «Humboldt«.
62 Brief vom 14. 12. 1808; *Briefwechsel,* S. 42.
63 Brief vom 11. 10. 1815; *Briefwechsel,* S. 126.
64 Brief vom 14. 5. 1827; *Briefwechsel,* S. 372 bzw. 641.
65 *Briefwechsel,* S. 16.
66 Vgl. S. 162.
67 Brief vom 6. 6. 1810; *Briefwechsel,* S. 79.
68 Brief vom 24. 2. 1822; *Briefwechsel,* S. 336.
69 Brief vom 22. 5. 1812; *Briefwechsel,* S. 111 f.
70 Brief vom 8. 1. 1813; *Briefwechsel,* S. 113.
71 Brief vom 3. 7. 1816; *Briefwechsel,* S. 161.
72 Vgl. S. 219f.
73 Vgl. S. 163 und 224.
74 *Briefwechsel,* S. 332.
75 Brief vom 24. 2. 1822; *Briefwechsel,* S. 335.
*76 Wenn ich ihn frage, warum er mich liebt, antwortet er: Ich weiß nicht warum, aber ich langweile mich zu Tode, wenn ich nicht bei Dir bin.
*77 aber eine Französin, die kein Wort Deutsch kann...sagte ich ihm, das hat verschiedene Gründe, die man nicht zusammenbringen kann: Ich will einen Mann in meinem Alter, mit meiner Gesund-

heit, der das Land über alles liebt, der drei oder vier Kinder zwischen sechs und zehn Jahren hat, der die Welt verläßt, um mit mir und den Kindern zu leben, der auf jede Stelle und jeden Platz verzichtet, um als Bauer zu leben. darauf sagte er ganz gelassen, und wenn ich meine Uniform und meine Orden an den Nagel hängen und Ihnen drei Kinder zwischen sieben bis elf präsentieren würde, darunter zwei Mädchen, wenn ich Sie auf einen Landsitz führen und Sie nie verlassen würde ... daß er nun klar sehen würde, daß er sie nie glücklich machen könnte, und sich selbst ebenso wenig, daß es besser wäre, wenn sie sich vollständig trennten.

78 Brief vom 1.12.1828; *Briefwechsel*, S. 374ff.

79 Briefwechsel, S. 95f.

80 Brief vom 24.5.1809; *Briefwechsel*, S. 64.

81 Brief vom 22.5.1812; *Briefwechsel*, S. 112.

82 Brief vom 24.2.1822; *Briefwechsel*, S. 336.

83 Brief vom 2.12.1816; *Briefwechsel*, S. 168.

84 Rahel Levin hatte im Unterschied zu Pauline Wiesel nach mehreren gescheiterten Liebesbeziehungen einen Mann gesucht, mit dem sie zusammenbleiben konnte: «Wen ich liebe, muß mit mir leben wollen; bey mir bleiben.« Brief vom 11.3.1811; *Briefwechsel*, S. 94.

85 Sie wurden in *Briefwechsel*, S. 496, abgedruckt.

86 Vgl. Michel Espagne, La carrière universitaire française d'un quarante-huitard allemand, Alexandre Büchner, in: *Cahiers d'etudes germanique* 13 (1987), S. 143–161.

87 Vgl. *Büchner*, S. 2.

88 Im Vorwort heißt es, daß «ein Theil ihres Nachlasses durch Verhältnisse, welche hier keiner näheren Erörterung bedürfen, in die Hände des Herrn A. Charma, Professors der Philosophie an der Universität zu Caen und nunmehrigen Dekans der Philosophischen Fakultät, kam.« *Büchner*, S. 2.

89 Vgl. den Vermerk im Verzeichnis der Repositur 57/II, Geheimes Staatsarchiv, Berlin, die den Nachlaß von Louis Ferdinand enthält.

90 Aus einem weiteren Vermerk läßt sich entnehmen, daß die Briefe unter der Signatur J 14 eingegliedert worden waren.

91 Vgl. Pauline Wiesels Bemerkung auf einem Brief Varnhagens vom 10.6.1833; *Briefwechsel*, S. 690.

92 Vgl. ihren Brief an Varnhagen vom Dezember 1847, *Briefwechsel*, S. 485.

93 *Briefwechsel*, S. 250f.

94 Für die Annahme, daß Varnhagen nicht alle Briefe Louis Ferdinands bekam, spricht, daß Büchner Manuskripte publizieren konnte, von denen Varnhagen keine Abschriften genommen hatte. Andere Briefe waren ihm offenbar nur kurzfristig überlas-

sen worden; von diesen finden sich zwar Abschriften in der Sammlung Varnhagen, doch wurden die Briefe dann von Büchner veröffentlicht. Bereits 1816 hatte Varnhagen eine Vorstudie zur Lebensskizze von Louis Ferdinands publiziert, vgl. *Zeitgenossen. Biographien und Charakteristiken,* Bd. I/3, S. 189–191. Wie aus Pauline Wiesels Brief an ihn vom 27.6.1833 hervorgeht, fertigte er im Sommer 1829 weitere Abschriften an; *Briefwechsel,* S. 468.

95 Alle nach 1818 verfaßten Briefe von Friedrich Gentz lagen daher nur Alexander *Büchner* vor, der sie in seinem Band publizierte; *Büchner,* S. 98 und 115–119. Die Briefe aus der SV wurden Gustav Schlesier für seine große Ausgabe von Friedrich Gentz' Schriften und Briefen übergeben, wo drei dieser Briefe bereits 1838 erschienen; vgl. *Schlesier* I, S. 249–258.

96 Vgl. S. 162 bzw. S. 159f.

97 *Galerie* I, S. 295.

98 Vgl. *Briefe* I und II.

99 Eine Publikation der hier überlieferten Briefe und Billets ist in Vorbereitung.

100 Brief vom 5. 2. 1804; S. 25.

Dank

Die Arbeit an diesem Buch wurde von vielen Institutionen und Personen unterstützt, bei denen wir uns herzlich bedanken wollen. Viel freundliche Hilfe bekamen wir von den Mitarbeitern verschiedener Bibliotheken und Archive. Wir danken den Mitarbeitern der Handschriftenabteilung der Biblioteka Jagiellońska, Krakau, vor allem Elżbieta Burda; den Mitarbeitern der Handschriftenabteilung der Uppsala Universitetsbibliotek, vor allem Thaly Nilsson, der uns mit vielen Hinweisen unterstützte. Der Direktor der Biblioteka Jagiellońska, Krakau, Dr. Krzysztof Zamorski, sowie die Gräfin Alice Trolle-Wachtmeister erteilten uns freundlicherweise die Genehmigung zur Publikation von handschriftlichem Material.

Ein besonderer Dank ergeht an Jacqueline Albrecht-Iselin, Basel, die uns so freundlich Zugang zum Familienarchiv der Streckeisen-Iselins gewährte und uns Briefe aus diesem Archiv zur Veröffentlichung übergab. Dank auch an Margarete Wöhlert, Hamburg, die uns die Reproduktion eines Bildes Pauline Wiesels aus ihrer privaten Sammlung zur Verfügung stellte.

Für finanzielle Unterstützung danken wir der Princeton University, die Barbara Hahns Arbeit an diesem Buch durch einen research grant im akademischen Jahr 1996/97 sowie einen travel grant im Sommer 1997 großzügig unterstützte. Dank gebührt ebenfalls dem italienischen Wissenschaftsministerim und dem Consiglio Nazionale delle Ricerche, die Ursula Isselsteins Forschungsaufenthalte in Berlin und Krakau finanzierten.

Transkriptionen der Handschriften des Briefwechsels mit Prinz Louis Ferdinand von Preußen wurden zum ersten Mal in der Examensarbeit von Michaela Reinhard, *Die Briefe des Prinzen Louis Ferdinand von Preußen an seine Geliebte Pauline Wiesel,* Torino 1993, veröffentlicht. Unserem Text liegt eine revidierte und erweiterte Fassung ihrer Transkription zugrunde. Ebenso sind Michaela Reinhards Recherchen in einigen Fällen für den Kommentar dieses Briefwechsels verwendet worden. Wir danken ihr sehr herzlich dafür, daß wir auf ihre Arbeiten zurückgreifen durften. Consolina Vigliero und Renata Buzzo Màrgari, Università degli Studii di Torino, stellten uns Materialien zur Verfügung und gaben zahlreiche Hinweise zur Kommentierung.

Wir danken Andreas Arndt, Akademie der Wissenschaften zu Berlin, für Auskünfte Friedrich Schleiermacher betreffend; Renate Rüb, Berlin, für ihre Mitarbeit bei den Recherchen für den Kommentar; Peter Schöttler, Centre Marc Bloch Berlin/ CNRS Paris, für viele Hinweise zur Kommentierung und ebenso für seine Hilfe bei schwierigen Entzifferungen. Dank auch an die graduate students der Princeton University, die uns auf unterschiedliche Weise unterstützten: Laura Deiulio sah das gesamte Manuskript kritisch durch, Judith Höllerer besorgte die Übersetzung der Gedichte im ersten Kapitel, Daniel Magilow half beim Erstellen des Registers.

Birgit Bosold, Barbara Hahn und Ursula Isselstein
Berlin, Princeton und Turin im November 1997

Bildnachweis

Umschlag: Pauline Wiesel, Ölgemälde von Heinrich Schröder. Privatbesitz.

In der Reihenfolge im Buch:

Pauline Wiesel. Ölgemälde von Unbekannt. Privatbesitz ARH.

Karl Gustav von Brinckmann, von Unbekannt. Uppsala, Universitätsbibliothek.

Prinz Louis Ferdinand von Preußen, Büste von Karl Wichmann (1804). Nach: Otto Thiersch, Prinz Louis Ferdinand von Preußen. In: Hohenzollernjournal 1906, Abb. S. 210.

Prinz Louis Ferdinand von Preußen. Ölgemälde von Joseph Grassi (Privatbesitz), Berlin). Berlin, Bildarchiv Preußischer Kulturbesitz.

Friedrich Gentz, Heliogravure nach einem Gemälde von Thomas Lawrence, Berlin, Bildarchiv Preußischer Kulturbesitz.

Alexander von Humboldt, Kupferstich von Charles Victor Normand nach einem Gemälde von François Gérard, Berlin, Archiv für Kunst und Geschichte.

Henri Campan, Zeichnung von Unbekannt. Sammlung Varnhagen, Krakau. Foto von Janusz Podlecki, Kraków/Krakau.

Register

BIBLIOTHEK DES 18. JAHRHUNDERTS

Eine Auswahl

Daniel Defoe

Glück und Unglück der berühmten Moll Flanders

Beschrieben nach ihren eigenen Erinnerungen
Aus dem Englischen übertragen von Martha Erler.
Mit 24 Zeichnungen von Heinz Zander und einem Nachwort
von Helmut Findeisen. 1991. 450 Seiten. Leinen

Daniel Defoe

Robinson Crusoe

Aus dem Englischen von Lore Krüger.
Mit einem Essay von Friedemann Berger.
3. Auflage. 1997. 2 Teile in einem Band. 783 Seiten mit
150 Abbildungen nach zeitgenössischen Kupferstichen. Leinen

Julie de Lespinasse

Briefe einer Leidenschaft
1773–1776

Übersetzt und herausgegeben von Johannes Willms.
1997. 540 Seiten mit einer Abbildung als Frontispiz. Leinen

Abgerissene Einfälle

Deutsche Aphorismen des 18. Jahrhunderts
Mit einem Nachwort herausgegeben von Harald Fricke und Urs Meyer
1998. 273 Seiten. Leinen

Hérault de Séchelles

Theorie des Ehrgeizes

Mit einem Anhang:
Gedanken über Vortragskunst *und* Reflexionen und Anekdoten
Übersetzt und mit einem Nachwort von Henning Ritter.
1997. 162 Seiten mit einer Abbildung als Frontispiz. Leinen

VERLAG C.H.BECK MÜNCHEN